Gabriele Dennert
Die gesundheitliche Situation lesbischer Frauen

AF130408

Frauen · Gesellschaft · Kritik

Band 43

Die gesundheitliche Situation lesbischer Frauen in Deutschland

Gabriele Dennert

Centaurus Verlag & Media UG 2005

Zur Autorin: Gabriele Dennert, Dr. med., schloss 2002 ihr Medizinstudium ab und wurde 2004 an der Universität Erlangen-Nürnberg promoviert. Sie arbeitet gegenwärtig als Ärztin am Klinikum Nürnberg.

Der Druck der Arbeit wurde durch die Gerda-Weiler-Stiftung für feministische Forschung Mechernich (www.gerda-weiler-stiftung.de) sowie Charlotte e.V. – Netzwerk lesbischer Ärztinnen (www.netzwerk-charlotte.de) gefördert.

Die Deutsche Bibliothek – CIP-Einheitsaufnahme

Dennert, Gabriele:
Die gesundheitliche Situation lesbischer Frauen in Deutschland / Gabriele Dennert. –
Herbolzheim : Centaurus-Verl., 2005
  (Frauen, Gesellschaft, Kritik ; Bd. 43)
  Zugl.: Erlangen-Nürnberg, Univ., Diss., 2004
  ISBN 978-3-8255-0515-8   ISBN 978-3-86226-360-8 (eBook)
  DOI 10.1007/978-3-86226-360-8

ISSN 0939-4540

© *CENTAURUS Verlags-GmbH. & Co. KG, Herbolzheim 2005*

Satz: Vorlage der Autorin
Umschlaggestaltung: Bettina Steinacker. www.fotografie-steinacker.de

Danksagung und Vorwort

Die vorliegende Arbeit wurde im Frühjahr 2004 an der Medizinischen Fakultät der Friedrich-Alexander-Universität Erlangen-Nürnberg als Dissertation angenommen. Mein Dank gilt Frau Professor Dr. Wrbitzky (Hannover) für die wissenschaftliche Betreuung und Begleitung des Promotionsvorhabens, Herrn Professor Dr. Drexler (Erlangen) für die Übernahme der Dissertation an seinen Lehrstuhl und die Anfertigung des Korreferats und Frau Dr. Pfahlberg (Erlangen) für die statistische Beratung.

Für die unentbehrlichen Anregungen und Diskussionen, die nicht nur die Arbeit voranbrachten, sondern auch halfen, meine Freude beim Schreiben zu erhalten, danke ich Dr. Astrid Ley, Michaela Baetz, Sarah Schmiedel und allen anderen Frauen, die mit mir debattiert haben. Stellvertretend für die Frauen- und Lesbenprojekte, die mir die Arbeit erleichtert haben, möchte ich mich beim Frauenbuchladen Nürnberg, der den Rahmen zur Durchführung eines Vortests stellte, und den Organisatorinnen des Lesbenfrühlingstreffens 1999 in Köln bedanken.

Mein besonderer Dank richtet sich an alle Teilnehmerinnen der Untersuchung, die durch ihre Offenheit diese Arbeit erst ermöglicht haben, sowie all diejenigen, die mich in Köln bei der Durchführung der Haupterhebung tatkräftig unterstützt haben.

Der Druck des Fragebogens wurde durch einen Beitrag des „Lesbenring e.V." gefördert. Die Buchveröffentlichung wird durch „Charlotte e.V. – Netzwerk lesbischer Ärztinnen" und die Gerda-Weiler-Stiftung finanziell unterstützt.

Aus dem spannenden und oft auch spannungsreichen Verhältnis zwischen lesbischen Lebensformen und Medizin entstand meine Motivation, mich intensiver mit der Situation von Lesben in der Gesundheitsversorgung zu beschäftigen. In der Medizin – wie in vielen anderen Bereichen des gesellschaftlichen Lebens – ist es noch immer viel zu einfach möglich, die Lebenssituationen lesbischer Frauen zu ignorieren und zu übergehen. Dies geschieht gelegentlich aus Vorsatz, häufiger wohl jedoch, weil lesbische Lebensweisen strukturell und im persönlichen Denken nicht vorkommen. Umso dankbarer bin ich all denjenigen Lesben, die auch im medizinischen Bereich eine Auseinandersetzung mit ihrer Lebensweise einfordern – und den Medizinerinnen und Medizinern, die diese Anregungen in ihrer alltäglichen Praxis aufgegriffen haben oder für die lesbische Lebensformen bereits selbstverständlich sind. Mein Wunsch ist es, dass dieses Buch einen Beitrag dazu leistet, einen kleinen Ausschnitt der facettenreichen gesellschaftlichen Existenz lesbischer Frauen zu dokumentieren und ihre Anliegen sichtbarer und präsenter zu machen.

Um einen Raum zu schaffen, an dem der Diskussionsfaden über Lesbengesundheit/ -forschung weitergesponnen werden kann, betreue ich seit Februar 2004 die Internet-Plattform http://www.lesbengesundheit.de und freue mich über Kommentare zu dieser Publikation.

Inhaltsverzeichnis

1) Einleitung und Problemdarstellung

Die Frauengesundheitsforschung, die sich in den Gesundheitswissenschaften in Deutschland seit den 90er Jahren etabliert[1], strebt an,

„gesundheitliche[...] Belastungen sowie Erkrankungen von Frauen ebenso wie ihre Gesundheitspotentiale im Kontext ihres Lebenszusammenhangs differenziert darzustellen. Das setzt eine geschlechtsspezifische Strukturanalyse voraus, die es erlaubt, soziale Ungleichheiten, Benachteiligungen und Diskriminierungen von Frauen detailliert zu beschreiben und in Bezug zu ihrem Gesundheitszustand zu setzen."[2]

Frauen sind keine homogene Gruppe, sondern leben unter verschiedenen persönlichen und sozialen Umständen und unterscheiden sich voneinander in Lebensweise, gesundheitlichen Faktoren und Gesundheitshandeln[3]. Die zunehmende Wahrnehmung gesundheitsrelevanter Unterschiede unter Frauen kann etwa daran abgelesen werden, dass im ersten Frauengesundheitsbericht für die Bundesrepublik Deutschland des *Bundesministeriums für Familie, Senioren, Frauen und Jugend* (2001) ein Schwerpunkt auf den Vergleich zwischen den neuen und alten Bundesländern gelegt wird und „Frauen in besonderen Lebenslagen", wie zum Beispiel Frauen mit Behinderungen, gesondert Erwähnung finden[4].

Die differenziertere Betrachtung von weiblichen Lebensumständen in Bezug auf ihre Relevanz für die gesundheitliche Situation hat bislang jedoch noch nicht dazu geführt, dass allen Unterschieden unter Frauen Beachtung geschenkt würde. Eine Gruppe an Frauen, deren spezifische Belange bisher in der (Frauen-)Gesundheitsforschung und -versorgung in Deutschland kaum thematisiert werden, sind die lesbischen Frauen[5].

International wurden – insbesondere in den USA, Canada, Australien, Großbritannien, den Niederlanden und Skandinavien – Untersuchungen zu verschiedenen Aspekten der Gesundheit und Gesundheitsversorgung lesbischer Frauen durchgeführt. In diesen Publikationen stellt sich teilweise die sexuelle Orientierung als erheblicher Einflussfaktor auf gesundheitsrelevante Faktoren dar, und es wird festgestellt, dass die Gesundheitsversorgung lesbischer Frauen in vielerlei Hinsicht Raum für Verbesserungen bietet[6].

---

1   Zur Geschichte der Frauengesundheitsforschung in Deutschland vgl. Vogt 1998, Kolip/Hurrelmann 2002
2   Vogt 1998, S. 22
3   vgl. Kolip/Hurrelmann 2002, S. 15
4   Bundesministerium für Familie, Senioren, Frauen und Jugend 2001
5   vgl. Senator für Arbeit, Frauen, Gesundheit, Jugend und Soziales Bremen 2001, S. 27-28; Ohms 2002
6   Auf die angesprochenen Untersuchungen wird in der Diskussion der Ergebnisse ausführlich eingegangen.

Inwiefern diese Ergebnisse jedoch auf die Situation in Deutschland übertragbar sind, bleibt bisher offen.

Aus diesem Mangel an Informationen und Daten in Deutschland entstand die Idee, lesbische Frauen über ihre gesundheitliche Situation zu befragen, um einen Schritt in Richtung einer Gesundheitsberichterstattung und Gesundheitsversorgung zu machen, die lesbischen Frauen gerecht wird.

Sprache und Begriffsdefinitionen

In der vorliegenden Arbeit werden Frauen und Männer in der jeweils geschlechts-spezifischen Form eines Begriffs angesprochen. Wenn beide Geschlechter gemeint sind, werden sowohl die weibliche aus auch die männliche Form angeführt. Dabei wird in Kauf genommen, dass geschlechtersensible Ausdrucksweise in der deutschen Sprache gele-gentlich auf Kosten des Leseflusses geht.

Lesben und Lesbischsein in Deutschland heute

Zur Definition der Begriffe `lesbisch´ und `homosexuell´ – und natürlich auch `heterosexu-ell´ – gibt es unterschiedliche Positionen. Die Verwendung der Begriffe und ihre Bedeu-tung ist vom historischen[7] und kulturellen[8] Hintergrund geprägt[9]. Diese Uneinigkeit darü-ber, was `Lesbischsein´ bedeutet und wer eine `Lesbe´ ist, erschwert empirische Les-benforschung, denn die Population, aus der die zu befragende (Lesben-)Stichprobe gewonnen werden soll, sollte konzeptionell vorab eingegrenzt sein[10]. Die vorliegende Arbeit orientiert sich bei ihrem Vorgehen an den Erkenntnissen und Empfehlungen der US-amerikanischen Lesbengesundheitsforschung[11]. Sexuelle Orientierung wird dabei als soziale Kategorie angesehen, die sich entlang von drei Dimensionen bestimmt: dem sexuellen Verhalten (behavior), der Selbstbezeichnung (identity) und den psychosexuel-len Gefühlen (desire/attraction). Frauen werden als lesbisch angesehen, wenn sich ihr ooxuolles Verhalten, ihre Selbstbezeichnung und ihre psychosexuellen Gefühle auf Frauen beziehen, wobei die Gewichtung dieser Dimensionen in einer Studie von der spezifischen Fragestellung abhängt.

In der vorliegenden Untersuchung wird zur Abgrenzung der Teilnehmerinnen deren Selbstdefinition herangezogen. Als lesbisch werden Frauen angesehen, die sich selbst so bezeichnen und sich in einer Befragung wieder finden können, welche sich explizit an `lesbische Frauen´ wendet. Dieses Verfahren wird in vielen lesbenbezogenen Studien gewählt[12] und hat sowohl Vor- als auch Nachteile. Als ein Vorteil ist sicherlich anzusehen,

---

7   vgl. Schoppmann 1991
8   Solarz 1999
9   vgl. Sell 1997
10   Sell/Petrulio 1996
11   Solarz 1999
12   Reinberg/Roßbach 1985; Ministerium für Frauen, Jugend, Familie und Gesundheit des Landes NRW 1999

2

dass die Eigendefinition lesbischer Frauen über die `wissenschaftliche Autorität´ von Forschenden gestellt wird, was den `Beforschten´ lange genug unter dem `objektiven Blick´ der `Homosexualitätsforschung´ verwehrt blieb[13]. Ein Nachteil dieses Vorgehens besteht in dem Ausschluss von Frauen, die sich nicht mit der Selbstbezeichnung `lesbisch´ identifizieren können, deren Erfahrungen jedoch ebenfalls von Interesse sein könnten. Die Entscheidung über Konzeptionalisierung und Operationalisierung des Begriffs `lesbisch´ in der Gesundheitsforschung ist deshalb in Bezug auf jede Studie unter Berücksichtigung der Zielsetzung und Fragestellung neu zu überdenken.

Bei aller Verschiedenheit und Vielfalt lesbischer Lebensweisen, die sich in diesem Mangel einer allgemeingültigen Definition ausdrückt, betrifft das Abweichen von der (heterosexuellen) gesellschaftlichen Norm alle lesbischen Frauen und lässt ihre sexuelle Orientierung erst zur sozialen Kategorie werden[14]. Auch wenn sich die gesellschaftlichen Realitäten in Deutschland bereits insoweit verändert haben, dass es für Frauen heute einfacher geworden ist, ein sozial und sexuell selbstbestimmtes Leben zu verwirklichen, so stoßen Lesben doch auch immer wieder an Grenzen.

Die aktuelle Lebenssituation von Lesben in Deutschland ist nicht nur *„Ausdruck eines Zugewinns an Freiheitsräumen"* im Verlauf der letzten Jahrzehnte, sondern auch

„Ausdruck einer beharrlich verbleibenden Macht heterosexueller Normen. Die Pluralisierung der Lebensstile sollte (...) den Blick auf eine nach wie vor vorhandene Dominanz heterosexueller Lebensformen nicht verstellen.(...) Dabei sind es nicht nur offene und direkte Diskriminierungen und Erfahrungen von Missachtung und Gewalt, die sich auf das Selbstbewusstsein von Lesben auswirken, ebenso folgenreich erweist sich die Nicht-Existenz lesbischer Frauen in öffentlichen Räumen und demgegenüber die Allgegenwart von heterosexueller Identität, heterosexuellen Beziehungen, Lebenskonzepten. Heterosexualität wird grundsätzlich unterstellt und ist eine das gesamt öffentliche Leben durchdringende Norm."[15]

Gesundheit – Salutogenese

Nach der Definition der Weltgesundheitsorganisation WHO (World Health Organization) geht der Begriff der Gesundheit über die reine Abwesenheit von Krankheit hinaus und bezeichnet ein

„umfassendes körperliches, geistiges und soziales Wohlbefinden (...). Gesundheit steht für ein positives Konzept, das in gleicher Weise die Bedeutung sozialer und individueller Ressourcen für die Gesundheit ebenso betont wie die körperlichen Fähigkeiten." (Ottawa-Charta 1986)[16]

---

13 LeVay 1996, Karsten/Wex 1979
14 vgl. Sozialwissenschaftliche Forschung und Praxis für Frauen e.V. 1989
15 Ministerium für Frauen, Jugend, Familie und Gesundheit des Landes Nordrhein-Westfalen 2002, S. 193
16 Ottawa-Charta der WHO dokumentiert in: Frischenschlager/Hexel et al. 1995, S. 9-14, Zitat S. 9

Die WHO stellte 1986 mit der Ottawa-Charta ein Programm zur Gesundheitsförderung (health promotion) vor, das auf diesem komplexen, mehrdimensionalen Verständnis von Krankheit und Gesundheit aufbaut und Gesundheitsförderung als Mittel ansieht, Individuen zu einer positiven Lebensgestaltung in persönlicher und gesellschaftlicher Hinsicht zu befähigen. In der Ottawa-Charta drückt sich die Dynamisierung des Gesundheits- und Krankheitsverständnisses aus, die sich in den Jahrzehnten vor ihrer Deklaration vollzogen hat[17]. Gesundheit und Krankheit gelten nicht mehr als zwei sich gegenseitig ausschließende Entitäten, sondern als Zustände mit Zwischenabstufungen und Überschneidungsbereichen[18].

Mit der Frage, welche Umstände und Faktoren es Menschen ermöglichen, ihre Gesundheit zu erhalten oder zu verbessern, beschäftigt sich die Salutogenese. Das Modell der Salutogenese wird seit den 70er Jahren in der gesundheitswissenschaftlichen Diskussion entwickelt[19] und soll hier anhand der Theorien von *Aaron Antonovsky* (1923-1994)[20] dargestellt werden. *Antonovsky* geht davon aus, dass Gesundheit und Krankheit die beiden Endpunkte eines *health ease/dis-ease continuum* (Gesundheits-/Krankheits-Kontinuum) darstellen. Beide Zustände sind für Menschen, solange sie am Leben sind, nicht zu erreichen, sondern jede Person nimmt zu jedem Zeitpunkt ihres Lebens eine Zwischenposition innerhalb des Kontinuums ein. Der salutogenetische Ansatz fragt, wie das Wohlbefinden eines Menschen erhalten werden kann oder in Richtung „mehr gesund" und „weniger krank" zu beeinflussen ist.

In *Antonovskys* Verständnis erfolgt die Verschiebung eines Individuums innerhalb des Gesundheits-/ Krankheits-Kontinuums durch die erfolgreiche bzw. erfolglose Bewältigung von Spannungszuständen, die durch Stressoren hervorgerufen werden (vgl. Grafik 1.1). Als Stressor wirkt eine

„von innen oder außen kommende Anforderung an den Organismus, die sein Gleichgewicht stört und die zur Wiederherstellung des Gleichgewichts eine nicht-automatische und nicht unmittelbar verfügbare, energieverbrauchende Handlung erfordert"[21].

---

17 vgl. auch Frischenschlager 1995
18 vgl. auch Wesiack 1995
19 vgl. BZgA 1998, Antonovsky 1997
20 Aaron Antonovsky, Medizinsoziologe (geb. 1923 in Brooklyn/USA, gest. 1994 in Israel): Studium der Soziologie in USA, 1960 Emigration nach Israel: Lehrtätigkeit in Jerusalem und Beer Sheba, entwickelte anhand einer Untersuchung mit in Europa geborenen Israelinnen der Geburtsjahrgänge 1914-1923, die teilweise Überlebende nationalsozialistischer Konzentrationslager waren, die Frage, was es Menschen ermöglicht, auch unter Extrembelastungen gesund zu bleiben (BZgA 1998)
21 Antonovsky 1979, S. 72 (in der deutschen Übersetzung zitiert nach: BZgA 1998, S. 32f)

Modell der Salutogenese (nach Aaron Antonovsky)

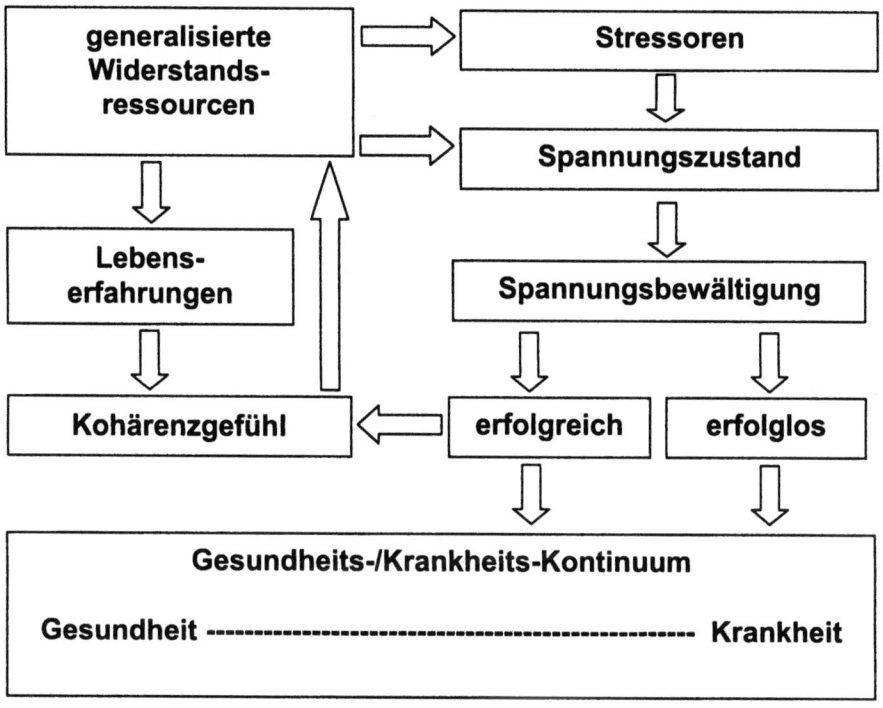

Grafik 1.1.: Modell der Salutogenese (nach Aaron Antonovsky)[22]

Auf die Wahrnehmung und Bewertung von Stressoren und den von ihnen erzeugten Spannungszuständen wirken die Generalisierten Widerstandsressourcen (generalized resistance resources) einer Person ein. Sie werden einerseits aus individuellen Faktoren (körperliche oder psychische Faktoren, Bewältigungsstrategien, Wissen, Selbstvertrauen etc.), andererseits aus sozialen und kulturellen Faktoren (finanzielle Möglichkeiten, soziale Unterstützung etc.) gebildet. Inwieweit diese Widerstandsressourcen mobilisiert werden können, hängt vom Kohärenzgefühl (sense of coherence) ab, dem nach Antonovsky eine zentrale Position in der Erklärung gesundheitsfördernder Prozesse zukommt. Das Kohärenzgefühl besteht aus drei Komponenten und beschreibt die

> *„globale Orientierung, die das Ausmaß ausdrückt, in dem jemand ein durchdringendes, überdauerndes und dennoch dynamisches Gefühl des Vertrauens hat, dass erstens die Anforderungen aus der inneren und äußeren Erfahrungswelt im Verlauf des Le-*

---

22 Grafik mit Veränderungen adaptiert aus: BZgA 1998, S. 36

bens strukturiert, vorhersagbar und erklärbar sind und dass zweitens die Ressourcen verfügbar sind, die nötig sind, um den Anforderungen gerecht zu werden. Und drittens, dass diese Anforderungen Herausforderungen sind, die Investition und Engagement verdienen."[23]

Das Kohärenzgefühl entwickelt sich im Laufe der Kindheit und Jugend und wird von den Erfahrungen eines Menschen beeinflusst, von den gesellschaftlichen Voraussetzungen und von der Verfügbarkeit Generalisierter Widerstandsressourcen. Die Veränderbarkeit und Stabilität des Kohärenzgefühls ist Gegenstand gegenwärtiger Forschung[24]. Mit dem Fragebogen zur Lebensorientierung (sense of coherence-Skala) liegt ein Instrument vor, das Kohärenzgefühl zu „messen", um die erfasste Ausprägung des Kohärenzgefühls in Verbindung mit anderen Variablen (Geschlecht, Gesundheitsverhalten, Gesundheits-zustand) analysieren zu können[25].

Die Vorstellung, dass individuelle Erfahrungen, gesellschaftliche Bedingungen und soziale Anforderungen, die eine Person erfüllen soll, in die Entwicklung des Kohärenz-gefühls eingehen, legt nahe, dass sich Menschen unter unterschiedlichen sozialen Bedingungen in der Entwicklung und möglicherweise Ausprägung des Kohärenzgefühls unterscheiden. In der Tat zeigen sich in einigen – jedoch nicht in allen – Studien Ge-schlechtsunterschiede im Kohärenzgefühl, wobei Frauen niedrigere Werte aufweisen als Männer[26].

Lesben und Gesundheit

Überträgt man die Vorstellungen der Salutogenese auf die Lebenssituation lesbischer Frauen in Deutschland, so lassen sich in vielen Kernpunkten lesbenspezifische Einflüsse auf Gesundheit und Krankheit postulieren, die im Folgenden genauer betrachtet werden sollen.

Lesben durchlaufen mit dem Coming Out[27] und der wiederkehrenden Frage des eige-nen Outings[28] im Alltag einen lebenslangen Prozess der Identitätsbildung[29], der aus ihrer marginalisierten Situation in einer heterosexuell dominierten Gesellschaft resultiert. Dies kann ebenso als *lesbenspezifischer Stressor* angesehen werden wie Erfahrungen mit

---

23 Antonovsky 1993, S. 12 (deutsche Übersetzung zitiert nach BZgA 1998, S. 30)
24 vgl. BZgA 1998
25 vgl. BZgA 1998, der Fragebogen zur Lebensorientierung ist bei BZgA 1998, S. 134-138 dokumentiert
26 vgl. BZgA 1998, S. 50f.
27 Mit Coming Out wird die Phase des Erkennens des eigenen Lesbischseins, der beginnenden Auseinandersetzung mit der eigenen Lebensweise und der Entwicklung einer lesbischen Identität bezeichnet. Derartige Prozesse finden lebenslang in der Interaktion mit der hetero-sexuellen und lesbischen Umwelt statt, doch besitzt die initiale Phase der Identitätsbildung eine besondere Bedeutung, weshalb sie hier mit dem Begriff „Coming Out" hervorgehoben wird. Zur Frage gesundheitlicher Veränderungen im Coming-Out-Prozess vgl. Wolf 2004.
28 Als Outing wird der offene Umgang mit dem eigenen Lesbischsein bezeichnet.
29 Garnets/Kimmel 1993, Cabaj/Stein 1996, D´Augelli/Patterson 2001,

Homophobie oder Lesbenfeindlichkeit. Hinzu kommen Fragen der sozialen Situation und Lebensführung, weil Lesben in zentralen Bereichen von der weiblichen Mehrheits-biographie[30] abweichen. So stellt sich für Lesben die Frage der „Vereinbarkeit von Beruf und Familie" möglicherweise anders als für Frauen, die mit Männern leben. Wichtige Unterschiede finden sich auch in der Familienplanung von Lesben[31] durch den Wegfall ungewollter Schwangerschaften in Frauenbeziehungen und andererseits durch das Auftreten spezifischer Probleme für Lesben mit Kinderwunsch. Im biomedizinischen Bereich können die Übertragung von HIV, des Humanen Papillomavirus und sexuell übertragbarer Erkrankungen unter Frauen als lesbenspezifische biologische *Stressoren* angesehen werden.

Auch im Hinblick auf die *Generalisierten Widerstandsressourcen* lassen sich lesben-spezifische Unterschiede finden oder vermuten. So existieren Benachteiligungen von lesbischen Frauen in der rechtlichen Situation gegenüber Frauen, die mit Männern leben[32]. Auch die Einbindung in soziale Bezüge und das Verhältnis zur Herkunftsfamilie stellen Widerstandsressourcen da, die bei lesbischen Frauen von ihrer Lebensweise beeinflusst sind[33], indem sich z.B. die Herkunftsfamilie mit dem Lesbischsein der Tochter auseinandersetzen muss oder soziale Netzwerke anders gestaltet werden.

Lesbische Frauen machen durch ihre unterschiedliche soziale Situation andere *Lebenserfahrungen* als heterosexuelle Frauen. Schon erwähnt wurden Erlebnisse von lesbenfeindlicher Diskriminierung und Gewalt, die ausschließlich Lesben betreffen. Aber auch im Bereich anderer Erfahrungen – wie Pubertät, Altern, Migration, Behinderung usw. – könnte eine lesbenspezifische Sichtweise bestehen. Untersucht wurde dies für die Situation lesbischer Migrantinnen[34] und für Lesben mit Behinderung[35].

Zu dem für Antonovsky zentralen Aspekt des *Kohärenzgefühls* existiert bisher keine Forschung, die der Frage nachgeht, ob sich Lesben als Gruppe im Kohärenzgefühl von anderen Frauen unterscheiden. Dies wäre durchaus denkbar, wenn man Antonovskys Vorstellung folgt, dass in die Ausbildung des Kohärenzgefühls auch die psychosoziale Situation eingeht. Lesben durchleben mit dem Coming Out einen Lebensabschnitt, der im Leben heterosexueller Frauen nicht vorkommt. Möglich wäre auch, dass sich das Kohärenzgefühl von Lesben im Verlauf ihres Coming Outs verändert.

Zusammenfassend legt die Anwendung des Salutogenesemodells auf Lesben nahe, dass sich in der Konsequenz der aufgeführten lesbenspezifischen Einflussfaktoren auch die gesundheitliche Situation lesbischer Frauen von der heterosexueller Frauen unterschei-det. In einigen internationalen Studien[36] ist auf ein möglicherweise erhöhtes Risiko für

30   Zur Frage weiblicher Lebensläufe und Familienplanung: BZgA 2002
31   vgl. Starke 1998
32   Bundesministerium der Justiz 2001
33   Patterson/D´Augelli 1998
34   Ipekcioğlu 1997
35   Puschke 2001, Rudolph 2001, Ulbricht 2003
36   Auf die vorliegenden internationalen Ergebnisse wird in den jeweiligen Kapiteln der Diskussi-on ausführlich eingegangen.

Lesben für bestimmte Erkrankungen hingewiesen worden, z.B. Brustkrebs oder Alkohol-abhängigkeit. Andere Studien erbrachten ein gleiches Erkrankungsrisiko für z.B. psychi-sche Erkrankungen, was die salutogenetische Frage aufwirft, welche Faktoren und Ressourcen es lesbischen Frauen unter den gegebenen gesellschaftlichen Bedingungen ermöglichen, gesund zu bleiben.

Konzept und Ziele der Studie

Für nahezu alle der angerissenen Fragen zur Gesundheit lesbischer Frauen liegen für Deutschland bisher keine Untersuchungen vor. Durch eine Fragebogenerhebung wurden deshalb Daten zur persönlichen Situation, der sexuellen Orientierung, der subjektiven Gesundheit, dem Gesundheitsverhalten und zu den Erfahrungen als lesbische Patientin bzw. Klientin erhoben. Das genaue Vorgehen wird im Methodikteil erläutert.

Die Ergebnisse der Untersuchung werden dann thematisch strukturiert dargestellt und im darauffolgenden Kapitel in Gegenüberstellung zu vorhandenen Daten aus der Ge-sundheitsforschung und aus internationalen Lesbengesundheitsstudien diskutiert.

Verallgemeinernde Aussagen über „die lesbischen Frauen" können aus der Untersu-chung nicht abgeleitet werden. Zum einen ist die befragte Stichprobe nicht repräsentativ, zum anderen ist für Deutschland noch nicht einmal erforscht, wie die Bevölkerungsgruppe der lesbischen Frauen demographisch beschrieben werden kann[37]. Dennoch liegen mit dieser Studie erstmals Daten über die gesundheitliche Situation lesbischer Frauen in Deutschland vor, die eine empirische Annäherung an die gesundheitliche Situation lesbischer Frauen allgemein ermöglich und als Grundlage zur Entwicklung von Hypothe-sen für die weitere Forschung und die praktische Arbeit im Gesundheitswesen dienen können. Diese Hypothesen bilden den Abschluss der vorliegenden Untersuchung.

Vorauszuschicken sind noch einige Anmerkungen zur Schwerpunktsetzung der Arbeit. Die Struktur und die Kernpunkte der Studie ergeben sich aus dem Fragebogen, der für die Untersuchung entwickelt wurde. Beim Design des Erhebungsbogens wurden beson-ders Fragestellungen berücksichtigt, denen in bevölkerungsbezogenen Studien oder inter-nationalen Lesbengesundheitsstudien bereits nachgegangen worden war, und die sich für eine quantitative Herangehensweise eignen. Dies trifft vor allem auf den klassischen medizinischen Bereich des Gesundheits- und Risikoverhaltens oder der Inanspruchnah-me der Gesundheitsversorgung zu. Andere, konzeptionell bisher weniger erforschte Sach-verhalte können mit dieser Herangehensweise nicht erfasst werden und wären gegenwär-tig die Domäne qualitativer Sozialforschung, beispielsweise lesbenspezifische Ressour-cen in gesundheitlichen Belangen, lesbische Netzwerke und soziale Kontakte, der Ein-

---

37 Dies drückt sich nicht zuletzt darin aus, dass keine validen Daten darüber vorliegen, welcher Anteil der weiblichen Bevölkerung in Deutschland lesbisch lebt. Schätzungen für andere westliche Industrieländer gehen in Abhängigkeit von der Definition lesbischer Lebensweise von einem Anteil von 2-5 % aus (Sell/Wells/Wypij 1995, Black/Gates et al. 2000, Sandfort 2003).

fluss von Frauenbeziehungen oder des Coming Out auf gesundheitliche Aspekte. Eine quantitative Erhebung kann diese Fragestellungen aktuell nicht abdecken. Der Umstand, dass sie hier weniger Raum erhalten, bedeutet nicht, dass sie weniger wichtig sind als die Fragen, auf die in dieser Arbeit ausführlicher eingegangen wird.

Die vorliegende Arbeit versteht sich als Beitrag, die Existenz und die Anliegen lesbischer Frauen als Nutzerinnen der Gesundheitsversorgung sichtbarer zu machen. Und vielleicht wird die Arbeit auf diese Weise sogar bei der ein oder anderen lesbischen Frau positiv im Sinne der Salutogenese wirksam.

2) Methodik

2.1) Zielsetzung

In Deutschland wurden bislang keine Daten über die Situation lesbischer Frauen in der Gesundheitsversorgung erhoben, die auch als solche auswertbar gewesen wären. Zwar ist davon auszugehen, dass sich unter den Teilnehmerinnen vieler Gesundheitsstudien auch lesbische Frauen befinden, jedoch wurde und wird dieser Aspekt der Lebensweise nicht berücksichtigt. Lesbische Probandinnen bleiben mithin unsichtbar in den bisherigen Studien.

Ziel dieser Untersuchung ist es deshalb, Daten über gesundheitsrelevantes Verhalten von Lesben zu gewinnen, anhand derer Hypothesen über eine mögliche Relevanz der sexuellen Orientierung bzw. Lebensweise für gesundheitliche Fragestellungen formuliert werden können. Dazu wurde eine größere Anzahl von Lesben aus der Bundesrepublik Deutschland über verschiedene Themenkreise des Bereichs „Gesundheit" befragt.

Um eine möglichst große Fallzahl in einem zeitlich und finanziell überschaubaren Rahmen erfassen zu können, wurde für die Datenerhebung die schriftliche Befragung mittels eines – überwiegend aus geschlossenen Fragen bestehenden – Fragebogens gewählt. Die Ergebnisse wurden elektronisch erfasst und ausgewertet und werden bereits vorliegenden nationalen und internationalen Daten gegenübergestellt.

2.2) Material und Durchführung der Untersuchung

Auf der Grundlage der qualitativen und quantitativen Forschung, die international bereits zum Thema Lesbengesundheit geleistet wurde, wurde ein achtseitiger Fragebogen entwickelt, dessen inhaltliche Schwerpunkte sich in folgende Bereiche gliedern lassen: demographische Daten, gesellschaftliche Situation der Probandin, sexuelle Orientierung und Offenheit, Gesundheitsverhalten, Vorsorgeverhalten, Risikoverhalten, subjektive Morbidität und Erfahrungen im medizinischen Bereich.

2.2.1) Vortests

Mit dem Erhebungsinstrument wurden zwei Vortests durchgeführt.

Erster Vortest: Dezember 1998

Nach der Entwicklung einer ersten Fassung des Fragebogens fand im Dezember 1998 mit fünf Frauen der erste Vortest statt. Die Teilnehmerinnen am ersten Vortest hatten über den Frauenbuchladen Nürnberg von der Untersuchung erfahren und sich bereit erklärt, zunächst den vorgelegten Bogen auszufüllen. Direkt im Anschluss fand mit jeder Probandin einzeln eine ca. 30minütige Diskussion über Form und Inhalt des Fragebogens statt.

Gemäß den Ergebnissen dieses Vortests wurde der Fragebogen überarbeitet. Einzelne Formulierungen wurden geändert und die Reihenfolge der Fragen angepasst. Der Bereich „subjektive Morbidität" wurde komplett neu gestaltet und die Antwortkategorien, vor allem im Bereich „Gesundheitsverhalten", modifiziert. Die Fragen zum kulturellen Hintergrund wurden zusammengefasst und die Skala zur Erfassung der sexuellen Orientierung modifiziert (Einzelheiten siehe Kapitel 2.2.2.1). Der Vortest ergab außerdem, dass der Zeitaufwand für die Teilnahme bei 20-35 Minuten lag.

Zweiter Vortest: Januar 1999

Im Januar 1999 fand mit der überarbeiteten Version ein zweiter, anonymer Vortest statt. Über einen Zeitraum von drei Wochen lagen im Frauenbuchladen Nürnberg Fragebogen mit Anschreiben aus, die dort auch anonym wieder abgegeben werden konnten.

Von den 50 verteilten Bogen wurden 20 zurückgegeben, was einer Rücklaufquote von 40% entspricht. Die Daten wurden mit Data-Entry für DOS erfasst und mit SPSS statistisch ausgewertet. Insbesondere Fragen, die häufiger nicht oder unvollständig beantwortet wurden, wurden auf Klarheit und Übersichtlichkeit überprüft.

2.2.2) Haupterhebung

2.2.2.1) Konstruktion und Aufbau des Fragebogens

Die Endfassung des Erhebungsbogens enthielt 40 Fragen[1]. Nur eine der Fragen war offen formuliert, die restlichen geschlossen. Im Folgenden werden Aufbau und theoretischer Hintergrund einzelner Fragen erläutert.

a) Fragen zur Person und zur gesellschaftlichen Situation

Zur demographischen Beschreibung der Stichprobe dienten die Fragen nach *Alter, schulischer und beruflicher Ausbildung,* momentaner *beruflicher Situation, medizinischer Ausbildung, Bekenntnis, Nettomonatseinkommen, Krankenversicherung, Wohnsituation*

---

1   Der vollständige Fragebogen ist im Anhang dokumentiert.

bzw. *Wohnort, Familienstand, Anzahl der Kinder* und nach dem *kulturellen Hintergrund.* Außerdem wurden die Frauen zu ihrem *Freundes- und Bekanntenkreis* und *zu persönlichen Einstellungen und Interessen* in den Bereichen Feminismus, Zugehörigkeit zur lesbisch-schwulen „Szene", Interesse an spirituellen Themen, alternativer Medizin oder sogenannten Frauen-Heilweisen befragt.

b) Sexuelle Orientierung und Erfahrungen, Offenheit

Es gab historisch verschiedene Versuche, *sexuelle Orientierung* für die Messung in Erhebungen zu operationalisieren[2]. *Kinsey/Pomeroy et al.* entwickelten in ihren Abhandlungen über das Sexualverhalten des Mannes (1948) und der Frau (1953) eine siebenstufige Skala zur Erfassung der sexuellen Orientierung[3].

Für den Fragebogen wurde eine – analog der Kinsey-Skala – siebenstufige Skala verwendet, deren Endpunkte mit 1=„ausschließlich heterosexuell" und 7=„ausschließlich lesbisch/homosexuell" vorgegeben waren (siehe Abb. 2.1.).

ausschließlich	⊏	⊐	⊐	⊐	⊏	⊏	⊏	ausschließlich
heterosexuell	1	2	3	4	5	6	7	lesbisch / homosexuell

Abb. 2.1.: Skala zur Erfassung der sexuellen Orientierung im Fragebogen

Während bei *Kinsey/Pomeroy et al.* mit dem sexuellen Verhalten und den sexuellen Gefühlen zwei Faktoren in die Kinsey-Skala eingingen, wurde im Fragebogen der vorliegenden Studie ausschließlich eine Kategorie, die Selbsteinschätzung der Lebensweise durch die Probandinnen, erfasst[4].
Gegenüber der Kinsey-Skala wurde außerdem die Zifferneinteilung leicht verändert. Die Teilnehmerinnen des ersten Vortests hatten nahezu durchgehend angemerkt, dass die Gleichsetzung von „ausschließlich heterosexuell" mit der Ziffer „null", wie in der Originalskala von *Kinsey/Pomeroy et al.* vorgesehen, bei ihnen den Eindruck erwecke, heterosexuelle Lebensweise werde hier gegenüber lesbischer Lebensweise abgewertet. Weil aus Gründen der Übersichtlichkeit auf eine Zifferneinteilung nicht vollständig verzichtet werden konnte, wurde die Nummerierung modifiziert und „ausschließlich heterosexuell" gleich „eins" gesetzt.

---

2   vgl. Sell 1997
3   vgl. Kinsey/Pomeroy 1948, Kinsey/Pomeroy et al. 1953
4   Zu Einzelheiten der Kinsey-Skala: vgl. den Diskussionsteil der Arbeit

Alternativ zu einer Einordnung in diese Skala konnten Frauen angeben, dass sie sich über ihre sexuelle Identität momentan nicht im Klaren seien, oder sie sich in dieser Unterteilung nicht wiederfinden können.

Die erste Alternativmöglichkeit wurde für Frauen in den Bogen aufgenommen, die sich gerade im Coming-Out oder einer Orientierungsphase befanden. Die Aussage „Die Skala trifft auf mich nicht zu" sollte denjenigen Frauen eine Antwortmöglichkeit bieten, die sich selbst in den gesellschaftlich hergestellten Kategorien von Hetero- versus Homosexualität nicht wiederfinden können, insbesondere transgendered[5] oder transsexuelle Personen oder Frauen, die identitätskritische Konzepte vertreten[6].

Weiterhin war von Interesse, wie die Frauen sich sexuell wirklich verhalten. Hierzu wurden sie gefragt, mit wie vielen Frauen oder Männern sie *sexuelle Beziehungen* hatten bzw. sexuell aktiv" gewesen seien. Die Angaben waren getrennt für zwei Zeiträume – das letzte Jahr und das bisherige Leben – zu machen.

Die Frageformulierung zielte auf die freiwilligen sexuellen Aktivitäten der Probandinnen ab; ausgeklammert werden sollten berufliche Kontakte im Rahmen von Prostitution oder sexuelle Gewalterfahrungen. Im Rahmen des ersten Vortests waren verschiedene Formulierungen mit den Teilnehmerinnen diskutiert und schließlich obengenannte ausgewählt worden.

Einige Probandinnen der Haupterhebung erkannten, dass sexualisierte Gewalterfahrungen nicht in der Frageformulierung vorkamen, und gaben diese dann getrennt von ihren freiwilligen sexuellen Aktivitäten an. In solchen Fällen wurden für die Auswertung die Zahlenangaben für die freiwilligen Sexualkontakte erfasst.

Die *Offenheit im Umgang mit dem Lesbischsein* wurde für verschiedene Lebensbereiche getrennt erhoben. Der Aufbau dieser Frage wurde aus der Studie *„Gewalt gegen lesbische Frauen"*[7] des *Ministeriums für Frauen, Jugend, Familie und Gesundheit des Landes Nordrhein-Westfalen* (1999) übernommen. Allerdings wurden die erfragten Lebensbereiche (Familie, Arbeitsplatz, Freundeskreis, Ausbildung und medizinische Versorgung) modifiziert und der medizinisch-therapeutische Sektor stärker differenziert (Hausärztin/-arzt, Frauenärztin/-arzt, Psychotherapeut/-in, Heilpraktiker/-in).

Frauen, die bei Ärztinnen und Ärzten ihre lesbische Lebensweise nicht grundsätzlich offen legten, wurden um die Angabe der dafür maßgeblichen Gründe gebeten.

---

5   „So steht `Transgender´ hier zu Lande für eine sehr gemischte Gruppe, deren einzige Gemeinsamkeit es ist, dass sie ihre ursprüngliche Geschlechtszuweisung als unpassend empfinden (...)" (Regh 2002, S. 185), zur weiteren Diskussion des Begriffes `Transgender´ vgl. polymorph 2002

6   Zum Thema der Identitätskritik, der sozialen Konstruktion von Geschlecht und sexueller Orientierung vgl. Gildemeister 1992, Hark 1994, Palzkill 1994, polymorph 2002

7   Ministerium für Frauen, Jugend, Familie und Gesundheit des Landes Nordrhein-Westfalen 1999

c) Subjektive Gesundheit

Die *Selbsteinschätzung des Gesundheitszustandes* wurde anhand einer fünfstufigen Skala erhoben. Dieses Messinstrument fand in mehreren deutschen Studien Anwendung[8], so z.b. in der Deutschen Herz-Kreislaufpräventionsstudie (DHP).

In den Vortests bestätigte sich die Notwendigkeit, physisches und psychisches Wohlbefinden zu unterscheiden und getrennt zu erfragen, weil die Teilnehmerinnen des ersten Pretests sich nicht in der Lage sahen, beide Faktoren in nur einer Skala anzugeben.

Die WHO-Definition für Gesundheit beinhaltet mit dem „sozialen Wohlbefinden" noch eine dritte Dimension, die ursprünglich mit der Frage „Wie zufrieden sind Sie mit ihrer sozialen Situation?" angesprochen werden sollte. Diese Frage wurde in der Haupterhebung nicht gestellt, da die Teilnehmerinnen des ersten Vortests die Formulierung ausschließlich auf den lesbischen Teilaspekt (Eingebundenheit in eine lesbische Subkultur und „community" u.ä.) ihrer sozialen Situation bezogen hatten. Die Brauchbarkeit der Frage (Validität) zur Erfassung des sozialen Wohlbefindens bei einer lesbischen Zielgruppe war damit stark anzuzweifeln.

Gesondert erfasst wurden das *Vorhandensein chronischer Erkrankungen und Behinderungen.* Die Definition der Begriffe „chronische Erkrankung" und „Behinderung" blieb den Probandinnen selbst überlassen. Unter Rücksichtnahme auf den Umfang des Fragebogens wurde bei den *chronischen Erkrankungen* auf eine weitere Differenzierung verzichtet. In der Frage nach *Behinderungen* wurde folgende Kategorien unterschieden: Körperbehinderung – Sinnesbehinderung – leicht bzw. nicht leicht zu erkennende Behinderung – von Geburt an bestehend bzw. später erworben.

d) Gesundheitsverhalten und Inanspruchnahme der Gesundheitsversorgung

Die Teilnehmerinnen wurden gebeten, für acht potentielle *Informationsquellen zu gesundheitsrelevanten Fragen* anzugeben, wie häufig sie diese innerhalb des letzten Jahres genutzt haben: Ärztin/Arzt, Apothekerin/Apotheker, Heilpraktikerin/Heilpraktiker, Freundinnen/Freunde und Bekannte, Frauengesundheitszentrum, Beratungsstellen und Gesundheitsämter, Medien/Literatur/Presse, Veranstaltungen/Workshops/Kongresse.

Ähnlich wurden die *Maßnahmen* erfasst, die von den Frauen innerhalb des letzten Jahres ergriffen wurden, *um gesundheitlichen Problemen vorzubeugen oder diese zu behandeln.* Im pharmakologischen Bereich wurde hierbei zwischen verschriebenen Arzneimitteln und Selbstmedikation aus der Apotheke differenziert. Aus dem Bereich alternativer Heilmethoden standen Homöopathie, Heilkräutertherapie, Akupunktur, manuelle Therapieverfahren (Massage, Reflexzonenmassage und Rolfing), energetische Methoden ohne Trägermedium (Reiki, Visualisieren, Energiearbeit) und energetische Methoden mit Trägermedium (Bachblütentherapie, Farbtherapie, Edelsteintherapie, Aromatherapie) zur

---

8   vgl. Renner/Hahn/Schwarz 1996, Senatsverwaltung für Gesundheit Berlin 1995, Hoeltz/ Bormann/Schroeder 1990

Auswahl. Auch Maßnahmen aus dem Bereich der allgemeinen Lebensführung (Ernährung, Bewegung, Stressabbau) waren aufgeführt.

Anhand einer fünfstufigen Skala konnten die Probandinnen angeben, wie sehr sie auf ihre Gesundheit achten (*Achtung auf Gesundheit*) und wie sie die Möglichkeiten einer Person einschätzen, den eigenen Gesundheitszustand zu beeinflussen (*subjektive Kontrollüberzeugung*).

Von besonderem Interesse war in diesem Zusammenhang, ob und wie häufig bestehende Möglichkeiten der *Vorsorge* und *Früherkennung* genutzt werden. Unterschieden wurden hierbei die Bereiche der Zahnmedizin, der Allgemeinmedizin und der Gynäkologie. Darüber hinaus wurden die Probandinnen auch befragt, ob und wie häufig sie eine *Selbstuntersuchung der Brust* durchführten.

Für Ärztinnen und Ärzte verschiedener Fachrichtungen, Heilpraktiker/-innen, Heiler/-innen und Psychotherapeutinnen/-therapeuten wurde erfasst, wie häufig und aus welchen Gründen sie von den Frauen innerhalb des letzten Jahres aufgesucht worden waren. Von den Teilnehmerinnen wurden das Geschlecht und die von den Befragten vermutete sexuelle Orientierung dieser *Behandlerinnen und Behandler* erhoben.

e) Risikoverhalten

Die Teilnehmerinnen wurden zu ihren Konsumgewohnheiten von Zigaretten, Alkohol, Coffein, Cannabisprodukten (Haschisch, Marihuana) und anderen Drogen sowie zur Einnahme bestimmter Medikamente mit Missbrauchspotential befragt. Der Umfang ihrer *sportlichen Betätigung* wurde als Wochenstundenzahl erhoben. Aus den Angaben zu *Körpergröße* und *Gewicht* wurde für die Auswertung der Body-Mass-Index (Gewicht/Größe² in kg/m²) berechnet.

f) Erfahrungen mit Ärztinnen und Ärzten

Die *allgemeine Beurteilung ihrer bisherigen Erfahrungen mit Ärztinnen und Ärzten* im medizinischen Setting konnten die Frauen mittels einer fünfstufigen Skala ausdrücken. Die Antworten wurden für Ärztinnen und für Ärzte getrennt erhoben.

Anhand einer Liste, die zehn mögliche *Reaktionen von medizinischem Personal auf ein Coming Out als Lesbe* aufzählte, sollten die Frauen angeben, was sie bisher an Verhalten erlebt haben. Die Antwortmöglichkeiten umfassten sowohl positive und neutrale als auch negative Reaktionen. In einer offenen Frage wurden die Frauen zudem gebeten, die Erfahrungen zu schildern, die sie als Lesbe im medizinischen Bereich gemacht haben.

In einer zweiten Frage wurden dann nochmals gezielt abwertende, diskriminierende oder gewalttätige Situationen erfragt, denen die Frauen durch Ärztinnen und Ärzte möglicherweise schon einmal ausgesetzt waren. Hier ging es zunächst nur darum, vorhandene Gewalterfahrungen im medizinischen Bereich insgesamt zu erfassen, unabhängig davon, ob es sich um lesbenfeindliches Verhalten handelte oder nicht. Erst in einer Zusatzfrage sollten die Frauen dann beantworten, wie sie sich diese Erlebnisse selbst erklärten und ob sie sie als Ausdruck gesellschaftlicher Diskriminierungsstrukturen erlebt haben (Lesbenfeindlichkeit, Sexismus, Rassismus oder Behindertenfeindlichkeit).

2.2.2.2.) Durchführung der Hauptuntersuchung

Die Haupterhebung fand vom 21. bis. 24. Mai 1999 in Köln auf dem Lesbenfrühlingstreffen statt, einem Veranstaltungswochenende von und für lesbische Frauen.

Das Lesbenfrühlingstreffen wird seit 1972 jährlich am Pfingstwochenende veranstaltet. War bis 1978 Berlin der Veranstaltungsort, so wird das Treffen seitdem jedes Jahr in einer anderen deutschen Großstadt ausgerichtet[9]. Das Treffen gliedert sich in den Bereich der Tagesveranstaltungen, die als Vorträge, Workshops, Lesungen etc. zu verschiedenen Themen angeboten werden, und die Abendveranstaltungen (Konzerte, Theater, Kabarett etc.). Außerdem gibt es Räumlichkeiten, in denen Verkaufs- und Informationsstände für die Zeit des Wochenendes aufgebaut werden können.

Nach Angaben der Kölner Veranstalterinnen nahmen 1999 insgesamt ca. 5.000 Frauen am Lesbenfrühling teil, ca. 4.000 davon am Tagesprogramm.

Zur Durchführung der Erhebung war ein Informationsstand am Veranstaltungsort eingerichtet worden, der während der Tagesveranstaltungen durchgängig besetzt war. Die Fragebögen wurden an die Teilnehmerinnen des Tagesprogramms persönlich verteilt und konnten von diesen am Informationsstand abgegeben oder per Post bis zum 30.6.1999 zurückgesandt werden.

2.2.2.3) Auswertung

Die Daten wurden manuell mit Data-Entry für DOS erfasst und nach vollständiger Überprüfung auf Erfassungsfehler mit SPSS 6.1.3 und 10.0.7 ausgewertet.

Zur Analyse der Daten wurde für Kreuztabellen der χ^2-Test, bei Vierfelder-Tafeln der Exakte Test nach Fischer eingesetzt. Für den Vergleich zweier abhängiger Stichproben kamen der Vorzeichen-Test bzw. der McNemar-Test im Falle dichotomer Variablen zum Einsatz. Für die Frage der Übereinstimmung zweier ordinalskalierter Variablen in maximal fünf Ausprägungen wurde der kappa-Koeffizient berechnet.

Als einzige stetige Variable der Erhebung wurde der Body-Mass-Index mit dem Kolmogoroff-Smirnoff-Test auf Normalverteilung überprüft. Da diese nicht angenommen werden konnte, wurden zur Analyse des BMI ebenfalls nicht-parametrische Tests verwendet.

Als statistisch signifikant wurden Werte angesehen, bei denen mit einer Irrtumswahrscheinlichkeit von weniger als 5 % (p<0,05) die Nullhypothese verworfen werden konnte. Hierbei wurde immer die Signifikanz für zweiseitige Fragestellungen zugrunde gelegt.

---

9   Lesbennetz e.V. 1999, S.142-144

2.3) Ein-, Ausschlusskriterien und Rücklauf

Für die Erhebung galten folgende Ein- und Ausschlusskriterien:

Einschlusskriterien:
- Abgabe eines Fragebogens während des Lesbenfrühlingstreffens oder Rücksendung des Fragebogens bis einschließlich 30.6.1999
- Lebensmittelpunkt in Deutschland: erfasst durch das Markieren mindestens eines Bundeslandes auf die Frage „In welchem Bundesland leben Sie?"

Ausschlusskriterium:
- Antwort „Ich lebe nicht in Deutschland" auf die Frage „In welchem Bundesland leben Sie?" oder fehlende Beantwortung dieser Frage

Von den 1312 verteilten Fragebogen wurden 595 zurückgegeben. 578 Bogen konnten in die Auswertung einbezogen werden, was einem Rücklauf von 44,1% entspricht. Die 17 drop-outs wurden aus der Auswertung ausgeschlossen, weil kein Bundesland als Wohnort angegeben war (10 Fälle) oder die Befragten nicht in Deutschland lebten (7 Fälle).

Legt man die Schätzung der Organisatorinnen über die Besucherinnenzahl am Tagesprogramm des Kölner Lesbenfrühlingstreffens mit 4.000 Frauen zugrunde, hat ungefähr jede siebte Besucherin einen Fragebogen ausgefüllt.

2.4) Systematik der Literatursuche

Für den Vergleich und die Gegenüberstellung der Ergebnisse mit nationalen und internationalen Daten wurde systematisch nach Publikationen, Erhebungen und Studien zur gesundheitlichen Situation lesbischer Frauen gesucht.

Die Suche wurden in den Datenbanken Medline, Biosis Previews, Psyndex, PsycInfo, Sociological Abstracts, Social Sciences Index, Cancerlit, der Cochrane Library, dem Karlsruher Virtuellen Katalog (KVK), deutschsprachigen medizinischen Fachzeitschriften, dem World Wide Web und in der sogenannten grauen Literatur deutscher Frauenarchive bzw. Lesbenarchive durchgeführt.

In der Diskussion wurden alle Veröffentlichungen berücksichtigt, die bis November 2003 mit angemessenem finanziellen Aufwand in den Sprachen Deutsch und Englisch zu erhalten waren.

3) Ergebnisse

3.1) Teilnehmerinnen der Hauptuntersuchung

Die Fragebogen von 578 Teilnehmerinnen der Haupterhebung entsprachen den Einschlusskriterien und konnten ausgewertet werden.

Mehr als die Hälfte der Teilnehmerinnen lebte in den drei westdeutschen Flächenstaaten Nordrhein-Westfalen (31,1 %), Bayern (14,1 %) und Baden-Württemberg (13,5 %). Insgesamt stammten 93,1 % der Teilnehmerinnen aus den westlichen Bundesländern, 2,3 % aus Berlin und 4,7 % aus den ostdeutschen Ländern. Aus Thüringen und Mecklenburg-Vorpommern hatten keine Lesben an der Erhebung teilgenommen (Tab. 3.1.1.). Zwei Frauen hatten mehr als ein Bundesland als ständigen Wohnsitz angegeben (ihre Angaben sind nicht in der Tabelle dargestellt).

Bundesland

	Anzahl	Prozent
Baden-Württemberg	78	13,5 %
Bayern	81	14,1 %
Berlin	13	2,3 %
Brandenburg	1	0,2 %
Bremen	27	4,7 %
Hamburg	22	3,8 %
Hessen	55	9,5 %
Niedersachsen	38	6,6 %
Nordrhein-Westfalen	179	31,1 %
Rheinland-Pfalz	24	4,2 %
Saarland	20	3,5 %
Sachsen	5	0,9 %
Sachsen-Anhalt	21	3,6 %
Schleswig-Holstein	12	2,1 %
Gesamt	576	100,0 %

Tab. 3.1.1: Bundesland

Die Mehrzahl der Teilnehmerinnen bezeichnete ihren Wohnort als „großstädtisch" (56,4 %) (Tab. 3.1.2.).

Wohnort

	Anzahl	Prozent
Ländliche Gegend	91	15,9 %
Kleinstädtisch	158	27,7 %
Großstädtisch	322	56,4 %
Gesamt	571	100,0 %

Tab. 3.1.2: Wohnort der Teilnehmerinnen

Es waren Frauen aller Altersklassen vertreten; der Altersmedian lag bei 30-34 Jahren (Tab. 3.1.3.).

Alter

	Anzahl	Prozent
unter zwanzig	7	1,2 %
20-24 Jahre	61	10,6 %
25-29 Jahre	110	19,0 %
30-34 Jahre	172	29,8 %
35-39 Jahre	143	24,7 %
40-44 Jahre	44	7,6 %
45-49 Jahre	28	4,8 %
50-54 Jahre	9	1,6 %
55-59 Jahre	2	0,3 %
60 Jahre und älter	2	0,3 %
Gesamt	578	100,0 %

Tab. 3.1.3: Alter

Jede zehnte Frau gab an, Kinder zu haben (9,8 %) (Tab. 3.1.4.). 9,4 % hatten einmal in einer heterosexuellen Ehe gelebt oder waren zum Zeitpunkt der Befragung verheiratet[1] (Tab. 3.1.5.).

Kinderzahl

	Anzahl	Prozent
Keine Kinder	483	90,2 %
Kinder	52	9,8 %
davon: 1 Kind	30	5,6 %
2 Kinder	18	3,4 %
3 Kinder	3	0,6 %
4 Kinder	1	0,2 %
Gesamt	535	100,0 %

Tab. 3.1.4: Kinderzahl

---

1 Die Begriffe „verheiratet" und „Ehe" beziehen sich in dieser Arbeit auf heterosexuelle Lebens-gemeinschaften, während für lesbische Lebensformen gemäß dem Lebenspartnerschafts-gesetz die Begriffe „verpartnert" und „Lebenspartnerschaft" verwendet werden. Zum Zeitpunkt der Erhebung bestand das Lebenspartnerschaftsgesetz noch nicht; der Familienstand „verpartnert" wurde in der Untersuchung nicht erhoben.

Familienstand

	Anzahl	Prozent
Ledig	509	90,6 %
Verheiratet	1	0,2 %
Getrennt lebend	8	1,4 %
Geschieden	43	7,7 %
Verwitwet	1	0,2 %
Gesamt	562	100,0 %

Tab.: 3.1.5: Familienstand

39,9 % lebten in einem Single-Haushalt (Tab. 3.1.6.). Die anderen Frauen wohnten überwiegend mit ihrer Partnerin zusammen (insgesamt: 36,1 %) oder in einer Wohngemeinschaft (insgesamt 20,1 %).

Wohnsituation

	Anzahl	Prozent
Wohnungslos	1	0,2 %
1-Personenhaushalt	230	39,9 %
WG	106	18,4 %
Mit der Partnerin	189	32,8 %
Mit eigenen Kindern	20	3,5 %
Mit Partnerin und eigenen Kindern	8	1,4 %
Mit den Eltern	11	1,9 %
In WG, mit der Partnerin	8	1,4 %
In WG, mit der Partnerin und eigenen Kindern	2	0,3 %
Mit Eltern und Partnerin	1	0,2 %
Gesamt	576	100,0 %

Tab. 3.1.6: Wohnsituation

Einkommen

Deutsche Mark	Euro	Anzahl	Prozent
Unter 1.000 DM	Unter 511 €	70	12,4 %
Bis 1.500 DM	Bis 767 €	118	20,9 %
Bis 2.000 DM	Bis 1.023 €	87	15,4 %
Bis 2.500 DM	Bis 1.278 €	124	21,9 %
Bis 3.000 DM	Bis 1.534 €	84	14,9 %
Bis 3.500 DM	Bis 1.790 €	38	6,7 %
Bis 4.000 DM	Bis 2.045 €	23	4,1 %
4.000 und mehr	2.045 € und mehr	21	3,7 %
Gesamt		565	100,0 %

Tab. 3.1.7: Einkommen

Das monatliche Nettoeinkommen der Befragten lag im Median bei 2.000 bis 2.499 DM [1.023-1.278 €[2]] (21,9 %), allerdings gab es einen zweiten Häufigkeitsgipfel in der Einkommensklasse von 1.000 bis 1.499 DM [511-766 €] (20,9 %) (Tab. 3.1.7.).

Fast die Hälfte der Frauen war ohne religiöses Bekenntnis (48,9 %). Die übrigen Teilnehmerinnen verteilten sich zu nahezu gleichen Teilen auf die evangelische und katholische Konfession. Drei Frauen waren Jüdinnen; keine Frau gab an, muslimischen Glaubens zu sein (Tab. 3.1.8.).

Bekenntnis

	Anzahl	Prozent
ohne Bekenntnis	278	48,9 %
Evangelisch	135	23,7 %
Katholisch	123	21,6 %
Jüdisch	3	0,5 %
Muslimisch	0	0
Anderes	30	5,3 %
Gesamt	569	100,0 %

Tab. 3.1.8: Bekenntnis

Bei der Frage nach ihrem kulturellen Hintergrund bezeichnete sich eine Teilnehmerin als „Schwarze/Schwarze Deutsche". 21 Frauen waren nach Deutschland eingewandert (3,6 %) und weitere 32 waren Migrantinnen der zweiten Generation[3] (5,5 %). Weiße Frauen ohne Migrationserfahrung (84,6 %) stellten die dominierende Gruppe in der Stichprobe.

Mehr als drei Viertel der Frauen gaben einen Schulabschluss an, der sie zu einem Fachhochschul- oder Hochschulstudium qualifizierte (78,9 %), 16,9 % hatten die Mittlere Reife und 3,7 % einen anderen Schulabschluss erreicht (Tab. 3.1.9.).

Schulbildung

	Anzahl	Prozent
kein Schulabschluss	3	0,5 %
qualifizierender Hauptschulabschluss, Hauptschule, Sonderschule	21	3,7 %
Realschule, mittlere Reife	96	16,9 %
Abitur, Fachabitur	354	62,3 %
studienqualifizierender Abschluss	94	16,5 %
Gesamt	568	100,0 %

Tab. 3.1.9: Schulbildung

---

2   Das Einkommen wurde in der Währung „Deutsche Mark" erhoben und gemäß des offiziellen Kurses 1 € = 1,95583 DM in die Währung „Euro" umgerechnet.

3   Als Migrantinnen der zweiten Generation werden in Deutschland geborene Frauen mit mindestens einem Elternteil bezeichnet, der nach Deutschland eingewandert ist.

26,9 % der Frauen absolvierten gerade eine Schule, Universität oder Ausbildung. Von den erwerbstätigen Frauen war die Mehrheit in einem Angestelltenverhältnis tätig (53,6 %), 14,0 % waren selbständig und jeweils knapp fünf Prozent waren Arbeiterinnen, Beamtinnen oder nicht berufstätig (Tab. 3.1.10., Mehrfachnennungen waren möglich).

Berufliche Situation (Mehrfachnennungen möglich)

	Anzahl	Prozent
Schülerin/Studentin/Auszubildende	155	26,9 %
Arbeiterin	28	4,9 %
Angestellte	309	53,6 %
Selbständige	81	14,0 %
Beamtin	26	4,5 %
Rentnerin	3	0,5 %
nicht berufstätig	27	4,7 %
Gesamt	577	100,0 %

Tab. 3.1.10: Berufliche Situation

Fast zwei Fünftel der Teilnehmerinnen gaben an, in einem medizinischen Beruf tätig zu sein oder zum Zeitpunkt der Befragung eine entsprechende Ausbildung zu machen. Am stärksten vertreten waren hierbei der Pflegebereich und psychologische Berufe (Tab. 3.1.11.).

Medizinische Berufe (Mehrfachnennungen bei Berufsbezeichnung möglich)

		Anzahl	Prozent
Kein medizinischer Beruf		328	60,4 %
Medizinischer Beruf		215	39,6 %
Davon im Bereich:	Physiotherapie	21	3,9 %
	Pflege	60	11,0 %
	Zahn-/Arzthelferin	6	1,1 %
	Labor/Technik	9	1,7 %
	Psychologie	43	7,9 %
	Heilpraktikerin	14	2,6 %
	Zahn-/Ärztin	23	4,2 %
	anderes	59	10,9 %
Gesamt		543	100,0 %

Tab. 3.1.11: Medizinische Berufe

86,1 % der Frauen waren gesetzlich krankenversichert, 13,2 % waren privat krankenversichert. Zwei Frauen (0,3 %) besaßen zum Zeitpunkt der Befragung keine Krankenversicherung (Tab. 3.2.12.).

Krankenversicherung

	Anzahl	Prozent
nicht versichert	2	0,3 %
gesetzlich	496	86,1 %
privat	76	13,2 %
unbekannt	2	0,3 %
Gesamt	576	100,0 %

Tab. 3.1.12: Krankenversicherung

Um eine Einordnung zu ermöglichen, mit welchem Kreis von Freundinnen, Freunden und Bekannten die Untersuchungsteilnehmerinnen Kontakt hatten, wurden sie gebeten, die Zustimmung zu verschiedenen Aussagen zu markieren, falls diese auf sie zuträfen.

Fast drei Viertel aller Teilnehmerinnen stimmten zu, dass ihr persönliches Umfeld überwiegend aus Frauen bestünde; fast die Hälfte der Teilnehmerinnen meinte, überwiegend Kontakt zu lesbischen Frauen zu haben. Die folgende Tabelle gibt die Antworten im Einzelnen wieder (Tab. 3.1.13.).

Freundes- und Bekanntenkreis (Mehrfachnennungen möglich)

	Zustimmung	
	Anzahl	Prozent
„Ich habe überwiegend Kontakt zu Frauen."	433	74,9 %
„Ich habe überwiegend zu lesbischen Frauen Kontakt."	287	49,7 %
„Mein Freundes- und Bekanntenkreis besteht vor allem aus homosexuellen Frauen und Männern."	98	17,0 %
„Ich habe überwiegend Kontakt zu heterosexuellen Leuten."	100	17,3 %
„Ich habe keine männlichen Freunde."	116	20,1 %

Tab. 3.1.13: Freundes- und Bekanntenkreis

Auch für den Bereich der gesellschaftlichen Interessen standen verschiedene Aussagen zur Auswahl, die die Teilnehmerinnen bei Zustimmung markieren konnten.

Drei Aussagen bezogen sich auf das Verhältnis der Befragten zur Frauenbewegung bzw. zu feministischen Ideen. Mehr als drei Viertel aller Teilnehmerinnen gaben an, sich feministischen Ideen verbunden zu fühlen; 25,4 % bezeichneten sich als „in der feministischen Bewegung engagiert". 5,9 % distanzierten sich von Frauenbewegung und Feminismus. Der Lesben-/Lesben- und Schwulenbewegung oder homosexuellen „Szene" fühlten sich 59,0 % zugehörig (Tab. 3.1.14.).

Gesellschaftliche Interessen: Frauenbewegung und Lesben- und Schwulenbewegung (Mehrfachnennungen möglich)

	Zustimmung	
	Anzahl	Prozent
„Ich fühle mich feministischen Ideen verbunden."	441	76,3 %
„Ich bin in der feministischen Bewegung engagiert."	147	25,4 %
„Ich habe mit der Frauenbewegung/dem Feminismus nichts zu tun."	34	5,9 %
„Ich fühle mich der Lesben- oder Lesben- und Schwulenbewegung/der „Szene" zugehörig."	341	59,0 %

Tab. 3.1.14: Gesellschaftliche Interessen: Frauenbewegung und Lesben- und Schwulenbewegung

Drei weitere Aussagen wurden angeführt, um die Interessen der Frauen in Randgebieten des medizinischen Bereichs zu erfassen. Gefragt wurde nach ihrem Interesse an alternativer Medizin, „Frauen-Heilweisen" oder spirituellen Themen. Über die Hälfte aller Teilnehmerinnen gab an, sich für Alternativmedizin zu interessieren, und jeweils ca. 30 % für „Frauen-Heilweisen" bzw. spirituelle Themen (Tab. 3.1.15.).

Gesellschaftliche Interessen: Medizin und Heilen (Mehrfachnennungen möglich)

„Ich interessiere mich für ...	Zustimmung	
	Anzahl	Prozent
... alternative Medizin."	296	51,2 %
... Frauen-Heilweisen."	178	30,8 %
... spirituelle Themen."	177	30,6 %

Tab. 3.1.15: Gesellschaftliche Interessen: Medizin und Heilen

3.2) Sexuelle Orientierung, sexuelle Erfahrung und Offenheit

3.2.1) Sexuelle Orientierung und sexuelle Erfahrung

Den Teilnehmerinnen wurde eine siebenstufige Skala zur Einordnung ihrer sexuellen Orientierung im Bereich von „ausschließlich heterosexuell" bis „ausschließlich lesbisch/ homosexuell" vorgelegt.

554 Frauen (95,8% aller Teilnehmerinnen, 97,4% der gültigen Antworten) konnten ihre sexuelle Orientierung in dieser Skala wiederfinden, 24 Frauen nicht. Von diesen 24 Frauen, die keinen Eintrag in der Skala machten, gaben 8 Frauen (1,4% der gültigen Antworten) an, sich momentan über ihre sexuelle Orientierung nicht im Klaren zu sein, 7 Teilnehmerinnen (1,2% der gültigen Antworten) fanden, dass die Skala nicht auf sie zuträfe (Grafik 3.2.1.). 9 Frauen machten keine Angabe.

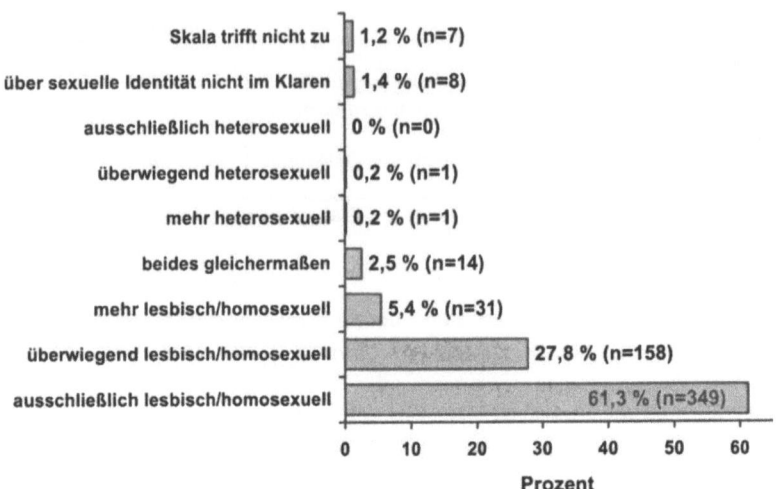

"Welche sexuelle Orientierung haben Sie?" (n=569)

Skala trifft nicht zu	1,2 % (n=7)
über sexuelle Identität nicht im Klaren	1,4 % (n=8)
ausschließlich heterosexuell	0 % (n=0)
überwiegend heterosexuell	0,2 % (n=1)
mehr heterosexuell	0,2 % (n=1)
beides gleichermaßen	2,5 % (n=14)
mehr lesbisch/homosexuell	5,4 % (n=31)
überwiegend lesbisch/homosexuell	27,8 % (n=158)
ausschließlich lesbisch/homosexuell	61,3 % (n=349)

Prozent

Grafik 3.2.1.: Balkendiagramm: Sexuelle Orientierung

0,4 % ordneten sich auf der vorgelegten Skala als „mehr/überwiegend heterosexuell" ein. 2,5 % der Teilnehmerinnen sahen sich als „gleichermaßen homo- und heterosexuell" an. 33,2 % bezeichneten sich als „mehr" oder „überwiegend lesbisch" und 61,3 % als „ausschließlich lesbisch/homosexuell".

Neben der Selbstbezeichnung wurde als zweite Dimension der sexuellen Orientierung das tatsächliche sexuelle Verhalten der Teilnehmerinnen erfasst. Hierzu wurden sie nach der Anzahl ihrer Sexualpartnerinnen und -partner innerhalb des letzten Jahres und in ihrem gesamten bisherigen Leben befragt.

Fast drei Viertel der Befragten (72,1 %) hatten im vergangenen Jahr sexuelle Kontakte mit einer Frau, 17,1 % mit zwei bis fünf Frauen und 1,1 % mit sechs bis zehn Frauen. 9,7 % gaben keine sexuellen Aktivitäten mit Frauen für diesen Zeitraum an.

10,5 % der Frauen, die die Frage nach sexuellen Kontakten mit Männern im vergangenen Jahr beantwortet haben, waren in diesem Zeitraum mit Männern sexuell aktiv gewesen – dies entspricht 5,2 % der gesamten Stichprobe (über die Hälfte der Frauen machte keine Angabe zu dieser Frage.)

Sexuelle Kontakte

Zahl der Partner/ -innen	Sexuelle Kontakte mit Frauen				Sexuelle Kontakte mit Männern			
	im vergangenen Jahr		im gesamten Leben		im vergangenen Jahr		im gesamten Leben	
	Anzahl	Prozent	Anzahl	Prozent	Anzahl	Prozent	Anzahl	Prozent
keine	55	9,7%	14	2,5%	257	89,5%	66	13,4%
eine	409	72,1%	110	19,4%	21	7,3%	86	17,4%
zwei	65	11,5%	97	17,1%	6	2,1%	78	15,8%
3-5	32	5,6%	187	33,0%	3	1,0%	145	29,4%
6-10	6	1,1%	107	18,9%			66	13,4%
11-15			29	5,1%			27	5,5%
16-20			11	1,9%			6	1,2%
über 20			12	2,1%			20	4,0%
Gesamt	567	100,0%	567	100,0%	287	100,0%	494	100,0%

Tab. 3.2.1: Sexuelle Aktivitäten im letzten Jahr und im bisherigen Leben nach Geschlecht

Auf das gesamte bisherige Leben bezogen, gaben 97,5 % sexuelle Kontakte zu Frauen und 86,6 % zu Männern an.

Weniger als die Hälfte der Teilnehmerinnen beantwortete alle vier Teilfragen zu ihren Sexualpartnerinnen und -partnern (jeweils im gesamten Leben bzw. innerhalb des letzten Jahres) vollständig (49,1%; n=284).

Sieben Teilnehmerinnen (1,2 %) machten zu allen vier Teilfragen über die Anzahl ihrer Sexualpartnerinnen oder -partner keine Angaben. Sieben weitere (1,2 %) ließen entweder die Antwort über ihre Partnerinnen im letzten Jahr oder ihre Partnerinnen in ihrem Leben offen. 75 Frauen (13,0 %) beantworteten die beiden Fragen nach der Anzahl ihrer männlichen Partner nicht, und weitere 211 (36,5%) kreuzten selektiv bei der Frage nach ihren sexuellen Kontakten zu Männern im letzten Jahr keine Antwort an.

Zusammenfassend ergibt sich zu den bisherigen Sexualpartnerinnen und -partner der befragten Frauen folgende Tabelle (Tab. 3.2.2.).

Sexualpartnerinnen und -partner

	Anzahl	Prozent
keine/n Partner/-in	4	0,7%
nur Frauen, keine Männer	62	10,9%
Frauen, keine Angabe zu Männer	77	13,5%
Frauen und Männer	418	73,2%
nur Männer, keine Frauen	10	1,8%
Gesamt	571	100,0%

Tab. 3.2.2: Sexualpartnerinnen und –partner

3.2.2) Offenheit in verschiedenen Lebensbereichen

Die Teilnehmerinnen der Erhebung lebten in verschiedenen Lebensbereichen ihr Lesbischsein unterschiedlich offen (Tab. 3.2.3). Am größten war die Offenheit im Bereich des Freundes- und Bekanntenkreises. 98,4 %[4] gaben an, dass mindestens eine Person aus ihrem Freundes- und Bekanntenkreis über ihre Homosexualität informiert wäre. Etwas häufiger waren im privaten Umfeld weibliche Bekannte oder Freundinnen (98,4 %) über das Lesbischsein informiert als männliche Bekannte oder Freunde (94,0 %). Eine Frau (0,2 %) meinte, dass niemand in diesem Bereich von ihrer lesbischen Lebensweise wisse oder ahne. Weitere 7,5 % hatten mindestens eine weibliche, 10,5 % mindestens eine männliche Person in ihrem Bekannten- und Freundeskreis, die von ihrer lesbischen Lebensweise nichts wusste.

Auch im Umfeld der eigenen Familie war die Offenheit im Umgang mit dem eigenen Lesbischsein hoch. Bei 92,1 % der Frauen kannte mindestens ein Familienmitglied die sexuelle Orientierung der Befragten, etwas häufiger waren dies weibliche (91,5 %) als männliche (88,1%) Angehörige. Bei 9,7 % der Befragten gab es in der Familie weibliche und bei 13,4 % männliche Personen, die nichts vom Lesbischsein ihrer Verwandten wussten. 3,7 % der Frauen lebten innerhalb ihrer Familie verdeckt und dachten, dass niemand aus ihrer Verwandtschaft von ihrer Homosexualität ahne oder wisse.

Im Bereich schulischer, universitärer oder beruflicher Zusammenhänge nahm die Offenheit, mit der die Frauen lebten, gegenüber dem eher privaten Umfeld von Familie und Freundeskreis ab. 80,2 % hatten an Schule oder Universität mindestens eine Kommilitonin bzw. einen Kommilitonen, die bzw. der von ihrer Lebensweise wusste. 74,5 % kannten am Arbeitsplatz eine solche Kollegin oder Kollegen. Bei 38,1 % hatte auch eine vorgesetzte Person Kenntnis von ihrem Lesbischsein. 13,5 % meinten, an ihrem Arbeitsplatz wisse oder ahne niemand von ihrer sexuellen Orientierung; von ihrer Schule oder Universität dachten dies 14,6 %. Am seltensten waren Vorgesetzte informiert; 44,1 % der Frauen gab an, dass keine vorgesetzte Person von ihrer Lebensweise wisse oder ahne.

Die Frauen bevorzugten in den eher öffentlichen Bereichen von Schule/Universität/ Arbeitsplatz zum Teil deutlich, ihre Lebensweise gegenüber anderen Frauen offen zu legen als gegenüber Männern: 74,0% gaben an, mindestens eine Arbeitskollegin sei informiert, aber nur bei 59,5 % war es auch ein Arbeitskollege (p<0,0005 im χ^2-Test). 79,7 % waren gegenüber mindestens einer Mitstudentin/ -schülerin geoutet gegenüber 67,7 %, bei denen mindestens ein Mitstudent/-schüler informiert war (χ^2-Test wegen zu geringer Zellenbelegung nicht durchführbar). 39,0 % hatten mindestens eine weibliche Vorgesetzte und 31,2 % mindestens einen männlichen Vorgesetzten, die bzw. der von ihrem Lesbischsein wusste (p<0,0005 im χ^2-Test).

---

4   Die Prozentangaben in diesem Abschnitt beziehen sich jeweils auf die Grundgesamtheit aller Frauen, die zu dem jeweiligen Lebensbereich eine Angabe gemacht haben.

Offenheit in verschiedenen Lebensbereichen (Mehrfachantworten möglich)

	Frauen							Männer						
	wissen		ahnen es		wissen nicht			wissen		ahnen es		wissen nicht		
	n	%	n	%	n	%	ges.	n	%	n	%	n	%	ges.
Freundinnen, Freunde, Bekannte	563	98,4	60	10,5	43	7,5	572	474	94,0	58	11,5	53	9,1	504
Familie	520	91,5	55	9,7	55	9,7	568	474	88,1	50	9,3	72	13,4	538
Kolleginnen/ Kollegen	381	74,0	128	24,9	163	31,7	515	251	59,5	106	25,1	173	41,0	422
Mitstudenten/ -innen, Mitschüler/ -innen	169	79,7	53	25,0	69	32,5	212	126	67,7	50	26,9	67	36,0	186
Vorgesetzte, Professor/-in, Ausbilder/-in	124	39,0	63	19,8	160	50,3	318	100	31,2	60	17,2	189	58,9	321

Tab. 3.2.3: Offenheit in verschiedenen Lebensbereichen

Die nachfolgende Tabelle (Tab. 3.2.4.) zeigt den Anteil an nicht offen lebenden Lesben in den unterschiedlichen Lebensbereichen. Als „nicht offen lebend" wurden hierbei jeweils die Frauen angesehen, die angegeben hatten, dass im entsprechenden Lebensbereich keine Person von ihrem Lesbischsein ahne oder wisse.

Anteil der nicht offen lebenden Lesben in verschiedenen Lebensbereichen

	Freundinnen, Freunde, Bekannte	Familie	Kolleginnen, Kollegen	Mitstudenten/ -innen, Mitschüler/ -innen	Vorgesetzte, Professor/-in, Ausbilder/-in
Anteil der nicht offen lebenden Lesben	0,2 % n=1	3,7 % n=21	13,5 % n=71	14,6 % n=31	44,1 % n=176

Tab. 3.2.4: Anteil der nicht offen lebenden Lesben in verschiedenen Lebensbereichen

Um mögliche Zusammenhänge zwischen dem Verschweigen des eigenen Lesbischseins und der gesundheitlichen Situation aufzeigen zu können, wurden diejenigen Frauen für die weitere Analyse als „verdeckt lebend" angesehen, die ihre Homosexualität entweder in ihrer Familie oder in ihrem Freundeskreis vollständig verbargen. Dies waren 21 Teilnehmerinnen. Als „offen lebend" wurden Frauen angesehen, die sowohl in ihrer Familie als auch in ihrem Freundes- und Bekanntenkreis jeweils mindestens eine Person angaben, die von ihrer Homosexualität wusste (518 Frauen). Wenn bei der weiteren Datenanalyse von „verdeckt" und „offen" lebenden Lesben gesprochen wird, so wird immer auf diese beiden Gruppen von Teilnehmerinnen Bezug genommen.

3.2.3. Offenheit im Bereich der medizinischen Versorgung

Auch im medizinischen Bereich differenzierten die Frauen, wem gegenüber sie ihre lesbische Lebensweise offen legten (Tab. 3.2.5.).

Die Hausärztin wusste bei 46,7 % der Teilnehmerinnen von der sexuellen Orientierung ihrer Patientin, etwas seltener der Hausarzt bei 30,1 % (p<0,0005 im χ^2-Test für den Unterschied nach Geschlecht). Auf der anderen Seite wussten nach Einschätzung der Befragten 44,8 % ihrer Hausärztinnen und 62,9 % ihrer Hausärzte nichts von der lesbischen Lebensweise ihrer Patientin. 9,7 % der Befragten meinten, ihre Hausärztin ahne von ihrem Lesbischsein, und 7,7 % meinten, ihr Hausarzt ahne es.

Etwas größer war die Offenheit der Frauen im gynäkologischen Bereich: Bei 59,1 % war die Frauenärztin und bei 35,5 % der Frauenarzt informiert (p<0,0005 im χ^2-Test für den Unterschied nach Geschlecht). Ein Drittel (33,5 %) dachte, ihre Gynäkologin wisse nicht Bescheid, und 60,7 % meinten dies von ihrem Gynäkologen. 8,2 % gingen davon aus, dass ihre Frauenärztin ihre sexuelle Orientierung vermute, und 4,7 % dachten dies von ihrem Frauenarzt.

Gegenüber ihrer Heilpraktikerin waren 75,0 % der befragten Frauen geoutet, 44,7 % gegenüber ihrem Heilpraktiker (p<0,0005 im χ^2-Test für den Unterschied nach Geschlecht). Es meinten 19,7 % der Frauen, ihre Heilpraktikerin wisse nichts von ihrem Lesbischsein, und 55,3 % dachten dies von ihrem Heilpraktiker. 5,3 % gaben an, ihre Heilpraktikerin ahne von ihrem Lesbischsein; keine Teilnehmerin vermutete das von ihrem Heilpraktiker.

Für den psychotherapeutischen Bereich berichteten die Frauen von der größten Offenheit im Umgang mit ihrer Lebensweise: Bei 91,7 % wusste die Therapeutin vom Lesbischsein ihrer Klientin, bei 63, 6 % der Therapeut (χ^2-Test wegen zu geringer Zellenbelegung nicht durchführbar). 7,8 % lebten verdeckt gegenüber ihrer Psychotherapeutin, 31,8 % gegenüber ihrem Psychotherapeuten. 0,5 % meinten, ihre Psychotherapeutin ahne ihre Homosexualität; 4,5 % meinten dies von ihrem Psychotherapeuten.

Offenheit im medizinischen Bereich (Mehrfachantworten möglich)

	Frauen						Männer					
	wissen		ahnen es		wissen nicht			wissen		ahnen es		wissen nicht	
	n	%	n	%	n	%	ges.	n	%	n	%	n	%	ges.
Hausärztin/ Hausarzt	154	46,7	31	9,4	148	44,8	330	78	30,1	20	7,7	163	62,9	259
Frauenärztin/ Frauenarzt	215	59,1	30	8,2	122	33,5	364	38	35,5	5	4,7	65	60,7	108
Heil- praktiker/-in	99	75,0	7	5,3	26	19,7	132	17	44,7	0	0	21	55,3	38
Psycho- therapeut/-in	200	91,7	1	0,5	17	7,8	218	28	63,6	2	4,5	14	31,8	44

Tab. 3.2.5: Offenheit im medizinischen Bereich – alle Teilnehmerinnen

Den Anteil der im jeweiligen medizinischen Bereich nicht offen lebenden Lesben zeigt die folgende Tabelle. Als „nicht offen lebend" wurden im jeweiligen Bereich – wie bereits für die Bereiche Familie, Beruf und Freundeskreis beschrieben – alle Frauen bezeichnet, die angaben, dass keine Behandlerinnen oder Behandler von ihrem Lesbischsein wissen oder ahnen.

Der Anteil von Frauen, die ihr Lesbischsein nicht offen lebten, war in der hausärztlichen Versorgung am größten (48,4 %) und nahm dann über den gynäkologischen (36,1 %) und heilpraktischen (21,9 %) zum psychotherapeutischen (7,7 %) Bereich hin ab (Tab. 3.2.6.).

Anteil der nicht offen lebenden Lesben im medizinischen Bereich

	Hausärztin/ Hausarzt	Frauenärztin/ Frauenarzt	Heilpraktiker/-in	Psychotherapeut/ -therapeutin
Anteil der nicht offen lebenden Lesben	48,4 % n=234	36,1 % n=152	21,9 % n=33	7,7 % n=18

Tab. 3.2.6: Anteil der nicht offen lebenden Lesben im medizinischen Bereich

Für die Frage, wie genau die Angaben der Frauen in diesem Bereich sind, kann es relevant sein, wie lange der letzte Besuch bei den Behandlerinnen und Behandlern zurückliegt. Die nachfolgende Tabelle umfasst deshalb nur die Angaben derjenigen Frauen, die sich im letzten Jahr mindestens einmal bei der genannten Berufsgruppe in Behandlung befunden hatten (Tab. 3.2.7.).

Es lässt sich feststellen, dass die Angaben von der Teilnehmerinnengruppe, die sich im Vorjahr in Behandlung befunden hatten, kaum von den Gesamtangaben aller Teilnehmerinnen abweichen.

Offenheit im medizinischen Bereich (Mehrfachantworten möglich) – Angaben der Teilnehmerinnen, die im letzten Jahr in Behandlung waren

	Frauen							Männer						
	wissen		ahnen es		wissen nicht			wissen		ahnen es		wissen nicht		
	n	%	n	%	n	%	ges.	n	%	n	%	n	%	ges.
Hausärztin/ Hausarzt	137	48,4	27	9,5	122	43,1	283	66	29,1	19	8,4	144	63,4	227
Frauenärztin/ Frauenarzt	160	61,5	23	8,8	80	30,8	260	30	41,7	4	5,6	39	54,2	72
Heil- praktiker/-in	76	78,4	5	5,2	16	16,5	97	15	57,7	0	0	11	42,3	26
Psycho- therapeut/-in	159	97,0	1	0,6	4	2,4	164	19	82,6	2	8,7	3	13,0	23

Tab. 3.2.7: Offenheit im medizinischen Bereich – Frauen, die letztes Jahr in Behandlung waren

Nachfolgende Tabelle stellt die Antworten derjenigen Frauen dar, die sich im letzten Jahr in regelmäßiger psychotherapeutischer Betreuung (>10 Konsultationen im letzten Jahr, n=106) oder heilpraktischer Behandlung (>5 Konsultationen im letzten Jahr, n=38) befunden hatten (Tab. 3.2.8.).

Es zeigt sich, dass auch von denjenigen, die innerhalb des letzten Jahres häufiger eine Psychotherapeutin/einen Psychotherapeuten oder eine Heilpraktikerin/einen Heilpraktiker aufgesucht haben, einige Frauen ihre Lebensweise verborgen hielten.

Offenheit in psychotherapeutischer und heilpraktischer Behandlung (Mehrfachantworten möglich) – Angaben der Teilnehmerinnen, die im letzten Jahr in regelmäßiger Behandlung waren

	Frauen						Männer					
	wissen		ahnen es		wissen nicht			wissen		ahnen es		wissen nicht	
	n	%	n	%	n	%	ges.	n	%	n	%	n	%	ges.
Heil-praktiker/-in	31	93,9	0	0	2	6,1	33	7	100	0	0	0	0	7
Psycho-therapeut/-in	97	98,0	0	0	2	2,0	99	10	83,3	1	8,3	1	8,3	11

Tab. 3.2.8: Offenheit in Psychotherapie und Heilpraxis – Frauen, die letztes Jahr in regelmäßiger Behandlung waren

Des Weiteren sollte überprüft werden, ob die sexuelle Orientierung (bzw. die vermutete sexuelle Orientierung) der Ärztinnen oder Therapeutinnen einen Einfluss auf die Entscheidung der Frauen hatte, ihr Lesbischsein in der Behandlung offen zu legen oder nicht.

Hierzu wurden die Angaben der Frauen zu ihrer Offenheit bei ihren Behandlerinnen aufgeteilt je nach vermuteter sexueller Orientierung ihrer Behandlerin. In die Auswertung gingen alle Daten von Frauen ein, die angegeben hatten, im letzten Jahr in entsprechender Behandlung gewesen zu sein.

Für den allgemeinärztlichen Bereich zeigte sich, dass Frauen, die eine (mutmaßlich) heterosexuelle Ärztin hatten, zu 53,4 % ihre lesbische Lebensweise offengelegt hatten. Frauen, die eine (mutmaßlich) lesbische Allgemeinmedizinerin hatten, waren zu 80 % geoutet (p=0,030 im Exakten Fischer-Test). Auch bei Frauen, deren Gynäkologin oder Heilpraktikerin (vermutlich) lesbisch lebte, lag der Anteil der offen auftretenden Frauen höher als bei denjenigen, deren Gynäkologin oder Heilpraktikerin (vermutlich) heterosexuell war. Lediglich bei den Psychotherapeutinnen fand sich kein Einfluss der (angenommenen) sexuellen Orientierung der Therapeutin auf die Offenheit der Klientinnen.

Die nachfolgende Tabelle gibt den Anteil der Frauen wieder, die im letzten Jahr bei (mutmaßlich) heterosexuellen oder lesbischen Frauen aus der jeweiligen Berufsgruppe in Behandlung gewesen waren, und bei der Frage nach der Offenheit im jeweiligen Bereich angegeben hatten, die Behandlerin wisse von ihrer lesbischen Orientierung (Tab. 3.2.9.).

Outing gegenüber heterosexuellen und lesbischen Behandlerinnen – Angaben der Frauen, die letztes Jahr in Behandlung waren

Anteil der geouteten Frauen	heterosexuelle Behandlerin		lesbische Behandlerin		Exakter Fischer-Test
	Anzahl	Prozent	Anzahl	Prozent	
Allgemeinärztin	70	53,4 %	16	80,0 %	p=0,030
Gynäkologin	91	65,9 %	19	100,0 %	p=0,001
Heilpraktikerin	33	75,0 %	31	96,9 %	p=0,011
Psychotherapeutin	86	97,7 %	29	96,7 %	n. sign.

Tab. 3.2.9: Outing gegenüber heterosexuellen und lesbischen Professionellen – Angaben der Frauen, die letztes Jahr in Behandlung waren

3.3) Subjektive Gesundheit

3.3.1) Physisches und psychisches Wohlbefinden

Die Mehrheit der Teilnehmerinnen bezeichnete ihr körperliches und seelisches Wohlbefinden zum Zeitpunkt der Befragung als „gut" oder „sehr gut" (körperlich: 54,3 %; seelisch: 55,8 %). 1,1 % sahen ihr physisches Wohlbefinden und 1,7 % ihr psychisches Wohlbefinden als „schlecht" an (Tab. 3.3.1.). Der kappa-Koeffizient erbrachte fast keine Übereinstimmung beider Angaben (κ = 0,235 mit p < 0,0005).

Körperliches und seelisches Wohlbefinden

	Körperliches Wohlbefinden		Seelisches Wohlbefinden	
	Anzahl	Prozent	Anzahl	Prozent
schlecht	6	1,1%	10	1,7%
weniger gut	68	11,9%	85	14,8%
zufriedenstellend	187	32,7%	159	27,7%
gut	262	45,9%	250	43,5%
sehr gut	48	8,4%	71	12,3%
Gesamt	571	100,0%	575	100,0%

Tab. 3.3.1: Körperliches und seelisches Wohlbefinden

Die über 50jährigen Frauen schätzten ihre körperliche Gesundheit als schlechter ein als die jüngeren Frauen. 30,8 % der Befragten ab 50 Jahren befanden ihr körperliches Wohlbefinden als „gut" oder „sehr gut", 38,5 % dagegen als „schlecht" oder „weniger gut" (χ^2 wegen zu geringer Zellenbelegung nicht berechenbar).

Körperliches Wohlbefinden und Alter

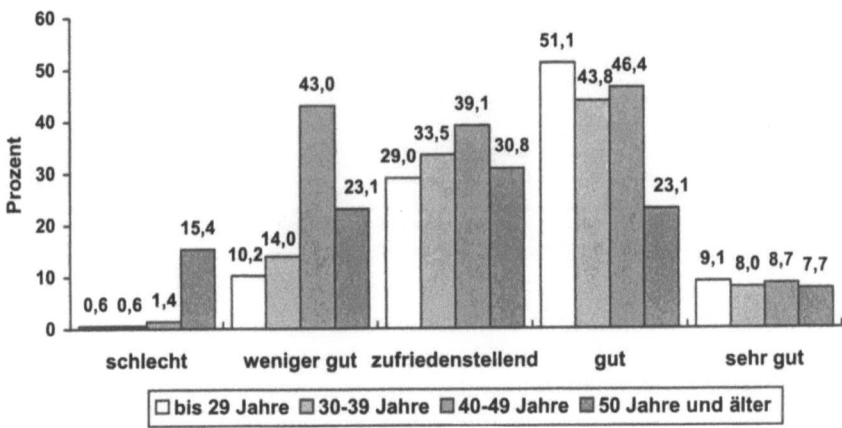

Grafik 3.3.1: Balkendiagramm: Körperliches Wohlbefinden und Alter

Beim psychischen Wohlbefinden zeigte sich als Trend, dass die sehr jungen Teilnehmerinnen ihr seelisches Wohlbefinden als schlechter ansahen als ältere Frauen: 28,6 % der Frauen unter 20 Jahren bezeichneten ihre seelische Gesundheit als „gut" oder „sehr gut" und 14,3 % als „schlecht" oder „weniger gut". Demgegenüber sahen 56,2 % der Frauen ab 20 Jahren ihr seelisches Wohlbefinden als „gut" oder „sehr gut" an, 16,6 % als „schlecht" oder „weniger gut" (Daten nicht in der Grafik enthalten).

Seelisches Wohlbefinden und Alter

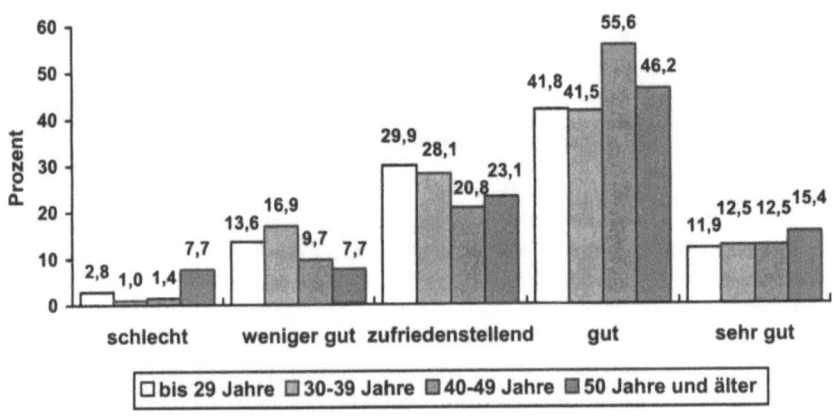

Grafik 3.3.2: Balkendiagramm: Seelisches Wohlbefinden und Alter

Die Teilnehmerinnen, die ihr Lesbischsein verdeckt lebten[5] (n=21), schätzten ihr psychisches Wohlbefinden als signifikant schlechter ein als die Frauen (n=518), die ihre sexuelle Orientierung offen lebten (p=0,029 im χ^2-Test). Während 33,3 % der verdeckt lebenden Frauen ihr seelisches Wohlbefinden als „gut" oder „sehr gut" bezeichneten, taten dies 56,5 % der offen lebenden Frauen. 42,9 % der verdeckt lebenden Lesben schätzten ihr seelisches Wohlbefinden als „weniger gut" oder „schlecht" ein; bei den offen lebenden Frauen waren dies 15,9 % (vgl. Grafik 3.3.3)

Kein Unterschied fand sich zwischen den Angaben zum körperlichen Wohlbefinden von verdeckt und offen lebenden Lesben.

Seelisches Wohlbefinden von offen und verdeckt lebenden Lesben

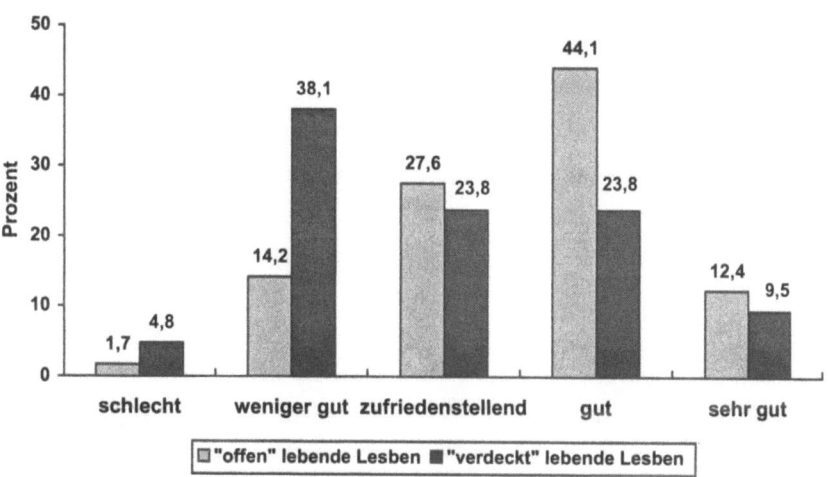

Grafik 3.3.3: Balkendiagramm: Seelisches Wohlbefinden von offen und verdeckt lebenden Lesben

3.3.2) Chronische Erkrankungen und Behinderungen

34,4 % der Befragten (n=197) berichteten von einer chronischen Erkrankung.

9,2 % (n=53) gaben eine Behinderung an. Hiervon waren 10 körperbehindert, 25 sinnesbehindert und zwei Teilnehmerinnen sowohl körper- als auch sinnesbehindert. 10 Frauen hatten eine angeborene Behinderung, während 27 Frauen die Behinderung erst im Laufe ihres Lebens erworben hatten, davon drei Viertel (n=19) bereits in Kindheit

---

5   Dies sind die 21 Teilnehmerinnen, die ihr Lesbischsein entweder in der Familie oder im Freundeskreis vollständig verbargen (vgl. 3.2.2. Offenheit in verschiedenen Lebensbereichen).

und Jugend. 8 Frauen meinten, ihre Behinderung sei für Fremde deutlich zu erkennen, während 38 Frauen dachten, dass ihre Behinderung von Fremden nicht oder nur schwer wahrzunehmen sei. Fast drei Viertel der Frauen mit Behinderung (71,7 % von 53) schätzten demnach, dass sie von ihrer Umwelt zunächst nicht als „behindert" erkannt würden.

In der Stichprobe berichtete ca. ein Drittel der Frauen im Alter von 20-49 Jahren von einer chronischen Erkrankung. In der Altersklasse unter 20 Jahren lag der Anteil chronisch kranker Frauen bei 14,3 % und bei den älteren Frauen ab 50 Jahren bei 61,5 %.
Auch die Prävalenz von Behinderungen stieg im höheren Alter an. Die Zunahme erfolgte von 0 % bei den unter 20jährigen um ca. 5 % pro Altersdekade auf einen Anteil von 25 % bei den 50jährigen und älteren Frauen (p = 0,006 im χ^2-Test).

Das Balkendiagramm zeigt den Anteil der Frauen mit chronischer Erkrankung oder Behinderung an ihrer Altersklasse (Grafik 3.3.4.).

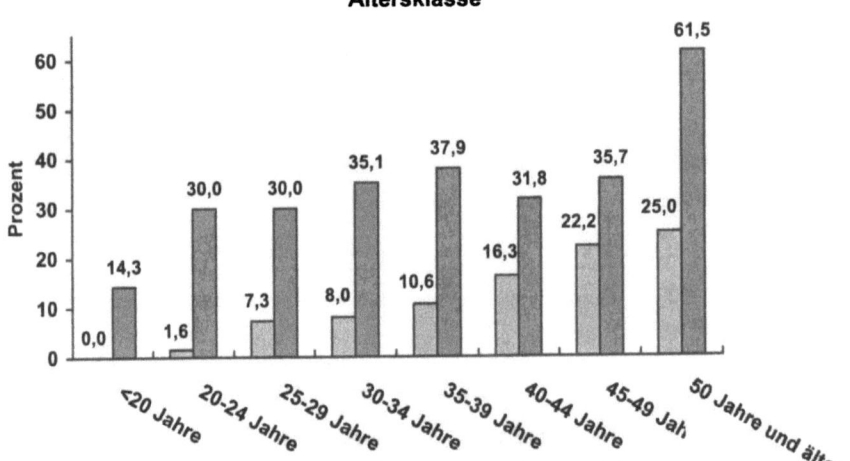

Anteil der Frauen mit chronischer Erkrankung oder Behinderung an ihrer Altersklasse

Grafik 3.3.4: Balkendiagramm: Anteil der Frauen mit Behinderung oder chronischer Erkrankung an ihrer Altersklasse

Frauen mit Behinderungen und chronischen Erkrankungen beschrieben ihre physische Gesundheit als schlechter als nicht-betroffene Frauen. Die Verteilung der Antworten auf die Frage nach dem momentanen körperlichen Wohlbefinden für Frauen ohne/mit chronischen Erkrankungen (p<0,0005) sowie ohne/mit Behinderungen (p<0,0005) zeigt das folgende Balkendiagramm (Grafik 3.3.5). Frauen mit chronischen Erkrankungen oder Behinderungen schätzten ihre physische Gesundheit seltener als „sehr gut" oder „gut" ein, dafür häufiger als „zufriedenstellend", „weniger gut" oder „schlecht".

Körperliches Wohlbefinden von Frauen mit/ohne chronische Erkrankung und Behinderung

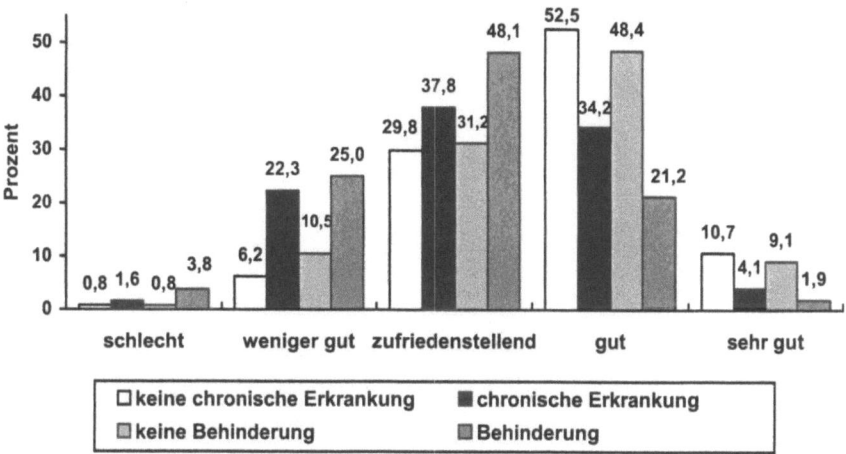

Grafik 3.3.5: Balkendiagramm: Körperliches Wohlbefinden von Frauen mit/ohne chronische Erkrankung und Behinderung

Es konnten keine signifikanten Unterschiede zwischen den Angaben zum seelischen Wohlbefinden und dem Vorliegen einer Behinderung oder chronischen Erkrankung gefunden werden. Mit der subjektiven Kontrollüberzeugung und der Achtung auf die eigene Gesundheit bestand ebenfalls kein Zusammenhang.

3.4) Gesundheitsverhalten und Gesundheitsversorgung

3.4.1) Subjektive Kontrollüberzeugung und Achtung auf die Gesundheit

„Wie viel kann eine Person selbst tun, um ihren Gesundheitszustand zu erhalten oder zu verbessern?" und „Wie stark achten Sie im Allgemeinen auf Ihre Gesundheit?" lauteten die Fragen, um die Meinung der Teilnehmerinnen zu erfassen, wie sehr sie selbst ihren Gesundheitszustand beeinflussen könnten.

Die Mehrzahl der befragten Frauen war der Überzeugung, dass eine Person selbst „sehr viel" (40,3 %) oder „viel" (39,5 %) dazu beitragen könne, den eigenen Gesundheitszustand zu erhalten oder zu verbessern. 18,6 % meinten, „einiges", 1,4 % „wenig" und 0,2 % (n=1) „nichts" zur Erhaltung und Verbesserung der eigenen Gesundheit tun zu können (subjektive Kontrollüberzeugung, Grafik 3.4.1.).

„Wie viel kann eine Person selbst tun, um ihren Gesundheitszustand zu erhalten oder zu verbessern? (n=575)"

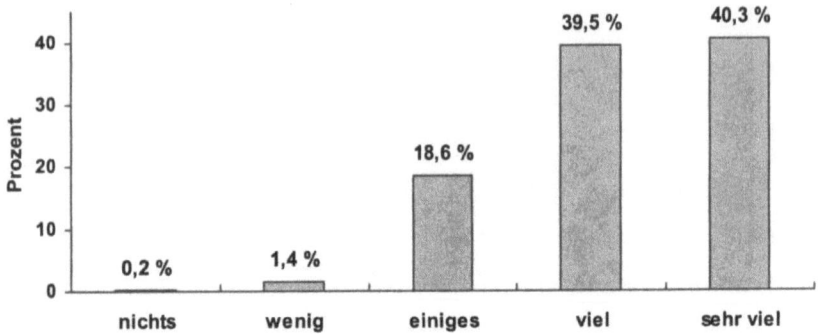

Grafik 3.4.1.: Balkendiagramm: Subjektive Kontrollüberzeugung Gesundheit

Auf die Frage, wie stark sie selbst auf ihre Gesundheit achten würden, antwortete die Mehrheit mit „mittelmäßig" (46,5 %) bis „stark" (39,0 %). „Sehr stark" achteten 4,2 % der Teilnehmerinnen auf ihre Gesundheit, 9,1 % „weniger stark" und 1,2 % „gar nicht" (vgl. Grafik 3.4.2.)

„Wie stark achten Sie im Allgemeinen auf Ihre Gesundheit? (n=574)"

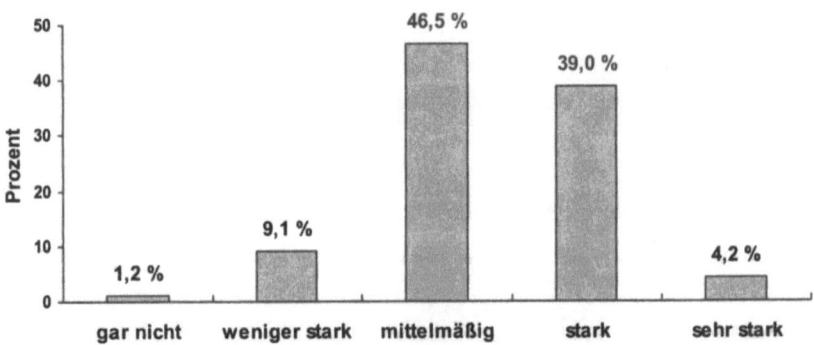

Grafik 3.4.2.: Balkendiagramm: Achtung auf Gesundheit

Die Angaben der Teilnehmerinnen zur Achtung auf die eigene Gesundheit und zur subjektiven Kontrollüberzeugung waren voneinander abhängig (p=0,017 im χ^2-Test[6]); in der Kreuztabelle zeigte sich die Achtung auf die eigene Gesundheit höher ausgeprägt bei den Frauen, die ihre Kontrollmöglichkeiten höher einschätzten.

Zudem schätzten Frauen mit höherer Kontrollüberzeugung ihr körperliches (p=0,004) und seelisches (p=0,021) Wohlbefinden als besser ein[6]. Frauen, die mehr auf ihre Gesundheit achteten, schätzten ihre körperliche Gesundheit als besser ein (p<0,0005); zum seelischen Wohlbefinden bestand hier kein Zusammenhang (p=0,096)[6].

Frauen unter 25 Jahren gaben an, weniger auf ihre Gesundheit zu achten als Frauen ab 25 Jahren (p=0,001 im χ^2-Test). Die Angaben, wie sehr die Teilnehmerinnen davon überzeugt waren, zu ihrem Gesundheitszustand beitragen zu können, unterschieden sich nicht signifikant (p=0,150) zwischen diesen beiden Altersgruppen (Tab. 3.4.1.)

Achtung auf Gesundheit und subjektive Kontrollüberzeugung in Abhängigkeit vom Alter

	Achtung auf Gesundheit (p=0,049)			Subjektive Kontrollüberzeugung Gesundheit (p=0,150)		
	bis 25 Jahre	25 Jahre und älter	alle		bis 25 Jahre	25 Jahre und älter	alle
gar nicht	5,9%	0,6%	1,2%	nichts		0,2%	0,2%
weniger stark	11,8%	8,7%	9,1%	wenig		1,6%	1,4%
mittelmäßig	45,6%	46,6%	46,5%	einiges	23,5%	17,9%	18,6%
stark	36,8%	39,3%	39,0%	viel	48,5%	38,3%	39,5%
sehr stark		4,7%	4,2%	sehr viel	27,9%	42,0%	40,3%
Gesamt	100,0%	100,0%	100,0%	Gesamt	100,0%	100,0%	100,0%

Tab. 3.4.1.: Achtung auf Gesundheit und subjektive Kontrollüberzeugung in Abhängigkeit vom Alter

Für die Gruppen der offen und verdeckt lebenden Lesben fanden sich keine statistisch signifikanten Unterschiede im Bereich der subjektiven Kontrollüberzeugung und der Achtung auf die eigene Gesundheit.

3.4.2) Informationsquellen

Im Fragebogen wurde eine Liste von acht verschiedenen Personengruppen und Einrichtungen vorgelegt, die im Gesundheitsbereich tätig sind. Die Teilnehmerinnen wurden um die Angabe gebeten, wie regelmäßig sie innerhalb des letzten Jahres die aufgeführten

---

6   Die Kreuztabellen für diese Berechnung wurden als 9-Felder-Tafeln durchgeführt. Dies wurde nötig, um eine ausreichende Zellenbelegung für den χ^2-Test zu gewährleisten. Die ursprünglich fünfstufigen Skalen wurden in drei Ausprägungen umcodiert. Dazu wurden jeweils die beiden stärkeren und die beiden schwächeren Ausprägungen zusammengefasst. Beispiel: Für die Skala des körperlichen Wohlbefindens wurden die Ausprägungen sehr gut/gut und weniger gut/schlecht zusammengefasst, die mittlere Ausprägung zufriedenstellend wurde beibehalten.

Personen bzw. Einrichtungen konsultiert hätten, um sich über gesundheitliche Belange zu informieren. Die Antworten zu dieser Frage sind im Einzelnen in der nachfolgenden Tabelle dokumentiert (Tab. 3.4.2.).

„Wie regelmäßig haben Sie innerhalb des letzten Jahres folgende Informationsquellen genutzt?"

	nie		selten		manchmal		meistens		bei allen Fragen	
	n	%	n	%	n	%	n	%	n	%
Freundinnen, Freunde und Bekannte	27	5,3	66	12,9	244	47,8	136	26,7	37	7,3
Ärztin/Arzt	48	8,8	134	24,5	159	29,0	175	31,9	32	5,8
Presse, Medien, (Fach-)Literatur	88	17,3	122	23,9	178	34,9	100	19,6	22	4,3
Heilpraktiker/-in	284	59,3	54	11,3	66	13,8	55	11,5	20	4,2
Veranstaltungen, Workshops, Kongresse	297	62,4	83	17,4	75	15,8	16	3,4	5	1,1
Apotheker/-in	205	42,7	157	32,7	102	21,3	13	2,7	3	0,6
Frauengesundheits-zentrum	403	87,6	32	7,0	19	4,1	4	0,9	2	0,4
Beratungsstelle, Gesundheitsamt	392	86,2	49	10,8	13	2,9	1	0,2	0	0

Tab. 3.4.2.: Informationsquellen

Häufiger als alle anderen Quellen wurden die eigenen Freundinnen, Freunde und Bekannten von den Teilnehmerinnen zu Rate gezogen (im Vorzeichen-Test $p=0,081$ gegenüber der Informationsquelle „Ärztin/Arzt" und $p<0,0005$ gegenüber allen anderen Informationsquellen): 7,3 % der Antwortenden gaben an, sich „mit allen Fragen" an ihren Freundes- und Bekanntenkreis gewandt zu haben, weitere 26,7 % mit den „meisten" Fragen.

Sehr regelmäßig wurde auch bei Ärztinnen und Ärzten um Informationen nachgesucht:: 5,8 % der Frauen wandten sich „mit allen Fragen" an ihre Ärztin oder ihren Arzt, weitere 31,9 % „meistens".

Ebenfalls eine große Rolle spielen Medien und Publikationen. Über 80 % hatten im letzten Jahr hier Informationen zu gesundheitlichen Fragen bezogen, davon 4,3 % „bei allen Fragen", 19,6 % „meistens" und 34, 9 % „manchmal".

3.4.3) Maßnahmen zur Vorbeugung und Behandlung von Erkrankungen

3.4.3.1) Maßnahmen allgemein

Zu der Frage „Welche Mittel wenden Sie an, um gesundheitlichen Problemen vorzu-beugen oder entgegenzutreten?" wurde den Teilnehmerinnen eine Liste mit Maßnahmen vorgelegt, die in zwölf verschiedene Bereiche untergliedert war. Diese zwölf Bereiche deckten neben schulmedizinischen Methoden (verordnete Medikamente und „over-the-counter"-Medikamente/OTC-Medikamente) auch Physiotherapie, alternative Heil-methoden, Ernährung und „Hausmittel" ab. Die Häufigkeit, mit der solche Methoden inner-halb des letzten Jahres eingesetzt wurden, wurde für Prävention und Therapie ge-trennt erhoben.

Das folgende Diagramm (Grafik 3.4.3.) gibt den Anteil der Teilnehmerinnen wieder, die die aufgeführten Methoden „oft" innerhalb des vergangenen Jahres angewendet hatten. Je eine Säule zeigt die Angaben für präventive und therapeutische Anwendung; die dritte Säule fasst beide Antworten zusammen und stellt den Gesamtanteil der Frauen dar, die die entsprechende Methode unabhängig von der Intention „oft" angewandt hatten.

Es zeigt sich, dass neben einer ärztlich verordneten Pharmakotherapie („oft": 24,6 %) und allgemeinen Gesundheitsmaßnahmen, wie das Achten auf Ernährung („oft": 27,6 %), Bewegung („oft": 35,5 %) und Erholung („oft": 38,0 %) auch alternativ-medizinische Methoden, Nahrungsergänzungsmittel und OTC-Medikamente[7] in hohem Maße zum Einsatz kamen. 37,7 % der Befragten wandten „oft" Heilkräuter und 26,6 % homöopathische Präparate zur Prophylaxe bzw. Therapie gesundheitlicher Beschwerden an. 21,7 % der Frauen nahmen regelmäßig Nahrungsergänzungsmittel (Vitamine, Mineralstoffe etc.) ein.

---

7   Zur Medikamenteneinnahme siehe auch Abschnitt 3.4.3.2) Medikamenteneinnahme

Vorbeugungs- und Behandlungsmaßnahmen: Antwort "oft"

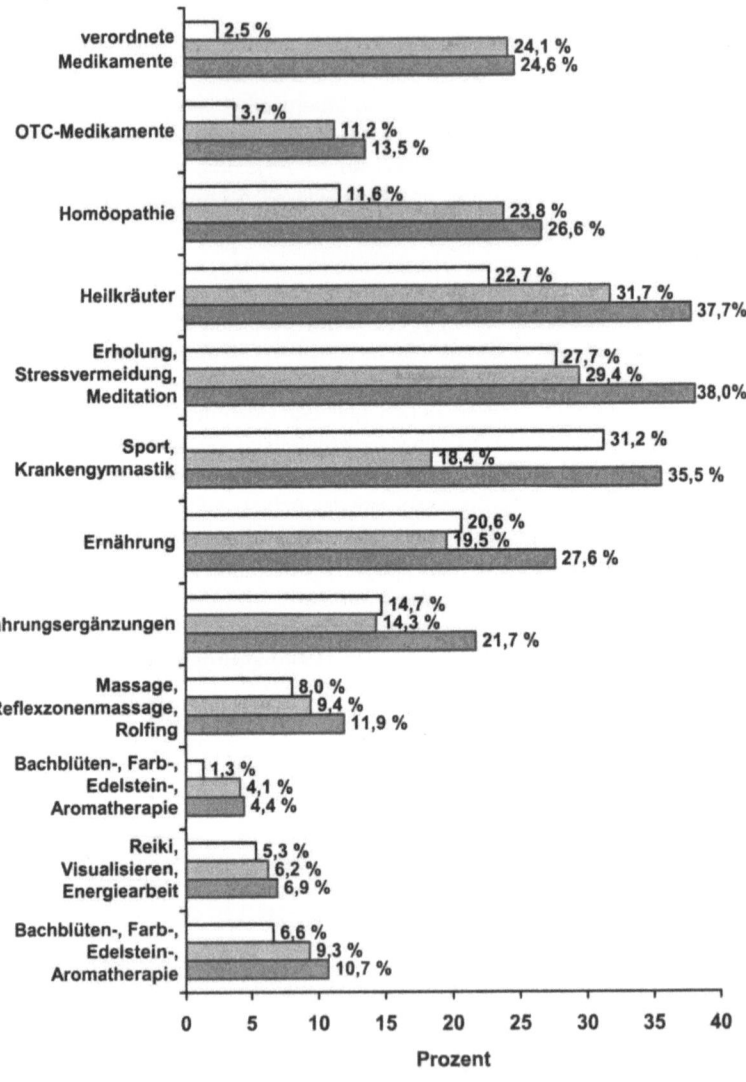

Grafik 3.4.3.: Vorbeugungs- und Behandlungsmaßnahmen

3.4.3.2) Medikamenteneinnahme

Insgesamt 24,6 % (n=136) der Frauen gaben an, im letzten Jahr zur Prävention und/oder Therapie „oft" verschriebene Medikamente eingenommen zu haben[8]. Jüngere Frauen gaben häufiger als ältere Frauen an, verschriebene Arzneimittel einzunehmen (p=0,043 im χ^2-Test) (Grafik 4.4.4.).

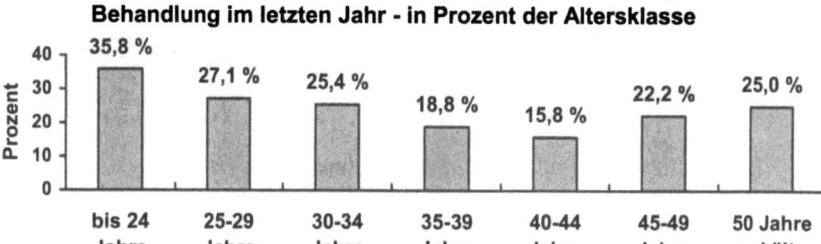

Grafik 3.4.4.: Balkendiagramm: Häufige Einnahme von verordneten Medikamenten nach Altersklassen

13,5 % der Befragten hatten im letzten Jahr „oft" sog. OTC-Medikamente eingenommen. Auch bei den frei verkäuflichen Mitteln war die häufige Einnahme bei den jüngeren Frauen weiter verbreitet als bei den älteren Frauen (Unterschied mit p=0,154 im χ^2-Test nicht signifikant) (Grafik 3.4.5.).

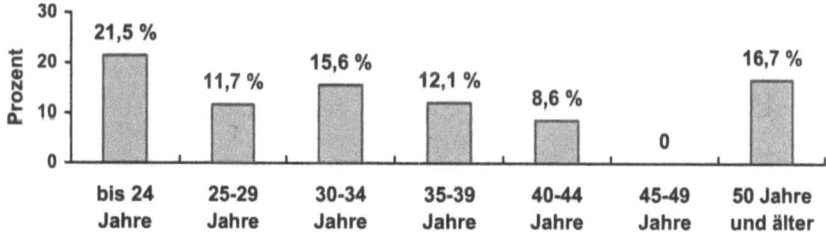

Grafik 3.4.5.: Balkendiagramm: Häufige Einnahme von OTC-Medikamenten nach Altersklassen

---

8   Da bei Medikamenten, insbesondere ärztlich verschriebenen, die Unterscheidung nicht immer einfach zu treffen ist, ob die Einnahme therapeutisch oder prophylaktisch erfolgt, werden in diesem Abschnitt die Angaben aus beiden Kategorien zur Auswertung zusammengefasst.

3.4.4) Sport

Bewegung (Sport und Krankengymnastik) stand bei Methoden, mit denen die Frauen im letzten Jahr versucht hatten, etwas für ihre Gesundheit zu tun, an dritter Stelle in der Häufigkeit der Nennungen. 35,5 % der Befragten hatten geantwortet, „oft" Sport zu treiben, um ihre Gesundheit zu fördern, 45,5 % „gelegentlich" und 19,2 % „nie".

In einer getrennten Frage wurde die Stundenzahl erhoben, die die Frauen wöchentlich mit sportlicher Aktivität verbrachten. 77,6 % der Teilnehmerinnen gaben an, regelmäßig Sport zu treiben, davon 40,7 % mehr als zwei Stunden in der Woche und 36,9 % bis zu zwei Stunden wöchentlich. 22,4 % gaben an, keinen regelmäßigen Sport auszuüben (Grafik 3.4.6.). Eine Abhängigkeit dieser Angaben vom Alter fand sich nicht.

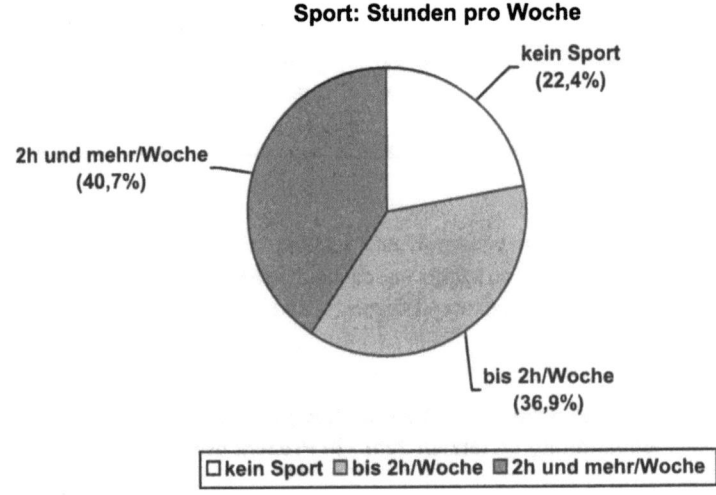

Sport: Stunden pro Woche

Grafik 3.4.6.: Kreisdiagramm: Sport (Stunden pro Woche)

3.4.5) Vorsorge und Früherkennung

3.4.5.1) Allgemeinärztliche Untersuchungen

23,9 % aller Befragten gaben an, regelmäßig alle ein bis zwei Jahre an einer allgemeinärztlichen Früherkennungsuntersuchung teilzunehmen. 20,7 % gingen alle drei Jahre oder seltener zu einem „Check Up" zur Ärztin bzw. zum Arzt und 55,4 % nie (vgl. Tab. 3.4.3.)

Von den gesetzlich Anspruchsberechtigten im Alter ab 35 Jahren nahmen 28,0 % alle ein bis zwei Jahre, 24,8 % maximal alle drei Jahre und 47,2 % nie an einer allgemein-ärztlichen Früherkennungsuntersuchung teil.

Von den verdeckt lebenden Lesben nutzten 10,0 % regelmäßig die allgemeinärztliche Vorsorge, weitere 10,0 % unregelmäßig und 80,0 % nie. Insgesamt nahmen verdeckt lebende Lesben dieses Angebot seltener wahr als offen lebende Lesben (Tab. 3.4.3.; p=0,034).

„Wie häufig nehmen Sie eine allgemeinärztliche Vorsorgeuntersuchung (`Check Up´) in Anspruch?"

	Gesamt		offen lesbisch lebend		verdeckt lesbisch lebend	
	Anzahl	%	Anzahl	%	Anzahl	%
mindestens einmal im Jahr	82	14,9%	73	14,7%	2	10,0%
alle zwei Jahre	50	9,1%	47	9,5%		
alle drei Jahre oder seltener	114	20,7%	109	21,9%	2	10,0%
nie	306	55,4%	268	53,9%	16	80,0%
Gesamt	552	100%	497	100%	20	100%

Tab. 3.4.3: Allgemeinärztliche Vorsorgeuntersuchung

Eine wichtige Screeninguntersuchung im Bereich der allgemeinen Vorsorge ist die Messung des Blutdruckes. 61,7 % (n=347) der Befragten hatten zuletzt innerhalb des vergangenen Jahres ihren Blutdruck kontrollieren lassen, 10,1 % (n=57) im Zeitraum von ein bis zwei Jahren vor der Erhebung und 10,7 % (n=60) vor mehr als zwei Jahren. Bei 11,7 % (n=66) war noch nie eine Blutdruckmessung erfolgt, 5,7 % (n=32) konnten sich nicht mehr erinnern.

Die verdeckt lebenden Lesben in der Stichprobe hatten diese Untersuchung etwas seltener in Anspruch genommen als die offen lebenden Lesben: Bei 50,0 % der verdeckt lebenden Teilnehmerinnen war in den letzten beiden Jahren der Blutdruck gemessen worden gegenüber einem Anteil von 73,7 % bei den offen lebenden Lesben (p=0,036 im Exakten Fischer-Test).

Die Häufigkeit der allgemeinärztlichen Vorsorgeuntersuchung als auch der Blut-druckkontrolle wies eine Abhängigkeit vom Alter der Befragten auf: Frauen im Alter von 40 Jahren und darüber gingen regelmäßiger zum „Check Up" (p=0,011 im Exakten Fischer-Test) und zur Blutdruckmessung (p=0,007 im Exakten Fischer-Test) als die Teil-nehmerinnen bis 40 Jahre.

Das Balkendiagramm (Grafik 3.4.7.) zeigt den prozentualen Anteil derjenigen an ihrer Altersklasse, die mindestens alle zwei Jahre zur allgemeinärztlichen Vorsorgeuntersu-chung gingen bzw. innerhalb der letzten beiden Jahren ihren Blutdruck hatten messen lassen.

45

**Allgemeinärztliche Vorsorge und Blutdruckmessung -
Abhängigkeit vom Alter**

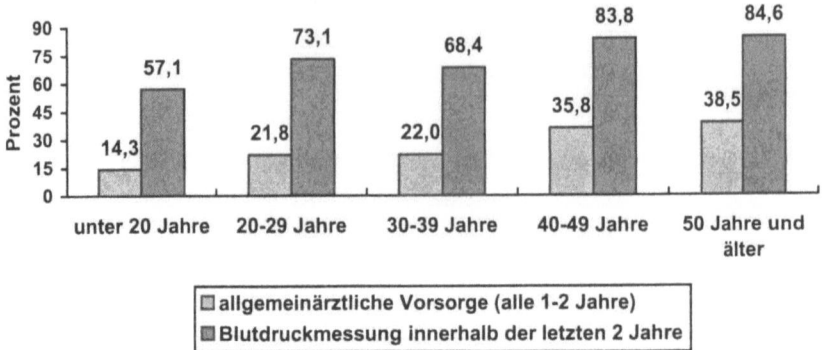

Grafik 3.4.7.: Balkendiagramm: Allgemeinärztliche Vorsorge mind. alle 2 Jahre und
Blutdruckmessung in den letzten 2 Jahren – Abhängigkeit vom Alter

3.4.5.2) Zahnärztliche Untersuchung

79,9 % der Frauen gingen mindestens einmal im Jahr zur Zahnärztin bzw. zum Zahnarzt
zu einer Kontrolluntersuchung (Tab. 3.4.4.). Das zahnärztliche Vorsorgeverhalten erwies
sich als unabhängig vom Alter der Befragten.

„Wie häufig nehmen Sie eine zahnärztliche Vorsorgeuntersuchung in Anspruch?"

	Gesamt	
	Anzahl	Prozent
mindestens einmal im Jahr	456	79,9 %
alle zwei Jahre	39	6,8 %
alle drei Jahre oder seltener	36	6,3 %
nie	40	7,0 %
Gesamt	571	100,0 %

Tab 3.4.4..: Zahnärztliche Vorsorgeuntersuchung

3.4.5.3) HIV-Antikörper-Test

Etwa die Hälfte der Befragten hatte schon einmal ihren Serostatus in Bezug auf HIV-
Antikörper testen lassen (50,1 %), 13,7 % innerhalb des letzten Jahres vor der Befragung
(Tab. 3.4.5.).

Beim Vergleich der Teilnehmerinnen aus medizinischen Berufen mit denjenigen, die nicht
im medizinischen Bereich tätig waren, zeigte sich, dass Erstere deutlich häufiger schon

46

einmal einen HIV-Antikörpertest hatten durchführen lassen. 59,3 % der Frauen aus medizinischen Berufen hatten ihren Serostatus schon mindestens einmal testen lassen gegenüber 44,2 % der Frauen aus nicht-medizinischen Berufen (p=0,001).

HIV-Antikörpertest: Gesamt und Frauen mit/ohne medizinischen Beruf

HIV-Antikörpertest	Gesamt		Medizinischer Beruf		Kein medizinischer Beruf	
	Anzahl	%	Anzahl	%	Anzahl	%
vor weniger als einem Jahr	77	13,7%	35	16,7%	39	12,2%
vor ein bis zwei Jahren	43	7,6%	19	9,1%	22	6,9%
vor mehr als zwei Jahren	162	28,8%	70	33,5%	80	25,1%
noch nie	276	49,0%	82	39,2%	176	55,2%
weiß ich nicht	5	0,9%	3	1,4%	2	0,6%
Gesamt	563	100,0%	209	100,0%	319	100,0%

Tab. 3.4.5.: HIV-Antikörpertest

Der Zeitpunkt des letzten HIV-Antikörpertests zeigte keine Abhängigkeit vom Alter der Befragten.

Die Frauen der Stichprobe, die ihr Lesbischsein verdeckt lebten, hatten bisher seltener an einem HIV-Antikörpertest teilgenommen als die offen lebenden Lesben (p=0,052 im χ^2-Test, p=0,062 im Exakten Fischer-Test). Bei denjenigen, die schon einmal einen HIV-Antikörpertest hatten machen lassen, lag dieser länger zurück als bei den offen lebenden Teilnehmerinnen (p=0,090 im χ^2-Test) (Tab. 3.4.6.).

HIV-Antikörpertest: Verdeckt und offen lebende Lesben

	verdeckt lebend		offen lebend	
	Anzahl	%	Anzahl	%
vor weniger als 1 Jahr			74	14,6%
vor 1-2 Jahren			41	8,1%
vor mehr als 2 Jahren	6	30,0%	149	29,4%
noch nie/weiß nicht	14	70,0%	242	47,8%
Gesamt	20	100,0%	506	100,0%

Tab. 3.4.6.: HIV-Antikörpertest: Verdeckt und offen lebende Lesben

3.4.5.4) Gynäkologische Untersuchungen

44,5 % der Befragten gingen mindestens einmal jährlich zu einer gynäkologischen Vorsorgeuntersuchung, weitere 16,0 % alle ein bis zwei Jahre. 17,1 % antworteten, sie würden alle drei Jahre oder seltener einer frauenärztlichen Vorsorgeuntersuchung in Anspruch nehmen; 22,4 % nahmen nie an einer gynäkologischen Vorsorgeuntersuchung teil.

„Wie häufig nehmen Sie eine frauenärztliche Vorsorgeuntersuchung in Anspruch?"

	frauenärztliche Vorsorge	
	Anzahl	%
mindestens einmal im Jahr	253	44,5 %
alle zwei Jahre	91	16,0 %
alle drei Jahre oder seltener	97	17,1 %
nie	127	22,4 %
Gesamt	568	100,0 %

Tab. 3.4.7.: Frauenärztliche Vorsorgeuntersuchung

Wichtige gynäkologische Untersuchungen zur Prävention bzw. Früherkennung maligner Erkrankungen sind der sogenannte Pap-Abstrich vom Gebärmuttermund (Cervix-Zytologie), die manuelle Untersuchung der Brust (Mamma) sowie die Mammographie. Im Fragebogen wurde erhoben, wann bei den Frauen zuletzt diese Untersuchungen durchgeführt worden war.

61,7 % der Frauen hatten innerhalb der letzten beiden Jahre einen Pap-Abstrich vornehmen lassen; bei 16,6 % lag der letzte Pap-Abstrich schon länger als zwei Jahre zurück. 16,4 % hatten noch nie an dieser Untersuchung teilgenommen.

64,1 % hatten innerhalb der letzten zwei Jahre ihre Mammae ärztlich untersuchen lassen, 18,6 % letztmalig vor mehr zwei Jahren und 14,6 % noch nie.

Bei 11,8 % der Befragten war innerhalb der letzten beiden Jahre eine Mammographie vorgenommen worden, und bei 15,4 % letztmalig vor mehr als zwei Jahren. 69,1 % hatten noch nie eine Mammographie.

„Wann haben Sie zuletzt folgende Vorsorgeuntersuchungen in Anspruch genommen?"

	Pap-Abstrich		Tastuntersuchung der Mamma		Mammographie	
	Anzahl	%	Anzahl	%	Anzahl	%
vor weniger als einem Jahr	260	45,9 %	264	46,4 %	41	7,4 %
vor ein bis zwei Jahren	89	15,7 %	101	17,8 %	25	4,5 %
vor mehr als zwei Jahren	94	16,6 %	106	18,6 %	86	15,4 %
noch nie	93	16,4 %	83	14,6 %	385	69,1 %
weiß ich nicht	30	5,3 %	15	2,6 %	20	3,6 %
Gesamt	566	100,0 %	569	100,0 %	557	100,0 %

Tab. 3.4.8.: Spezielle frauenärztliche Vorsorgeuntersuchungen

Der Anteil der Frauen, die regelmäßig alle ein bis zwei Jahre an einer frauenärztlichen Vorsorgeuntersuchung teilnahmen, zeigte sich als nicht vom Alter abhängig. Auch die Frequenz der Teilnahme am Cervix-Abstrich war vom Alter unabhängig.

Der Anteil derjenigen, die an Untersuchungen zur Früherkennung eines Mamma-karzinoms teilnahmen, stieg dagegen mit zunehmendem Alter der Frauen an: 80,0 % der Frauen in Alter von 45 Jahren und darüber hatten innerhalb der letzten beiden Jahre eine Tastuntersuchung der Mamma durchführen lassen gegenüber 62,9 % der unter 45jährigen (p=0,039 im Exakten Fischer-Test). Innerhalb der letzten beiden Jahre war bei 35,9 % der Frauen im Alter von 45 Jahren und darüber eine Mammographie durchgeführt worden, hingegen lediglich bei 10 % der unter 45jährigen (p<0,0005).

Schon mindestens einmal in ihrem Leben eine Mammographie hatten 31 % der Frauen im Alter von 30-49 Jahren und 82 % der Frauen im Alter von 50 Jahren und darüber.

Das Balkendiagramm zeigt den Anteil der Frauen an ihrer Altersklasse, die regelmäßig alle ein bis zwei Jahre an einer gynäkologischen Vorsorgeuntersuchung teilnahmen bzw. deren letzter Pap-Zytologie, letzte Tastuntersuchung der Mammae oder letzte Mammographie weniger als zwei Jahre zurücklag.

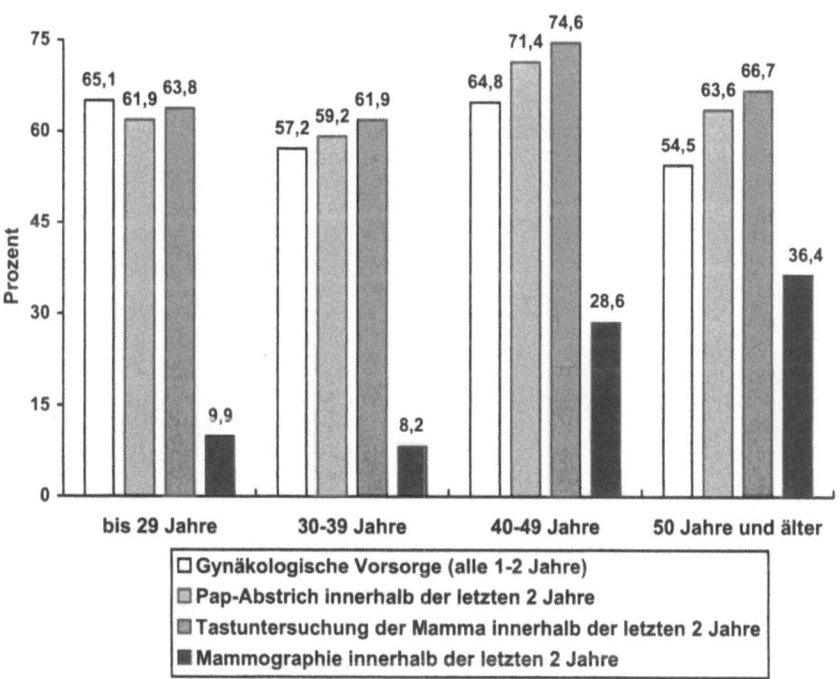

Grafik 3.4.8.: Balkendiagramm: Gynäkologische Vorsorgeuntersuchungen und Alter

3.4.5.5) Selbstuntersuchung der Brust

10,1 % der Teilnehmerinnen gaben an, ihre Brust selbst mindestens einmal im Monat/Zyklus auf Veränderungen und Auffälligkeiten zu untersuchen. Weitere 45,0 % nahmen gelegentlich eine Selbstuntersuchung der Brust vor. 44,9 % untersuchten sich nicht selbst (Grafik 3.4.9.)

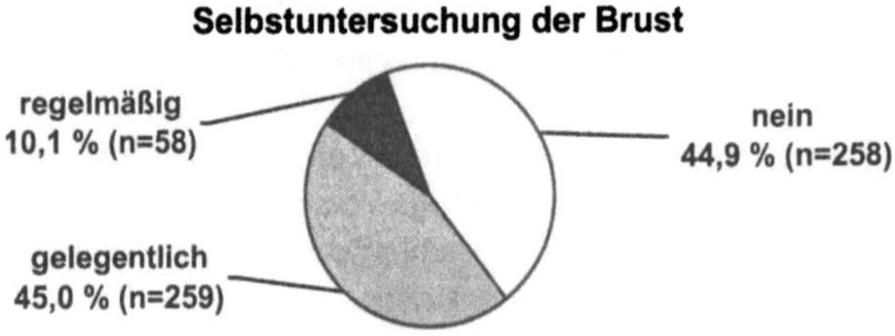

Selbstuntersuchung der Brust

regelmäßig
10,1 % (n=58)

nein
44,9 % (n=258)

gelegentlich
45,0 % (n=259)

Grafik 3.4.9.: Kreisdiagramm: Selbstuntersuchung der Brust

Mit zunehmendem Alter nahm ein größerer Teil der Frauen regelmäßig oder gelegentlich eine Selbstuntersuchung der Brust vor (p=0,003). Das folgende Balkendiagramm zeigt die Altersverteilung der Angaben.

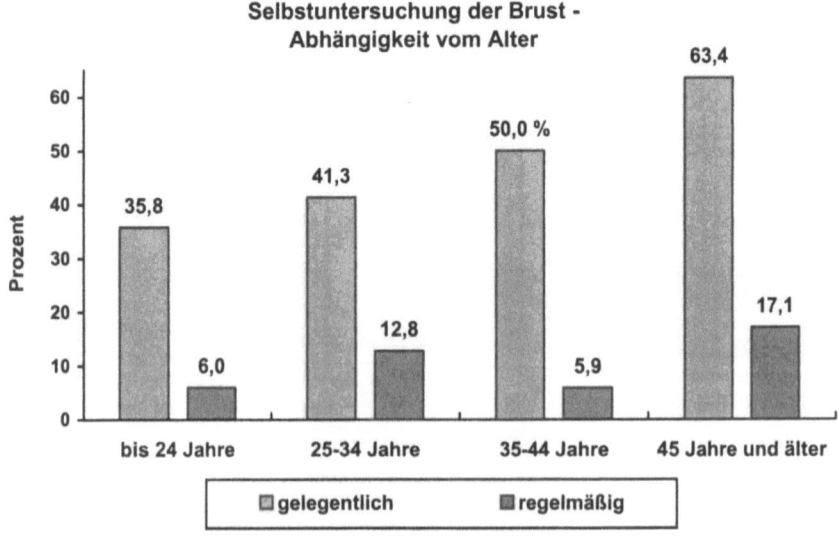

Grafik 3.4.10.: Balkendiagramm: Selbstuntersuchung der Brust in Abhängigkeit vom Alter

Von den verdeckt lebenden Lesben (n=21) gab keine Befragte an, regelmäßig eine Brustselbstuntersuchung durchzuführen (dieser Unterschied war mit p=0,152 nicht signifikant).

3.4.6) Inanspruchnahme medizinischer Versorgung

80,2 % der Frauen waren im Jahr vor der Erhebung in allgemeinärztlicher Behandlung gewesen. 87,1 % hatten eine Zahnärztin/einen Zahnarzt, 56,8 % eine Gynäkologin/einen Gynäkologen und 45,4 % eine andere Ärztin/einen anderen Arzt aufgesucht. 8,3 % der Teilnehmerinnen waren stationär in einem Krankenhaus behandelt worden. Insgesamt hatten 90,8 % im Vorjahr mindestens einmal eine niedergelassene Ärztin oder einen niedergelassenen Arzt (ohne Zahnärztin/Zahnarzt) aufgesucht.

Im alternativmedizinischen Bereich gaben 22,2 % an, im vergangenen Jahr eine Heilpraktikerin/einen Heilpraktiker konsultiert zu haben; 5,8 % waren bei einer Heilerin/einem Heiler gewesen.

Mehr als ein Drittel der Befragten (33,8 %) hatte im letzten Jahr mindestens einmal eine Psychotherapeutin/einen Psychotherapeuten aufgesucht.

Konsultation von Personen im medizinisch-therapeutischen Bereich im Vorjahr

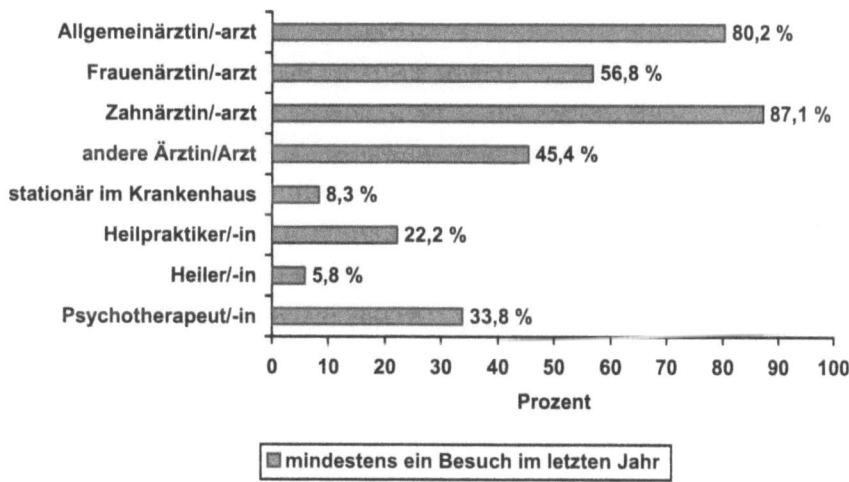

Grafik 3.4.11.: Balkendiagramm: Konsultationen bei Personen im medizinisch-therapeutischen Bereich

Anhand von sechs vorgegebenen Auswahlmöglichkeiten wurden die Frauen befragt, weshalb sie sich im letzten Jahr in Behandlung befunden hatten (Mehrfachantworten waren möglich). Die Mehrheit der Frauen in allgemeinärztlicher und stationärer Behandlung litt an einer akuten Erkrankung, während Frauenärztinnen/-ärzte und Zahnärztinnen/-ärzte überwiegend für Vorsorgeuntersuchungen aufgesucht worden waren (vgl. Tab. 3.4.9a und 3.4.9b).

Gründe für die Inanspruchnahme medizinischer Versorgung im letzten Jahr

	Allgemeinärztin/ -arzt		Frauenärztin/ -arzt		Zahnärztin/ -arzt		andere Ärztin/Arzt	
	Anzahl	%	Anzahl	%	Anzahl	%	Anzahl	%
akute Erkrankung	322	71,2%	48	15,5%	106	22,3 %	105	48,4 %
chronische Erkrankung	90	19,9%	15	4,8%	16	3,4 %	64	29,5 %
Vorsorge	65	14,4%	262	84,5%	385	80,9 %	42	19,4 %
Behinderung	2	0,4%					3	1,4 %
psychische Probleme	33	7,3%					3	1,4 %
anderes	46	10,2%	18	5,8%	37	7,8 %	20	9,2 %
Gesamt	452	100,0%	310	100,0%	476	100,0%	217	100,0%

Tab. 3.4.9a.: Gründe für die Inanspruchnahme medizinischer Versorgung im letzten Jahr

Gründe für die Inanspruchnahme medizinischer Versorgung im letzten Jahr

	stationärer Aufenthalt		Heilpraktiker/ -in		Heiler/-in		Psychotherapeut/ -in	
	Anzahl	%	Anzahl	%	Anzahl	%	Anzahl	%
akute Erkrankung	27	64,3%	47	42,0%			2	1,1%
chronische Erkrankung	8	19,0%	40	35,7%	7	24,1%	10	5,6%
Vorsorge	2	4,8%	27	24,1%	9	31,0%	8	4,4%
Behinderung			2	1,8%	1	3,4%	1	0,6%
psychische Probleme	4	4,8%	12	10,7%	12	41,4%	153	85,0%
anderes	5	9,5%	13	11,6%	8	27,6%	21	11,7%
Gesamt	42	100,0%	112	100,0%	37	100,0%	180	100,0%

Tab. 3.4.9b.: Gründe für die Inanspruchnahme medizinischer Versorgung im letzten Jahr

Heilpraktikerinnen und Heilpraktiker wurden überwiegend wegen akuter Beschwerden aufgesucht, von etwa einem Drittel der Frauen aber auch wegen chronischer Erkrankungen und von einem Viertel zur Vorsorge.

Die Mehrzahl der Klientinnen bei Heilerinnen und Heilern hatte sich an diese aufgrund psychischer Probleme gewandt, fast ein Drittel zur Vorsorge und ein Viertel wegen chronischer Beschwerden.

85,0 % der Klientinnen von Psychotherapeutinnen und Psychotherapeuten gaben psychische Schwierigkeiten als Motivation des Besuchs an, jede neunte Frau aber auch andere, in der Aufstellung nicht enthaltene Gründe.

Die verdeckt lebenden Lesben in der Stichprobe waren seltener im letzten Jahr in zahnärztlicher Behandlung gewesen (p=0,008 im Exakten Fischer-Test), hatten jedoch häufiger eine Heilpraktikerin oder einen Heilpraktiker aufgesucht (p=0,037 im Exakten Fischer-Test) (Tab. 3.4.10.). Für die anderen Bereiche fanden sich keine Unterschiede zu den offen lebenden Lesben.

Verdeckt/offen lebende Lesben und Konsultationen bei Zahnärztin/-arzt und Heilpraktiker/-in

	mindestens ein Besuch bei Zahnärztin/-arzt im letzten Jahr		mindestens ein Besuch bei Heilpraktiker/-in im letzten Jahr	
	Anzahl	%	Anzahl	%
verdeckt lebende Lesben	14	66,7%	9	42,9%
offen lebende Lesben	451	88,8%	109	22,3%

Tab. 3.4.10.: Verdeckt/offen lebende Lesben und Konsultationen bei Zahnärztin/-arzt und Heilpraktiker/-in

3.4.6.1) Geschlecht und sexuelle Orientierung der Behandlerinnen und Behandler

Im Fragebogen wurde für fünf Bereiche der medizinischen Versorgung (allgemeinärztlich, frauenärztlich, zahnärztlich, heilpraktisch und psychotherapeutisch) erhoben, welches Geschlecht die Person hatte, bei der sich die befragten Frauen in Behandlung befunden hatten. Zudem wurden die Teilnehmerinnen gebeten, die mutmaßliche sexuelle Orientierung ihrer Behandlerinnen und Behandler anzugeben (homo-, hetero- oder bisexuell). Falls diese den befragten Frauen nicht bekannt war oder sie keine Meinung dazu hatten, standen zudem die Kategorien „weiß ich nicht, wüsste ich aber gerne" oder „weiß ich nicht, und interessiert mich auch nicht" zur Auswahl.

Die folgende Tabelle gibt die Ergebnisse zu Geschlecht und (vermuteter) sexueller Orientierung der aufgesuchten Ärztinnen, Ärzte, Therapeutinnen und Therapeuten wieder. Personen, deren Geschlecht von den Befragten angegeben worden war, deren sexuelle Orientierung aber unbekannt war oder nicht genannt wurde, wurden als „nicht näher bezeichnete" Frauen bzw. Männer in die Übersicht aufgenommen.

Die Tabelle beinhaltet nur die Antworten der Frauen, die angegeben hatten, im letzten Jahr eine im jeweiligen medizinischen Bereich tätige Person konsultiert zu haben.

Angaben zu Geschlecht und sexueller Orientierung von Behandlerinnen und Behandlern (Angaben der Frauen, die im letzten Jahr in entsprechender Behandlung waren in Prozent)

	Allgemein-medizin %	Gynäkologie %	Zahnmedizin %	Heilpraxis %	Psycho-therapie %
Frau (gesamt)	54,3	84,9	46,5	84,2	92,9
heterosexuell	32,9	47,9	29,6	41,2	52,7
bisexuell	0,9	1,3	0,2	2,6	3,0
lesbisch	4,8	6,6	2,0	28,9	17,8
nicht näher bezeichnet	15,6	29,2	14,7	11,4	19,5
Mann (gesamt)	44,6	14,8	52,9	15,8	6,5
heterosexuell	33,3	9,2	35,3	12,3	4,7
bisexuell	0,5	0,7	0,4	1,8	0
schwul	1,8	1,0	1,8	0	0
nicht näher bezeichnet	9,0	3,9	15,4	1,8	1,8
Paar	1,1	0,3	0,7	0	0,6

Tab. 3.4.13.: Geschlecht und sexuelle Orientierung von Behandlerinnen und Behandlern

Von den Frauen die im letzten Jahr eine Allgemeinärztin oder einen Allgemeinarzt aufgesucht hatten (n=458), waren 54,3 % bei einer Frau und 44,6 % bei einem Mann und 1,1 % sowohl bei einer Frau als auch bei einem Mann in Behandlung gewesen. 4,8 % der Befragten hatten eine Allgemeinärztin, die selbst lesbisch war, aufgesucht.

84,9 % der befragten Frauen, die im Vorjahr in gynäkologischer Behandlung gewesen waren (n=316), hatten eine Frauenärztin aufgesucht, 14,8 % einen Frauenarzt und 0,3 % waren sowohl bei einer Frau als auch einem Mann in Behandlung gewesen. 6,6 % der Frauen hatte eine lesbische Gynäkologin konsultiert.

495 Teilnehmerinnen hatten im Vorjahr mindestens einmal eine Zahnärztin oder einen Zahnarzt aufgesucht. 46,5 % waren bei einer Ärztin in Behandlung gewesen, 52,9 % bei einem Arzt und 0,7 % sowohl bei einer Ärztin als auch einem Arzt.

Die Teilnehmerinnen, die letztes Jahr in heilpraktischer Behandlung waren (n=121), hatten zu 84,2 % eine Frau aufgesucht und zu 15,8% einen Mann. 28,9 % hatten sich an eine lesbische Heilpraktikerin gewandt.

184 Frauen hatten im Vorjahr eine Psychotherapeutin oder einen Psychotherapeuten aufgesucht. Der Frauenanteil bei den konsultierten Personen lag bei 92,9 %. 6,5 % der Frauen hatten einen männlichen Therapeuten und 0,6 % sowohl eine Frau als auch einen Mann aufgesucht. Bei 17,8 % der Klientinnen war die Psychotherapeutin selbst lesbisch.

3.5) Risikoverhalten

3.5.1) Substanzkonsum

In mehreren Fragen waren in der Studie Daten über den Konsum von Alkohol, Nikotin, Coffein, Medikamenten mit Missbrauchspotential, Cannabisprodukten (Haschisch, Marihuana) und Drogen erhoben worden.

3.5.1.1) Alkohol

Die meisten Frauen (23,7 %) hatten im Jahr vor der Erhebung ein- bis zweimal in der Woche Alkohol getrunken, ein Fünftel (20,7 %) mehrmals wöchentlich und 4,5 % täglich. 12,5 % der Befragten waren alkoholabstinent gewesen, wobei 2,6 % der Frauen früher in ihrem Leben eine Phase regelmäßigen Alkoholkonsums gehabt hatten.

Alkoholkonsum im vergangenen Jahr

Alkoholkonsum	Gesamt		bis 24 Jahre		25-34 Jahre		bis 24 Jahre		45 Jahre und älter	
	Anzahl	%	Anzahl	%	Anzahl	%	Anzahl	%	Anzahl	%
nie, auch früher nicht regelmäßig	57	9,9	3	4,4	36	12,8	14	7,5	4	10,0
nie, früher regelmäßig	15	2,6	0	0	8	2,8	4	2,2	3	7,5
< 1 mal/Monat	98	17,0	13	19,1	41	14,6	39	21,0	5	12,5
1-3 mal/Monat	124	21,6	24	35,3	54	19,2	35	18,8	11	27,5
1-2 mal/Woche	136	23,7	17	25,0	72	25,6	41	22,0	6	15,0
mehrmals/Woche	119	20,7	8	11,8	63	22,4	42	22,6	6	15,0
täglich	26	4,5	3	4,4	7	2,5	11	5,9	5	12,5
Gesamt	575	100%	68	100%	281	100%	186	100%	40	100%

Tab. 3.5.1.: Alkoholkonsum im vergangenen Jahr: Gesamt und nach Alter

Bei der Betrachtung der Altersverteilung zeigte sich, dass sowohl die höchste Rate an alkoholabstinenten Frauen (17,5 % der Altersklasse) als auch die höchste Rate an täglichen Alkoholkonsumentinnen (12,5 % der Altersklasse) bei den über 45jährigen Frauen zu finden war.

Ältere Teilnehmerinnen der Erhebung konsumierten häufiger täglich Alkohol als junge Frauen (p=0,024 im χ^2-Test für die in der Tabelle verwendete Altersaufteilung).

Zwischen Frauen, die ihr Lesbischsein offen oder verdeckt lebten, ließen sich keine statistisch signifikanten Unterschiede bezüglich ihres Alkoholkonsums feststellen.

3.5.1.2) Rauchen

Die Mehrheit der Teilnehmerinnen gab an, aktuell nicht zu rauchen. 42,4 % der Frauen bezeichneten sich als „Nichtraucherin", weitere 20,8 % als „Ex-Raucherin". Zum Zeitpunkt der Befragung rauchten 36,9 % der Befragten, davon 10,4 % weniger als zwei Zigaretten am Tag und 26,5 % täglich zwei oder mehr Zigaretten (Tab. 3.5.2.).

Der Anteil an Frauen, die noch nie regelmäßig geraucht hatten (Nie-Raucherinnen), lag in den mittleren Altersklassen weitgehend konstant bei über 40 %; Ausnahme stellten die jungen Frauen unter 20 Jahren (26,6 % Nie-Raucherinnen) und die älteren Frauen ab 50 Jahren (38,5 % Nie-Raucherinnen) dar (Daten nicht in der Tabelle enthalten).

Der Anteil der – regelmäßigen wie gelegentlichen – Raucherinnen nahm mit zunehmendem Alter ab. Rauchten bei den unter 25jährigen 44,1 % regelmäßig oder gelegentlich, so waren es bei den 25-39jährigen 28,1 % und bei den Frauen von 40-59 Jahren 25,3 %. Im Gegenzug erhöhte sich der Anteil der Frauen, die das Rauchen aufgegeben hatten, von 11,8 % bei den unter 25jährigen auf fast das Dreifache (33,7 %) bei den Teilnehmerinnen von 40-59 Jahren (p=0,017 im χ^2-Test) (Tab. 3.5.2.[9]). Eine Ausnahme stellten die jungen Lesben unter 20 Jahren dar, von denen 71,4 % rauchten (keine Ex-Raucherin in dieser Altersgruppe; Daten nicht in der Tabelle enthalten).

Rauchen und Alter

	Gesamt		Alter bis 24 Jahre		Alter 25 bis 39 Jahre		Alter 40 bis 59 Jahre	
	Anzahl	%	Anzahl	%	Anzahl	%	Anzahl	%
Nichtraucherin	245	42,4%	30	44,1%	180	42,4%	34	41,0%
Ex-Raucherin	120	20,8%	8	11,8%	83	19,5%	28	33,7%
Gelegenheits-raucherin	60	10,4%	11	16,2%	43	10,1%	6	7,2%
Raucherin	153	26,5%	19	27,9%	119	28,0%	15	18,1%
Gesamt	578	100,0%	68	100,0%	425	100,0%	83	100,0%

Tab. 3.5.2.: Rauchgewohnheiten in verschiedenen Altersklassen

Die offen lebenden Lesben rauchten mit 37,5 % etwas häufiger als die verdeckt lebenden Lesben (28,6 %) (Unterschied nicht signifikant, p=0,494 im Exakten Fischer-Test).

3.5.1.3) Cannabisprodukte und andere Drogen

Cannabisprodukte (Haschisch, Marihuana) sind die in Deutschland am häufigsten konsumierten illegalen Drogen. Die Konsumgewohnheiten für Cannabisprodukte wurden daher in einer eigenen Frage erfasst. Alle anderen Betäubungsmittel, wie z.B. Halluzinogene, Amphetamine, Kokain, Heroin oder Ecstasy, wurden summarisch unter „andere Drogen" erhoben.

---

9   Altersunterteilung gemäß der Aufteilung in Repräsentativerhebungen über den Nikotinkonsum von Frauen (Mikrozensus 1999, Bundesgesundheitssurvey 1998)

Die Mehrzahl der Frauen gab keinen Gebrauch von Cannabisprodukten (78,3 %) oder anderen Drogen (95,8 %) im Jahr vor der Befragung an. 21,7 % der Teilnehmerinnen hatten im Vorjahr mindestens einmal Cannabisprodukte konsumiert, 4,2 % andere Drogen. 9,2 % verneinten einen aktuellen Konsum von Cannabis, hatten aber früher regelmäßig Cannabisprodukte konsumiert. Bei den anderen Drogen lag der Anteil an Ex-Gebraucherinnen bei 3,3 % (Tab. 3.5.3.).

Konsum von Cannabis und anderen Drogen im vergangenen Jahr

	Cannabis		andere Drogen	
	Anzahl	%	Anzahl	%
kein Konsum im letzten Jahr	441	78,3%	530	95,8%
auch früher nicht regelmäßig	389	69,1%	512	92,6%
früher regelmäßig	52	9,2%	18	3,3%
Konsum im letzten Jahr	122	21,7%	23	4,2%
< 1 mal/ Monat	83	14,7%	19	3,4%
1-3 mal/ Monat	24	4,3%		
1-2 mal/Woche	4	0,7%		
mehrmals/Woche	5	0,9%	1	0,2%
täglich	6	1,1%	3	0,5%
Gesamt	563	100 %	553	100 %

Tab. 3.5.3.: Konsum von Cannabis und anderen Drogen im vergangenen Jahr

Die Häufigkeit des Cannabiskonsums nahm in der Stichprobe mit dem Alter der Befragten ab ($p<0,0005$). Es gaben 47,1 % der Frauen unter 25 Jahren an, im Jahr vor der Befragung mindestens einmal Cannabisprodukte zu sich genommen zu haben, davon 10,3 % regelmäßig mindestens einmal in der Woche. Bei den 25-34jährigen lag der Anteil der Konsumentinnen im vergangenen Jahr bei 19,2 %, in der Altersklasse der 35-44jährigen bei 17,7 % und bei Teilnehmerinnen ab 45 Jahren bei 13,2 % (Tab. 3.5.4.).

Cannabiskonsum im vergangenen Jahr und Alter

	bis 24 Jahre		25-34 Jahre		35-44 Jahre		45 Jahre und älter	
	Anzahl	%	Anzahl	%	Anzahl	%	Anzahl	%
nie, auch früher nicht regelmäßig	33	48,5%	199	72,1%	127	70,2%	30	78,9%
nie, früher regelmäßig	3	4,4%	24	8,7%	22	12,2%	3	7,9%
< 1 mal/ Monat	22	32,4%	37	13,4%	23	12,7%	1	2,6%
1-3 mal/ Monat	3	4,4%	13	4,7%	5	2,8%	3	7,9%
1-2 mal/Woche	3	4,4%	0	0	1	0,6%	0	0
mehrmals/Woche	3	4,4%	0	0	1	0,6%	1	2,6%
täglich	1	1,5%	3	1,1%	2	1,1%	0	0
Gesamt	68	100,0%	276	100,0%	181	100,0%	38	100,0%

Tab. 3.5.4.: Cannabiskonsum im vergangenen Jahr und Alter

Auch bei den anderen Drogen war der Anteil an Konsumentinnen bei den unter 25jährigen am größten (7,4 %). Ein Zusammenhang zwischen Drogenkonsum und Alter ließ sich statistisch jedoch nicht sichern. Insgesamt lag der Anteil an aktuellen, regelmäßigen Drogengebraucherinnen bei 0,7 %.

Konsum anderer Drogen im vergangenen Jahr und Alter

	bis 24 Jahre		25-34 Jahre		35-44 Jahre		45 Jahre und älter	
	Anzahl	%	Anzahl	%	Anzahl	%	Anzahl	%
nie, auch früher nicht regelmäßig	59	86,8%	255	94,1%	163	92,1%	35	94,6%
nie, früher regelmäßig	4	5,9%	4	1,5%	8	4,5%	2	5,4%
< 1 mal/ Monat	4	5,9%	11	4,1%	4	2,3%		
1-3 mal/ Monat								
1-2 mal/Woche								
mehrmals/Woche					1	0,6%		
täglich	1	1,5%	1	0,4%	1	0,6%		
Gesamt	68	100,0%	271	100,0%	177	100,0%	37	100,0%

Tab. 3.5.5.: Konsum anderer Drogen im vergangenen Jahr und Alter

Die offen lesbisch lebenden Teilnehmerinnen gaben mit 31,5 % etwas häufiger – aktuelle oder vergangene – Erfahrung mit Cannabisprodukten an als die verdeckt lebenden Befragten (14,3 %) (Unterschied nicht signifikant, p=0,145 im Exakten Fischer-Test). Bei den anderen Drogen fanden sich ebenfalls keine signifikanten Unterschiede im aktuellen oder vergangenen Konsumverhalten zwischen diesen beiden Gruppen.

3.5.1.4) Medikamente mit Missbrauchspotential

Im Folgenden wird auf die Konsummuster von psychotropen Medikamenten in den letzten 12 Monaten vor der Erhebung eingegangen. Berücksichtigt wurden in der Erhebung Medikamente, die von Frauen häufiger missbräuchlich eingenommen werden und teilweise ein Abhängigkeitspotential besitzen: Schmerzmittel, Beruhigungsmittel, Schlafmittel, Psychopharmaka/stimmungsbeeinflussende Mittel[10] und Abführmittel.

8,0 % der Befragten hatten Medikamente aus mindestens einer Substanzklasse im Vorjahr wöchentlich oder häufiger eingenommen.

Die mit Abstand am häufigsten eingenommenen Medikamente waren die Analgetika. 78,6 % der Befragten hatten innerhalb des vergangenen Jahres Schmerzmittel eingenommen, davon 5,8 % regelmäßig mindestens einmal pro Woche. Seltener waren im Jahr

---

10   Im Fragebogen wurde nicht differenziert zwischen Psychopharmaka und stimmungsbeeinflussenden Mitteln. Im Folgenden werden beide Begriffe als Synonyme verwendet.

vor der Befragung Beruhigungsmittel (11,6 %), Psychopharmaka (7,7 %), Schlafmittel (5,6 %) und Laxantien (2,7 %) eingenommen worden (Tab. 3.5.6.).

Medikamenteneinnahme im vergangenen Jahr

	Analgetika		Beruhi-gungsmittel		Schlafmittel		Psycho-pharmaka		Laxantien	
	Zahl	%	Zahl	%	Zahl	%	Zahl	%	Zahl	%
nie, auch früher nicht regelmäßig	117	20,5%	475	86,1%	518	93,0%	509	91,1%	526	95,3%
nie, früher regel-mäßig	5	0,9%	13	2,4%	8	1,4%	7	1,3%	11	2,0%
< 1 mal/Monat	261	45,7%	50	9,1%	23	4,1%	27	4,8%	14	2,5%
1-3 mal/Monat	155	27,1%	7	1,3%	5	0,9%	4	0,7%	0	0
1-2 mal/Woche	20	3,5%	2	0,4%	1	0,2%	0	0	0	0
mehrmals/Woche	13	2,3%	2	0,4%	0	0	1	0,2%	1	0,2%
täglich	0	0	3	0,5%	2	0,4%	11	2,0%	0	0
Gesamt	571	100%	552	100%	557	100%	559	100%	552	100%

Tab. 3.5.6.: Medikamenteneinnahme im vergangen Jahr

Für alle Substanzgruppen gab es Teilnehmerinnen, die einen aktuellen Konsum verneinten, aber diese Medikamente früher einmal regelmäßig eingenommen hatten. Für Beruhigungsmittel lag ihr Anteil mit 2,4 % am höchsten. 2,0 % der Frauen hatten früher regelmäßig Laxantien eingenommen, 1,4 % Schlafmittel, 1,3 % Psychopharmaka und 0,9 % Schmerzmittel.

Für die vier Arzneimittelgruppen der Analgetika, Beruhigungsmittel, Schlafmittel und Psychopharmaka wurden Unterschiede im Konsummuster in Abhängigkeit vom Alter der Befragten analysiert. Für Laxantien erschien diese Analyse aufgrund der insgesamt kleinen Anzahl von Konsumentinnen nicht sinnvoll.

Analgetika wurden häufiger von jungen Frauen eingenommen als von älteren Frauen. Der Anteil derjenigen, die im Vorjahr Schmerzmittel eingenommen hatten, lag in der Altersgruppe bis 30 Jahren bei 86,4 % und sank dann mit zunehmendem Alter der Befragten ab. Auch der regelmäßige (monatliche oder häufigere) Konsum von Schmerzmitteln nahm mit dem Alter ab (Tab. 3.5.7.).

Bei den Schlaf- und Beruhigungsmitteln lag der Anteil an Frauen, die für das letzte Jahr von einem Konsum berichteten, in der Altersgruppe der 40-49jährigen am höchsten (Schlafmittel 8,9 %, Beruhigungsmittel 15,1 %). Bei den stimmungsbeeinflussenden Medikamenten berichteten die Frauen ab 50 Jahren am häufigsten von einer Einnahme (8,9 %) (Unterschiede nicht signifikant).

Medikamentenkonsum (in Prozent) im vergangenen Jahr und Alter (in Jahren)

	Analgetika								Beruhigungsmittel							
	< 30		30-39		40-49		>49		< 30		30-39		40-49		>49	
	n	%	n	%	n	%	n	%	n	%	n	%	n	%	n	%
nie, auch früher nicht	23	13,0	72	23,0	19	27,5	3	25,0	146	84,9	266	87,2	55	83,3	8	88,9
nie, früher regelmäßig	1	0,6	2	0,6			2	16,7			2	0,7	1	1,5		
seltener	78	44,1	144	46,0	33	47,8	6	50,0	15	8,7	26	8,5	8	12,1	1	11,1
1-3 mal/ Monat	57	32,2	82	26,2	15	21,7	1	8,3	3	1,7	4	1,3				
1-2 mal/ Woche	8	4,5	10	3,2	2	2,9			1	0,6	1	0,3				
mehrmals/ Woche	10	5,6	3	1,0					2	1,2						
täglich									5	2,9	6	2,0	2	3,0		
Gesamt	177	100	313	100	69	100	12	100	172	100	305	100	66	100	9	100

	Schlafmittel								Psychopharmaka							
	<30		30-39		40-49		>49		<30		30-39		40-49		>49	
	n	%	n	%	n	%	n	%	n	%	n	%	n	%	n	%
nie, auch früher nicht	159	92,4	289	93,8	61	89,7	9	100	155	89,6	285	92,5	61	89,7	8	80,0
nie, früher regelmäßig	3	1,7	4	1,3	1	1,5			5	2,9	1	0,3	1	1,5		
seltener	7	4,1	11	3,6	5	7,4			10	5,8	12	3,9	5	7,4		
1-3 mal/ Monat	2	1,2	3	1,0					1	0,6	2	0,6	1	1,5		
1-2 mal/ Woche					1	1,5										
mehrmals/ Woche									1	0,6						
täglich	1	0,6	1	0,3					1	0,6	8	2,6			2	20,0
Gesamt	172	100	308	100	68	100	9	100	173	100	308	100	68	100	10	100

Tab. 3.5.7.: Medikamentenkonsum im vergangenen Jahr nach Altersklassen

Die offen lebenden Lesben (4,9 %) berichteten etwas seltener von einer regelmäßigen, mindestens wöchentlichen Schmerzmitteleinnahme als die verdeckt lebenden Lesben (14,3 %) (Unterschied nicht signifikant, p=0,091 im Exakten Fischer-Test). Während sich die Einnahme von Schlaf- und Beruhigungsmitteln nicht zwischen offen und verdeckt lebenden Lesben unterschied, zeigte sich für stimmungsbeeinflussende Mittel ein etwas größere Einnahmehäufigkeit im letzten Jahr bei den verdeckt lebenden Lesben (14,3 %) gegenüber den offen lebenden Lesben (7,3 %) (Unterschied nicht signifikant, p=0,210 im Exakten Fischer-Test).

Die Einnahmehäufigkeit der verschiedenen Substanzgruppen erwies sich als untereinander abhängig (die Laxantien wurden wegen der geringen Anzahl an Nennungen von der Analyse ausgeschlossen). Allgemein formuliert wiesen Frauen mit einem höheren Konsum an Medikamenten einer der vier Substanzklassen (Analgetika, Beruhigungsmittel, stimmungsbeeinflussende Mittel oder Schlafmittel) auch einen höheren Konsum von Medikamenten aller übrigen Substanzklassen auf (p<0,0005, Zusammenhang zwischen Analgetika- und Schlafmitteleinnahme: p=0,014).

Der Zusammenhang zwischen den Einnahmehäufigkeiten der verschiedenen Medikamentengruppen soll exemplarisch anhand des Konsums von Analgetika erläutert werden. Die Teilnehmerinnen wurden anhand ihres Einnahmeverhaltens für Schmerzmittel im letzten Jahr in zwei Gruppen eingeteilt: Frauen, die mindestens einmal in der Woche Schmerzmittel eingenommen hatten, und Frauen, die seltener Analgetika eingenommen hatten.
Für diese beiden Gruppen zeigt die folgende Tabelle (Tab. 3.5.8.) jeweils den Anteil an Frauen, die eine regelmäßige Einnahme der anderen Medikamentengruppen von mindestens einmal pro Monat im vergangenen Jahr angegeben hatten.

Einnahme verschiedener Substanzklassen in Abhängigkeit vom Analgetikakonsum im letzten Jahr

	Beruhigungsmittel-einnahme: $\geq$ 1mal/Monat	Schlafmittel-einnahme: $\geq$ 1mal/Monat	Psychopharmaka-einnahme: $\geq$ 1mal/Monat
Analgetikaeinnahme: seltener als 1mal/Woche	1,5 %	1,0 %	1,7 %
Analgetikaeinnahme: mind. 1mal/Woche	16,7 %	10,0 %	19,4 %

Tab. 3.5.8.: Einnahme verschiedener Substanzklassen in Abhängigkeit des Analgetikakonsums im letzten Jahr

So wiesen 16,7 % der Frauen mit mindestens wöchentlichem Analgetikagebrauch auch eine regelmäßige Einnahme von Beruhigungsmitteln auf, 10,0 % von Schlafmitteln und 19,4 % von Psychopharmaka. Der Anteil der Frauen mit regelmäßiger, d.h. mindestens monatlicher, Einnahme dieser drei Medikamentengruppen an den Teilnehmerinnen mit niedrigem Analgetikakonsum lag bei höchstens 1,7 % (Tab. 3.5.8.).

Für die Einnahmehäufigkeit jeder der vier genannten Substanzklassen bestand zudem ein Zusammenhang zum seelischen Wohlbefinden der Befragten. Frauen, die ihr psychisches Wohlbefinden als schlechter beschrieben, gaben einen höheren Gebrauch an

Analgetika (p<0,005), Psychopharmaka (p<0,0005), Schlafmitteln (p=0,002) und Beruhigungsmitteln (p=0,013) an. Teilnehmerinnen, die ihr körperliches Wohlbefinden als schlechter einschätzten, nahmen ebenfalls häufiger Analgetika ein (p=0,002); ein Zusammenhang zwischen physischem Wohlbefinden und der Einnahme der anderen Medikamentengruppen fand sich nicht.

3.5.1.5) Coffein

Die Mehrzahl der Befragten trank im vergangenen Jahr täglich coffeinhaltige Getränke (56,2 %). 14,0 % gaben keinen Konsum coffeinhaltiger Genussmittel für diesen Zeitraum an (wegen Rundungsfehlern addieren sich die Daten in der nachfolgenden Tabelle für diese Gruppe auf 13,9 %).

Coffeinkonsum im vergangenen Jahr und Alter

	Gesamt		< 20 Jahre		20 – 29		30 – 39		40 – 49		> 49 Jahre	
	n	%	n	%	n	%	n	%	n	%	n	%
nie, auch früher nicht regelmäßig	66	11,5	2	28,6	22	13,0	34	10,9	8	11,1		
nie, früher regelmäßig	14	2,4			4	2,4	8	2,6	2	2,8		
seltener	33	5,8			12	7,1	15	4,8	2	2,8	4	33,3
1-3 mal/Monat	20	3,5	2	28,6	5	3,0	13	4,2				
1-2 mal/Woche	42	7,3			19	11,2	19	6,1	3	4,2	1	8,3
mehrmals/ Woche	76	13,3			27	16,0	38	12,1	8	11,1	3	25,0
täglich	322	56,2	3	42,9	80	47,3	186	59,4	49	68,1	4	33,3
Gesamt	573	100%	7	100%	169	100%	313	100%	72	100%	12	100%

Tab. 3.5.9.: Coffeinkonsum im vergangenen Jahr gesamt und nach Altersklassen

Sowohl der Coffeinkonsum insgesamt als auch der tägliche Coffeinkonsum zeigen eine Abhängigkeit vom Alter. Die höchste Rate täglichen Coffeinkonsums findet sich bei den 40-44jährigen Frauen mit 72,7%, die niedrigste bei den 20-24jährigen mit 32,8% (p=0,001 im χ^2-Test für die Abhängigkeit des Koffeinkonsums vom Alter, wegen Zellenbelegung im Unterschied zur obigen Tabelle mit nur vier Altersklassen berechnet).

3.5.2) Body-Mass-Index

Der Body-Mass-Index (BMI) ist das gebräuchlichste Kriterium für die Beurteilung des Körpergewichts im Verhältnis zur Körpergröße. Der BMI berechnet sich nach der Formel:

$$BMI = Körpergewicht\ in\ kg/(Körpergröße\ im\ m)^2$$

Die Normwerte für den BMI variieren in Abhängigkeit von Alter und der Herkunft der Probandinnen, weshalb sich in der Literatur verschiedene Grenzwertfestsetzungen finden lassen. In Anlehnung an die Einteilung des *Bundesgesundheitssurveys 1998*[11] wurde für das Normalgewicht ein BMI von 20-25 kg/m² zugrunde gelegt.

61,3 % der Frauen lagen mit ihrem Body-Mass-Index im Bereich von 20-25 kg/m², 17,8 % darunter und 20,9 % darüber. 5,6 % waren mit einem BMI > 30 kg/m² als übergewichtig anzusehen, davon 0,5 % (n=3) mit einem BMI > 40 kg/m² als stark übergewichtig. 7,4 % waren mit einem BMI < 19 kg/m² untergewichtig, bei 1,4 % lag der BMI unter 17,5 kg/m² (n=8, alle im Alter zwischen 25 und 39 Jahren). Der BMI betrug im Mittel 23,1 kg/m².

Body-Mass-Index (n=569)

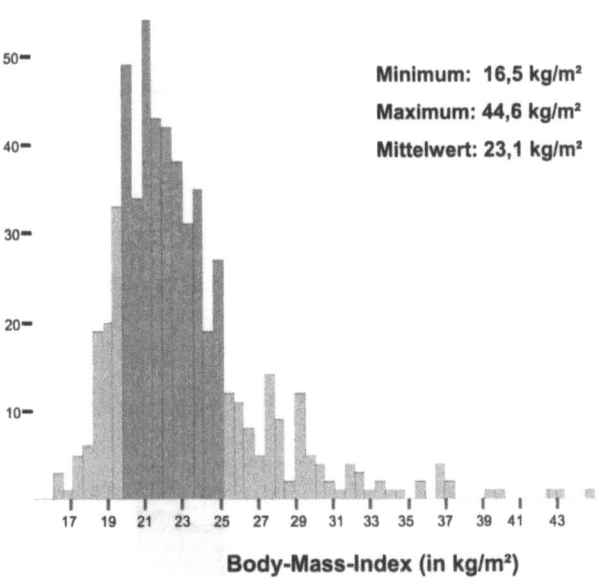

Grafik 3.5.1.: Body-Mass-Index

[11]   Bergmann/Mensink 1999

3.6) Erfahrungen in der medizinischen Versorgung

3.6.1) Allgemeine Erfahrungen mit Ärztinnen und Ärzten

Die Einschätzung der allgemeinen Erfahrungen mit Ärztinnen und Ärzten wurde geschlechtergetrennt anhand einer fünfstufigen Skala erfasst (vgl. Grafik 3.6.1.).

Frage aus dem Erhebungsbogen zu allgemeinen Erfahrungen mit Ärztinnen und Ärzten
Wie sehen Sie ganz allgemein die Erfahrungen, die Sie bisher im medizinischen Bereich gemacht haben? Bitten kreuzen Sie das Zutreffende für Ärztinnen und Ärzte getrennt an:

Im Allgemeinen sind meine Erfahrungen

mit Ärztinnen ...	... gut	eher gut	teils gut/teils schlecht	eher schlecht	schlecht
	⊏	⊏	⊐	⊏	⊏
mit Ärzten ...	... gut	eher gut	teils gut/teils schlecht	eher schlecht	schlecht
	⊏	⊏	⊐	⊏	⊐

Grafik 3.6.1.: Frage aus dem Erhebungsbogen zu allgemeinen Erfahrungen mit Ärztinnen und Ärzten

14,8 % bezeichneten ihre Erfahrungen mit Ärztinnen als „gut", 30,9 % als „eher gut" und fast die Hälfte (47,3 %) als „teils gut/teils schlecht". 17,3 % äußerten „eher schlechte" und 1,2 % „schlechte" Erfahrungen mit Ärztinnen (Grafik 3.6.1.).

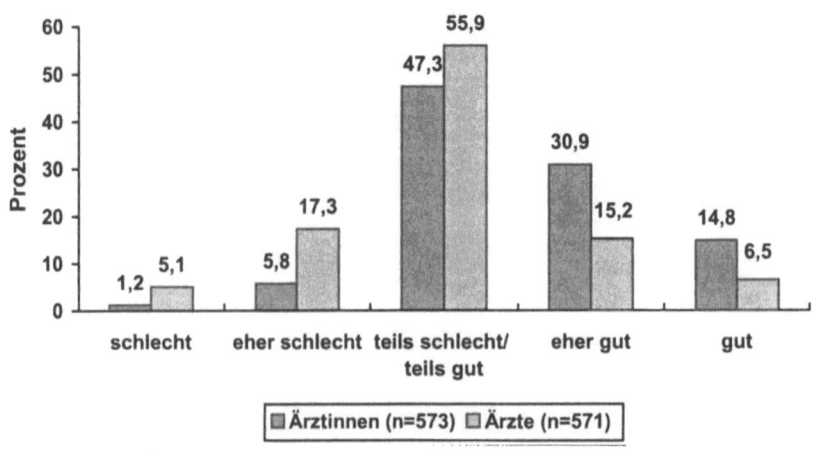

Grafik 3.6.1.: Balkendiagramm: Erfahrungen mit Ärztinnen und Ärzten

Ihre Erfahrungen mit Ärzten bewerteten die Befragten insgesamt als weniger gut als ihre Erfahrungen mit Ärztinnen (p < 0,0005 im Vorzeichen-Test). 6,5 % fanden ihre Erfahrungen mit Ärzten „gut",
15,2 % „eher gut" und mehr als die Hälfte (55,9 %) „teils gut/teils schlecht". Als „eher schlecht" beschrieben 17,3 % ihre Erfahrungen mit Ärzten und weitere 5,1 % als „schlecht".

Die Angaben zu den Erfahrungen mit Ärztinnen und Ärzten zeigten kaum eine Übereinstimmung (κ=0,342, p < 0,0005).

Es bestanden keine Unterschiede zwischen den Angaben der verdeckt und offen lebenden Lesben.

Ein Zusammenhang fand sich in Abhängigkeit vom subjektiven Wohlbefinden. Frauen, die ihr körperliches Wohlbefinden als besser beschrieben, schätzten auch die Erfahrungen, die sie mit Ärztinnen (p < 0,0005) und Ärzten (p < 0,0005) gemacht haben, als besser ein. Die Angaben über seelisches Wohlbefinden und Erfahrungen mit Ärztinnen und Ärzten waren voneinander unabhängig.

Von Interesse war zudem, ob ein Zusammenhang zwischen den Erfahrungen der Teilnehmerinnen mit Ärztinnen und Ärzten und ihrem Vorsorgeverhalten bestand. Sowohl für den allgemeinmedizinischen als auch für den gynäkologischen Bereich ließen sich hier Abhängigkeiten finden. Die Nutzung zahnärztlicher Vorsorge und die Durchführung von Brustselbstuntersuchungen zeigten sich unabhängig von den bisherigen Erfahrungen mit Ärztinnen oder Ärzten.

Im Folgenden werden die Zusammenhänge von Vorsorgeverhalten und subjektiven Erfahrungen für Ärztinnen ausführlicher und für Ärzte im Überblick beschrieben.

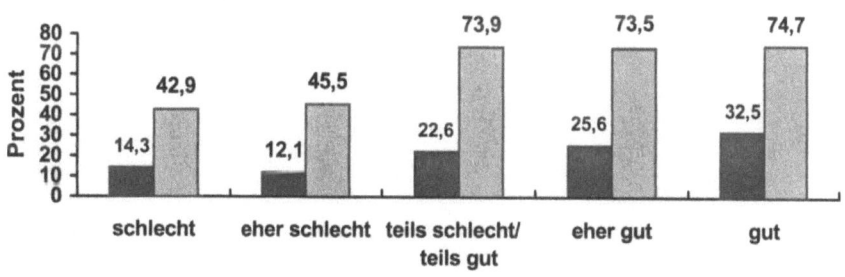

Grafik 3.6.2.: Balkendiagramm: Erfahrungen mit Ärztinnen – Allgemeinmedizinische Vorsorge

32,5 % der Frauen, die ihre bisherigen Erfahrungen bei Ärztinnen als „gut" bezeichneten, nahmen mindestens alle zwei Jahre an einem allgemeinmedizinischen „Check Up" teil, und bei 74,7 % dieser Frauen war innerhalb der vergangenen zwei Jahre der Blutdruck kontrolliert worden. Von den Frauen, die ihre Erfahrungen bei Ärztinnen als „schlecht" bezeichneten, nutzen 42,9 % mindestens alle zwei Jahre die Möglichkeit einer allgemein-ärztlichen Vorsorge; bei 14,3 % war innerhalb der letzten beiden Jahre der Blutdruck gemessen worden (Grafik 3.6.2.).

Die vorausgegangene Grafik (Grafik 3.6.2.) zeigt – aufgeteilt nach den Antworten auf die Frage zu den bisherigen Erfahrungen bei Ärztinnen – den Anteil der Teilnehmerinnen, die regelmäßig mindestens alle zwei Jahre an einer allgemeinmedizinischen Vorsorge-untersuchung teilnahmen (p = 0,022) bzw. deren Blutdruck in den vergangenen beiden Jahren kontrolliert worden war (Zusammenhang mit p = 0,051 grenzwertig signifikant).

Auch für den gynäkologischen Bereich zeigte sich, dass die Frauen, die bessere Erfahrungen mit Ärztinnen gemacht hatten, regelmäßiger an Vorsorgeuntersuchungen teilnahmen. 68,7 % der Befragten, die ihre Erfahrungen mit Ärztinnen als „gut" beschrieben, ließen mindestens alle zwei Jahre eine gynäkologische Früherkennungsuntersuchung durchführen; 66,3 % hatten innerhalb der beiden Jahre vor Befragung ein Pap-Screening und 67,1 % eine Untersuchung der Brust vornehmen lassen.

Bei den Frauen, die ihre Erfahrungen mit Ärztinnen als „schlecht" bezeichneten, lag der Anteil an regelmäßigen Nutzerinnen gynäkologischer Vorsorgeuntersuchungen bei 14,3 %; 42,9 % hatten in den letzten beiden Jahren an einem Pap-Screening und 42,9 % an einer Brustuntersuchung teilgenommen.

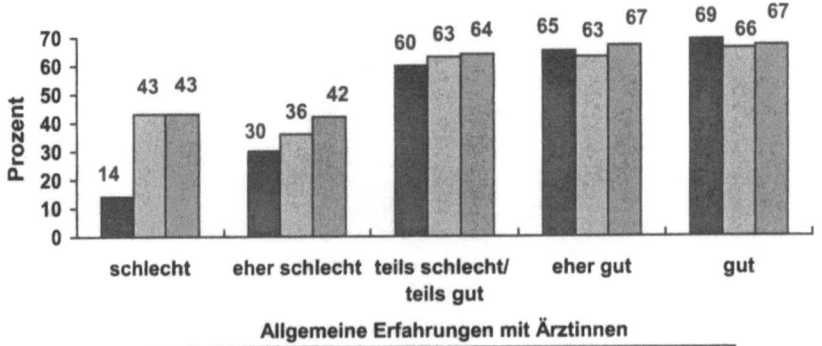

Grafik 3.6.3.: Balkendiagramm: Erfahrungen mit Ärztinnen – Gynäkologische Vorsorge

Das Balkendiagramm (Grafik 3.6.3.) zeigt den Anteil der Frauen, die regelmäßig mindestens alle zwei Jahre an einer gynäkologischen Vorsorgeuntersuchung (p < 0,0005) teilnahmen bzw. die vor weniger als zwei Jahren eine Pap-Screeninguntersuchung (p = 0,047) oder eine Untersuchung der Mammae (p = 0,047) hatten vornehmen lassen. Die Aufteilung erfolgt nach den Angaben der Frauen über ihre allgemeinen Erfahrungen mit Ärztinnen.

Für die Erfahrungen mit männlichen Ärzten fanden sich signifikante Zusammenhänge mit der Frequenz gynäkologischer Vorsorgeuntersuchungen und Blutdruckmessungen.

65,6 % der Frauen, die ihre Erfahrungen bei männlichen Ärzten als „gut" oder „eher gut" bezeichneten, nutzten regelmäßig mindestens alle zwei Jahre eine gynäkologische Früherkennungsuntersuchung (p<0,0005), und 73,6 % hatten innerhalb der letzten beiden Jahren ihren Blutdruck messen lassen (p = 0,034). Demgegenüber nahmen 13,8 % der Frauen, die ihre Erfahrungen als „schlecht" beschrieben hatten, mindestens alle zwei Jahre an der frauenärztlichen Vorsorge teil, und bei 55,2 % von ihnen war der Blutdruck innerhalb der letzten beiden Jahre gemessen worden.

Zwischen den Erfahrungen mit männlichen Ärzten und der regelmäßigen Durchführung eines Pap-Screenings (p = 0,062) und einer manuellen Brustuntersuchung (p = 0,060) fanden sich keine signifikanten Zusammenhänge.

In den folgenden Kapiteln wird noch darzustellen sein, dass sich zudem ein Zusammenhang zwischen der Bewertung der allgemeinen Erfahrungen mit Ärztinnen und Ärzten und den Angaben über bisheriges ärztliches Verhalten (Kapitel 3.6.2.) und den Erfahrungen als lesbische Patientin (Kapitel 3.6.3.1. und 3.6.3.5.) fand.

3.6.2) Negative Erfahrungen mit ärztlichem Verhalten

Anhand einer Liste von elf verschiedenen Aussagen wurden negative Erfahrungen in der medizinischen Versorgung erfragt. Die Teilnehmerinnen konnten angeben, ob ihnen entsprechendes Verhalten durch eine Ärztin oder einen Arzt schon einmal widerfahren war. Die Frageformulierung war allgemein gehalten und bezog sich auf alle entsprechenden Erlebnisse, nicht nur auf lesbenfeindlich motivierte. Auf die Erfahrungen, die die Teilnehmerinnen als Reaktion auf ihr Lesbischsein erlebt hatten, wird im zweiten Teil des Kapitels näher eingegangen.

Die folgende Tabelle gibt die Nennungen der Teilnehmerinnen zu negativen Erlebnissen im Kontakt mit Ärztinnen und Ärzten wieder[12] (Tab. 3.6.1.).

---

12 In diesem Kapitel beziehen sich alle Prozentangaben, soweit nicht anders angegeben, auf die Grundgesamtheit aller 578 Teilnehmerinnen.

Negative Erfahrungen mit ärztlichem Verhalten (Mehrfachnennungen möglich)

	Ärztin		Arzt		gesamt	
	Anzahl	Prozent	Anzahl	Prozent	Anzahl	Prozent
allgemeines Verhalten						
„Ich wurde herablassend oder abwertend behandelt."	84	14,5%	136	23,5%	167	28,9%
„Ich galt als exotisch, kurios, absonderlich."	34	5,9%	32	5,5%	47	8,1%
verbaler Umgang						
„Ich wurde beleidigt oder beschimpft."	6	1,0%	14	2,4%	18	3,1%
„Ich wurde mit anzüglichen Bemerkungen konfrontiert."	2	0,3%	19	3,3%	21	3,6%
„Ich wurde einfach so mit `Du´ angesprochen."	22	3,8%	36	6,2%	48	8,3%
Ich wurde nicht – oder nicht ausreichend – informiert und aufgeklärt."	110	19,0%	152	26,3%	173	29,9%
sexuelle Übergriffe						
„Ich wurde zu sexuellen Handlungen aufgefordert."	1	0,2%	6	1,0%	6	1,0%
„Ich wurde sexuell belästigt (unerwünschte Berührungen von Busen, Po, Genitalien)."	1	0,2%	26	4,5%	27	4,7%
„Ich wurde zu sexuellen Handlungen gezwungen oder sexuell missbraucht."	0	0	1	0,2%	1	0,2%
körperliche Übergriffe						
„Ich wurde körperlich angegriffen, festgehalten, gestoßen."	2	0,3%	4	0,7%	6	1,0%
„Die Untersuchung oder Behandlung war unnötig grob und schmerzhaft."	50	8,7%	69	11,9%	98	17,0%
Anzahl der Antwortenden gesamt	195	33,7%	242	41,9%	286	49,5%

Tab. 3.6.1.: Negative Erfahrungen mit ärztlichem Verhalten

49,5 % der Teilnehmerinnen gaben an, mindestens eine der aufgeführten Verhaltensweisen bereits durch eine Ärztin oder einen Arzt erlebt zu haben. Im Durchschnitt machte jede dieser 286 Frauen zwei Nennungen in der Liste; 292 Teilnehmerinnen machten keine Angaben zu dieser Frage.

Am häufigsten stimmten die Befragten der Aussage zu „Ich wurde nicht – oder nicht ausreichend – informiert und aufgeklärt." (29,9 %). 28,9 % gaben an, schon einmal herablassend oder abwertend behandelt worden zu sein. Seltener wurden die Erfahrungen genannt, als „exotisch, kurios, absonderlich" gegolten zu haben (8,1 %) oder mit „Du" angesprochen worden zu sein (8,3 %). 3,1 % der Teilnehmerinnen waren schon einmal von einer Ärztin oder einem Arzt beleidigt bzw. beschimpft worden.

17,0 % hatten erlebt, dass eine Untersuchung oder Behandlung „unnötig grob oder schmerzhaft" durchgeführt worden war, und 1,0 % war schon mindestens einmal „körperlich angegriffen/festgehalten/gestoßen" worden.

4,7 % der Teilnehmerinnen berichteten von tätlicher sexueller Belästigung durch Ärzte, in einem Fall durch eine Ärztin. 3,6 % hatten sich mit „anzüglichen Bemerkungen" konfrontiert gesehen. 1,0 % der Befragten waren zu sexuellen Handlungen aufgefordert worden, und eine Teilnehmerin gab an, von einem Arzt im medizinischen Setting sexuell missbraucht worden zu sein (0,2 %).

Bis auf die Angabe „Ich galt als exotisch, kurios, absonderlich" dominierten bei allen Nennungen männliche Ärzte als Handelnde gegenüber Ärztinnen.

Die Frauen, die von negativen Erfahrungen mit Ärztinnen oder Ärzten berichteten, wurden in einem zweiten Teil der Frage um die Angabe gebeten, wie sie selbst den Motivationshintergrund dieses Verhaltens interpretiert hätten. Als Antwortmöglichkeiten standen zur Auswahl „Ich habe dieses Verhalten erlebt ... als Reaktion auf mein Geschlecht als Frau", „...meine Behinderung, „...meine Hautfarbe oder Herkunft", „...mein Lesbischsein" sowie „... als allgemeines Arzt-Patient(in)-Verhältnis", „anderes" oder „weiß nicht".

Vermuteter Hintergrund der negativen Erfahrungen mit ärztlichem Verhalten (Mehrfachnennungen möglich)

Ich habe das Verhalten erlebt als ...	Anzahl	Prozent der Frauen mit negativen Erfahrungen (n=286)	Prozent aller Teilnehmerinnen (n=578)
...allgemeines „Arzt-Patient(in)-Verhältnis".	175	61,2 %	29,4 %
...Reaktion auf mein Geschlecht als Frau.	120	42,0 %	20,8 %
...Reaktion auf mein Lesbischsein.	59	20,6 %	10,2 %
...Reaktion auf meine Hautfarbe oder Herkunft.	6	2,1 %	1,0 %
...Reaktion auf meine Behinderung.	5	1,7 %	0,9 %
anderes	33	11,5 %	5,7 %
weiß ich nicht	12	4,2 %	2,1 %

Tab. 3.6.2.: Vermuteter Hintergrund der negativen Erfahrungen mit ärztlichem Verhalten

Als Hintergrund für das beschriebene Verhalten vermuteten die Teilnehmerinnen am häufigsten das „allgemeine Arzt-Patient(in)-Verhältnis" (Tab. 3.6.2.). 61,2 % der Frauen, die negative Erfahrungen angegeben hatten, stimmten dieser Einschätzung zu (dies entspricht 29,4 % der Gesamtteilnehmerinnenzahl). 42,0 % der Frauen, die negatives Verhalten erlebt hatten, erklärten sich dieses als Reaktion auf ihr „Geschlecht als Frau". 21,0 % vermuteten eine „Reaktion auf ihr Lesbischsein" als Motivation bei Ärztinnen und Ärzten für deren Verhalten, 2,1 % eine „Reaktion auf Hautfarbe oder Herkunft" und 1,7 % eine „Reaktion auf ihre Behinderung". 11,5 % nahmen „anderes" als Grund für das Erlebte an und 4,2 % wussten das Verhalten nicht einzuordnen.

In der Analyse sollte der Frage nachgegangen werden, ob die negativen Erlebnisse im Arztkontakt einen Einfluss auf die Zufriedenheit der Teilnehmerinnen mit Ärztinnen und Ärzten im Allgemeinen hatten. Hierzu wurden die Antworten der Teilnehmerinnen mit negativen Erlebnissen (n=286) den Angaben der Frauen gegenübergestellt, die die Frage nach negativen Erlebnissen nicht beantwortet hatten (n=292). Die folgende Tabelle (Tab. 3.6.3.) gibt die Antworten auf die Frage „Wie sehen Sie ganz allgemein die Erfahrungen, die sie bisher mit Ärztinnen und Ärzten gemacht haben?" nach diesen beiden Gruppen getrennt wieder.

Die Tabelle (Tab. 3.6.3.) zeigt, dass Teilnehmerinnen, die negative Erlebnisse im Arztkontakt angegeben hatten, ihre allgemeinen Erfahrungen mit Ärztinnen ($p < 0,0005$) und Ärzten ($p < 0,0005$) als signifikant schlechter einschätzen als Teilnehmerinnen, die keine negativen Erfahrungen geäußert hatten. Während von den Teilnehmerinnen mit negativen Erlebnissen 31,7 % ihre Erfahrungen mit Ärztinnen und 11,4 % ihre Erfahrungen mit Ärzten als „eher gut"/„gut" ansahen, lag dieser Anteil bei den übrigen Teilnehmerinnen bei 60,0 % für Ärztinnen und 31,3 % für Ärzte.

Allgemeine Erfahrungen mit Ärztinnen und Ärzten in Abhängigkeit von der Angabe negativer Erlebnisse

	Erfahrungen mit Ärztinnen		Erfahrungen mit Ärzten	
	keine Angabe negativer Erlebnisse	negative Erlebnisse	keine Angabe negativer Erlebnisse	negative Erlebnisse
schlecht	0,7 %	2,1 %	1,8 %	8,2 %
eher schlecht	3,5 %	10,7 %	8,1 %	24,2 %
teils gut/ teils schlecht	35,8 %	55,5 %	58,9 %	56,2 %
eher gut	40,6 %	20,7 %	21,1 %	9,6 %
gut	19,4 %	11,0 %	10,2 %	1,8 %
Gesamt	100,0 %	100,0 %	100,0 %	100,0 %

Tab. 3.6.3.: Allgemeine Erfahrungen mit Ärztinnen und Ärzten in Abhängigkeit von der Angabe negativer Erlebnisse

Für die Untersuchung der Erfahrungen lesbischer Frauen in der medizinischen Versorgung sind diejenigen negativen Erlebnisse im Arztkontakt von besonderer Bedeutung, die von den Frauen als „Reaktion auf ihr Lesbischsein" interpretiert wurden. Deshalb werden im Folgenden die entsprechenden Angaben nochmals ausführlicher dargestellt.

59 Frauen hatten das negative Verhalten von Ärztinnen und Ärzten als „Reaktion auf ihr Lesbischsein" erlebt. Hiervon hatten 24 Frauen ausschließlich ihre sexuelle Orientierung als Hintergrund für das geschilderte Verhalten vermutet, 35 Frauen hatten zusätzlich noch weitere Anlässe bzw. Hintergründe angenommen. 25 Frauen gingen davon aus, dass ihr „Geschlecht als Frau" bei diesen Handlungen eine Rolle spielte, und 22 Frauen führten sie auch auf das „allgemeine Arzt-Patient(in)-Verhältnis" zurück. Seltener wurde

das Verhalten zusätzlich als „Reaktion auf Hautfarbe oder Herkunft" (n=2), „Reaktion auf Behinderung" (n=3) und „anderes" (n=7) erklärt.

In der nachfolgenden Tabelle (Tab. 3.6.4) sind die Nennungen der 59 Frauen aufgeführt, die ihre sexuelle Orientierung als den bzw. einen Anlass für das Verhalten der Ärztinnen oder Ärzte vermutet hatten.

Negative Erfahrungen mit ärztlichem Verhalten: Anlass „sexuelle Orientierung"

	Ärztin		Arzt		gesamt	
	Anzahl	Pro-zent	Anzahl	Pro-zent	Anzahl	Pro-zent
allgemeines Verhalten						
„Ich wurde herablassend oder abwertend behandelt."	23	4,0 %	18	3,1 %	31	5,4 %
„Ich galt als exotisch, kurios, absonderlich."	19	3,3 %	15	2,6 %	26	4,5 %
verbaler Umgang						
„Ich wurde beleidigt oder beschimpft."	1	0,2 %	2	0,3 %	3	0,5 %
„Ich wurde mit anzüglichen Bemerkungen konfrontiert."	2	0,3 %	8	1,4 %	10	1,7 %
„Ich wurde einfach so mit `Du´ angesprochen."	7	1,2 %	6	1,0 %	13	2,2 %
„Ich wurde nicht – oder nicht ausreichend – informiert und aufgeklärt."	17	2,9 %	24	4,2 %	29	5,0 %
sexuelle Übergriffe						
„Ich wurde zu sexuellen Handlungen aufgefordert."	1	0,2 %	2	0,3 %	2	0,3 %
„Ich wurde sexuell belästigt (unerwünschte Berührungen von Busen, Po, Genitalien)."	1	0,2 %	6	1,0 %	7	1,2 %
„Ich wurde zu sexuellen Handlungen gezwungen oder sexuell missbraucht."	0	0	1	0,2 %	1	0,2 %
körperliche Übergriffe						
„Ich wurde körperlich angegriffen, festgehalten, gestoßen."	0	0	0	0	0	0
„Die Untersuchung oder Behandlung war unnötig grob und schmerzhaft."	12	2,1 %	9	1,6 %	18	3,1 %
Gesamt	50	8,7 %	41	7,1 %	59	10,4 %

Tab. 3.6.4.: Negative Erfahrungen mit ärztlichem Verhalten: Anlass „sexuelle Orientierung"

Abwertendes Verhalten (5,4 %), mangelnde Information und Aufklärung (5,0 %) und das Gefühl, als „exotisch, kurios, absonderlich" zu gelten (4,5 %), waren die am häufigsten geäußerten Erfahrungen. 3,1 % hatten eine Untersuchung oder Behandlung als unnötig grob und schmerzhaft empfunden. 1,7 % waren mit „anzüglichen Bemerkungen" konfrontiert worden, 0,3 % waren zu sexuellen Handlungen aufgefordert worden. 1,2 % waren sexuell belästigt worden und die Teilnehmerin, die einen sexuellen Missbrauch im medizinischen Setting erlebt hatte, vermutete hierfür (neben anderen Gründen) auch die Reaktion des Arztes auf ihr Lesbischsein als dessen Motivation.

3.6.3) Erfahrungen als lesbische Frau in der medizinischen Versorgung

Die Reaktionen von Ärztinnen und Ärzten auf eine Patientin, die sich ihnen als lesbisch lebend vorstellt oder die sie für lesbisch halten, können sehr unterschiedlich sein. Die Frage „Was haben Sie im medizinischen Bereich als Reaktion auf ihr Lesbischsein erlebt?" umfasste deshalb neben einem geschlossenen Teil eine offene Antwortmöglichkeit, um das gesamte Spektrum an Erfahrungen erfassen zu können.

Im geschlossenen Teil der Frage wurde den Teilnehmerinnen eine Liste mit zehn verschiedenen Beschreibungen ärztlichen Verhaltens vorgelegt, das als Reaktion auf ein Coming Out im medizinischen Setting möglich ist. Vier dieser Beschreibungen stellten positive, bestärkende und neutrale Reaktionsmöglichkeiten dar und sechs Aussagen schilderten negative oder abwertende Verhaltensweisen. Die Teilnehmerinnen wurden gebeten, den Reaktionen zuzustimmen, die sie schon einmal erlebt hatten. 350 Teilnehmerinnen gaben an, dass ihnen mindestens eine der genannten Reaktionen schon durch eine Ärztin oder einen Arzt widerfahren sei (60,6 % aller Befragten). Ihre Angaben werden im quantitativen Teil dieses Kapitels dargestellt.

Im qualitativen Teil dieses Kapitels wird auf die Antworten zum offenen Teil der Frage nach weiteren Erfahrungen als Lesbe im medizinischen Bereich eingegangen. Eine selbstformulierte Antwort gaben 209 Teilnehmerinnen (36,2 % aller Befragten).

Insgesamt machten 460 Teilnehmerinnen eine Anmerkung im geschlossenen oder offenen Teil dieser Frage (79,6 % aller Befragten). 90 Frauen wiesen darauf hin, dass sie sich bisher nicht im medizinischen Bereich geoutet hätten und somit keine Aussagen über positive oder negative Reaktionen treffen könnten.

3.6.3.1) Erfahrungen als lesbische Frau – quantitative Angaben

56,7 % aller Teilnehmerinnen (n=328) gaben an, dass Ärztinnen und Ärzte positiv oder neutral auf ihr Lesbischsein reagiert hätten. Am häufigsten stimmten die Teilnehmerinnen der Aussage zu „Mein Lesbischsein war kein besonderes Thema/galt als ´normal´." (45,3 %). 19,0 % aller Teilnehmerinnen hatten schon einmal ein „positives Echo" von einer Ärztin oder einem Arzt erhalten.

9,3 % aller Teilnehmerinnen (n=54) gaben an, eine der sechs aufgeführten negativen oder abwertenden Reaktionen erlebt zu haben. Überwiegend war den Befragten „trotzdem Heterosexualität/Asexualität unterstellt" worden (4,7 %), bei 2,9 % hatte sich die medizinische Behandlung in der Wahrnehmung der Betreffenden verschlechtert. 2,1 % war unterstellt worden, sie seien „nicht normal". Bei 1,9 % Medizinerinnen oder Mediziner die Ursache der Erkrankung ihrer Patientin in deren sexueller Orientierung gesucht. 1,7 % war geraten worden, mittels medizinischer oder therapeutischer Hilfe ihre sexuelle Orientierung zu ändern. 1,7 % waren als „nächste Angehörige" ihrer Partnerin nicht anerkannt worden.

Die geschilderten Reaktionen gingen überwiegend von Ärztinnen aus, seltener von Ärzten. Dieses Übergewicht zeigte sich bei den neutralen und positiven Reaktionen deutlicher als bei den negativen Reaktionen.

Die Nennungen der Teilnehmerinnen sind im Einzelnen in der nachfolgenden Tabelle aufgeführt (Tab. 3.6.5.).

Reaktionen von Ärztinnen und Ärzten (Mehrfachnennungen möglich)

Zustimmung	Ärztin		Arzt		gesamt	
	Anzahl	Prozent	Anzahl	Prozent	Anzahl	Prozent
neutrale und positive Reaktionen						
„Mein Lesbischsein war kein besonderes Thema, galt als ´normal´."	234	40,5 %	102	17,6 %	262	45,3 %
„Ich erhielt ein positives Echo."	89	15,4 %	37	6,4 %	110	19,0 %
„Als ´nächste Angehörige´ meiner Freundin wurde ich bei Gesprächen / Besuchen etc. anerkannt."	61	10,6 %	43	7,4 %	78	13,5 %
„Die medizinische Behandlung hat sich verbessert."	12	2,1 %	10	1,7 %	20	3,5 %
neutrale oder positive Reaktionen gesamt	295	51,0 %	144	24,9 %	328	56,7 %
negative Reaktionen						
„Mir wurde nicht geglaubt – mir wurde trotzdem Heterosexualität /Asexualität unterstellt."	17	2,9 %	13	2,2 %	27	4,7 %
„Die medizinische Behandlung hat sich verschlechtert."	13	2,2 %	5	0,9 %	17	2,9 %
„Mir wurde unterstellt, ich sei nicht normal."	6	1,0 %	7	1,2 %	12	2,1 %
„Meine Erkrankung wurde auf mein Lesbischsein zurückgeführt."	6	1,0 %	7	1,2 %	11	1,9 %
„Mir wurde empfohlen, medizinische oder therapeutische Maßnahmen zu ergreifen, um heterosexuell zu werden."	5	0,9 %	6	1,0 %	10	1,7 %
„Mir wurde der Status als ´nächste Angehörige´ meiner Freundin bei Besuchen, Arztgesprächen etc. verweigert."	5	0,9 %	7	1,2 %	10	1,7 %
negative Reaktionen gesamt	36	6,2 %	28	4,8 %	54	9,3 %

Tab. 3.6.5.: Reaktionen von Ärztinnen und Ärzten – quantitative Angaben

Von den 350 Teilnehmerinnen, die Angaben im geschlossenen Teil der Frage machten, hatten 22 Frauen ausschließlich negative Reaktionen von Ärztinnen und Ärzten erlebt, 32 Frauen neben negativen auch positive oder neutrale Reaktionen und 296 Frauen ausschließlich neutrale bzw. positive Reaktionen.

Auch für diese Frage wurde untersucht, ob zwischen den Reaktionen, die die Teilnehmerinnen auf ihr Lesbischsein erlebt hatten, und der Bewertung ihrer allgemeinen Erfahrungen mit Ärztinnen und Ärzten ein Zusammenhang bestand.

Erfahrungen mit Ärztinnen und Ärzten in Abhängigkeit von der Angabe negativer Reaktionen auf Lesbischsein

	Erfahrungen mit Ärztinnen		Erfahrungen mit Ärzten	
	keine Angabe negativer Reaktionen	negative Reaktionen	keine Angabe negativer Reaktionen	negative Reaktionen
schlecht	1,3 %	0 %	4,4 %	11,3 %
eher schlecht	5,4 %	9,4 %	17,0 %	20,8 %
teils gut/ teils schlecht	44,4 %	75,5 %	55,6 %	58,5 %
eher gut	32,9 %	11,3 %	15,8 %	9,4 %
gut	16,0 %	3,8 %	7,1 %	0 %
Gesamt	100,0 %	100,0 %	100,0 %	100,0 %

Tab.: 3.6.6.: Erfahrungen mit Ärztinnen und Ärzten in Abhängigkeit von der Angabe negativer Reaktionen auf Lesbischsein

Teilnehmerinnen, die von negativen Reaktionen auf ihr Lesbischsein durch Ärztinnen oder Ärzte berichteten, beurteilten sowohl ihre allgemeinen Erfahrungen mit Ärztinnen ($p < 0,0005$) als auch mit Ärzten ($p = 0,40$) als weniger gut als die übrigen Teilnehmerinnen. Von den Befragten, die negative Reaktionen erlebt hatten, beschrieben 15,1 % ihre Erfahrungen mit Ärztinnen und 9,4 % ihre Erfahrungen mit Ärzten als „eher gut"/„gut". Hingegen beurteilten die übrigen Teilnehmerinnen zu 48,9 % ihre Erfahrungen mit Ärztinnen und zu 22,9 % ihre Erfahrungen mit Ärzten als „eher gut"/„gut".

Der quantitative Aspekt möglicher Diskriminierungserfahrungen als Lesben in der medizinischen Versorgung wurde in zwei Fragen erhoben. In der in diesem Kapitel dargestellten Frage, welche Reaktionen Ärztinnen und Ärzte auf das Lesbischsein ihrer Patientin gezeigt hätten, berichteten 9,3 % der Teilnehmerinnen von negativen Erlebnissen. Bereits im vorangegangenen Kapitel wurden die Angaben auf die Frage wiedergegeben, welche negativen Verhaltensweisen die Teilnehmerinnen von Ärztinnen und Ärzten bereits erfahren hatten (Kapitel 3.6.2.). Hier hatten 10,4 % angegeben, bereits negative Erfahrungen gemacht zu haben, die sie (auch) auf ihr Lesbischsein zurückführen. Werden die Antworten der Teilnehmerinnen zu beiden Fragen zusammengefasst, ergibt sich ein Gesamtanteil von 14,7 % der Lesben in der Gesamtstichprobe, die im quantitativen Teil von Diskriminierungserfahrungen berichteten.

74

3.6.3.2) Erfahrungen als lesbische Frau – qualitative Angaben

Im offenen Teil der Frage über ihre Situation als lesbische Frauen in der Gesundheitsversorgung machten 209 Teilnehmerinnen eine Angabe. Im Folgenden werden die Anmerkungen nach Themenkomplexen sortiert wiedergegeben[13]. Für Angaben, die sich in sehr ähnlicher Form häufiger wiederholt haben, wurde stellvertretend ein Zitat ausgewählt. Einige Frauen arbeiteten selbst im Gesundheitswesen, z.B. als Ärztinnen oder Krankenschwestern, und bezogen sich auf berufliche Erlebnisse. Auch wenn diese Angaben im engeren Sinne nicht zur Fragestellung der Arbeit gehören, werden sie hier dokumentiert, weil sie Einblicke in Haltungen gegenüber lesbischen Frauen im Gesundheitswesen allgemein geben.

Um Diskrepanzen zwischen den quantitativen und qualitativen Angaben deutlich zu machen, wurden die nachfolgenden Zitate mit einem Stern (*) gekennzeichnet, wenn die Teilnehmerinnen im quantitativen Teil der Frage keine Angaben gemacht hatten. Mit einem Doppelstern (**) wurden die Aussagen der Teilnehmerinnen gekennzeichnet, die im quantitativen Teil von ausschließlich positiven und neutralen Erfahrungen berichtet hatten.

- Anamnese:

„Gynäkologin fragte mich nach `Geschlechtspartner oder Geschlechtspartnerin´, bezog also Lesbischsein mit ein".(**)

„Weiß nur meine Frauenärztin wg. der Frage nach Verhütung – bei den anderen gab es keinen Grund mich zu outen. Meine Frauenärztin bzgl. der Frage nach Verhütung fand es `praktisch´, dass ich lesbisch bin."(**)

„Frauenärztin: Routinefrage nach Verhütung hatte ich mit `nein´ beantwortet, woraufhin sie mich so lange nach den Gründen gefragt hat bis ich ihr sagte, ich sei lesbisch. Ach so."(*)

„Bei Abfrage von Gynäkologinnen + Klinikpersonal wird pauschal nach dem letzten Geschlechtsverkehr gefragt → Zwang zum Selbst-Outing."(**)

„Bisher noch nie direkt gefragt danach gefragt worden bis auf einen Fall im Krankenhaus (wg. Ansteckungsgefahr); deshalb auch nicht von selbst gesagt."(**)

„Frage nach Pille u.a. Verhütungsmitteln statt offene Frage, ob ich verhüte oder gar keine Mittel brauche"(*)

„Ich werde immer an der Rezeption gefragt, wann meine letzte Regel war. Habe den Eindruck, dass vorausgesetzt wird, dass alle Heteras sind (...).“

„Die selbstverständliche Einstufung, die durch die Frage, ob ich die Pille nehme oder nicht, deutlich wird (Frauenärztin)."(**)

---

13 Ortsangaben und andere Hinweise, die eine Identifizierung der Frauen erlauben könnten, werden ausgelassen. Die Zitate werden einheitlich in der neuen deutschen Rechtschreibung wiedergegeben; die gemeinsame Schreibweise von beiden Geschlechtern mit der Endung „-Innen" (z.B. ÄrztInnen) wurde beibehalten.

- Entscheidung für oder gegen ein offenes Auftreten:

„Ob ich mich oute oder nicht, entscheide ich ganz spontan."(**)

„Krankenhausaufenthalte liegen weit zurück und fallen in die Zeit meines Coming Outs. Da wäre ich eher `gestorben´ als was zu sagen."

„Ich habe mich – trotz längerem Krankenhausaufenthalt – nicht offen geoutet: Aus Angst, nicht mehr gut behandelt/gepflegt zu werden."(*)

„Ich habe es nie öffentlich gemacht, um nicht schlechter behandelt zu werden."(*)

„Ich oute mich bei Ärzten eher nicht, weil ich Angst vor Diskriminierung habe."(**)

„Ich bin nicht die Frau, die Ärzten direkt sagt, dass sie lesbisch ist. Wenn mich ein Arzt oder eine Ärztin jedoch fragt, sag ich das auch. Aber auf neutrale Fragen wie `Sind sie sexuell aktiv?´ oder `Nehmen sie die Pille?´ antworte ich, ohne mich zu outen."(*)

„Ich habe es immer vermieden, meinen ÄrztInnen mitzuteilen, dass ich lesbisch bin. Somit kam auch keine Reaktion."(*)

„Ich habe mich bislang nur bei meiner Frauenärztin geoutet. Ansonsten bin ich noch nicht auf die Idee gekommen, weil es bei den Erkrankungen keine Rolle gespielt hat (Erkältungen etc.), ich bin selten krank."(**)

„Wozu sollte ich bei der Zahnärztin über meine sexuelle Orientierung sprechen?"(**)

„Nur meine Psychotherapeutin weiß es, die andern haben nicht danach gefragt – ich denke nicht, dass eine `Grippe´ bei einer Hetera anders ist als bei einer Lesbe."(**)

„Ich weiß gar nicht, was das Thema `Lesbischsein´ im medizinischen Bereich zu suchen hat."(*)

„Lesbischsein noch nicht geäußert. – Verwunderung der Frauenärztin als Reaktion auf meine Antworten zu Fragen nach Geschlechtsverkehr etc."(*)

„Ich habe mich bis auf die Psychotherapie nie geoutet. Behinderung steht automatisch im Vordergrund."(*)

„Bin nur bei meiner Therapeutin und der delegierenden Ärztin geoutet. Die Reaktionen waren neutral bis positiv – sehr viel entspannter, als ich dachte."(**)

„Außer bei meiner Gynäkologin und Psychotherapeutin und beratenden Ärztin beim Aids-Test war mein Lesbischsein kein Thema."(**)

„Ich habe mich sicher nicht ausdrücklich geoutet."(*)

- Wahl einer Ärztin oder eines Arztes:

„Ich habe keine negativen Erfahrungen gemacht, vielleicht weil ich sehr sorgfältig meine Ärztinnen und früher Ärzte ausgesucht habe. Mein Lesbischsein habe ich bisher nur dann erwähnt, wenn es mir für die Behandlung/Ursache der Erkrankung wichtig schien."(*)

„bevorzuge lesbische Ärztinnen etc."(**)

„Nein [keine negativen Erfahrungen, G.D.], weil ich mir lesbische Ärztinnen aussuche."(**)

- ärztliche Reaktionen auf das Lesbischsein:

„[Ein] Frauenarzt hat mich nach meinem Outing mit 40 Jahren positiv unterstützt und mich ermuntert, den Weg weiterzugehen."(**)

„Habe während der Psychoanalyse beim männl. Psychoanalytiker mein Coming Out gehabt und dies wurde als `normal´ angesehen und besprochen, was für mich hilfreich war. Trotzdem wäre das Verständnis von einer Frau (in meiner Vorstellung) größer gewesen."(**)

„Mein Frauenarzt hat eine seiner lesbischen Patientinnen angerufen, um mir eine Kontaktadresse zu geben und mir die Möglichkeit zu bieten, die Szene über sie kennen zu lernen."(**)

„Interesse gezeigt, indem Fragen über das Lesbischsein gestellt wurden"(**)

„Mein Coming Out bei meiner Frauenärztin hat ihr persönliches Coming Out bei mir hervorgerufen."(**)

„Ich hatte mich sehr darüber aufgeregt, dass ein Kollege mein Lesbischsein auf die schlechten Erlebnisse mit Männern zurückführte und meine Hausärztin entgegnete `Und wenn's so wär´, ist's auch OK´. Dies war sehr entlastend für mich."(**)

„Ein Stationsarzt sagte: `Wenn-erst-der-Richtige-kommt, dann ändert sich das auch wieder.´"

„`Lesbisch, weil missbraucht´ – eine homöopathische Ärztin äußerte dies."

„Bevor ich meine derzeitige Frauenärztin fand, war ich bei einem männl. Arzt. Als ich ihm sagte, ich sei lesbisch, hat er sofort gefragt, ob ich mit Männern negative Erfahrungen (bis hin zu sexuellem Missbrauch) [gemacht hätte, G.D.]. Bei der Untersuchung selbst meinte er, ich stünde kurz vor dem Eisprung und müsse an Verhütung denken. Als ich ihn darauf aufmerksam machte, dass das nicht so richtig notwendig sei, meinte er, das sei auch nur ganz allgemein gemeint. (Da bin ich nie wieder hin!)"(**)

„Blutspenden im Krankenhaus: Leitende Ärztin der Zentrale hat mich in die Homosexuellen-Risikogruppe in Bezug auf AIDS eingestuft und mein Blut nur zur Eigentherapie bzw. Unfall-OP-Zwecken eingestuft."(**)

„Teilweise interessierte/unwissende Fragen (Aufklärung der Ärztin)."(**)

„Ein Chefarzt (Internist) bot mir an, falls ich mal (Beziehungs-)Probleme hätte, könnte ich mich an ihn wenden, da er als Psychotherapeut eine Praxis aufmachen wollte. Ich hatte den Eindruck, dass er mich als interessantes Studienobjekt sah."

„Nach meinem Outing wurde die Frage nach Geschlechtskrankheiten 2mal wiederholt, da mir automatisch unterstellt wurde, dass meine Geschlechtspartnerinnen sehr oft wechseln."

„Meine ehemalige Gynäkologin suchte Verbindungen zwischen Lesbischsein und Ausbleiben meiner Menstruation."(**)

„Mir wurden gleich Erfahrungen mit anderen Lesben erzählt (obwohl sie für mich nicht relevant waren und mich auch nicht interessierten)."(**)

„Frauenarzt fragte mich nach meinem Partner, ich sagte, ich hätte eine Partnerin. Darauf er sehr patzig: Das kann ich ja nicht wissen!"(**)

„Eine Frauenärztin war bei der Untersuchung, nachdem sie wusste, dass ich Lesbe bin, sehr brutal beim Einführen und Untersuchen der Brust, was mich sehr schockiert hat."

„Die Frauenärztin war in ihren Untersuchungen sehr grob."(**)

„Der Frauenarzt hielt mir eine moralische Standpauke, dass Bakterien aus dem Mund in meiner Vagina seien. Konnte aber nicht sein, da Freundin seit 3 Wo. im Urlaub war. Daraufhin bemerkte er, dass es asozial sei, die Partnerin so lange alleine zu lassen."

„Bei Frauenärztin (hetera): ungewollte Hormonüberprüfung, weil zu `maskuline´ Bein-/Brustbehaarung; andere (hetera) Frauenärztin: Freundin nur als Kumpel verstanden, Lesbischsein nicht in Betracht gezogen → frigide, weil keine Beziehung zu Mann → Therapie angedeutet"

„Untersuchung von Arzt (Mann): Unterstellung großer Angst vor Heterosexualität, als ich bei Vaginalabstrich bat, ein "Babybesteck" zu nehmen (...). Habe Arzt sofort gewechselt."(**)

„Ehemaliger Hausarzt/Geburtshelfer und Frauenarzt erstaunte sich bei einer Vorsorgeuntersuchung: `Da sieht man mal eine Frau, die keinen Verkehr hat!´"(**)

„Es ist mir mehrmals bei einem Arzt passiert, dass ich sehr mies behandelt wurde, da er mich offensichtlich für lesbisch hielt."

„Wenn mein Lesbischsein thematisiert wurde, war die Reaktion im allgemeinen neutral."(*)

„Hausarzt während meiner Jugendzeit machte Übergriffe, berührte meine Brüste"(*)

„`Ist das bei Ihnen normal, dass Sie so stark behaart sind? Stört Sie das nicht?´"

„Ich wurde in einer Suchtklinik in XXX [Name der Klinik ausgelassen, G.D.] schon als Lesbe fertig gemacht wie eine Hexe vor 80 Frauen und TherapeutInnen und an den Pranger gestellt. Ansonsten erfahre ich sehr starke homophobische Tendenzen von Ärztinnen, die heterosexuell sind."(**)

„Meinem Wunsch nach der Behandlung durch eine Frau wurde nicht entsprochen bzw. die Ärztin vermittelte mich an einen Kollegen."(**)

„Die Frauenärztin hat verdutzt geguckt, aber ist nicht weiter darauf eingegangen."(*)

„An mir wurde von einer Ärztin gegen meinen Willen ein AIDS-Test durchgeführt."

- Kinderwunsch, Schwangerschaft und Schwangerschaftsverhütung:

„positive Bestätigung als Co-Mutter während der Schwangerschaft und Geburt meiner Freundin und unserer Tochter"(**)

„Durch Geburt unserer Tochter (Freundin und ich) waren viele Gespräche nötig und es war gut."(**)

„Bei der Frauenärztin musste ich nicht mehr über Verhütung sprechen."(**)

„Verzicht auf Schwangerschaftstest vor gynäkologischem Eingriff"(**)

„Meine jetzige Ärztin hat mich ganz selbstverständlich gefragt, ob ich mit meiner Freundin Kinder haben möchte – das war nett."(**)

„Nachdem die Frauenärztin polyzystische Ovarien festgestellt hatte, meinte sie, das könne Probleme bereiten, falls ich schwanger werden wollte. Als ich sagte `Sie wissen doch, dass ich lesbisch bin´, sagt sie: `Na und, da gibt´s doch Möglichkeiten´ → fand ich lustig."(**)
„Ich habe ab und an Menstruationsschmerzen. Ein Frauenarzt wollte mir deshalb die Pille verschreiben. Ich sagte, die wäre mir zuviel, weil ich die täglich nehmen müsse und sonst bringe sie mir nichts, weil ich Lesbe sei. Darauf sagte er, da hätte ich völlig recht."
„Nach Ausbleiben der Regel glaubte Ärztin vor 4 Jahren, ich sei schwanger, obwohl ich es wusste, dass es nicht sein konnte – glaubte mir dann doch, weil ich mich an letzten `Hetero-Geschlechtsverkehr´ nicht mehr erinnern konnte."(**)
„Eine Frauenärztin, bei der ich wegen Urlaubs `meiner´ Frauenärztin war, sprach mich mehrmals auf Verhütungsmittel an, obwohl ich eindeutig erklärte, diese nicht zu brauchen."(*)
„Meine Frauenärztin hat auf meine Kinderwunsch/-planung neugierig/interessiert reagiert. Aber leider keine konkrete Hilfestellung (z.B. `Fruchtbarkeitsüberprüfung´ per Ultraschall)."(**)
„Als Gebärende wird frau automatisch für hetero gehalten, bis `es´ dann durch einen besonders intensiven Kuss etc. belegt wird."(**)
„Obwohl ich erzählt habe, dass ich Lesbe bin, musste ich 100mal beteuern, dass ich nicht schwanger werde (aufgrund eines Medikamentes, das ich bekam) und ich wurde gefragt, wie ich verhüte. Nein!"(**)
„Meine Frauenärztin fragte wiederholt nach der Einnahme von oralen Kontrazeptiva, obwohl ich deutlich auf meine ausschließlich lesbische Lebensweise hingewiesen hatte."
„Eine Frauenärztin wollte mir, obwohl ich dies zuvor – zunächst ohne Begründung – verneinte, die Pille verschreiben. Ich meinte, ich bräuchte die Pille nicht, da ich lesbisch sei. Darauf meinte sie wiederum am Ende der Untersuchung: `Wollen Sie nicht doch die Pille?´"
„Ich habe Myome: Da ich ja als Lesbe keine Familienplanung haben könnte, sei eine Uterusextraktion das Beste."
„Das größte Problem bei einer Eierstockentzündung – für den Arzt! – war, dass eine dann evtl. keine Kinder mehr bekommen kann."

- Problemfeld „Ignoranz":
  „Frauenärztin früher reagiert überhaupt nicht. Das Leugnen hat mich geärgert, als würde sie mich als Person ignorieren."(**)
  „Wg. Scheideninfektion bei Frauenärztin habe ich auf die Frage, ob mein Partner auch Beschwerden habe, geantwortet: `Ich bin mit einer Frau zusammen, die hat keine Beschwerden´. Die Ärztin hat konsequent weiter von meinem Partner gesprochen → IGNORANZ."(*)

„Ich fühle mich als Lesbe insbesondere bei Frauenärztinnen nicht beachtet und geachtet → Ignoranz und nicht mehr beachten, dafür die mechanischen Untersuchungen"(**)

„Wenn mein Lesbischsein zur Sprache kam, hat es eher Sprachlosigkeit zu diesem Thema ausgelöst."(**)

„Ich wurde nicht ernstgenommen, mein Lesbischsein als Phase dargestellt. (...) subtile Diskriminierung durch `Übergehen´ des Themas."

„häufigste Reaktion = `keine´ Reaktion, Schweigen, Übergehen etc."(**)

„ignorieren – so tun, als wäre das `normal´ ohne mitzudenken (z.B. die Frage nach der Verhütung oder meine Schwiegermutter als Angehörige nicht als solche zu begreifen)"(**)

- Problemfeld „Verunsicherung", „Unwissen" und „Fehlannahmen über Lesben":

„vielleicht auch Unwissenheit, Angst, Unsicherheit auf Seiten der Ärztinnen"

„Mit einer Psychotherapeutin, die zwar behauptete, keine Vorurteile gegenüber lesbischen Klientinnen zu haben, die aber auf alles, was mit meinem Lesbischsein zu tun hatte, mit Unverständnis und/oder Hilflosigkeit reagierte, so dass ich immer 3x erklären musste, worum es mir ging. Ich habe mir ziemlich schnell eine neue Therapeutin gesucht."(**)

„Die Frauenärztin war (...) im Gespräch (...) unsicher."(**)

„teilweise Verunsicherung der Ärztinnen"(**)

„Meine Frauenärztin war verunsichert (meine Freundin und ich waren nacheinander bei ihr). Ich musste ihr bestätigen, dass Frauen sich untereinander anstecken können (Pilz).- Die hat mich doch arg gewundert."(*)

„Eine Frauenärztin hatte keine Ahnung, ob man sich bei lesbischem Sex mit Pilzerkrankungen anstecken kann."

„Frauenarzt (Mann): bei einer Pilzinfektion wurde mir ein Mittel verschrieben, die Frage nach Partner habe ich mit Partnerin beantwortet, woraufhin mir der Arzt keine Empfehlungen ausgesprochen hat – war überrascht."

„Meine Frauenärztin reagierte auf die Frage nach dem AIDS-Risiko bei Lesben mit Unwissenheit, Ignoranz."

„Lesbischsein wird nicht in Betracht gezogen von Frauen-/ÄrztInnen: Information und Beratung nur hinsichtlich heterosexueller Lebensweise → Nicht-Existenz"(**)

„Gerade bei Frauenärzten ist kein Gespür dafür da, dass Lesben eine (evtl.) andere Form von Sexualität leben und daher auch eine andere Beratung benötigen. Z.B: Heißt `kein Sex´ wirklich `kein Sex´ oder nur `keine Penetration´?"(**)

- Situation der Partnerin bzw. Situation als Partnerin:

„Bei längerem Krankenhausaufenthalt meinerseits wurde meine Partnerin als `nächste Angehörige´ anerkannt. Wir hatten das auch schriftlich geregelt."(**)

„Meine Freundin war im Krankenhaus – von der Schwester wurde mir automatisch die Nummer von der Intensivstation in die Hand gedrückt."(*)

„Während eines Krankenhausaufenthaltes meiner Freundin (Uni-Kliniken) habe ich ohne Probleme Auskünfte über Diagnosen, Behandlungen etc. erhalten. Es war eine sehr positive Erfahrung und ich hoffe, es wird überall so sein."(**)

„positive Erfahrungen bei Erkrankung meiner Partnerin – Wirbelsäule / gemeinsame Pflege meiner `Schwiegermutter´ – pos. Erfahrung mit Hausarzt u. ambulanten Pflegehilfsdiensten"(**)

„Im Krankenhaus wurde meiner Partnerin nach der OP telefonisch Auskunft erteilt."(**)

„Im Unikrankenhaus HD sehr schlechte Erfahrung bei der Betreuung einer brustkrebskranken Freundin. Keine Infos gekriegt etc."(**)

„Als ich beim Zahnarzt (jetzt nicht mehr mein Arzt) meine Freundin bei der Diagnose dabei haben wollte, flogen wir ohne Auskunft aus der Praxis. Zitat: `Das ist meine Praxis und das passt mir nicht.´"

„Meine Partnerin ist im Krankenhaus vom Personal aufgefordert worden, dass sie mich selbst versorgt!"(**)

- Problemfeld „Vergessen" und „Krankenunterlagen":

„Der Arzt `vergaß´ bei jeder Behandlung mein Lesbischsein."

„Frauenärztin: Es wurde nicht in der Akte vermerkt, sie vergisst es daher immer. Nicht schlimm, aber lästig. Gleichzeitig gut, dass es nicht `aktenkundig´ ist."(**)

„(...) und die erste Frauenärztin, bei der wir beide in Behandlung waren, hat sich das Lesbischsein einfach nicht merken können und hat's immer wieder vergessen (...)"

„Die Frauenärztin schrieb ein `L´ oben auf die Karteikarte. Als Erinnerung → positiv, als Stigma → negativ."(**)

„Frauenärztin hat einen Vermerk auf der Patientenkarte gemacht (glaube ich), vergisst die Tatsache aber jedes Mal wieder."(**)

„Zunächst oute ich mich nie,´ erst ist ein Vertrauensverhältnis nötig, zuweilen befürchte ich eine `Rosa Liste.´" (**)

„Bei der Frauenärztin: Wollte es sich nicht notieren (Lesbischsein), man weiß nie, wer die Akten in die Finger bekommt → Richtung Faschismus, meinte diese."(**)

- Arbeitsplatz „Gesundheitswesen":

„Ich (...) habe inzwischen keine Probleme mehr, weder mit Ärztinnen noch mit Kolleginnen." (Krankenschwester)

„Ich arbeite im medizinischen Bereich (Krankenschwester) und habe `inzwischen´ keine Probleme mehr, weder mit Ärztinnen noch mit Kolleginnen." (**)

„Offener Umgang am Arbeitsplatz im Krankenhaus war gut möglich."(*) (Ärztin)

„Ich arbeite selbst im medizinischen Bereich und dort gilt Homosexualität als unnormal und ich musste mir schon häufig Witze und dumme Bemerkungen über Patienten anhören. Ich selbst bin auf meiner Arbeitsstelle nicht geoutet."(*) (Angestellte im Bereich Pflege/Geburtshilfe/Sanitäterin)

„Je nach Station, auf der ich tätig war, waren die Reaktionen: bei ÄrztInnen + Pfle-
ge positiv/neugierig – bei Ärzten erschrocken, abwehrend, das Thema wurde nie
mehr angesprochen. `Ich dachte, das gibt`s nur im Fernsehen!`– Kommilitone."
(Studentin der Medizin)
„Ich bin selber Ärztin, daher bin ich sowohl Patientin als auch Kollegin. Als Kolle-
gin: von Ärztinnen mehrmals: exotisch/kurios/absonderlich – von Ärzten: abwer-
tend behandelt [worden, G.D.]." (**)(Ärztin)
„Arbeitgeberchef machte klischeehafte Sprüche → Mobbing → Kündigung"(**)
(Ärztin)

3.6.4) Gründe für das Nichtoffenlegen der Lebensweise

Nicht alle Frauen nehmen in jeder medizinischen Behandlungssituation zu ihrer lesbischen Lebensweise Stellung. Mit der Frage „Welche Gründe hat es, wenn Sie Ihr Lesbischsein nicht bei allen Ärztinnen und Ärzten offen legen?" wurde die Zustimmung zu
acht verschiedenen Begründungen quantitativ erfasst, sich nicht als lesbische Frau zu
outen (Mehrfachnennungen waren möglich). Insgesamt 536 Frauen machten Angaben
zu dieser Frage (Tab. 3.6.7.).

Die meistgenannte Begründung lautete „Ich werde nicht gefragt." (79,5 % der Antwortenden). 68,3 % meinten, die Kenntnis ihrer Lebensweise sei für die Behandlung nicht
wichtig. 13,8 % fürchteten sich vor Diskriminierung und 5,6 % vor schlechterer Behandlung. 8,6 % möchten vermeiden, dass ihre sexuelle Orientierung in den Krankenunterlagen vermerkt wird, und 4,1 % wollten nicht, dass Dritte auf diesem Wege von ihrem
Lesbischsein erfahren.

Insgesamt 20,5 % der Antwortenden gaben an, irgendeine Art vor Stigmatisierung
(Diskriminierung, schlechterer Behandlung, Aktenvermerk) oder unerwünschtem Outing
zu befürchten.

„Welche Gründe hat es, wenn Sie Ihr Lesbischsein nicht bei allen Ärztinnen und Ärzten offen legen?" (Mehrfachnennungen möglich)

	Zustimmung	
	Anzahl	Prozent (n=536)
„Ich werde nicht gefragt."	426	79,5 %
„Das ist nicht wichtig für meine Behandlung."	366	68,3 %
„Das geht meine Ärztin/meinen Arzt nichts an."	138	25,7 %
„Ich befürchte Diskriminierung."	74	13,8 %
„Ich möchte nicht, dass mein Lesbischsein in den Kran-kenunterlagen vermerkt wird."	46	8,6 %
„Ich befürchte, die Behandlung ist dann schlechter."	30	5,6 %
„Ich möchte nicht, dass auf diesem Wege eventuell noch andere (Angestellte der Praxis etc.) davon erfahren."	22	4,1 %
„Ich habe andere Gründe."	18	3,4 %
Anzahl der Antwortenden	536	100,0 %

Tab. 3.6.7.: Gründe für Nichtoffenlegen der Lebensweise bei Ärztin und Arzt

3.6.5) Erfahrungen als Lesbe in der medizinischen Versorgung: Einflüsse auf das Gesundheitsverhalten

Es stellte sich die Frage, ob die Erlebnisse der Lesben in der medizinischen Versorgung einen Einfluss auf das Inanspruchnahmeverhalten, insbesondere auf die Nutzung von Vorsorgeangeboten, hatten oder nicht. Zur Analyse wurden die 350 Teilnehmerinnen betrachtet, die im quantitativen Teil der Frage zu ihren Erfahrungen als Lesben Angaben gemacht hatten. Hiervon hatten 22 Teilnehmerinnen ausschließlich negative Erfahrungen als Lesben in der Gesundheitsversorgung angegeben. Sie wurden den 328 Teilnehmerinnen gegenüber gestellt, die auch oder ausschließlich positive/neutrale Reaktionen erlebt hatten (im Folgenden als Vergleichsgruppe bezeichnet).

Frauen, die ausschließlich negative Reaktionen auf ihre sexuelle Orientierung erlebt haben (n=22)[14]:

→ waren alle jünger als 40 Jahre, während sich die Vergleichsgruppe auf alle Altersklassen verteilte

→ hatten ein niedrigeres Einkommen als die Vergleichsgruppe: 68 % verdienten weniger als 2000 DM [1023 €] im Monat, während in der Vergleichsgruppe 46 % ein Einkommen unter 2000 DM [1023 €] angaben

→ beschrieben ihre allgemeinen Erfahrungen mit Ärztinnen und Ärzten als schlechter als die Vergleichsgruppe (vgl. Grafik 3.6.4.)

→ hatten ihr Lesbischsein seltener bei Hausärztinnen/-ärzten, Frauenärztinnen/-ärzten und Heilpraktiker/-innen offengelegt als die Vergleichsgruppe (Tab. 3.6.8.)

→ unterschieden sich kaum oder nicht von der Vergleichsgruppe in der Offenheit gegenüber Psychotherapeutinnen/-therapeuten und Personen des privaten oder beruflichen/schulischen/universitären Umfeldes (Tab. 3.6.8. und Tab. 3.6.9.)

→ hatten im Vorjahr seltener eine Allgemeinärztin/-arzt, eine Frauenärztin/-arzt oder eine Psychotherapeutin/-therapeut aufgesucht, ähnlich häufig eine Zahnärztin/Zahnarzt oder eine andere Ärztin/Arzt und häufiger Heilpraktikerinnen/Heilpraktiker und Heilerinnen/Heiler (vgl. Grafik 3.6.5.)

→ zeigten ein anderes Verhalten bezüglich der Brustselbstuntersuchung (vgl. Grafik 3.6.6.)

→ gaben an, gleich oft alle ein bis zwei Jahre an allgemeinärztlichen und zahnärztlichen Untersuchungen, aber seltener an gynäkologischen Vorsorgeuntersuchungen teilzunehmen als die Vergleichsgruppe (vgl. Grafik 3.6.7.)

→ hatten ähnlich häufig in den letzten beiden Jahren ihren Blutdruck kontrollieren lassen, aber seltener an einer ärztlichen Untersuchung der Brust und einem Pap-Screening teilgenommen als die Vergleichsgruppe (vgl. Grafik 3.6.8.)

→ hatten seltener in ihrem Leben einen HIV-Antikörpertest durchführen lassen (vgl. Grafik 3.6.8.)

---

14 Signifikanztests sind bei der im Fragebogen verwendeten Fragestellung an dieser Stelle nur mit großen Einschränkungen möglich; für die Beschreibung der Ergebnisse wurde deshalb auf die Angaben von Signifikanzen verzichtet.

→ befürchteten häufiger, wenn sie sich im medizinischen Bereich outeten, diskriminiert oder schlechter behandelt zu werden und möchten häufiger vermeiden, dass ihre sexuelle Orientierung in der Krankenunterlagen vermerkt wird als die Vergleichsgruppe (Tab. 3.6.10.)

Das Balkendiagramm (Grafik 3.6.4.) zeigt die Einschätzung der allgemeinen Erfahrungen mit Ärztinnen und Ärzten in Abhängigkeit von den bisher erlebten Reaktionen auf die lesbische Lebensweise in der medizinischen Versorgung. Die Frauen, die bisher ausschließlich negative Reaktionen auf ihr Lesbischsein erlebt haben, schätzten ihre Erfahrungen mit Ärztinnen häufiger als „eher schlecht" und „teils gut/teils schlecht" und mit Ärzten als „schlecht" ein. Frauen, die auch oder nur positive/neutrale Reaktionen auf ihre Lebensweise erfahren haben, bewerteten ihre Erfahrungen mit Ärztinnen und Ärzten häufiger als „eher gut" oder „gut".

Allgemeine Erfahrungen mit Ärztinnen und Ärzten und Erfahrungen als lesbische Patientin

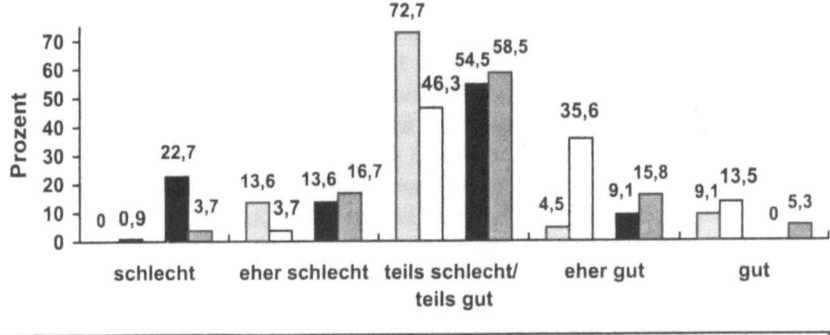

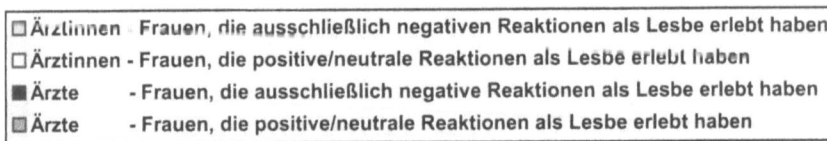

Grafik 3.6.4.: Allgemeine Erfahrungen mit Ärztinnen und Ärzten und Erfahrungen als lesbische Patientin

In den folgenden Tabellen (Tab. 3.6.8. und 3.6.9.) ist der Anteil der im jeweiligen Lebensbereich offen auftretenden Lesben wieder gegeben[15]. In der Gegenüberstellung zeigen

---

15   Als offen lebend galten dabei die Teilnehmerinnen, die angaben, im jeweiligen Umfeld wisse mindestens eine Person von ihrer lesbischen Lebensweise.

sich Unterschiede für den Bereich der hausärztlichen und gynäkologischen Versorgung sowie für Heilpraktiker/-innen. In diesen Bereichen traten Frauen, die bisher nur negative Reaktionen auf ihr Lesbischsein erlebt hatten, seltener offen auf als die Vergleichsgruppe. Geringere oder keine Unterschiede fanden sich für die psychotherapeutische Versorgung und das private sowie berufliche, schulische oder universitäre Umfeld.

Offen lesbisches Auftreten und Erfahrungen als lesbische Frau mit Ärztinnen und Ärzten

	Hausärztin/ Hausarzt	Frauenärztin/ Frauenarzt	Heilpraktikerin/ Heilpraktiker	Therapeutin/ Therapeut
Frauen mit ausschließlich negativen Erfahrungen	20,0%	54,5%	62,5%	100,0%
Frauen mit positiven/ neutralen Erfahrungen	64,2%	79,1%	84,9%	98,0 %

Tab. 3.6.8.: Anteil der offen lesbisch auftretenden Frauen – medizinisches Umfeld

Offen lesbisches Auftreten und Erfahrungen als lesbische Frau mit Ärztinnen und Ärzten

	Familie	Freundinnen, Freunde, Bekannte	Kolleginnen, Kollegen	Mitstudenten/-innen, Mitschüler/ -innen	Vorgesetzte, Lehrer/-innen, Ausbilder/- innen
Frauen mit ausschließlich negativen Erfahrungen	100,0 %	100,0 %	75,0 %	75,0 %	50,0 %
Frauen mit positiven/ neutralen Erfahrungen	96,0 %	98,2 %	81,3 %	84,3 %	48,6 %

Tab. 3.6.9.: Anteil der offen lesbisch auftretenden Frauen – privates und berufliches Umfeld

Frauen mit ausschließlich negativen Erfahrungen als lesbische Patientin hatten im Vorjahr seltener eine Allgemeinärztin/-arzt, eine Frauenärztin/-arzt oder eine Psychotherapeutin/-therapeuten aufgesucht als die Vergleichsgruppe. Etwas häufiger hatten sie hingegen Heilpraktikerinnen/Heilpraktiker und Heilerinnen/Heiler konsultiert. Das folgende Balkendiagramm (vgl. Grafik 3.6.5.) gibt den Anteil der Befragten mit mindestens einem Besuch der jeweiligen Behandlerin/Behandlers wieder.

Kaum Unterschiede fanden sich für die Inanspruchnahme von Zahnärztinnen/ Zahnärzten und anderen Ärztinnen/Ärzten im Jahr vor der Befragung. Von den Teilnehmerinnen mit ausschließlich negativen Erlebnissen als lesbische Patientin hatten sich im Vorjahr 87,3 % zahnärztlich behandeln lassen (Vergleichsgruppe: 90,5 %) und 50,0 % von anderen Ärztinnen/Ärzten (Vergleichsgruppe: 50,2 %) (Daten nicht in der Grafik dargestellt).

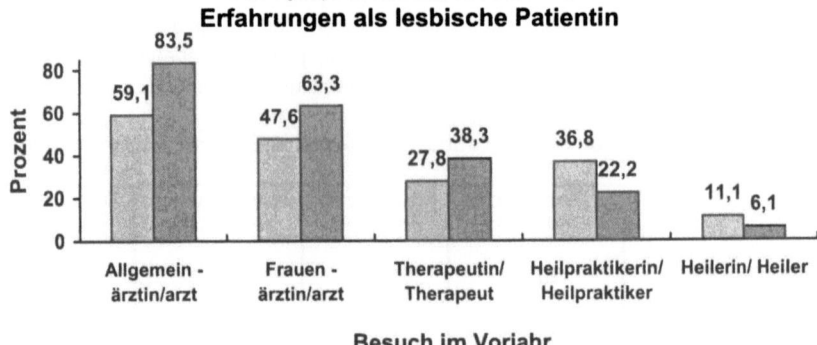

Grafik 3.6.5.: Inanspruchnahmeverhalten und Erfahrungen als lesbische Patientin

Von den Frauen mit ausschließlich negativen Erfahrungen als lesbische Patientin führten 31,8 % eine Selbstuntersuchung der Brust durch, hiervon 13,6 % regelmäßig einmal im Monat. In der Vergleichsgruppe führten 59,4 % eine Brustselbstuntersuchung durch, davon 11,1 % regelmäßig (vgl. Grafik 3.6.6.).

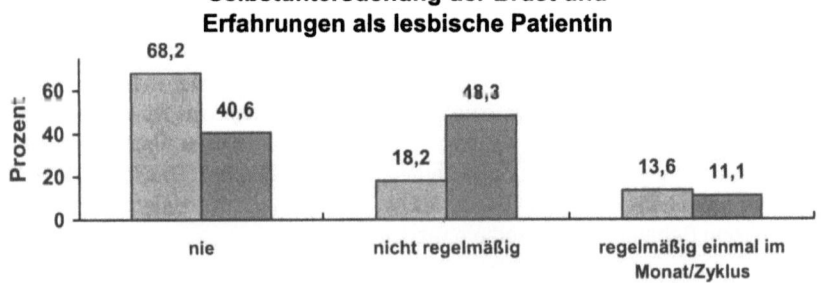

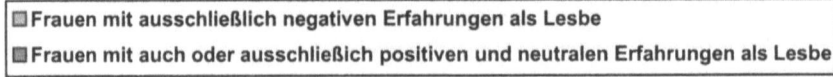

Grafik 3.6.6.: Selbstuntersuchung der Brust und Erfahrungen als lesbische Patientin

Die Unterschiede im Vorsorgeverhalten verdeutlicht das nachfolgende Balkendiagramm (Grafik 3.6.7.). Es stellt den Anteil derjenigen Teilnehmerinnen dar, die regelmäßig mindestens alle zwei Jahre an einer Vorsorge- bzw. Früherkennungsuntersuchung teilnehmen. Während sich für die Nutzung allgemeinärztlicher und zahnärztlicher Untersuchungen kaum Unterschiede finden lassen, zeigt sich, dass Frauen mit ausschließlich negativen Erfahrungen als lesbische Patientin seltener an gynäkologischen Vorsorge- und Früherkennungsuntersuchungen teilnahmen als die Vergleichsgruppe.

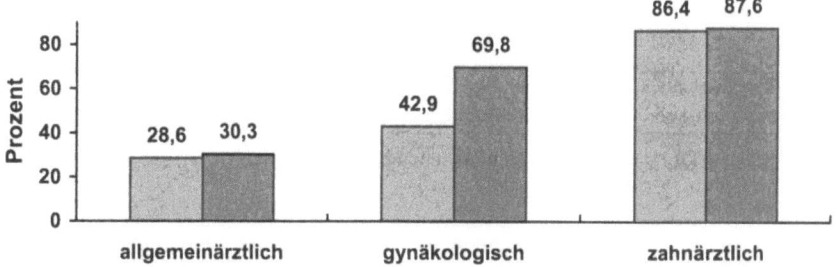

Grafik 3.6.7.: Vorsorgeverhalten und Erfahrungen als lesbische Patientin

Das nachfolgende Balkendiagramm stellt den Anteil der Teilnehmerinnen dar, die innerhalb der letzten beiden Jahre eine Blutdruckkontrolle, eine Palpationsuntersuchung der Brust oder ein Pap-Screening hatten durchführen lassen (vgl. Grafik 3.6.8.). Dabei zeigt sich eine ähnliche Inanspruchnahme von Blutdruckmessungen bei Frauen, die ausschließlich negative Reaktionen als lesbische Patientin erlebt hatten (72,7 %), wie in der Vergleichsgruppe (77,7 %). Seltener als die Vergleichsgruppe nutzten die Befragten mit ausschließlich negativen Erfahrungen eine Tastuntersuchung der Brust (50,0 %) und eine Pap-Screening (52,4 %).

Ebenfalls dargestellt ist der Anteil derjenigen Teilnehmerinnen, die schon mindestens einmal in ihrem Leben an einem HIV-Antikörpertest teilgenommen haben. Auch hier liegt die Nutzung in der Gruppe der Frauen mit ausschließlich negativen Erfahrungen als Lesbe niedriger als in der Vergleichsgruppe.

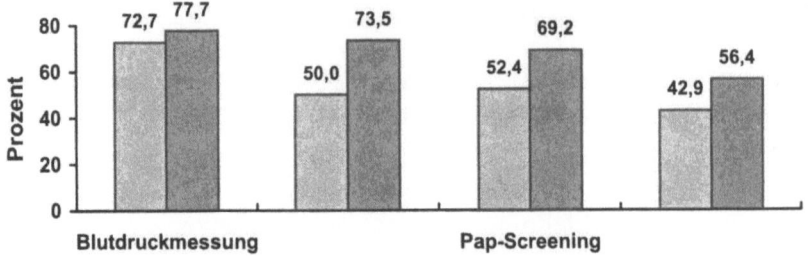

Vorsorge- und Früherkennungsuntersuchungen und Erfahrungen als lesbische Patientin

Grafik 3.6.8.: Vorsorge- und Früherkennungsuntersuchungen und Erfahrungen als lesbische Patientin

Weiterhin fand sich ein Zusammenhang mit den Gründen, die die Teilnehmerinnen für ein Nichtoffenlegen ihrer Lebensweise gegenüber Ärztinnen und Ärzten äußerten (vgl. Tab. 3.6.10.). Frauen, die ausschließlich negative Reaktionen von Ärztinnen und Ärzten als Reaktion auf ihr Lesbischsein erfahren hatten, befürchteten häufiger Diskriminierung (31,8 %), schlechtere Behandlung (31,8 %) oder einen Vermerk in den Krankenunterlagen (22,7 %).

Gründe für das Nichtoffenlegen der Lebensweise und Vorerfahrungen als Lesbe in der Gesundheitsversorgung

Zustimmung	Gesamt (n=538)	Frauen mit ausschließlich negativen Erlebnissen (n=32)	Frauen mit positiven/neutralen Erlebnissen (n=228)
„Ich befürchte Diskriminierung."	13,8 %	31,8 %	12,4 %
„Ich befürchte, die Behandlung ist dann schlechter."	5,6 %	31,8 %	4,1 %
„Ich möchte nicht, dass mein Lesbischsein in den Kranken-unterlagen vermerkt wird."	8,6 %	22,7 %	6,9 %
„Ich werde nicht gefragt."	79,5 %	72,7 %	74,1 %
„Das geht meine Ärztin/ meinen Arzt nichts an."	25,7 %	22,7 %	19,7 %
„Das ist nicht wichtig für meine Behandlung."	68,3 %	50,0 %	66,6 %

Tab. 3.6.10.: Gründe für das Nichtoffenlegen der Lebensweise und Vorerfahrungen als Lesbe in der Gesundheitsversorgung

88

4) Diskussion

4.0) Methodik

Um einen Überblick über Gesundheitsverhalten, gesundheitliche Situation und Erfahrungen lesbischer Frauen im Gesundheitswesen zu gewinnen, wurde ein achtseitiger Fragebogen mit vorwiegend geschlossenen Fragen entwickelt. Dies ermöglichte, eine größere Gruppe von Lesben in die Erhebung einzubeziehen. Aufgrund der limitierten Ressourcen der Arbeit konnte eine Überprüfung des Erhebungsinstrumentes auf Validität und Reliabilität nicht durchgeführt werden. Es wurde deshalb versucht, an Stellen, an denen dies möglich und sinnvoll erschien, auf bereits auf ihre Gütekriterien hin untersuchte Frageformulierungen anderer Studien zurückzugreifen[1]. Insbesondere im Teil „Erfahrungen als lesbische Frau in der Gesundheitsversorgung" zeigten sich – wie noch zu verdeutlichen sein wird – jedoch auch die Grenzen eines quantitativen Ansatzes in der Erfassung des vielschichtigen Erlebens von Behandlungssituationen durch Lesben auf[2].

Nichtrepräsentative Stichproben sind anfällig für Verzerrungseffekte durch die Stichprobenauswahl. Im vorliegenden Fall wurde die Erhebung auf dem Lesbenfrühlingstreffen durchgeführt, dessen Besuch bereits eine gewisse Offenheit und Selbstsicherheit im Umgang mit der eigenen Lebensweise, aber auch bestimmte finanzielle Mittel, Mobilität und Grundeinstellungen[3] voraussetzt. Hinzu traten Einflussfaktoren durch die Art der Erhebung selbst; so stellen schriftliche Befragungen erhöhte Barrieren für Fremdsprachlerinnen und Frauen dar, die aufgrund von Handicaps den Fragebogen nicht selbständig ausfüllen können.

Die Wahl eines repräsentativen Samples erweist sich nicht nur aus praktischen, sondern auch aus methodischen Gründen in der Lesbengesundheitsforschung als äußerst schwierig und wurde für diese Untersuchung nicht in Erwägung gezogen. *Solarz*[4] führt aus, dass die Zielpopulation im Falle lesbischer Frauen nicht bekannt ist, was für die

---

1   vgl. Kapitel 2.2.2.1. Konstruktion und Aufbau des Fragebogens
2   vgl. Diskussionsteil 4.6. Erfahrungen mit Ärztinnen und Ärzten
3   Als Teilnehmerinnen beim Lesbenfrühling willkommen sind gemäß den Diskussionen auf den Eröffnungs- und Abschlussveranstaltungen vorangegangener Treffen alle Frauen, Mädchen und transsexuellen Frauen, die sich in der Idee eines `Lesbenwochenendes' wiederfinden können; dazu ist es nicht nötig, sich selbst als `lesbisch', `homo-' oder `bisexuell' zu bezeichnen. Ausdrücklich von der Teilnahme ausgeschlossen sind Frauen mit rechtsextremen politischen Ansichten. Männer können am Lesbenfrühling nicht teilnehmen (Lesbennetz e.V. 1999, S. 14).
4   Solarz 1999, S. 117ff

89

Auswahl einer Zufallsstichprobe vorausgesetzt werden muss. Zudem sind lesbische Frauen eine Minderheit in der weiblichen Bevölkerung, die in weiten Teilen verdeckt lebt und ihre Lebensweise nur zurückhaltend in Befragungen offen legt[5]. Bevölkerungsbezogene Erhebungen, die die sexuelle Orientierung der Teilnehmerinnen erfassen, stoßen hier an ihre Grenzen. In der Lesbengesundheitsforschung wird deshalb bislang fast ausschließlich auf nicht-repräsentative Samples zurückgegriffen[6].

Es ist jedoch möglich, die Qualität auch nicht-repräsentativer Stichproben zu verbessern und die Aussagekraft der Daten zu erhöhen, auch wenn die Verallgemeinerbarkeit der Ergebnisse auf die lesbische Subpopulation nicht zu erreichen ist. *Solarz*[7] schlägt hierzu vor, bei der Auswahl der Erhebungsorte darauf zu achten, dass Lesben aus verschiedenen Landesteilen und der ganzen gesellschaftlichen Spannbreite bezüglich Alter, sozialem Status und ethnischem Hintergrund an der Befragung teilnehmen können.

Nach *Berg*[8] gibt es drei wichtige Voraussetzungen, um Frauen aus marginalisierten gesellschaftlichen Gruppen zur Teilnahme an Gesundheitsforschung zu bewegen: die Unterstützung von „community leaders", der Rückgriff auf vorhandene Infrastruktur der „community" und Personal, das in Alter, Geschlecht und Herkunft der Zielgruppe entspricht. Als wichtiges Hindernis hat sich nach *Berg* die Vermutung potentieller Probandinnen herausgestellt, die Forschung diene weniger den Belangen der Beforschten als der Karriere der Wissenschaftlerinnen bzw. Wissenschaftler.

Die genannten Voraussetzungen wurden bei der Durchführung der Haupterhebung besonders berücksichtigt:

- Für das Forschungsvorhaben konnte die Unterstützung des Lesbenrings e.V., eines bundesweiten Zusammenschlusses lesbischer Frauen und Lesbengruppen, gewonnen werden, was auf dem Anschreiben des Fragebogens erwähnt wurde.
- Die Erhebung fand vom 21. bis 24. Mai 1999 in Köln auf dem Lesbenfrühlingstreffen statt, das als das größte überregionale Treffen dieser Art in Deutschland von Frauen aus dem gesamten Bundesgebiet besucht wird.
- Die Frauen, die beim Verteilen und Einsammeln der Fragebogen halfen und somit auch oftmals den ersten Kontakt zu den Teilnehmerinnen herstellten, waren selbst Besucherinnen des Lesbenfrühlingstreffens und entsprachen in Geschlecht, sexueller Orientierung und kultureller Herkunft (mehrheitlich, aber nicht ausschließlich, weiß und deutsch) der Zielgruppe.

Auf diese Weise gelang es, mit 578 Teilnehmerinnen eine der – verglichen mit den bisher in Deutschland durchgeführten Studien – größeren Erhebungen über lesbische Frauen durchzuführen.

---

5   Solarz 1999, S. 114ff
6   Roberts 2001
7   Solarz 1999, S. 160f
8   Berg 1999

Die große Bereitschaft der Lesben, sich zu beteiligen, zeigte sich an einer Rücklauf-quote von 44,1 %.

Die Düsseldorfer Studie „Gewalt gegen lesbische Frauen"[9] erreichte einen Rücklauf von 38 % (n=757), die Studie des Bundesjustizministeriums „Benachteiligung gleich-geschlechtlich orientierter Personen und Paare"[10] von 40 % (n=581, davon 206 Frauen). Üblicherweise bleibt der Rücklauf bei Erhebungen über die Situation von Lesben bzw. Lesben und Schwulen jedoch deutlich unter diesen Ergebnissen. Die Erhebung „Stichpro-be Lesben"[11] erzielte eine Rücklaufquote von 29 % (n=373), die Studie „Gleichgeschlecht-liche Lebensweisen in Schleswig-Holstein"[12] 17 % (n=184), die Studie „Schwule und Lesben in der Arbeitswelt"[13] 15 % (n=2522, davon 676 Frauen) und die Umfrage „Gewalt gegen Lesben"[14] 11% (n=87).

4.1) Teilnehmerinnen der Hauptuntersuchung

Die 578 Teilnehmerinnen der Erhebung verteilten sich nicht gleichmäßig auf die 16 deutschen Bundesländer. Regionale Häufungen zeigten sich insbesondere für Nord-rhein-Westfalen, zu dem der Erhebungsort Köln gehört, (Studie: 31,1 %; zum Vergleich: Gesamtbevölkerungsanteil NRW 21,9 %[15]) und Bremen (Studie: 4,7 %; Gesamtbevölke-rungsanteil 0,8 %[15]). Demgegenüber waren Frauen aus den ostdeutschen Bundesländern (Studie 4,7 %) unterhalb ihres Gesamtbevölkerungsanteils (17,2 %[15]) vertreten. Die zwei Bundesländer, aus denen keine Frauen an der Umfrage teilnahmen, waren mit Mecklen-burg-Vorpommern und Thüringen zwei ostdeutsche Länder.

Im Vergleich zur Gesamtbevölkerung lebten die Teilnehmerinnen der Erhebung häufi-ger in Großstädten (Studie: 56,4 % gegenüber 31 % der Gesamtbevölkerung[16]). Diese Bevorzugung von Großstädten gegenüber Kleinstädten und dem ländlichen Raum findet sich auch in anderen deutschen Befragungen von Lesben[17].

Das Alter der Teilnehmerinnen lag im Median bei 30-34 Jahren. Fast drei Viertel der Befragten waren zwischen 25 und 39 Jahren alt, 12,5 % zwischen 40 und 49 Jahren. Nur 1,2 % der Teilnehmerinnen waren Jugendliche unter 20 Jahren und weitere 2,2 % ältere

---

9 Ministerium für Frauen, Familie, Jugend und Gesundheit des Landes Nordrhein-Westfalen 1999
10 Buba/Vaskovics 2001
11 Reinberg/Roßbach 1985
12 Ministerium für Frauen, Jugend, Wohnungs- und Städtebau des Landes Schleswig-Holstein 1999
13 Knoll/Edinger/Reisbeck 1997
14 Ohms 2000
15 Statistisches Bundesamt 2000, S. 30f
16 ebenda, S. 31
17 Buba/Vaskovics 2001, S. 49; Ministerium für Frauen, Jugend, Familie und Gesundheit des Landes NRW 1999, S. 178

Frauen im Alter ab 50 Jahren. Die Aussagekraft der Erhebung beschränkt sich somit weitgehend auf die Altersgruppe zwischen 25 und 50 Jahren.

Gründe für die schwache Repräsentanz von Lesben in jüngerem und höherem Alter in der Stichprobe sind einerseits in der Teilnehmerinnenstruktur des Lesbenfrühlingstreffens zu suchen. Andererseits findet sich auch in deutschen Lesbenstudien, die Teilnehmerinnen im Schneeballsystem mit per Post und Internet verteilten Fragebogen rekrutierten, eine nur unwesentlich andere Altersstruktur[18]. Dies lässt vermuten, dass diesem Problem noch andere methodische Schwierigkeiten zugrunde liegen. Möglicherweise stellen jüngere und ältere Frauen an Erhebungen andere Anforderungen bezüglich Vertraulichkeit und Durchführung oder finden sich in den verwendeten Begriffen (z.B. „lesbisch") nicht wieder.

Prinzipiell erscheint eine stärkere Einbindung von jüngeren und älteren Frauen in zukünftige Lesbengesundheitsforschung wünschenswert, um alterspezifischen Unterschieden besser nachgehen zu können.

In der vorliegenden Erhebung lag der Anteil an Frauen mit Kindern (9,8 %) deutlich unter dem Durchschnitt der weiblichen Bevölkerung in Deutschland. Hier wiesen im Mikrozensus 1996 die 35-39jährigen Hochschulabsolventinnen aus den alten Bundesländern mit 60,1 % den niedrigsten Anteil an Frauen mit Kindern auf, im Durchschnitt haben 68-77 % der Frauen der Geburtsjahrgänge 1960-65 eigene Kinder[19].

Auch waren die befragten Lesben erwartungsgemäß häufiger unverheiratet als Frauen insgesamt. 90,6 % der Befragten waren ledig gegenüber 36,6 % der weiblichen Gesamtbevölkerung[20].

Die dominierenden Lebensformen der befragten Frauen waren der Single-Haushalt (39,9 %) und die Paargemeinschaft mit der Partnerin (32,8 %). Im Bundesdurchschnitt leben lediglich 22,5 % aller Frauen alleine, 30,9 % leben in Paargemeinschaften ohne Kinder[21]. Fast ein Fünftel der befragten Lesben lebte in einer Wohngemeinschaft (18,4 %); in der weiblichen Gesamtbevölkerung wählen nur 2,5 % die Gemeinschaft mit anderen als Wohnform[22].

Die Teilnehmerinnen der Erhebung verdienten im Median 2.000-2.499 DM, umgerechnet 1.023-1.277 €. Bezogen auf die Einkommensgrenzen des *Sozio-ökonomischen Panels*

---

18   In der Studie „Gewalt gegen lesbische Frauen" (Ministerium für Frauen, Jugend, Familie und Gesundheit des Landes NRW 1999) waren 3,6 % der Befragten unter 20 Jahre und 2,5 % über 50 Jahre. In der Studie „Benachteiligung gleichgeschlechtlich orientierter Personen und Paare" (Buba/Vaskovics 2001) lag der Anteil der unter 20jährigen bei 3 %, der über 45jährigen bei 9 %.
19   Bundesministerium für Familie, Senioren, Frauen und Jugend 2001, S. 66f
20   ebenda, S. 59
21   ebenda, S. 62
22   ebenda, S. 62

der Bundesrepublik für das Jahr 1997[23] ergab sich in der Stichprobe ein Anteil von ca. 12 % der Teilnehmerinnen mit einem Einkommen unterhalb der Armutsschwelle[24] und von ca. 33 % unterhalb der Schwelle des sogenannten prekären Wohlstandes[25]. Diese Zahlen entsprechen den Quoten (1997) in der bundesdeutschen Gesamtbevölkerung für Armut (8,9-13,6 %) und prekären Wohlstand (35,3-36,4 %)[26], wobei die Armutsrate für Frauen im Bevölkerungsdurchschnitt etwas höher liegt als für Männer und besonders von Armut betroffene Gruppen der weiblichen Bevölkerung (Alleinerziehende, alleinlebende Frauen über 55 Jahren, Frauen in kinderreichen Lebensgemeinschaften) kaum in der Stichprobe vertreten waren. Zwischen den Befragten aus Ost- und Westdeutschland ließen sich keine Unterschiede im Einkommen feststellen.

Fast die Hälfte der Teilnehmerinnen gehörte keiner Konfession an. Der Anteil an bekenntnislosen Frauen lag damit in der Erhebung deutlich über dem der weiblichen Allgemeinbevölkerung (12 %)[27]. Im Gegenzug lag der Anteil an Zugehörigen der evangelischen und katholischen Kirche niedriger als in der Gesamtbevölkerung. Der Anteil jüdischer Frauen lag bei 0,5 % (Gesamtbevölkerungsanteil 0,1 %[28]). Nicht vertreten waren in der Erhebung muslimische Frauen (Bevölkerungsanteil 2%[25]).

Ende 1997 waren 9,0 % der Bevölkerung Nicht-Deutsche[29]. Daten über den ethnischen Hintergrund der Bevölkerung in Deutschland, unabhängig von der Staatsangehörigkeit, werden in den sozialstatischen Erhebungen nicht erfasst. Im Unterschied hierzu wurden in der vorliegenden Erhebung ausschließlich Angaben über Migrationserfahrungen und Selbsteinordnung (Schwarze/Weiße) erhoben, nicht jedoch die Staatsangehörigkeit. 9,1 % der Befragten waren Migrantinnen der ersten und zweiten Generation, eine Teilnehmerin war Schwarze. Der Konstruktion dieser Frage lag die Annahme zugrunde, dass wichtiger noch als die Staatsangehörigkeit für das Gesundheitsverhalten und -erleben sowie mögliche Diskriminierungserfahrungen der ethnische Hintergrund und Migrationserfahrungen sind[30].

---

23   Statistisches Bundesamt 2000, vgl. S. 581ff
24   Als „Armut" wird in den Sozio-ökonomischen Panels ein bedarfsgewichtetes Pro-Kopf-Einkommen (sog. Äquivalenzeinkommen) von weniger als 50 % des arithmetischen Mittels der Einkommen in der gesamten Bevölkerung bezeichnet. Das Durchschnittseinkommen lag 1997 bei 2001 DM, die 50%-Armutsgrenze somit bei ca. 1000 DM. (ebenda, S. 584)
25   Als „prekärer Wohlstand" wird in den Sozio-ökonomischen Panels ein Äquivalenzeinkommen von weniger als 75 % des Durchschnittseinkommens, i.e. weniger als 1.500 DM bezeichnet (vgl. Fußnote 24).
26   Schwankungen der Quoten je nach Berechnungsgrundlage (monatliches Durchschnittseinkommen bzw. jährliches Durchschnittseinkommen) (ebenda, vgl. S. 591)
27   Statistisches Bundesamt 2000, S. 531
28   ebenda, S. 172
29   ebenda, S. 44
30   Dies zeigt sich aktuell im Gesundheitswesen z.B. an der Problematik der Versorgung von sog. Übersiedlern aus Nachfolgestaaten der UdSSR, die rechtlich gesehen Deutsche sind (vgl. Mohammazadeh 1999). [Fortsetzung S. 94]

Das Bildungsniveau der Befragten lag deutlich über dem der weiblichen Gesamtbevölkerung. Mehr als drei Viertel der Lesben gaben einen Schulabschluss an, der sie zu einem Fachhochschul- oder Hochschulstudium qualifizierte. In der Gesamtbevölkerung liegt der Anteil an Frauen mit Fachhochschul- und Hochschulreife in der Altersgruppe von 20-29 Jahren bei 32,2 %, in der Altersgruppe von 30-39 Jahren bei 24,7 %[31]. 3,7 % der Lesben hatten die Schule mit dem (qualifizierten) Hauptschulabschluss beendet, während in der weiblichen Gesamtbevölkerung 26,0 % bzw. 32,1 % einen Hauptschulabschluss besitzen (Altersgruppe 20-29 und 30-39 Jahre). Die drei Frauen in der Stichprobe, die keinen Schulabschluss erreicht hatten, waren zum Zeitpunkt der Befragung jünger als 20 Jahre und nach ihren Angaben noch in der Ausbildung.

Von den erwerbstätigen Frauen in der Stichprobe (73,5 % der Befragten) arbeitete der überwiegende Teil in einem Angestelltenverhältnis (72,7 % der Erwerbstätigen). 19,1 % der erwerbstätigen Lesben waren selbständig, 6,6 % als Arbeiterin und 6,1 % als Beamtin tätig (Mehrfachnennungen waren möglich). Gegenüber den Zahlen des *Mikrozensus 1998*[32] für die weibliche Gesamtbevölkerung zeigte sich, dass in der Stichprobe mehr Angestellte (Mikrozensus 1998: 63,2 %) und Selbständige (Mikrozensus 1998: 6,4 %), dafür aber weniger Arbeiterinnen (Mikrozensus 1998: 23,7 %) vertreten waren. Der Anteil an Beamtinnen lag im Mikrozensus 1988 bei vergleichbaren 4,7 %.

Nach den Ergebnissen des *Mikrozensus 1996*[33] arbeiten 10,0 % der erwerbstätigen Frauen in Deutschland in Berufen im Gesundheitswesen, davon allein 4,2 % als Krankenschwestern oder Hebammen. Weitere 5,2 % der weiblichen Erwerbstätigen arbeiten in anderen sozialen Berufen.

In der befragten Stichprobe waren im Vergleich zu diesen Daten Frauen aus Berufen im medizinischen und sozialen Bereich deutlich überrepräsentiert. Fast 40 % gaben an, eine medizinische oder therapeutische Ausbildung abgeschlossen zu haben bzw. gerade zu absolvieren. 11,0 % der Teilnehmerinnen waren Krankenschwestern oder Hebammen, 4,2 % waren Ärztinnen oder Zahnärztinnen.

Als Hintergrund für diesen Trend kommt einerseits eine Vorauswahl aufgrund des Themas gemäß den Interessen der Teilnehmerinnen in Betracht, wonach Frauen aus medizinischen Berufen auch eher an einer Erhebung zum Thema Gesundheit teilnehmen.

Andererseits findet sich dieser Trend auch in anderen Studien über Lesben (und Schwule), so in der Studie von *Knoll/Edinger/Reisbeck*[34] zur Situation von Lesben und Schwulen am Arbeitsplatz, so dass diskutiert werden kann, ob Lesben in sozialen Berufen

vgl. auch: Ipekcioglu 1997 zum Selbstverständnis lesbischer Migrantinnen der zweiten Generation aus der Türkei; Caliskan 1998 zur Situation lesbischer Migrantinnen; Kampmann 1994, Ogyntoye 1996 und Ayim 1997 zur Situation Schwarzer Deutscher; Hügel 1993 zur Situation von Migrantinnen; Mason-John 1995 zum Selbstverständnis lesbischer Migrantinnen.

31   Bundesamt für Familie, Senioren, Frauen und Jugend 2001, S. 74
32   Statistisches Bundesamt 2000, S. 94
33   Bundesministerium für Familie, Senioren, Frauen und Jugend 1998, S. 58
34   Knoll/Edinger/Reisbeck 1997

überrepräsentiert sind oder aber Lesben aus diesen Berufsbereichen bevorzugt als Studienteilnehmerinnen geworben werden können. Von den 676 lesbischen Teilnehmerinnen der Erhebung *Schwule und Lesben in der Arbeitswelt* waren 11,5 % in Gesundheitsberufen tätig, 18,3 % in sozialen Berufen und 2,2 % als Ärztinnen oder Apothekerinnen. Auffallend war in dieser Studie – wie auch in der vorliegenden Erhebung – der niedrige Anteil an (Fach-)Arbeiterinnen (Knoll/Edinger/Reisbeck: 3,2 %).

Nach dem *Mikrozensus 1999*[35] sind 88,5 % der Bundesbürgerinnen und -bürger in einer gesetzlichen Krankenkasse versichert, 8,9 % sind privat krankenversichert und 0,2 % ohne Krankenversicherungsschutz. Vergleichbare Ergebnisse fanden sich auch bei den Teilnehmerinnen dieser Untersuchung (gesetzlich versichert 86,1 %, privat versichert 13,2 %, ohne Krankenversicherung 0,3 %).

Das private Umfeld bestand bei drei Viertel der Befragten überwiegend aus Frauen, bei der Hälfte der Teilnehmerinnen überwiegend aus anderen Lesben. Jede fünfte Teilnehmerin hatte ausschließlich weibliche Freundinnen. Nur eine Minderheit gab an, vorwiegend Kontakt zu heterosexuellen Personen zu haben (17,3 %).
Ähnliche Ergebnisse finden sich auch in anderen Lesbenstudien. Die Teilnehmerinnen der Studie *Gewalt gegen lesbische Frauen*[36] gaben zu 43,7 % an, überwiegend Kontakt zu anderen Lesben zu haben und lediglich 9,6 % hatte vorwiegend Kontakt zu heterosexuellen Personen. Im US-amerikanischen *National Lesbian Health Care Survey*[37] hatten 64 % der Lesben überwiegend oder ausschließlich andere lesbische Freundinnen und 22 % keine männlichen Freunde. Auch in einer Befragung von *D´Augelli*[38] in einer Stichprobe von Lesben aus ländlichen Gebieten bestanden die sozialen Bezüge der Befragten überwiegend aus Frauen, mehrheitlich (60 %) aus lesbischen Frauen.
Diese Ergebnisse unterstreichen die Bedeutung anderer Frauen, insbesondere anderer lesbischer Frauen, im sozialen Bezugssystem von Lesben:

"(...) lesbians and gay men tend to have friendships with others who are similar to them in terms of both sex and sexual identities."[39]

Frauenpolitische Ziele fanden bei den Teilnehmerinnen breite Zustimmung. Drei Viertel fühlten sich feministischen Ideen verbunden, ein Viertel bezeichnete sich als feministisch engagiert. Nur 5,9 % distanzierten sich von feministischen Einstellungen. Die Frauen fühlten sich darüber hinaus mehrheitlich (59,9 %) der Lesben-/Lesben- und Schwulenbewegung bzw. der homosexuellen „Szene" zugehörig.

---

35   Bundesministerium für Gesundheit 2000, S. 10.1
36   Ministerium für Frauen, Jugend, Familie und Gesundheit des Landes NRW 1999, S. 175
37   Bradford/Ryan/Rothblum 1994, S. 237
38   D`Augelli 1989, vgl. auch Weinstock 1998
39   Weinstock 1998, S. 126

Gegenüber alternativmedizinischen Angeboten zeigten sich die Befragten mehrheitlich interessiert (51,2 %). Viele Frauen drückten darüber hinaus ihr Interesse an frauenspezifischen „Heilweisen" (30,8 %) und spirituellen Themen (30,6 %) aus.

Zusammenfassend bestehen die Stärken der Stichprobe in ihrer geographischen Streuung auf fast das gesamte Bundesgebiet, der Einbeziehung von Lesben auch aus ländlichen und kleinstädtischen Regionen und aus allen Altersgruppen sowie dem hohen Anteil an Frauen mit Migrationserfahrung. Wünschenswert wäre hier allerdings eine noch stärkere Repräsentanz von Lesben aus den neuen Bundesländern, jugendlicher Lesben und Lesben im Alter gewesen.

In der Diskussion des Gesundheitsverhaltens wird das hohe Ausbildungsniveau und die nicht-bevölkerungsrepräsentative Verteilung der Berufsgruppen zu berücksichtigen sein. Obwohl die Einkommensverteilung dem Bundesdurchschnitt im Wesentlichen entspricht, weisen Ausbildungsniveau und Berufe auf einen hohen Anteil an Mittelschichtsangehörigen in der Stichprobe hin[40].

4.2) Sexuelle Orientierung, sexuelle Erfahrung und Offenheit

4.2.1) Sexuelle Orientierung und sexuelle Erfahrung

„Es gibt nicht eine Form `lesbischer Identität', sondern viele `Lesbianismen'" konstatiert Hark[41] und macht deutlich, dass gesellschaftlich keine einheitliche Definition des Begriffs „lesbisch" existiert. In der US-amerikanischen Lesbengesundheitsforschung hat sich etabliert, die „sexuelle Orientierung" als mehrdimensionales Konzept zu sehen, das neben der Selbstdefinition (identity) auch das sexuelle Verhalten (behavior) und das sexuelle Begehren (desire oder attraction) umfasst[42].

Die Operationalisierung dieser Dimensionen für Fragebogenerhebungen wurde und wird jedoch oftmals sehr unterschiedlich durchgeführt[43]. Deutsche Studien über Lesben haben bisher ausschließlich die Selbstdefinition der Teilnehmerinnen zur Abgrenzung der Stichprobe herangezogen. Als lesbisch wurden diejenigen angesehen, die an einer Fragebogenerhebung teilnahmen, die sich explizit an „lesbische" bzw. „homosexuelle" Frauen wandte[44].

---

40 Das Merkmal „soziale Schicht" setzt sich gemäß den Empfehlungen der Deutschen Arbeitsgemeinschaft für Epidemiologie (DAE) aus Einkommen, Bildung und beruflicher Position zusammen. (vgl. Knopf/Ellert/Melchert 1999)
41 vgl. Hark 1996, Zitat: Hark 1996, S. 133
42 Solarz 1999, S. 22; Brogan/Frank/Elon/O´Hanlan 2001
43 Roberts 2001
44 So heißt es in der Studie „Gewalt gegen lesbische Frauen": „Eine allgemein gültige Definition `lesbischer Identität' kann es nicht geben, da es weder die eine Wahrheit gibt (...), noch fühlen wir uns (...) dazu berufen, zu kontrollieren, wer zu Recht den Namen lesbisch für sich be-

Auch die vorliegende Untersuchung hat sich dieses Vorgehens bedient. Die Auswahl der Teilnehmerinnen erfolgte durch die Verteilung der Fragebogen im Rahmen des Lesbenfrühlingstreffens und den Titel der Erhebung, der als Zielgruppe „lesbische Frauen" benannte. Darüber hinaus wurden im Fragebogen nochmals genauere Daten zur Selbstdefinition der Teilnehmerinnen (identity) und zu ihrem sexuellen Verhalten (behavior) erhoben, ohne dass diese Angaben jedoch ein Ein- oder Ausschlusskriterium darstellten.

Für die medizinische Lesbenforschung erscheinen, je nach Fragestellung, unterschiedliche Dimensionen der sexuellen Orientierung wichtig zu sein. So steht bei Fragen über sexuelle Gesundheit, HIV-Risiko oder sexuell übertragbare Krankheiten das konkrete sexuelle Verhalten im Vordergrund, während bei Belangen der psychischen Gesundheit die Selbstbezeichnung eine größere Relevanz besitzen dürfte.

Solarz[45] empfiehlt daher im US-amerikanischen Forschungsbericht zu „Lesbian Health":

> „For a researcher designing a study on lesbian health, the recommended course is to develop measures that gather information about the aspects of lesbian orientation that are relevant to the specific project at hand (...). Adopting this approach does not avoid the issue of lesbian definition. Rather, it builds on the need to accept the complexity of sexual orientation and the social context in which it is embedded. In essence, 'lesbian' should be defined to meet the needs of specific research studies, interventions, or programs of care within generally accepted conceptual boundaries, with recognition of the three dimensions through which sexual orientation is most often defined: identity, attraction or desire, and behavior."[46]

Die sexuelle Identität wurde in der vorliegenden Arbeit mit einer modifizierten Kinsey-Skala erfasst[47]. Kinsey/Pomeroy et al. hatten in ihren Abhandlungen über das Sexualverhalten des Mannes (1948) und der Frau (1953) eine siebenstufige Skala zur Messung der sexuellen Orientierung entwickelt. Dieser Skala liegt die Vorstellung zugrunde, Homo- und Heterosexualität seien die zwei Endpunkte eines Kontinuums, auf dem sich die Varianten menschlicher sexueller Orientierung bewegen:

> "The world is not to be divided into sheep and goats. Not all things are black nor all things white. It is a fundamental of taxonomy that nature rarely deals with discrete categories. Only the human mind invents categories and tries to force facts into separated pigeon-holes. The living world is a continuum in each and every one of its aspects. The sooner we learn this concerning human sexual behavior the sooner we shall reach a sound understanding of the realities of sex."[48]

---

anspruchen darf und wer nicht. Zur Grundlage erhoben wir deshalb die individuelle Selbsteinschätzung der befragten Frauen, die uns – als Lesben – den Fragebogen zurückgesandt haben." (Ministerium für Frauen, Jugend, Familie und Gesundheit des Landes NRW 1999, S. 23)

45   Solarz 1999
46   Solarz 1999, S. 33
47   vgl. Kapitel 2.2.2.1) Aufbau und Konstruktion des Fragebogens
48   Kinsey/Pomeroy et al. 1948, S. 639

Nach *Kinsey et. al.* gehen in die Einordnung in dieses Kontinuum zwei Faktoren ein: das tatsächliche Sexualverhalten (overt sexual experience – vergleichbar dem o.g. Begriff behavior) und psychosexuelle Gefühle (psychosexual reactions – vergleichbar den o.g. Begriffen desire/attraction).

Es ist kritisiert worden[49], dass die Skala selbst dieses Kontinuum nur unvollständig repräsentiere, da sie zwischen den Endpunkten nur fünf wirkliche „Abstufungen" vorsehe. Zudem messe sie zwei Variablen – overt sexual experience und psychosexual reactions – in nur einer Skala, was zu einem Verlust an Information schon während der Messung führe und Menschen zwinge, aus dem, was sie tun, und dem, was sie fühlen, einen erfassbaren gemeinsamen Nenner zu bilden. Als schwierig wurde auch angesehen, dass Homo- und Heterosexualität als zwei sich gegenseitig ausschließende Konzepte gesehen werden: Nach der Kinsey-Skala ist eine Person umso „weniger" homosexuell je „mehr" sie heterosexuell ist und umgekehrt[50].

So problematisch diese fast dichotome Gegenüberstellung von Homo- und Heterosexualität in der Theorie auch sein mag, so ist diese Herangehensweise doch in unserem Kulturkreis[51] weit verbreitet[52]. Menschen können entweder ihre sexuelle Orientierung als homo- oder heterosexuell, allenfalls noch bisexuell[53], eindeutig benennen oder sie sind in ihrer sexuellen Orientierung „verunsichert"[54]. Mehrfachidentitäten als sowohl homo- wie auch heterosexuell kommen kaum vor.

Diese Annahme wird auch durch die Daten der vorliegenden Erhebung gestützt. Lediglich 1,2 % der Befragten fanden, dass die Skala auf sie nicht zuträfe. Weitere 1,4 % waren sich über ihre sexuelle Orientierung nicht im Klaren und 1,6 % machten keine Angaben. Es unterstreicht die hohe Akzeptanz der Kinsey-Skala und des zugrundeliegenden Konzeptes, dass sich fast 96 % der Teilnehmerinnen in der Skala wiederfinden konnten.

---

49 Eine ausführliche Darstellung und Kritik der Kategorisierung von Sexualitäten findet sich in LeVay 1990.

50 Shively/DeCecco schlugen 1977 vor, Homosexualität und Heterosexualität deshalb nicht mehr in einer gemeinsamen Skala zu erfassen, sondern jeweils getrennt in einer eigenen Skala. Die Endpunkte der zwei fünfstufigen Skalen sind "not at all homosexual" und "very homosexual" bzw. "not at all heterosexual" und "very heterosexual". Obwohl dies die Möglichkeit eröffnet, die sexuelle Orientierung differenzierter zu erfassen, ist die Skala kaum in Studien verwendet worden (vgl. Sell 1997).

51 Zu kulturspezifischen Aspekten von gleichgeschlechtlichen Lebensweisen und sexueller Orientierung vgl. Herdt 1996, Cabaj/Stein 1996, Garnets/Kimmel 1993; zum westlichen Modell der homosexuellen Identitätsentwicklung vgl. Cass 1996

52 Zur Frage der Dichotomie der sexuellen Identitäten vgl. Hofmann 1997, Fox 1996, Cabaj/ Stein 1996, Shively/DeCecco 1993

53 Zur Besonderheit der bisexuellen Identität vgl. Fox 1996: "Through the lens of this dichotomous model [heterosexuality versus homosexuality, G.D.], bisexuality appeared anomalous, and individuals who claimed a bisexual identity were seen as psychological and socially maladjusted (...)." (ebenda, S. 161)

54 Zur Frage der Verunsicherung individueller Identitäten vgl. Fabach 1997

Die deutliche Mehrheit der Teilnehmerinnen verortete sich auf der „lesbischen" Seite der Skala (Skalenwerte 5 bis 7). Immerhin 2,5 % der Befragten bezeichneten sich als gleichermaßen hetero- wie homosexuell (Skalenwert 4) und 0,4 % (n=2) der Teilnehmerinnen gaben an, mehr heterosexuell als lesbisch zu sein (Skalenwerte 1 bis 3). So zeigte sich, dass an einer explizit für „lesbische Frauen" ausgeschriebenen Erhebung durchaus auch Frauen teilnahmen, die bei differenzierterer Befragung ihre sexuelle Identität nicht nur als „lesbisch" ansahen.

Um das sexuelle Verhalten der Teilnehmerinnen (sexual behavior) zu erfassen, wurden sie über Anzahl und Geschlecht ihrer Sexualpartnerinnen und –partner im letzten Jahr bzw. in ihrem gesamten bisherigen Leben befragt. Die Frage zielte auf die freiwilligen sexuellen Kontakte der Frauen, und es wurde bei der Formulierung versucht, berufliche Kontakte (Prostitution) und Erfahrungen sexualisierter Gewalt auszuklammern. Intention war es, Selbstbezeichnung und selbstgewählte sexuelle Aktivitäten in Beziehung setzen zu können.

Mehr als 99 % der Teilnehmerinnen hatten in ihrem Leben bereits sexuelle Erfahrungen gesammelt, davon 98 % mit anderen Frauen und über 75 % mit Männern. Die Mehrheit der Teilnehmerinnen hatte jeweils bis zu fünf Partnerinnen und bis zu fünf Partner in ihrem bisherigen Leben.

Im Jahr vor der Befragung hatten über 90 % der Teilnehmerinnen sexuelle Kontakte zu anderen Frauen – meistens zu einer Partnerin (72 %), schon deutlich seltener zu zwei Partnerinnen (12 %). Nur wenige Frauen (7 %) hatten drei bis zehn Partnerinnen im Jahr vor der Befragung, keine gab sexuelle Kontakte zu mehr als zehn Frauen im Vorjahr an.

Es wurde nicht erfragt, ob die sexuellen Kontakte innerhalb oder außerhalb einer festen Lebensgemeinschaft stattfanden. Dies macht den Vergleich mit anderen Erhebungen über lesbisches Leben in Deutschland schwierig, da dort überwiegend die Lebensweise als Single oder in einer festen Beziehung erhoben wurde, und nicht die sexuellen Aktivitäten. In der Studie *Gewalt gegen lesbische Frauen*[55] gaben ca. 50 % der Lesben an, eine feste Partnerin zu haben, in der Studie *Benachteiligung gleichgeschlechtlich orientierter Personen und Paare*[56] waren es knapp zwei Drittel. Ein Vergleich der Lebensformen von 20-29jährigen Personen[57] ergab, dass homo- und heterosexuell orientierte Personen gleich häufig eine feste Beziehung unterhielten – und zudem lesbische (wie auch schwule) Beziehungen überwiegend monogam geführt wurden.

Im britischen *Lesbian Sexual Behavior and Health Survey*[58] mit 1218 Teilnehmerinnen fanden sich sehr ähnliche Angaben wie in der vorliegenden Studie (91 % im Vorjahr mit Frauen sexuell aktive Frauen, mehrheitlich eine Partnerin im Vorjahr bei einer Spann-

---

55   Ministerium für Frauen, Jugend, Familie und Gesundheit des Landes NRW 1999, S. 179
56   Buba/Vaskovics 2001, S. 51ff
57   Im Vergleich wurde nicht nach Geschlechtern differenziert, jedoch merken die Autoren an, dass sich die Lebensweisen von Frauen und Männern nicht unterschieden haben.
58   Farquhar/Bailey/Whittaker 2001, S. 27

breite von 0 bis 30 Partnerinnen; 98 % der Frauen hatten bisher sexuellen Erfahrungen mit anderen Frauen).

Insgesamt ist davon auszugehen, dass die Angaben der Teilnehmerinnen der vorliegenden Untersuchung im Trend anderer Lesbenbefragungen liegen, der auf eine überwiegend monogame, jedenfalls selten promiske Lebensweise hinweist.

Ca. 5 % aller Teilnehmerinnen hatten im Jahr vor der Befragung sexuelle Kontakte zu Männern und über 75 % waren in ihrem Leben mit Männern sexuell aktiv gewesen, wobei die Gesamtzahl an Partnern mit der Anzahl weiblicher Partnerinnen weitgehend übereinstimmte.

Auffällig war bei der Auswertung die geringe Bereitschaft der Teilnehmerinnen, über männliche Sexualpartner Auskunft zu geben. Weniger als die Hälfte der Frauen beantwortete die Frage nach männlichen Partnern im letzten Jahr und 14 % machten überhaupt keine Angaben zu männlichen Sexualpartnern. Hingegen ließen nur 2 % eine oder beide Teilfragen über Frauen als Partnerinnen offen.

Mögliche Gründe könnten darin liegen, dass die Teilnehmerinnen der Ansicht waren, als Lesben per definitionem keine männlichen Partner zu haben, weshalb sie die Frage nach männlichen Sexualpartnern, insbesondere im Jahr vor der Befragung, bereits für beantwortet hielten.

Zudem ist das Eingestehen sexueller Aktivitäten mit Männern für Lesben nicht ohne Risiko. Sexuelle Aktivitäten mit Männern stellen im Rahmen der aktuellen Identitätsdiskurse die Selbstbezeichnung als Lesbe in den Augen der jeweiligen Frau und ihres sozialen Umfeldes infrage, wie *Stein*[59] ausführt.

Es ist deshalb denkbar, dass Lesben eine Thematisierung ihrer heterosexuellen Erfahrungen meiden.

Ebenfalls von Bedeutung könnte gewesen sein, dass die heterosexuellen Erfahrungen mancher Teilnehmerinnen nicht von der Frageformulierung abgedeckt wurden, weil es sich um Gewalterfahrungen oder zumindest um negative Erfahrungen gehandelt hatte. In der Umfrage „Jugendsexualität 1998" geben immerhin 14 % der Mädchen an, ihren ersten heterosexuellen Geschlechtsverkehr als „etwas Unangenehmes" in Erinnerung zu haben[60]. Verschiedene Untersuchungen beziffern die Häufigkeit von Erfahrungen mit sexualisierter Gewalt bei Mädchen zwischen 12 und 23 %[61]. Einige Teilnehmerinnen der vorliegenden Befragung trennten von sich aus ihre sexuellen Kontakte mit Männern in die zwei Kategorien „freiwillig" und „unfreiwillig", andere ließen möglicherweise die Antwort zu männlichen Sexualpartnern bewusst offen, weil sie ihre Erfahrungen in diese Kategorie nicht einordnen wollten oder konnten.

In der Zusammenfassung der Antworten zu diesem Fragenkomplex zeigt sich, dass fast alle Frauen bereits sexuelle Erfahrungen gemacht hatten, vor allem mit Frauen, aber auch

---

59   Stein 1996
60   Bundeszentrale für gesundheitliche Aufklärung 1998, S. 44
61   Bundesministerium für Familie, Frauen, Senioren und Jugend 2001, S. 257

zu einem großen Anteil mit Männern. Im Jahr vor der Befragung überwogen sexuelle Aktivitäten mit Frauen, jedoch hatte eine relevante Minderheit auch in diesem Zeitraum sexuelle Kontakte zu Männern. Eine Selbstidentifikation als „Lesbe" bedeutete also nicht, dass die befragten Frauen ausschließlich mit Frauen sexuell aktiv (gewesen) wären. Für medizinische Bereiche wie z.b. die gynäkologische Versorgung, unterstreichen diese Zahlen die Notwendigkeit, die Sexualanamnese in möglichst offenen Fragen zu erheben.

Im Rahmen verschiedener US-amerikanischer Studien wurden ähnliche Daten über männliche Sexualpartner bei Lesben publiziert. In einer Studie von *Dibble/Roberts et al.*[62] gaben 60 % der Teilnehmerinnen an, mindestens einen männlichen Partner im Leben gehabt zu haben, in der Arbeit von *Diamant/Schuster et al.*[63] waren es 77,3%. *Diamant/ Schuster et al.* kommen deshalb zu der Schlussfolgerung:

> *„Therefore, clinicians should not assume that women who describe themselves as lesbians have never engaged in sexual activity with men or are not currently doing so. It is important for the clinician to know a patient's complete medical and social history, including current and past sexual activity, to make appropriate health care."*[64]

4.2.2) Offenheit in verschiedenen Lebensbereichen

Die Teilnehmerinnen der Erhebung lebten ihr Lesbischsein in großem Maße offen. Trotzdem wurde deutlich, dass die Frauen bei der Entscheidung, wem gegenüber sie sich outeten, nach Lebensbereichen, Geschlecht der anderen Person und Art der bestehenden Beziehung differenzierten.

Am größten war die Offenheit im Rahmen des selbstgewählten Freundes- und Bekanntenkreises. Über 98 % der Frauen kannten hier mindestens eine andere Person, die von ihrem Lesbischsein wusste. Lediglich eine Teilnehmerin (0,2 %) hatte in diesem Umfeld niemanden, der oder die von ihrer Homosexualität wusste oder diese ahnte.

Etwas weniger Frauen traten in ihrer Familie offen als Lesben auf. Zwar hatten noch deutlich über 90 % mindestens eine Angehörige bzw. einen Angehörigen, die oder der um ihr Lesbischsein wusste. Aber bei immerhin 3,7 % der Befragten war die Homosexualität innerhalb der Familie nicht bekannt.

Außerhalb des privaten Lebensumfeldes nahm die Bereitschaft ab, offen als Lesbe aufzutreten. Im Bereich von Schule, Universität und Arbeitsplatz waren ca. drei Viertel der Lesben mindestens einer Person gegenüber geoutet. Deutlich häufiger waren dies andere Frauen auf der gleichen Hierarchieebene (Mitschülerin, Kommilitonin, Arbeitskollegin) als Männer oder Vorgesetzte (Ausbilder/-in, Professor/-in, Chef/-in). Im beruflichen, schulischen und universitären Umfeld war bei 14 % die lesbische Lebensweise innerhalb der gleichen Hierarchieebene nicht bekannt; bei 44 % blieb die Lebensweise Vorgesetzten verborgen.

---

62   Dibble/Roberts/Robertson/Paul 2002
63   Diamant/Schuster/McGuigan/Lever 1999

Zusammenfassend zeigt sich, dass die Bereitschaft der Frauen zum Coming Out im privaten Umfeld höher war als im beruflichen Umfeld. Im beruflichen Umfeld differenzierten die Frauen deutlich nach Hierarchieebenen. Die Teilnehmerinnen traten gegenüber anderen Frauen offener auf als gegenüber Männern.

Zu ähnlichen Ergebnissen kommt die Studie *Gewalt gegen lesbische Frauen*. Auch hier waren die Lesben in allen mit der vorliegenden Studie vergleichbaren Lebensbereichen häufiger gegenüber anderen Frauen geoutet als gegenüber Männern. Die Offenheit der Befragten war – wie in der vorliegenden Studie – im Bereich des Freundes- und Bekanntenkreises am größten gewesen.

Insgesamt lag der Anteil der in den jeweiligen Bereichen offen auftretenden Lesben in der vorliegenden Erhebung etwas höher als in der Studie *Gewalt gegen lesbische Frauen*[65]. Einzige Ausnahme stellt hier die Offenheit gegenüber Vorgesetzten dar, die bei den Teilnehmerinnen der Studie *Gewalt gegen lesbische Frauen* größer war (Tab. 4.2.1.).

„Wer weiß, dass Sie lesbisch sind?"

wissen es	vorliegende Studie		Studie „Gewalt gegen lesbische Frauen"	
	Frauen	Männer	Frauen	Männer
Freundes-/ Bekanntenkreis	98,4 %	94,0 %	83,8 %	81,8 %
Arbeitskollegen/-innen	74,0 %	59,5 %	57,4 %	48,8 %
Mitschüler/-innen, Mitstudenten/-innen[66]	79,7 %	67,7 %	52,0-62,3 %	61,8-67,0 %
Vorgesetzte, Professor/-in, Ausbilder/-in	39,0 %	31,2 %	47,0 %	34,1 %

Tab. 4.2.1: Offenheit in verschiedenen Lebensbereichen – Studienvergleich

Die Offenheit im Umgang mit dem eigenen Lesbischsein dürfte in der im Rahmen der vorliegenden Erhebung befragten Stichprobe deutlich höher liegen als in der lesbischen Gesamtpopulation, schon weil die Teilnahme an einer Veranstaltung wie dem Lesbenfrühlingstreffen eine entsprechende Bereitschaft zum offen lesbischen Auftreten voraussetzt.

---

64   Diamant/Schuster/McGuigan/Lever 1999 [online edition o. Seitenzählung]

65   Dies könnte mit der unterschiedlichen Rekrutierung der Stichproben zusammenhängen. Die NRW-Studie „Gewalt gegen lesbische Frauen" verteilte die Fragebogen über eine lesbische Monatszeitschrift, Lesbenprojekte, private Ansprechpartnerinnen und das Internet. Diese Art der Verteilung erscheint besser geeignet, auch Lesben zu erreichen, die ihre Lebensweise weniger offen leben als Teilnehmerinnen an einem explizit lesbischen Veranstaltungswochenende.

66   In der Studie „Gewalt gegen lesbische Frauen" werden die Angaben für „Mitschüler/-innen" und „Kommilitonen/-innen" getrennt erfasst, hier aber zum besseren Vergleich in einer Kategorie als Antwortbereich wiedergegeben.

4.2.3) Offenheit im Bereich der medizinischen Versorgung

Wie in den anderen Lebensbereichen, so zeigte sich auch in der medizinischen Versorgung der differenzierte Umgang der Teilnehmerinnen mit einem offen lesbischen Auftreten. Die Befragten unterschieden im medizinischen Umfeld deutlich nach Behandlungssituation und Geschlecht der behandelnden Person, wann sie ihre Homosexualität offen legten.

Am größten war die Bereitschaft zum Coming Out gegenüber Psychotherapeutinnen und -therapeuten, gefolgt von der Offenheit gegenüber Heilpraktikerinnen/Heilpraktikern und Gynäkologinnen/Gynäkologen. Am zurückhaltendsten traten die Befragten bei ihren Hausärztinnen bzw. Hausärzten auf. In allen diesen vier Bereichen waren die Lesben eher bereit, sich gegenüber Frauen zu outen als gegenüber Männern.

Auch in der Studie *Gewalt gegen lesbische Frauen*[67] traten die Teilnehmerinnen gegenüber Therapeutinnen bzw. Therapeuten offener auf als gegenüber Ärztinnen und Ärzten. Eine weitere Unterteilung der Antwortkategorie „Ärztin/Arzt" war in der Studie nicht erfolgt, so dass ein direkter Vergleich mit den Ergebnissen der vorliegenden Untersuchung nicht möglich ist. Um eine Abschätzung zu ermöglichen, werden in der nachfolgenden Tabelle die Angaben der Kategorien „Hausärztin/-arzt" und „Frauenärztin/-arzt" aus der vorliegenden Untersuchung den Angaben zur Kategorie „Ärztin/Arzt" aus der Studie *Gewalt gegen lesbische Frauen* gegenübergestellt (Tab. 4.2.2.).

„Wer weiß, dass Sie lesbisch sind?"

wissen es	vorliegende Studie		Studie „Gewalt gegen lesbische Frauen"	
	Frau	Mann	Frau	Mann
Ärztin/Arzt	--	--	57,9 %	39,5 %
Hausärztin/-arzt	46,7 %	30,1 %	--	--
Frauenärztin/-arzt	59,1 %	35,5 %	--	--
Therapeutin/Therapeut	91,7 %	63,6 %	94,2 %	83,0 %
wissen es nicht	vorliegende Studie		Studie „Gewalt gegen lesbische Frauen"	
	Frau	Mann	Frau	Mann
Ärztin/Arzt	--	--	33,7 %	48,5 %
Hausärztin/-arzt	44,8 %	62,9 %	--	--
Frauenärztin/-arzt	33,5 %	60,7 %	--	--
Therapeutin/Therapeut	7,8 %	31,8 %	3,6 %	6,8 %

Tab. 4.2.2: Offenheit im medizinischen Umfeld – Studienvergleich

Ein erheblicher Anteil der lesbischen Befragten geht insbesondere im Bereich der somatischen Gesundheitsversorgung zurückhaltend mit der Offenlegung der eigenen Lebensweise um. Bemerkenswert erscheint hier vor allem der hohe Anteil von Hausärztinnen und Hausärzten, die nicht über das Lesbischsein ihrer Patientinnen informiert sind. Bei den

---

67   Ministerium für Frauen, Jugend, Familie und Gesundheit des Landes NRW 1999, S. 162

gegenwärtigen Strukturveränderungen in der Gesundheitsversorgung besteht der politische Wille, die Rolle der hausärztlichen Versorgung als zentralem Ansprech- und Koordinationspartner zu stärken. Das *Bundesministerium für Gesundheit und soziale Sicherung* führt über die Position von Hausärztinnen und Hausärzten, die durch die sogenannten Gesundheitsreformen angestrebt werden soll, aus:

> *„Der Hausarzt wird als Partner der Patientinnen und Patienten eine noch zentralere Stellung als bisher in der gesundheitlichen Versorgung einnehmen. Er stellt für Sie die erste Anlaufstation dar und koordiniert die gesamte Behandlung.“*[68]

Es erscheint fraglich, ob und wie Ärztinnen und Ärzte dieser Aufgabe gerecht werden können, die über einen zentralen Aspekt der Lebensweise ihrer Patientinnen mehrheitlich nicht informiert sind.

4.3. Subjektive Gesundheit

4.3.1) Physisches und psychisches Wohlbefinden

54,3 % der Frauen beschrieben ihr körperliches Wohlbefinden als „sehr gut" oder „gut", 13,0 % als „weniger gut" oder „schlecht". Die Frauen schätzten mit zunehmendem Alter ihre eigene körperliche Gesundheit als schlechter ein. Dieser Trend entspricht den Ergebnissen aus Repräsentativerhebungen über die gesundheitliche Lage von Frauen in Deutschland[69].

In der nachfolgenden Grafik (Grafik 4.3.1.) werden die Angaben der Teilnehmerinnen aus dem *Nationalen Untersuchungssurvey West 1990/1991* denen der vorliegenden Untersuchung gegenübergestellt. Es wird – nach Alterskategorien getrennt – der Anteil der befragten Frauen verdeutlicht, die ihre körperliche Gesundheit als „gut" oder „sehr gut" beschrieben haben[70]. Ein detaillierter Vergleich der Daten ist aufgrund der unterschiedlichen Sozialstruktur beider Stichproben und der differierenden Alterskategorien nicht möglich. Die Gegenüberstellung zeigt jedoch, dass das Antwortverhalten der befragten Lesben dem der weiblichen Bevölkerung in der Tendenz entspricht[71].

---

68 Ministerium für Gesundheit und soziale Sicherung 2003 (online-Dokument ohne Seitenzählung)

69 vgl. Bundesministerium für Familie, Senioren, Frauen und Jugend 2001, S. 192 und Senatsverwaltung für Gesundheit Berlin 1995, S. 22ff

70 Daten des Nationalen Gesundheitssurveys West 1990/1991 für Frauen in Westdeutschland zitiert nach: Bundesministerium für Familie, Senioren, Frauen und Jugend 2001, S. 192. Der körperliche Gesundheitszustand wurde in dieser Erhebung anhand einer fünfstufigen Skala mit identischer Unterteilung wie in der vorliegenden Untersuchung als Antwort auf die Frage „Wie würden Sie Ihren gegenwärtigen Gesundheitszustand beschreiben?" erfasst.

71 Wegen der Dominanz von westdeutschen Lesben in der befragten Stichprobe wurden zum Vergleich Daten aus den westlichen Bundesländern herangezogen.

**Körperliches Wohlbefinden bzw. körperliche Gesundheit im Vergleich:
Anteil der Antworten „sehr gut" und „gut"**

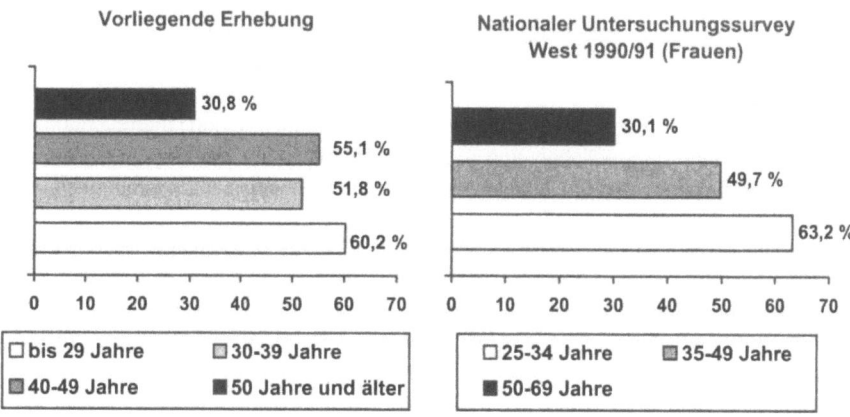

Grafik 4.3.1.: Körperlicher Gesundheitszustand – Vergleich

In der ersten ausländischen Studie zu Frauengesundheit, die den Vergleich zwischen Frauen verschiedener sexueller Orientierung innerhalb einer repräsentativen Stichprobe ermöglichte (*Los Angeles County Health Survey 1997*), fanden sich keine Unterschiede zwischen den lesbischen und heterosexuellen Teilnehmerinnen bezüglich der Selbsteinschätzung ihres Gesundheitszustandes[72].

Vergleichsdaten für lesbische Frauen aus dem deutschsprachigen Raum liegen aus der Schweiz vor[73]. In einer Erhebung von *Ermler* zur Situation lesbischer Frauen im Schweizerischen Gesundheitswesen hatten 29,2 % der Frauen ihren aktuellen Gesundheitszustand als „sehr gut", 61,9 % als „gut", 8,2 % als „nicht besonders gut" und 0,7 % als „schlecht" bezeichnet[74].

In der vorliegenden Studie beschrieben 55,8 % der Frauen ihr seelisches Wohlbefinden als „sehr gut" oder „gut", 16,5 % als „weniger gut" oder „schlecht". Eine statistisch signifikante Abhängigkeit des seelischen Wohlbefindens vom Alter fand sich nicht. Aufgrund der unterschiedlichen Erhebungsinstrumente ist ein Vergleich mit repräsentativen Daten über die weibliche Bevölkerung kaum möglich[75]. Teilweise fand sich in Repräsentativer-

---

72 Diamant 2000: Die Selbsteinschätzung des Gesundheitszustandes erfolgte mittels einer fünfstufigen Skala.

73 Ermler 2001

74 Frage „Wie würden Sie im Moment Ihren Gesundheitszustand bezeichnen?" mit vierstufiger Antwortskala (Ermler 2001, S. 52, eigene Berechnungen). Die Stichprobe bestand aus 698 Frauen (convenient sample) mit ähnlicher Alterstruktur wie die vorliegende Untersuchung (ebenda, S. 36).

75 So wird im Nationalen Untersuchungssurvey West 1990/91 die Frage nach der Zufriedenheit mit dem Leben allgemein (Rating-Skala von 1 bis 7) als Indikator für das [Fortsetzung S. 106]

hebungen ein Zusammenhang zwischen zunehmendem Alter der Befragten und abnehmendem psychischem Wohlbefinden[76], während in anderen Erhebungen diese Assoziation fehlte[77].

In der vorliegenden Erhebung waren es eher die jüngeren Teilnehmerinnen unter 20 Jahren, die sich psychisch schlechter fühlten. Repräsentativdaten, die einen Vergleich des psychischen Wohlbefindens zwischen Jugendlichen und Erwachsenen ermöglichen, existieren für die Bundesrepublik Deutschland nicht. Jedoch gehen Untersuchungen an bundesdeutschen Jugendlichen von einer hohen Prävalenz psychosomatischer und psychischer Beschwerden bei Jugendlichen aus, insbesondere bei Mädchen und jungen Frauen[78].

Es muss in der vorliegenden Arbeit offen bleiben, inwiefern lesbenspezifische Faktoren zu der schlechteren Selbsteinschätzung des psychischen Wohlbefindens bei den jüngeren Frauen beigetragen haben. Aus anderen – nationalen wie internationalen – Untersuchungen ist jedoch bekannt, dass lesbische Jugendliche sich aufgrund ihrer sexuellen Orientierung einer Vielzahl von Herausforderungen in der Gesellschaft stellen müssen, die heterosexuelle Jugendliche in dieser Form nicht kennen, und die ihr psychisches Wohlbefinden beeinträchtigen können.

In der Studie „Sie liebt sie. Er liebt ihn."[79] über die psychosoziale Situation junger Lesben, Schwuler und Bisexueller in Berlin geben jeweils 7 % der jungen Lesben an, sich bezüglich ihrer sexuellen Orientierung „belastet" oder „einsam" zu fühlen. 13 % der jungen Lesben äußern andere negative Gefühle bezüglich der eigenen Homosexualität, und insgesamt 45 % der Mädchen und jungen Frauen haben schon einmal versucht, die eigenen homosexuellen Gefühle zu unterdrücken. Drei Viertel der jungen Lesben haben bereits negative Reaktionen auf ihre gleichgeschlechtliche Orientierung erlebt, am häufigsten in Form von Beleidigung, Beschimpfung oder Kontaktabbruch. 11 % haben homophobe körperliche Gewalt erlebt und 3 % homophobe sexuelle Belästigungen.

Kolbe[80] kommt in ihrer Untersuchung über lesbische Identitätsbildung in der Adoleszenz zu dem Ergebnis, dass Lesben, die ihr Coming Out bereits im Jugendalter erleben, häufiger durch den Coming-Out-Prozeß in eine Lebenskrise geraten, ohne sich Hilfe zu holen, und sich eher als Außenseiterin sehen als Frauen, die ihr Coming Out erst als Erwachsene durchlaufen.

Studien aus dem englischsprachigen Raum stellen einen Zusammenhang her zwischen verbaler und körperlicher Gewalt gegen lesbische (und schwule) Jugendliche und

---

psychische Wohlbefinden herangezogen. In anderen Studien, z.B. dem Gesundheits- und Sozialsurvey 1991 des Landes Berlin, wurde die psychische Gesundheit anhand eines psycho-sozialen Beschwerdenbogens erfasst.

76 Daten des Gesundheits- und Sozialsurveys 1991 des Landes Berlin, in: Senatsverwaltung für Gesundheit Berlin 1995, S. 35-37
77 Daten des Nationalen Untersuchungssurveys West 1990/91 und Ost 1991/92, in: Bundesministerium für Familie, Senioren, Frauen und Jugend 2001, S. 193
78 Settertobulte 2002
79 Senatsverwaltung für Schule, Jugend und Sport Berlin 2001, S.33 und S. 47
80 Kolbe 1993

verschiedenen Problemen dieser Jugendlichen, wie Schulschwierigkeiten, Trebegang, Kriminalität, Drogenmissbrauch, Prostitution oder Suizid[81]. Insbesondere die Suizidgefahr lesbischer (und schwuler) Jugendlicher hat international Aufmerksamkeit erfahren. Zwar konnte in zwei repräsentativen Erhebungen mit US-amerikanischen Schülerinnen und Schülern keine signifikante Assoziation zwischen Lesbischsein und Suizidalität gefunden werden[82], jedoch konnten für junge Lesben Risikofaktoren identifiziert werden, die einen Suizidversuch begünstigen, wie Gewalterfahrungen oder ein Coming Out in sehr jungem Alter[83].

In der Berliner Studie „Sie liebt sie. Er liebt ihn." gaben 18 % der befragten Mädchen und jungen Frauen an, schon mindestens einen Suizidversuch unternommen zu haben, 64 % hatten schon über Suizid nachgedacht[84]. Hofsäss[85] schätzt anhand dieser Daten das Suizidrisiko bei gleichgeschlechtlich orientierten Jugendlichen auf mindestens viermal höher als bei heterosexuellen Jugendlichen. In der Berliner Studie hatten zudem 38 % der Mädchen und jungen Frauen angegeben, auf „große Probleme" mit Alkoholkonsum reagiert zu haben, 19 % mit Drogenkonsum, 15 % mit „Weglaufen" von zuhause, 6 % mit Essstörungen und 5 % mit Selbstverletzungen[86]. Diese Zahlen zeigen ein hohes Ausmaß von potentiell selbstschädigenden Problemverarbeitungsmechanismen unter den jungen lesbischen und bisexuellen Frauen auf.

Zusammenfassend stellt sexuelle Orientierung einen bisher in der deutschen Gesundheitsforschung vernachlässigten Einflussfaktor auf die psychische Gesundheit von Jugendlichen dar. Eine Berücksichtigung der sexuellen Orientierung in der Jugendforschung und eine stärke Einbindung von Jugendlichen in der Lesbenforschung erscheint hier dringend geboten.

Als ein weiterer möglicher Einflussfaktor auf das psychische Wohlbefinden zeigte sich in der vorliegenden Erhebung die Offenheit im Umgang mit der eigenen Lebensweise. In der vorliegenden Untersuchung hatten die verdeckt lebenden Lesben ihr psychisches Wohlbefinden als signifikant schlechter eingeschätzt als diejenigen, die ihr Lesbischsein offener lebten.

Ergebnisse von Untersuchungen aus dem englischsprachigen Raum über das Coming Out und die Offenheit bei Lesben kamen zu ähnlichen Resultaten. So haben Morris/Waldo et al.[87] an einer Stichprobe von 2401 lesbischen und bisexuellen Frauen den Zusammenhang zwischen Offenheit bezüglich der sexuellen Orientierung und psychischem Wohlbefinden untersucht. Offen lesbisches Auftreten war mit einer Abnahme von psychischem Stress und Suizidalität und im Gegenzug mit einer Verbesserung der psychischen Gesundheit korreliert.

---

81   vgl. Savin-Williams 1994
82   Remafedi/French et al. 1988, Garofalo/Wolf et al. 1999
83   Hershberger/Pilkington et al. 1996
84   Senatsverwaltung für Schule, Jugend und Sport Berlin 2001, S.67
85   Hofsäss 2001, S. 83
86   Senatsverwaltung für Schule, Jugend und Sport Berlin 2001, S. 66
87   Morris/Waldo/Rothblum 2001

Im *National Lesbian Health Care Survey*[88] mit 1925 Teilnehmerinnen aus allen US-amerikanischen Bundesstaaten fürchteten Lesben, die ihre Lebensweise stärker verbargen, deutlich häufiger, dass ihre sexuelle Orientierung von anderen `aufgedeckt´ werden könnte, als Lesben, die mit ihrer Lebensweise offener auftraten. *Jordan/Deluty*[89] fanden in einer Stichprobe von 499 lesbischen Frauen

> *„that the more widely a woman disclosed her sexual orientation the less anxiety, greater positive affectivity, and greater self-esteem she reported*[90]*".*

Kahn[91] postuliert:

> *„... while homosexuality is negatively sanctioned in this culture, the ability to be open about one's lesbian identity is associated with integration of personality, psychological health, and authenticity in interpersonal relationships"*[92].

Eine mögliche Ursache für diesen Zusammenhang könnte darin liegen, dass das Verbergen der eigenen Lebensweise mit einer erhöhten Angst vor ungewolltem Outing und erhöhtem Stress in sozialen Interaktionen einhergeht.

> *„It is possible that disclosure may enhance self-esteem and decrease anxiety by eliminating the need for disguising an important part of one's life. If the individual has disclosed, there is little need for extreme secrecy and there may be some validation in being able to disclose one's perceived true self."*[93]

Über die Interpretation des Zusammenhanges zwischen der Offenheit in Bezug auf die eigene Lebensweise und einem besserem psychischem Wohlbefinden, der sich in verschiedenen Studien findet, besteht jedoch beim aktuellen Stand der Forschung keine Einigkeit. Neben der zitierten Stresshypothese wäre es auch denkbar, dass – wie *Jordan/ Deluty* anführen – Frauen mit größerem Selbstwertgefühl und weniger Angstgefühlen möglicherweise eher dazu bereit sind, ihre sexuelle Orientierung offener zu vertreten[94]. Eventuell kann weitere Forschung aber auch ein gemeinsames Handlungs- oder Verhaltensmuster herausarbeiten, das sowohl als Begründung für das Verschweigen der eigenen Lebensweise dienen könnte als auch den Hintergrund für den erhöhten psychischen Stresslevel der Einzelnen erklären könnte.

4.3.2) Chronische Erkrankungen und Behinderungen

Behinderung entsteht gemäß der Definition der WHO aus dem Zusammenwirken von medizinisch fassbaren Schädigungen des Organismus (impairment) und den daraus folgenden Einschränkungen der Alltagsaktivitäten (disability) mit gesellschaftlichen Sicht-

---

88   Bradford/Ryan/Rothblum 1994
89   Jordan/Deluty 1998
90   ebenda, S. 55
91   Kahn 1991
92   ebenda, S. 47
93   Jordan/Deluty 1998, S. 56
94   vgl. ebenda, S. 56

weisen und Normvorstellungen, die für „Behinderte" ein anderes soziales Rollenmodell vorsehen als für „Nicht-Behinderte" vergleichbaren Alters, Geschlechts und Herkunft (handicap)[95].

In der Bundesrepublik Deutschland sind ca. 3 Mio. Frauen[96] als amtlich anerkannt schwerbehindert gemeldet[97], was einem Anteil von ca. 10 % der erwachsenen weiblichen Bevölkerung entspricht. Nur knapp 5 % der schwerbehinderten Frauen wurden mit ihrer Behinderung geboren, der überwiegende Anteil hat die Behinderung im Laufe des Lebens erworben, zumeist nach dem 45. Lebensjahr. Folglich sind nur 1,8 % der Frauen zwischen 15 und 25 Jahren und 9,7 % zwischen 25 und 45 Jahren schwerbehindert, aber 30,5 % der Frauen im Alter von 45 bis 65 Jahren. Zwei Drittel der als schwerbehindert registrierten Frauen haben vorwiegend körperliche Beeinträchtigungen, 10 % sind sinnesbehindert.

Frauen sind in der amtlichen Behindertenstatistik gegenüber Männern unterrepräsentiert[98]. Der *Bericht zur gesundheitlichen Lage von Frauen in Deutschland* geht davon aus, dass Frauen genauso häufig von gesundheitlichen Beeinträchtigungen betroffen sind wie Männer, jedoch seltener einen Antrag nach dem Schwerbehindertengesetz stellen würden, was auf die enge Koppelung des Schwerbehindertengesetzes an die Erwerbsarbeit zurückgeführt wird[99]. Und nur diese Personen, die im Besitz eines Schwerbehindertenausweises sind, werden in der amtlichen Behindertenstatistik erfasst.

In der vorliegenden Untersuchung wurde die Selbsteinschätzung der Befragten für die Datenerhebung zugrunde gelegt. Nach eigenen Angaben bestand bei knapp 10 % der Teilnehmerinnen eine Behinderung. Die Mehrheit der Lesben hatte ihre Behinderung im Laufe des Lebens erworben; die Prävalenz von Behinderung stieg mit zunehmendem Alter der Befragten an.

Im Unterschied zu den Daten für die weibliche Gesamtbevölkerung hatten die befragten Frauen mehrheitlich eine Sinnesbehinderung und seltener eine körperliche Beeinträchtigung. Ein möglicher Grund hierfür könnte die erschwerte Zugänglichkeit des Lesbenfrühlingstreffens für Lesben mit körperlicher Behinderung sein, die dazu geführt haben kann, dass Frauen mit deutlicher Einschränkung der Mobilität auf dem Lesbenfrühlingstreffen und in der Erhebung weniger vertreten waren. Für eine geringe Repräsentanz von Frauen mit schweren, mobilitätseinschränkenden Behinderungen in der Stichprobe spricht auch, dass fast drei Viertel der behinderten Lesben der Ansicht waren, ihre

---

95   vgl. Bundesministerium für Familie, Senioren, Frauen und Jugend 2001, S. 515ff
96   Daten des Statistischen Bundesamtes für 1995, zitiert nach: Bundesministerium für Familie, Senioren, Frauen und Jugend 2001, S. 517
97   Der Grad der Behinderung (GdB) wird nach dem deutschen Schwerbehindertengesetz in Zehnerschritten zwischen 10 und 100 (von Hundert) festgelegt. Als schwerbehindert gelten Personen mit einem GdB von mindestens 50 (von Hundert).
98   1995 waren 3,5 Mio. Männer amtlich als schwerbehindert gemeldet. vgl. Bundesministerium für Familie, Senioren, Frauen und Jugend 2001, S. 517
99   Bundesministerium für Familie, Senioren, Frauen und Jugend 2001, S. 516. vgl. auch: Ministerium für Frauen, Jugend, Wohnungs- und Städtebau des Landes Schleswig-Holstein 1999b, S. 14f

Behinderung sei für Außenstehende nicht oder nur schwer zu erkennen. Generell bergen schriftliche Fragebogenerhebungen zudem das Problem, sehbehinderte oder motorisch beeinträchtigte Frauen von der selbständigen Teilnahme an der Erhebung auszuschließen.

Quantitative Daten über die Situation lesbischer Frauen mit Behinderungen[100] in Deutschland fehlen bislang völlig. *Rudolph*[101] stellt in ihrer qualitativen Studie die „Lebenssituation junger Lesben, Schwuler und Bisexueller mit Behinderung" in den Mittelpunkt. Sie führt aus, dass sowohl eingeschränkte Mobilität als auch Verständigungsbarrieren (z.B. Gehörlosigkeit und mangelnde Gebärdensprachkenntnisse bei Hörenden) oder Ausgrenzung durch Nicht-Behinderte[102] die Zugänglichkeit von Treffpunkten lesbischer Frauen für junge Behinderte erschweren. Bisher wenig erforscht ist, wie sich behinderungsspezifische Erfahrungen von Lesben auf ihre psychische und physische Gesundheit auswirken. In der Studie von *Rudolph* berichten die Interviewpartnerinnen, sechs junge lesbische und bisexuelle Frauen, von wiederholten Verletzungen der Intimsphäre im medizinischen Bereich[103] und den Auswirkungen auf ihre psychosexuelle Entwicklung[104].

Ruhm, die sich selbst als „Krüppel-Lesbe" bezeichnet, fragt zu dieser Problematik:

> *„Wo bleibt unser Recht, über unsern Körper selbst zu bestimmen, wenn in Krankenhäusern und ÄrztInnenpraxen an unseren Körpern herumexperimentiert wird oder schmerzhafte Behandlungen an uns vorgenommen werden, ohne dass uns eine eigene Entscheidung darüber zugestanden wird?"*[105]

Auch *Faber* ist der Ansicht, dass

> *„Therapien und Trainings eine elementare Rolle in der Sozialisation von Mädchen mit Behinderung spielen".* Und: *„Die Mädchen lernen, ihre Empfindungen in der Therapie abzulegen, die eigene Sexualität gerade auch in Zeiten der Pubertät, zu negieren, sich selbst als Neutrum wahrzunehmen und andere über sich und ihren Körper verfügen/entscheiden zu lassen."*[106]

Für lesbische Frauen mit Behinderung ist die Loslösung vom gesellschaftlichen Bild der „asexuellen Frau" (*Radtke*) noch schwieriger als für heterosexuelle Frauen:

> *„Behinderte Frauen, die sich zu ihrem Lesbischsein bekennen, haben es noch schwerer, akzeptiert zu werden, weil sie eine Randgruppe in der Randgruppe bilden. Sie befinden sich in einem Zwiespalt: Sie werden kaum von behinderten Frauen und erst recht nicht von nichtbehinderten Frauen wahrgenommen. Sie haben keine Rollenvorbilder und müssen sich mit der Scham, die ihnen ihre Familien übermitteln, auseinan-*

---

100 Zur Situation lesbischer Frauen mit Behinderung vgl. auch Ruhm 1997, Hamburger Netzwerk für Mädchen und FrauenLesben mit Behinderung 2000, Ulbricht 2003
101 Rudolph 2001
102 Zur Ausgrenzung auf dem Lesbenfrühlingstreffen vgl. auch Akkermann 1997
103 ebenda, S. 153
104 ebenda, S.113
105 Ruhm 1997, S. 64
106 Faber 2001 (online-Edition ohne Seitenzählung)

dersetzen, dass sie behindert und lesbisch sind. Um nicht sozial isoliert zu werden und Diskriminierungen ertragen zu müssen, neigen behinderte Lesben dazu, ihre Behinderung herunterzuspielen und ihr Lesbischsein zu verbergen. Die Versuche, Bedürfnisse und Wünsche zu verleugnen, können langfristig psychische Folgen für sie selbst haben."[107]

In der vorliegenden Untersuchung fanden sich keine Unterschiede in der Selbsteinschätzung des psychischen Wohlbefindens zwischen Frauen mit und ohne Behinderung, allerdings zählen die befragten Lesben mit Behinderungen sicherlich nicht zu den von *Radtke* angeführten isoliert und verdeckt lebenden Frauen.

Ihr körperliches Wohlbefinden dagegen wurde von den Frauen mit Behinderung als schlechter beschrieben als von den nichtbehinderten Teilnehmerinnen. Hier steht zu vermuten, dass dies Ausdruck der körperlichen Beeinträchtigung der behinderten Lesben (impairment) sein könnte.

Bei 34,4 % der Teilnehmerinnen lag nach eigenen Angaben zum Zeitpunkt der Befragung eine chronische Erkrankung vor mit einem deutlichen Anstieg der chronischen Erkrankungen bei den Teilnehmerinnen über 50 Jahren.

Chronische Erkrankungen – Erkrankungen, die sich über längere Zeit entwickeln und einen langen Krankheitsverlauf aufweisen – betreffen Frauen insgesamt häufiger als Männer[108]. Die Prävalenz subjektiver chronischer Erkrankungen und Beschwerden wird in bundesdeutschen Gesundheitssurveys vorrangig mit Beschwerdelisten, z.B. der Beschwerdeliste nach Zerssen, erfasst und ist deshalb mit den Daten der vorliegenden Untersuchung aufgrund der unterschiedlichen Methodik nur eingeschränkt vergleichbar. In Beschwerdelisten wird das Vorliegen psychischer und somatischer Symptome und Beschwerden und die Stärke ihrer Ausprägung erfasst. Aus allen Angaben addiert sich ein Gesamtscore, der sich in drei Gruppen „unauffällig", „Grenzbereich" und „auffällig" einteilen lässt[109]. 1991 erreichten 22,9 % aller im *Gesundheitssurvey* befragten Frauen[110] einen „auffälligen" Gesamtscore in der Zerssen-Beschwerdeliste (gegenüber 15,6 % der Männer). Es zeigte sich, dass der Anteil an Frauen mit einem „auffälligen" Beschwerdescore mit dem Alter zunahm.

Methodisch vergleichbare Daten über die Verbreitung chronischer Erkrankungen in der Allgemeinbevölkerung liegen aus Österreich vor; Daten aus Lesbengesundheitsstudien existieren für die Schweiz, Dänemark und die USA. Im *Gesundheitsbericht der Stadt Wien*[111] lag die Prävalenz chronischer Erkrankungen bei den Einwohnerinnen Wiens bei 30,7 % (gegenüber 22,1 % bei den Männern) mit einem deutlichen Anstieg chronischer Erkrankungen mit zunehmendem Alter (Österreichischer Mikrozensus 1995).

---

107   Radtke 2001 (online-Edition ohne Seitenzählung)
108   vgl. Kruse/Schmitt 2002, S. 209 und Schücking 1998, S. 158
109   Statistisches Bundesamt 1998, S. 59f
110   Statistisches Bundesamt 1998, S. 58ff
111   MA-L Gesundheit 1997, S. 11ff: Der Wiener Gesundheitsbericht wurde zum Datenvergleich herangezogen, weil hier – im Gegensatz zu bundesdeutschen Datensammlungen – die Gesamtprävalenz chronischer Erkrankungen erfasst wurde.

In der Schweizer Studie von *Ermler* zu Lesbengesundheit bezeichneten sich 16,4 % der Teilnehmerinnen als chronisch krank[112].

Diamant/Wold et al. fanden im *Los Angeles County Health Survey* kaum Unterschiede in der Prävalenz von acht chronischen Krankheiten in Abhängigkeit von der sexuellen Orientierung der Teilnehmerinnen[113]. Im Vergleich von heterosexuellen, bisexuellen und lesbischen Befragten zeigte sich ein häufigeres Vorkommen von Diabetes mellitus und HIV-Infektionen bei bisexuellen Frauen sowie eine größere Häufigkeit von arterieller Hypertonie bei heterosexuellen Frauen. Von keiner der erfassten Erkrankungen waren Lesben signifikant stärker betroffen als die heterosexuellen oder bisexuellen Probandinnen. Die meisten Nennungen entfielen in der lesbischen Subgruppe auf das Vorliegen von Gelenkbeschwerden („arthritis", 31 %) und Bluthochdruck (8 %).

Die altersstandardisierte Auswertung nach sexueller Orientierung des *Women´s Health Initiative Sample* durch *Valanis/Bowen et al.*[114] erbrachte eine höhere Prävalenz von Tumorerkrankungen und abgelaufenem Myokardinfarkt bei den lesbischen Teilnehmerinnen; dagegen berichteten die Lesben seltener von arterieller Hypertonie und abgelaufenem Schlaganfall. Der aus allen Angaben gebildete Gesundheitsscore („general health score") zeigte keine Unterschiede zwischen den Teilnehmerinnen unterschiedlicher sexueller Orientierung.

Die bevölkerungsbezogene Auswertung von Gesundheitsdaten von 1614 Frauen in Dänemark, die in registrierten lesbischen Partnerschaften lebten, ergab keine Hinweise auf ein vermehrtes Vorkommen von malignen Tumorerkrankungen bei Lesben (relatives Risiko für Krebserkrankungen für die lesbische Population: 0,9, [0,6;1,4] 95%-KI)[115]. In dieser Studie von *Frisch/Smith et al.* wiesen lesbische Frauen ein tendenziell erhöhtes relatives Risiko für Krebserkrankungen der Lunge und der Gebärmutter auf[116], was im Zusammenhang mit einer unterschiedlichen Verteilung von Risikofaktoren für diese Erkrankungen stehen könnte, jedoch aus der Studie nicht hinreichend zu erklären ist[117].

---

112 Ermler 2001, S. 51 (eigene Berechnung)
113 Diamant/Wold/Spritzer/Gelberg 2000, S. 1046: Erfragt wurde die subjektive Morbidität an Arthritis, Diabetes mellitus, Herzerkrankungen, Krebserkrankungen, Nierenerkrankungen, Lungenerkrankungen, HIV/AIDS und Bluthochdruck. Die Auswertung erfolgte getrennt nach sexueller Orientierung (heterosexuelle, bisexuelle und lesbische Frauen).
114 Valanis/Bowen/Bassford/Whitlock/Charney/Carter 2000, S. 848ff: Das Women Health Initiative Sample umfasst Daten von 161.859 Teilnehmerinnen im Alter von 50 bis 79 Jahren. Die Datenauswertung nach sexueller Orientierung wurde anhand eines Teilkollektivs von 93.311 Frauen vorgenommen. Erfragt wurde die persönliche Anamnese von Tumorerkrankungen, Myokardinfarkt, Angina pectoris, Arterieller Hypertonie, Schlaganfall, Asthma bronchiale, Migräne und Hysterektomie.
115 Frisch/Smith/Grulich/Johansen 2003
116 ebenda, S. 969: relatives Risiko für Lungenkrebs bei Lesben 2,0 (95%-KI: [0,5;5,0]), relatives Risiko für Gebärmutterkrebs bei Lesben 3,4 (95%-KI: [0,7;10,0]).
117 ebenda, S. 971

Patton/Millard et al.[118] führten in Maine/USA Ultraschall-Messungen der Fersenbein-dichte an lesbischen und heterosexuellen Frauen durch als Indikator für das Vorliegen einer Osteoporose. Im Endergebnis unterscheiden sich in der nicht-repräsentativen Stichprobe die lesbischen und heterosexuellen Probandinnen nicht in der Knochendichte.

Zusammenfassend existieren bisher keine Hinweise darauf, dass die Gesamtprävalenz chronischer Erkrankungen bei Lesben von der bei heterosexuellen Frauen abweicht. Auch der in der vorliegenden Studie gefundene Anteil von 34,4 % chronisch kranken Teil-nehmerinnen entspricht tendenziell dem Anteil chronischer Erkrankungen bei Frauen in Repräsentativerhebungen. An den vorliegenden Daten lässt sich auch die Zunahme chronischer Erkrankungen mit dem Alter der Befragten, die sich in allen Repräsentativ-erhebungen findet, nachvollziehen. Eventuell weisen Frauen unterschiedlicher sexueller Orientierung eine verschiedene Verteilung von Risikofaktoren für ausgewählte Krankhei-ten auf, was sich bei genauerer Betrachtung einzelner Erkrankungen in unterschiedlicher Inzidenz und Prävalenz ausdrücken könnte.

Ein genereller Mangel vieler Erhebungen zum Gesundheitszustand von Lesben liegt in der fast ausschließlichen Erfassung der subjektiven Morbidität. Daten aus Gesundheits-studien, die auch objektive Parameter oder klinische Untersuchungen umfassen und eine Auswertung nach sexueller Orientierung ermöglichen, liegen bislang kaum vor. Studien, die eine bevölkerungsbezogene Auswertung erlauben oder sich auf repräsentative Samples stützen, sind ebenfalls äußerst selten.

4.4) Gesundheitsverhalten und Gesundheitsversorgung

4.4.1) Subjektive Kontrollüberzeugung und Achtung auf die Gesundheit

Die Teilnehmerinnen der vorliegenden Studie waren zu einem sehr hohen Anteil (79,8 %) davon überzeugt, „viel" bzw. „sehr viel" zur Erhaltung und Verbesserung ihrer Gesundheit beitragen zu können.

Repräsentative Vergleichsdaten aus der Gesundheitsberichterstattung des Landes *Berlin*[119] zeigen, dass lediglich 64,8 % der Berlinerinnen die Frage nach ihrer subjektiven Kontrollüberzeugung mit „viel" oder „sehr viel" beantwortet hatten. Allerdings geben die Berliner Daten auch Hinweise darauf, dass die Kontrollüberzeugung mit der sozialen Schicht ansteigt und in der Altersgruppe zwischen 30 und 39 Jahren am stärksten ausge-prägt ist. Somit ist nicht auszuschließen, dass die hohe subjektive Kontrollüberzeugung in der vorliegenden Untersuchung wesentlich aus der Überrepräsentierung von Frauen mittleren Alters und mittlerer sozialer Schichten in der Stichprobe resultiert.

---

118 Patton/Millard et al. 1998
119 Senatsverwaltung für Gesundheit Berlin 1994, S. 32/S. 70

Je mehr die Frauen eigene Handlungsmöglichkeiten sahen, ihre Gesundheit zu verbessern, umso größer war in der vorliegenden Erhebung auch ihr Gesundheitsbewusstsein (Achtung auf Gesundheit). 43,2 % der Befragten gaben an, „stark" oder „sehr stark"
auf ihre Gesundheit zu achten, die älteren Frauen etwas mehr als die jüngeren. Diese
Angaben entsprechen den Ergebnissen für die weibliche Bevölkerung im *Nationalen
Untersuchungssurvey*[120], in dem ca. 40 % der Frauen über 25 Jahre „stark" bis „sehr
stark" auf ihre Gesundheit achteten. Auch im *Nationalen Untersuchungssurvey* zeigte sich
eine Zunahme des Gesundheitsbewusstseins mit dem Alter.

Eine höhere Achtung auf die eigene Gesundheit wies einen Zusammenhang mit der
besseren Selbsteinschätzung des physischen Wohlbefindens auf. Eine entsprechende
Abhängigkeit findet sich auch in den Daten der *Berliner Gesundheitsberichterstattung*[121].

4.4.2) Informationsquellen

Als Informationsquellen bei gesundheitlichen Fragen kam insbesondere drei Bereichen
eine zentrale Bedeutung zu. Diese waren der Freundes- und Bekanntenkreis, Ärztinnen
und Ärzte sowie Medien und Literatur.

Für zielgruppengerechte Gesundheitsversorgung und Präventionsprogramme ist es
wichtig, die Quellen zu kennen und zu verstehen, aus denen lesbische Frauen bei gesundheitlichen Problemen Information und Unterstützung beziehen.

Verschiedene Studien haben die Wichtigkeit des sozialen Netzwerkes für psychische und
gesundheitliche Belange von Lesben untersucht[122]. Wie schon an anderer Stelle ausgeführt, besitzen in diesen sozialen Bezügen andere Frauen, insbesondere andere lesbischen Frauen, einen wesentlichen Stellenwert.

Bradford und *Ryan*[123] berichten, dass über 60 % der im *National Lesbian Health Care
Survey* befragten älteren Lesben in Fragen der psychischen Gesundheit in erster Linie
auf nicht-professionelle Quellen, v.a. den Freundeskreis, zurückgreifen. *Stevens*[124] stellt
in einer Interviewstudie fest, dass dies auch für den somatischen Bereich zutrifft. Die Bedeutung des persönlichen Umfeldes wird von den Befragten als sehr hoch eingeschätzt;
hier würden sie neben Informationen und Diagnosevorschlägen auch Pflege, Hilfe und
allgemeine Unterstützung erhalten:

---

120   Bundesministerium für Familie, Senioren, Frauen und Jugend 2001, S. 197
121   Senatsverwaltung für Gesundheit Berlin 1994, S. 32: In diesen Daten findet sich auch ein
      positiver Zusammenhang zwischen der Achtung auf die eigene Gesundheit und dem psychi-
      schen Wohlbefinden, der in der vorliegenden Untersuchung nicht signifikant war. Zudem be-
      steht in den Berliner Daten ein positiver Zusammenhang zwischen der subjektiven Kontroll-
      überzeugung und physischem wie auch psychischem Wohlbefinden; die Signifikanz dieses
      Zusammenhanges war in der vorliegenden Untersuchung wegen zu geringer Zellenbelegung
      in der Kreuztabelle nicht rechenbar.
122   vgl. Übersicht in VanScoy 1997
123   Bradford/Ryan 1991, S.155
124   Stevens 1994

114

„We help each other out at home before we go to any doctors. We only use the health care system if we are really sick." (Zitat einer Interviewteilnehmerin[125])

Lesben, die Kontakt mit dem System der öffentlichen Gesundheitsversorgung suchen, tun dies oftmals vermittelt über ihren Freundinnenkreis:

> *"When contact with health care providers was initiated, encouragement in that direction usually originated from members of lesbian social networks, who also provided referrals, instructions about what to expect when obtaining services, evaluative guidelines for assessing safety and quality, economic assistance, and advocacy in negotiating the system."[126]*

Für den deutschen Raum zeigt sich in der Studie *Gewalt gegen lesbische Frauen* die große Bedeutung des Freundeskreises für die soziale und psychische Unterstützung von Lesben, in diesem Falle nach Erfahrungen lesbenfeindlicher Gewalt:

> *„Lesbische Frauen berichten ihre negativen Erlebnisse hauptsächlich FreundInnen und ihren Partnerinnen. Diese beiden Bereiche bilden für den Großteil lesbischer Frauen wichtige psychische Stützen (...)"[127]*

Die Teilnehmerinnen der Lesbengesundheitsstudie in Sheffield bezeichnen ihre Beziehungen zu Freundinnen, Freunden und Partnerinnen mehrheitlich (61 %) als äußerst wichtig („extremely important") für ihr psychisches Wohlbefinden und werten diese Beziehungen in ihrem sozialen Netzwerk insgesamt als zentraler als die zu ihrer Familie und ihren Kindern. In Fragen der sexuellen Gesundheit würden sich die Befragten deutlich häufiger an Freundinnen und Partnerinnen wenden als an ihre Ärztin bzw. ihren Arzt.

Der zentrale Stellenwert des sozialen Umfeldes bedeutet jedoch auch, dass sich Lesben, denen die Unterstützung durch dieses Netzwerk versagt bleibt, in einer psychisch äußerst schwierigen Situation befinden. Derartige Probleme treten insbesondere dann auf, wenn das soziale Umfeld mit der Situation nicht angemessen umgehen kann. Als ein Beispiel führt die *Sheffield*-Studie gesundheitliche Schwierigkeiten im Zusammenhang mit Gewalt in der Frauenbeziehung an.

> *„Almost half (43 %) of the respondents felt that not enough attention was paid to the issue of abuse, leaving women who were either in or had been in an abusive relationships [sic!] feeling particularly vulnerable whilst the lesbian community remained predominantly silent."[128]*

In Situationen, denen die sozialen Netzwerke der Einzelnen möglicherweise nicht gewachsen sind, kommt professionellen Kräften eine besondere Bedeutung zu. Die Ergebnisse der vorliegenden Studie zeigen, dass Ärztinnen und Ärzte wichtige Ansprechpartnerinnen und –partner für die befragten Lesben bei gesundheitlichen Problemen darstellen. Über medizinische Fragen hinaus kann es wichtig werden, in der Beratung und

---

125   ebenda, S. 221
126   ebenda, S. 221
127   Ministerium für Frauen, Jugend, Familie und Gesundheit des Landes NRW 1999, S. 176
128   Sheffield Health 1996, S. 23

Versorgung lesbischer Frauen deren spezifische Situation zu berücksichtigen und auf die Vermittlung von adäquaten Informationen und einen lesbenfreundlichen Umgang zu achten. So können Professionelle den Raum bieten, um die soziale Dimension von Krankheit und Gesundheit ihrer Patientinnen zu thematisieren[129].

Für Aufklärungs- und Präventionskampagnen von Bedeutung ist die Erkenntnis, dass auch Medien, Zeitschriften und Literatur für die lesbischen Befragten eine vielfach genutzte Informationsquelle darstellen.

Im Vergleich mit der Gesamtbevölkerung ergaben sich Hinweise auf Unterschiede im Informationsverhalten. So erbrachte eine bevölkerungsrepräsentative *Emnid*-Umfrage unter gesetzlich Versicherten, dass zwar Medien, Hausärztin/Hausarzt und persönliches Umfeld ebenfalls die Hauptinformationsquellen in medizinischen Belangen darstellen, jedoch in veränderter Gewichtung. Die Emnid-Befragten gaben an, sich über neue Behandlungsmethoden in erster Linie aus den Medien zu informieren (70 %), gefolgt von Hausärzten und Hausärztinnen (37 %) und an dirtter Stelle von dem privaten Umfeld (25 %)[130]. Demgegenüber bevorzugten die Lesben der vorliegenden Befragung die persönliche Information durch ihr soziales Umfeld oder Ärztinnen bzw. Ärzte gegenüber anonymen Medienangeboten.

4.4.3) Maßnahmen zur Vorbeugung und Behandlung von Erkrankungen

4.4.3.1) Maßnahmen allgemein

In der befragten Stichprobe wurden häufig allgemeine Maßnahmen der gesunden Lebensführung eingesetzt, um den eigenen Gesundheitszustand zu verbessern oder zu erhalten. Jeweils über ein Drittel der Lesben gab an, „oft" körperliche Betätigung („Sport/ Krankengymnastik": 35,5 %) und Erholung („Erholung, Stressvermeidung, Meditation": 38,0 %) zur Vorbeugung und Behandlung gesundheitlicher Beschwerden einzusetzen. 27,6 % achteten in diesem Zusammenhang auch „oft" auf ihre Ernährung.

Aufgrund unterschiedlicher Erhebungsinstrumente ist ein direkter Vergleich mit Repräsentativdaten nicht möglich, doch deuten die Antworten der befragten Lesben allgemein auf ein hohes Gesundheitsbewusstsein hin.

Ein sehr großer Anteil von Teilnehmerinnen griff zudem „oft" auf alternative Behandlungs- und Heilmethoden zurück. Von über einem Drittel der Frauen wurden Heilkräuter

---

129   In der britischen Studie „Prevalence of domestic violence among lesbians & gay men" (n=1911 Frauen) berichteten 22 % der Frauen davon, schon einmal Opfer von Gewalt durch eine Partnerin geworden zu sein; 14,8 % der Opfer mussten sich aufgrund der Gewaltfolgen in medizinische Behandlung begeben. Wie viele Lesben im Rahmen der medizinischen Behandlung die Verletzungsumstände thematisiert haben, wurde nicht erhoben. (Henderson 2003)

130   Deutsches Ärzteblatt 2001, S. 426

kräuter genannt, von einem Viertel Homöopathie, gefolgt von energetischen Methoden und Akupunktur.

Alternative Heilmethoden spielen auch in der Gesundheitsversorgung der Allgemeinbevölkerung eine große Rolle[131]. So gaben 1997 in einer Umfrage des *Institutes für Demoskopie Allensbach* ca. 75 % der Frauen an, Erfahrungen mit Naturheilmitteln zu haben; 28 % aller Befragten hatten in den letzten drei Monaten vor der Befragung Naturheilmittel angewandt[132]. Frauen und Personen mit höherem Bildungsniveau oder höheren Alters nutzten eher Naturheilmittel als Männer und Befragte mit niedrigerem Schulabschluss oder jüngeren Alters.

Auch hier kann aufgrund der unterschiedlichen Fragestellungen und verwendeten Begriffe kein direkter Vergleich mit den Ergebnissen der vorliegenden Erhebung gezogen werden. Die Antworten der befragten Lesben machen jedoch deutlich, dass alternative Heilmethoden und Heilmittel für sie eine wichtige Rolle in der Gesundheitsversorgung spielen (vgl. auch Kapitel 4.4.6. Inanspruchnahme medizinischer Versorgung).

4.4.3.2) Medikamenteneinnahme

Ein Viertel der Lesben hat im Jahr vor der Befragung regelmäßig ärztlich verschriebene Medikamente eingenommen, wobei der Anteil bei den jüngeren Frauen höher lag als bei den älteren. Im Vergleich zur weiblichen Gesamtbevölkerung nahmen die Teilnehmerinnen der vorliegenden Studie deutlich seltener Arzneimittel ein. Laut *Bundesgesundheitssurvey 1998* wenden über die Hälfte der Frauen bis 45 Jahre und über drei Viertel der Frauen ab 45 Jahren täglich Medikamente an[133]. Bei den Frauen bis 45 Jahre stellen hormonelle Kontrazeptiva die am häufigsten genannte Arzneimittelgruppe dar (29,9 % der west-deutschen Frauen, 44,8 % der ostdeutschen Frauen). Unterstellt, dass die Lesben der vorliegenden Erhebung deutlich seltener die „Pille" zur Schwangerschaftsverhütung einnehmen, wären die Unterschiede in der Altersgruppe bis 45 Jahren durch diese Differenz erklärbar. Hingegen nicht erklären ließe sich so die Divergenz der Ergebnisse in der Altersgruppe ab 45 Jahren. Im *Bundesgesundheitssurvey 1998* sind die am häufigsten genannten Arzneimittelgruppen in dieser Altersgruppe die Antihypertonika (Frauen West 31,6 %, Ost 39,8 %), Östrogenpräparate (Frauen West 19,0 %, Ost 13,8 %) und Schilddrüsenpräparate (Frauen West 16,4 %, Ost 10,5 %).

Falls nicht Erhebungsungenauigkeiten zu diesen Differenzen beigetragen haben, ließe sich diese deutliche Abweichung nur erklären, falls die Lesben der vorliegenden Untersuchung deutlich gesünder als die weibliche Bevölkerung wären oder aber Erkrankungen (wie z.B. arterielle Hypertonie) bei ihnen seltener erkannt oder medikamentös behandelt würden. Möglich wäre auch, dass eine gegenüber der Allgemeinbevölkerung verringerte Medikamenten-Compliance der Befragten zu diesen Ergebnissen beiträgt.

---

131   Robert-Koch-Institut 2002a
132   Institut für Demoskopie Allensbach 1997, zitiert nach: Robert-Koch-Institut 2002a, S. 13f
133   Knopf/Melchert 1999, S. 153ff

4.4.4) Sport

In der Stichprobe fand sich mit 40,7 % ein hoher Anteil an sportlich aktiven Frauen, die mehr als zwei Stunden Sport pro Woche betrieben. 36,9 % gaben an, weniger als zwei Stunden in der Woche sportlich aktiv zu sein, und 22,4 % übten keinen Sport aus. Verglichen mit den Daten des *Bundesgesundheitssurveys 1998*[134] waren die befragten Lesben, auch unter Berücksichtigung der Altersverteilung, sportlich deutlich aktiver als das Repräsentativsample. Laut *Bundesgesundheitssurvey 1998* betreiben 49,5 % aller Frauen keinerlei Sport, 35,1 % weniger als zwei Stunden wöchentlich und 15,4 % mehr als zwei Stunden in der Woche. Mit höherem Alter der Frauen nimmt die körperliche Aktivität signifikant ab, jedoch liegt auch in den Altersgruppen zwischen 20 und 50 Jahren, die für einen Vergleich mit der vorliegenden Untersuchung besonders relevant sind, die Quote an sportlich inaktiven Frauen mit ca. 40-50 % doppelt so hoch wie bei den hier befragten Lesben. Zudem hatte mehr als ein Drittel der befragten Lesben angegeben, „oft" zur Verbesserung ihrer Gesundheit körperlich aktiv zu sein. Dies weist – zusätzlich zu der vergleichsweise großen sportlichen Aktivität in der Stichprobe – auf ein hohes Maß an Gesundheitsbewusstsein im Zusammenhang mit körperlicher Aktivität hin.

In der Schweizerischen Lesbengesundheitsstudie „Und wie verhüten Sie?" von *Ermler*[135] zeigt sich ein ähnlich hohes Maß an sportlicher Aktivität, das deutlich über dem der Schweizerischen weiblichen Gesamtbevölkerung liegt. In mehreren US-amerikanischen Studien[136] finden sich dagegen keine Hinweise auf eine verstärkte körperliche Aktivität bei lesbischen Frauen im Vergleich zur heterosexuellen Kontrollgruppe bzw. der weiblichen Gesamtbevölkerung. In der US-amerikanischen Erhebung von *Aaron/Markovic et al.* ist zwar der Anteil der sportlich aktiven Frauen von der sexuellen Orientierung unabhängig, jedoch üben die lesbischen Befragten ihren Sport intensiver aus[137].

4.4.5) Vorsorge und Früherkennung

4.4.5.1) Allgemeinärztliche Untersuchungen

24 % der befragten Lesben nahmen regelmäßig alle ein bis zwei Jahre an einer allgemeinärztlichen Untersuchung zur Vorsorge und Früherkennung teil. In der nach der gesetzlichen Regelung anspruchsberechtigten Altersgruppe ab 35 Jahren lag der Anteil bei 28 %.

Diese Quote entspricht den Ergebnissen bundesdeutscher Repräsentativerhebungen. Im *Bundesgesundheitssurveys 1998*[138] beträgt die Teilnahme am 'Gesundheits-Check-Up' im Jahr 1997 25 % der anspruchsberechtigten Frauen. Im *Gesundheitsbarometer des*

---

134 Mensink 1999, S. 128 (z.T. eigene Berechnung)
135 Ermler 2001, S. 53 und S. 69
136 vgl. Valanis/Bowen et al. 2000, Powers/Bowen/White 2001, Buenting 1992
137 Aaron/Markovic et al. 2001
138 Kahl/Hölling/Kamtsiuris 1999, S. 164

Landes Berlin 1994 geben 29 % der Frauen an, mindestens alle zwei Jahre eine `Check-Up-Untersuchung´ in Anspruch zu nehmen[139]. In beiden Repräsentativerhebungen findet sich zudem – wie auch in der vorliegenden Untersuchung – eine vermehrte Teilnahme am `Check-Up´ mit steigendem Alter der Frauen.

Eine wichtige Screeningmaßnahme im Bereich der allgemeinen Gesundheitsuntersuchung stellt die Messung des Blutdruckes dar, weil Personen mit Bluthochdruck in der Regel keine spezifischen Beschwerden empfinden. Diese stellen sich erst ein, wenn die durch die chronische Blutdruckerhöhung begünstigten – und durch rechtzeitige Blutdruckeinstellung zumindest verzögerbaren – Folgeerkrankungen[140] symptomatisch werden. Nach den Ergebnissen des *Bundesgesundheitssurveys 1998*[141] beträgt die Prävalenz manifester arterieller Hypertonie[142] bei Frauen in Deutschland 27 %.

Nach den Daten des *Gesundheits- und Sozialsurveys Berlin 1991*[143] hatten 88 % der weiblichen Gesamtbevölkerung und 84 % der Frauen unter 60 Jahren im Vorjahr ihren Blutdruck kontrollieren lassen. In der vorliegenden Erhebung waren lediglich 62 % der Lesben im Vorjahr bei einer Blutdruckmessung gewesen. Ob hier ein Verzerrungseffekt durch die Stichprobenauswahl vorliegt oder aber die befragten Lesben seltener an Blutdruckkontrollen teilnehmen, kann letztlich im Rahmen dieses Studiendesigns nicht geklärt werden. Im *Los Angeles County Lesbian Health Survey*[144] und einer kanadischen Erhebung von *Moran*[145] hatten die lesbischen Teilnehmerinnen nicht seltener an Blutdruckkontrollen teilgenommen als die heterosexuelle Vergleichsgruppe. Für zukünftige Forschung erscheint es jedoch sinnvoll, auf diese mögliche Unterversorgung von lesbischen Frauen im präventiven Bereich zu achten.

VanScoy[146] nennt `Delaying Health Care´ ein für Lesben spezifisches Gesundheitshandeln, das sich insbesondere im Bereich der Prävention auswirkt:

> *"Rather than avoiding the traditional health care system altogether, many lesbians simply delay or postpone their utilization of this system until a health care need constitutes a medical crisis or emergency (...). Again, much of the research suggests that*

---

139 Senatsverwaltung für Gesundheit Berlin 1994, S. 72f
140 Eine arterielle Hypertonie begünstigt die Entwicklung einer Arteriosklerose mit Durchblutungsstörungen am Herzen (Koronare Herzerkrankung), dem Gehirn (cerebrovaskuläre Insuffizienz) und den Nieren (hypertensive Nephropathie). Als Hauptrisiko der erhöhten Morbidität und Mortalität bei unbehandelter Hochdruckerkrankung gelten die hypertensive Herzerkrankung mit Linksherzinsuffizienz sowie kardiale und cerebrale Ischämien (Herzinfarkt und Schlaganfall). (Wolff/Weihrauch 2000, S. 455)
141 Thamm 1999, S. 92
142 Als manifeste arterielle Hypertonie gilt im Bundesgesundheitssurvey das Vorliegen von systolischen Blutdruckwerten > 149 mmHg und/oder diastolischen Blutdruckwerten von > 94 mmHg in der Blutdruckmessung nach Riva/Rocci.
143 Senatsverwaltung für Gesundheit Berlin 1995, S. 97
144 Mays/Yancey et al. 2002
145 Moran 1996
146 VanScoy 1997, S. 146

delaying is related to lesbians´ perception of a real or potential threat within the health care system."[147]

Bei einer Analyse innerhalb der Stichprobe in der vorliegenden Arbeit fand sich, dass die verdeckt lebenden Lesben seltener `Check-Up´-Untersuchungen durchführen ließen, und auch die letzte Blutdruckkontrolle nochmals länger zurücklag als bei den offen lebenden Lesben. Möglicherweise verzögern Lesben, die ihre Lebensweise überwiegend verdeckt leben, Arztkontakte stärker als offen lebende Lesben. Eine von verdeckt lebenden Lesben besonders wahrgenommene „Bedrohung" (threat), wie *VanScoy* sie als Motivation für eine Distanzierung von medizinischer Versorgung anspricht, könnte in der Furcht vor Aufdeckung der eigenen sexuellen Orientierung im Rahmen des Arzt-Kontaktes liegen. Zudem könnte die Befürchtung bestehen, in einer vulnerablen Situation entgegen der eigenen Identität für heterosexuell gehalten zu werden, ohne diesen Irrtum risikolos korrigieren zu können. Denn die allgemeinmedizinische Versorgung ist nicht nur der wichtigste Anbieter der angesprochenen präventiven Gesundheitsuntersuchungen, sondern auch der Bereich, in dem die wenigsten Lesben in der vorliegenden Befragung ihre Homosexualität offen gelegt haben (vgl. Kapitel 4.2.3.).

4.4.5.2) Zahnärztliche Untersuchung

In der *Dritten Deutschen Mundgesundheitsstudie* (1997) zeigen 76 % der erwachsenen weiblichen Befragten[148] eine kontrollorientierte Nutzung zahnärztlicher Versorgung und eine „regelmäßige" Inanspruchnahme zahnärztlicher Untersuchungen. Zudem ist aus der *Deutschen Mundgesundheitsstudie* bekannt, dass insbesondere Frauen aus den Mittel- und Oberschichten häufiger zu zahnmedizinischen Kontrolluntersuchungen gehen als Frauen der Unterschicht[149].

In Übereinstimmung mit diesen Daten gaben in der vorliegenden Erhebung 80 % der befragten Lesben an, regelmäßig mindestens einmal im Jahr eine zahnärztliche Kontrolluntersuchung in Anspruch zu nehmen. Innerhalb der letzten zwölf Monate vor der Erhebung waren 87 % der Befragten in zahnärztlicher Behandlung gewesen, überwiegend zur „Vorsorge", seltener wegen akuter Beschwerden. Zahnärztinnen und Zahnärzte stellten somit – noch vor den Allgemeinmedizinerinnen und Allgemeinmedizinern – die ärztliche Berufsgruppe dar, mit denen die Befragten am häufigsten regelmäßigen Kontakt hatten.

---

147   ebenda, S. 149
148   Institut der Deutschen Zahnärzte 1999, S. 442: In der Deutschen Mundgesundheitsstudie 1997 wurden Jugendliche, Erwachsene und Seniorinnen/Senioren in drei Alterskohorten befragt. Die Alterskohorte „Erwachsene", deren Daten hier wieder gegeben sind, umfasst Frauen und Männer von 35-44 Jahren.
149   Institut der Deutschen Zahnärzte 1991, S. 366

4.4.5.3) HIV-Antikörper-Test

Ende 1999 lebten ca. 8.000 HIV-positive Frauen in Deutschland und stellten damit ca. ein Fünftel der HIV-Infizierten[150]. Der Frauenanteil an neuen positiven HIV-Bestätigungstests lag 1999 bei ca. 24 % (1985: ca. 8 %, 1989: 15,5 %). Unter Berücksichtigung aller seit 1982 registrierten Fälle von AIDS hat sich die Mehrzahl der betroffenen Frauen beim intravenösen (i.v.) Drogenkonsum infiziert. Jedoch findet in den letzten Jahren eine Verlagerung der Übertragungswege statt, und heterosexuelle Kontakte gewinnen gegenüber i.v.-Drogenkonsum an Bedeutung. 1996 übertraf erstmals die absolute Zahl der durch heterosexuelle Kontakte neu infizierten Frauen die der neu infizierten Drogengebraucherinnen in Deutschland. Neuinfektionen durch medizinische Eingriffe einschließlich Blutproduktübertragungen spielen in Deutschland keine Rolle mehr, betreffen jedoch z.b. Migrantinnen und Urlauberinnen in Ländern, in denen HIV endemisch ist. Es gilt mittlerweile als äußerst wahrscheinlich, dass das HI-Virus auch durch sexuelle Kontakte unter Frauen weitergegeben werden kann[151], jedoch sind Risiko und Übertragungswege bei sexuellen Kontakten zwischen Frauen im Detail nicht erforscht[152]. Auch die Prävalenz eines positiven HIV-Serostatus unter Lesben ist nicht bekannt[153]; einzelne Studien und Datenauswertungen aus den USA und Großbritannien kommen zu divergierenden Ergebnissen über die HIV-Prävalenz unter Lesben bezogen auf die heterosexuelle weibliche Population[154].

Studien legen nahe, dass sich HIV-positive Lesben vor allem durch i.v.-Drogenkonsum, heterosexuelle Kontakte oder Blutprodukte infiziert haben, weniger durch

---

150 Daten aus: Hilgefort 2000, S. 11f, Bundesministerium für Familie, Senioren, Frauen und Jugend 2001, S. 562ff

151 Kwakwa und Ghobrial berichteten von einem Fall einer neu aufgetretenen HIV-Infektion bei einer 20jährigen Frau aus Philadelphia, bei der als Übertragungsweg die gemeinsame Verwendung sog. sex toys mit der als HIV-positiv bekannten Partnerin eruiert werden konnte. Die Genotypisierung des HI-Virustyps beider Frauen erbrachte eine sehr hohe Übereinstimmung, so dass die Partnerin als Überträgerin des Virus als äußerst wahrscheinlich bis gesichert gilt. (Kwakwa/Ghobrial 2003); zu anderen Fällen möglicher Frau-zu-Frau-Übertragung vgl. Sabatini Patel/Hirschman 1984, Marmor/Weiss et al. 1906, Monzon/Capellan 1987

152 Chu/Buehler et al. 1990, Bevier/Chiasson et al. 1995

153 Farquhar/Bailey/Whittaker 2001

154 Lemp/Jones et al. (1995) fanden in einem convenient sample von lesbischen Bar- und Veranstaltungsbesucherinnen 1993 in San Francisco/Berkeley eine höheren Anteil HIV-seropositiver Frauen im Vergleich zu weiblichen Repräsentativstichproben (1,2% gegenüber 0,4 % im Repräsentativsample). Chu/Buehler et al. (1990) fanden in der Analyse der CDC-Daten zu AIDS aus den Jahren 1980-89, dass 0,8 % der berichteten HIV-Fälle bei Frauen Lesben betrafen, was unterhalb des Bevölkerungsanteils homosexueller Frauen in den USA liegt. – In der britischen „Count Me In"-Gesundheitsstudie über Lesben, Schwule und Transgender in Brighton/Hove waren 5,9 % der Frauen nach eigenen Angaben HIV-positiv (Martin 2001). Dagegen lag der Anteil von Lesben an den HIV-positiven Teilnehmerinnen der „What Do You Need?"-Studie zur Situation von Menschen mit HIV/AIDS in Großbritannien unter 1% (Weatherburn/Anderson et al. 2002)

sexuelle Übertragung unter Frauen[155]. HIV-Übertragung durch Spendersamen im Rahmen selbstvorgenommener künstlicher Befruchtungen ist als lesbenspezifisches Risiko kaum untersucht[156].

Aus einigen Studien ergibt sich, dass bestimmte Gruppen von Frauen, die mit Frauen sexuell aktiv sind, in Bezug auf Drogenkonsum und heterosexuelle Aktivitäten ein größeres Risikoverhalten zeigen als ausschließlich heterosexuell aktive Frauen[157]. Dies unterstreicht die Notwendigkeit, in der medizinischen Versorgung und der HIV-Präventionsarbeit mit Frauen, das konkrete Verhalten der Einzelnen in den Mittelpunkt zu stellen, ohne von der sexuellen Orientierung vorschnell das HIV-Infektionsrisiko ableiten zu wollen. Wie an anderer Stelle ausgeführt, hatten drei Viertel der befragten Lesben in der vorliegenden Untersuchung in ihrem Leben auch männliche Sexualpartner, 5 % der Stichprobe im Jahr vor der Erhebung (vgl. Kapitel 3.2.1.). 0,5 % der befragten Lesben gaben einen aktuellen täglichen Konsum illegaler Drogen (ohne Cannabis) an, 3,3 % hatten früher regelmäßig illegale Drogen (ohne Cannabis) konsumiert. Keine Aussage kann darüber getroffen werden, welcher Anteil der Frauen schon einmal i.v.-Drogenkonsum betrieben hat. Jedoch ist auch regelmäßiger Gebrauch anderer illegaler Drogen mit einem erhöhtem Risikoverhalten in Bezug auf HIV-Übertragung assoziiert, indem beispielsweise bei sexuellen Kontakten unter Drogeneinfluss weniger auf Schutz vor HIV-Übertragung geachtet wird[158].

In verschiedenen Studien zeigte sich, dass lesbische Frauen in größerem Maße schon einmal an einem HIV-Antikörpertest teilgenommen hatten als die heterosexuelle Kontrollgruppe bzw. als es aufgrund bevölkerungsbezogener Statistiken zu erwarten gewesen wäre[159]. In der vorliegenden Untersuchung hatte die Hälfte der Befragten schon mindestens einmal einen HIV-Antikörpertest durchführen lassen, 13,7 % der Frauen hatten ihren Serostatus im Jahr vor der Erhebung testen lassen. Auch unter Berücksichtigung des hohen Anteils von Frauen aus medizinischen Berufen in der Stichprobe, deren Serostatus freiwillig im Rahmen der arbeitsmedizinischen Untersuchungen bestimmt wird, findet sich bei den befragten Lesben eine deutlich höhere Bereitschaft zum HIV-Antikörpertest als in der Allgemeinbevölkerung. In einer Repräsentativbefragung der *Bundeszentrale für gesundheitliche Aufklärung* 1999 hatten 26 % der Bevölkerung angegeben, schon ein- oder mehrmals an einem HIV-Antikörpertest teilgenommen zu haben; mit 33 % am höchsten lag dabei der Anteil bei den Alleinlebenden unter 45 Jahren[160].

Die große Teilnahmebereitschaft an HIV-Antikörpertests ist umso überraschender, als die Situation lesbischer Frauen in der AIDS-Epidemie kaum thematisiert wird[161]. Im britischen *Lesbian Sexual Behavior and Health Survey* schätzen 80 % der befragten

---

155   Kennedy/Schumann et al. 1998, Bevier/Chiasson et al. 1995, Chu/Buehler et al. 1990
156   Chiasson/Stoneburner/Joseph 1990, Eskenazi/Pies et al. 1989
157   Bevier/Chiasson et al. 1995, Lemp/Jones et al. 1995, Einhorn/Polgar 1994
158   Hilgefort 2000, S. 68f und S. 93 ff
159   Einhorn/Polgar 1994, Koh 2000, Diamant/Wold et al. 2000, Farquhar/Bailey/Whittaker 2001, Marrazzo/Koutsky/Handsfield 2001a
160   Bundeszentrale für gesundheitlichen Aufklärung 2000
161   Deutsche AIDS-Hilfe 1996, S. 2

Lesben ihr HIV-Infektionsrisiko als niedriger ein als das heterosexueller Frauen. Trotzdem liegt auch im *Lesbian Sexual Behavior and Health Survey* der Anteil an bereits auf ihren Serostatus getesteten Teilnehmerinnen sehr hoch:

„In the absence of information on lesbians' reasons for testing, explanations for this relatively high rate can only be speculative. For example, differences in rates of testing between non-heterosexual and heterosexual women may reflect greater awareness and concern about HIV transmission within the lesbian and gay community and lesbians' displaced concern about the risks for gay men. Alternatively, they may reflect lesbian concern about the relative lack of information and clarity about what constitutes `risky' lesbian (as opposed to heterosexual) sex."[162]

In der bisher einzigen deutschen *„Untersuchung zur Frage der HIV-Infektionen bei homosexuellen Frauen in Berlin im Zeitraum von 1993 – 1996"* von *Gölkel*[163] geben 31 % der Teilnehmerinnen den „Wunsch nach Gewissheit" als Motivation für den HIV-Test an, 19 % ihre neue „feste Beziehung"; 15 % nennen vorausgegangene „Intimkontakte mit Frauen oder Männern", 10 % wollen ihre „Partnerin schützen" und 7 % hatten Kontakte zu Personen, die sie als „Risikokontakte" für eine HIV-Infektion einschätzen. Dies zeigt, dass in der Untersuchung von *Gölkel* nur eine Minderheit der Probandinnen ein konkretes Infektionsrisiko wie „Intim-" oder „Risikokontakte" als Anlass für den HIV-Antikörpertest angeben; mehrheitlich wünschen sich die Teilnehmerinnen Klarheit für sich selbst und ihre Partnerinnen in Bezug auf ihren HIV-Serostatus, ohne ein konkretes Expositionsrisiko zu benennen[164].

In der vorliegenden Erhebung hatten verdeckt lebende Lesben seltener an einem HIV-Antikörpertest teilgenommen als offen lebende Lesben, jedoch mit 30 % Teilnehmerinnenrate insgesamt nicht seltener als die Allgemeinbevölkerung. Möglich wäre, dass bestimmte Motive, die Lesben zum HIV-Antikörpertest veranlassen, für verdeckt lebende Lesben weniger zutrafen; denkbar wäre aber auch, dass die Barrieren, den Serostatus bestimmen zu lassen, für die verdeckt lebenden Lesben größer waren (vgl. auch Kapitel 4.4.5.1.)

---

162 Farquhar/Bailey/Whittaker 2001, S. 40
163 Die Berliner Studie wurde mit einem convenient sample von 54 lesbischen Frauen im Alter zwischen 21 und 45 Jahren durchgeführt, die sich im Zeitraum von 1993-1996 einem HIV-Antikörpertest unterzogen und einen Fragebogen zu ihren Expositionsrisiken ausfüllten. Vonden 54 Teilnehmerinnen wurden 53 seronegativ auf HIV-Antikörper getestet, eine Teilnehmerin war fraglich in einer frühen Serokonversionsphase Anti-HIV-1-positiv. Aufgrund der geringen Fallzahl war ein Vergleich mit der weiblichen Allgemeinbevölkerung bezüglich Prävalenz und Risikoverhalten nicht möglich. (Gölkel 1997)
164 zur individuellen Risikoeinschätzung in Bezug auf HIV bei Lesben vgl. auch: Dolan/Davis 2003

4.4.5.4) Gynäkologische Untersuchungen

Die Zahlen über die Inanspruchnahme von Krebsfrüherkennungsuntersuchungen durch die weibliche Bevölkerung schwanken erheblich.

Im *Gesundheitssurvey 1997/98*[165] geben im Mittel 36,5 % der gesetzlich krankenversicherten Frauen an, im Vorjahr an einer Krebsfrüherkennungsuntersuchung teilgenommen zu haben, deren Kosten für alle Frauen ab dem 20. Lebensjahr von den Versicherungsträgern übernommen wird[166]. In der Altersgruppe von 20 – 24 Jahren liegt dabei die Beteiligung bei 22 %, zwischen 25 und 55 Jahren bei 42-47 % und zwischen 55 und 65 Jahren bei 36 %.

In einer ebenfalls bevölkerungsrepräsentativen Befragung durch das Institut *infratest* im Jahre 1999 fällt die jährliche Teilnahmerate an der Krebsfrüherkennung mit 69 % deutlich höher aus. 8 % der infratest-Befragten nehmen nie an Krebsfrüherkennungsuntersuchungen teil[167].

Nach Statistiken des *AOK Bundesverbandes* nahmen im Jahr 1997 ca. 51 % ihrer weiblichen Versicherten eine Krebsfrüherkennungsuntersuchung in Anspruch[168].

Von den in der vorliegenden Studie befragten Lesben hatten 46 % im Vorjahr an einer zytologischen Untersuchung der Cervix (Abstrich nach Papanicolaou = Pap-Screening) und ebenso viele an einer ärztlichen Untersuchung der Brust (Palpation der Mamma) teilgenommen. 44,5 % der Lesben gab an, regelmäßig einmal im Jahr eine gynäkologische Krebsfrüherkennungsuntersuchung in Anspruch zu nehmen, weitere 16 % nutzten dieses Angebot alle ein bis zwei Jahre.

Aufgrund der großen Schwankungsbreite der Daten über die allgemeine Nutzung von Früherkennungsangeboten ist es nicht möglich, Aussagen über das Verhalten der befragten Lesben im Vergleich zur weiblichen Allgemeinbevölkerung zu treffen. Es fällt jedoch der große Anteil an Lesben in der Stichprobe auf, die nie an Krebsfrüherkennungsuntersuchungen teilnehmen (22,4 %). 16,4 % hatten noch nie einen Pap-Abstrich vornehmen lassen, weitere 5,3 % konnten dazu keine Angaben machen.

Verschiedene internationale Studien haben erbracht, dass sich lesbische Frauen seltener an der Krebsfrüherkennung beteiligen als heterosexuelle Frauen[169]. Mehr Lesben als heterosexuelle Frauen nehmen überhaupt nicht an Früherkennungsuntersuchungen teil, bei den anderen ist das Intervall zwischen den Untersuchungen länger als bei heterosexuellen Frauen.

165　Kahl/Hölling/Kamtsiuris 1999, S. 165: Daten des Gesundheitssurveys 1997/98
166　Die Untersuchung beinhaltet für Frauen ab dem 20. Lebensjahr eine gynäkologische Untersuchung sowie eine Cervix-Zytologie (Pap-Abstrich), ab dem 30. Lebensjahr zusätzlich eine Untersuchung von Brust und Haut und ab dem 45. Lebensjahr des Enddarms und einen Test auf verborgenes Blut im Stuhl.
167　Paepke/Schwarz-Boeger et al. 2001, S. 2183
168　Bundesministerium für Gesundheit 2000, S. 3.17
169　Valanis/Bowen et al. 2000, Aaron/Markovic et al. 2001, Diamant/Wold et al. 2000, Marrazzo/Koutsky et al. 2001b, Robertson/Schachter 1981

Im *Lesbian Sexual Behavior and Health Survey*[170] befinden 25 % der Lesben, dass sie weniger Bedarf an Pap-Screeninguntersuchungen hätten als heterosexuelle Frauen, die anderen 75 % sehen für sich keinen Unterschied zu heterosexuellen Frauen. Auch in der Studie von *Price/Easton et al.*[171] schätzen die lesbischen Teilnehmerinnen ihr Risiko, ein Cervixkarzinom zu entwickeln, als geringer ein als die heterosexuellen Befragten; anhand des Risikofaktorenprofils finden sich in dieser Studie jedoch keine Unterschiede zwischen heterosexuellen und lesbischen Frauen, die die unterschiedlichen Haltungen stützen könnten.

Als Risikofaktoren für eine auffällige Cervixzytologie gelten die Anzahl männlicher Sexualpartner, junges Alter bei der Aufnahme heterosexueller Aktivität, chronische Infektion mit dem Humanen Papillomavirus (HPV) sowie Rauchen[172]. Infektionen mit HPV sind auch bei Frauen ohne männliche Sexualpartner nachgewiesen[173], die sexuelle Übertragung von Frau zu Frau gilt als sehr wahrscheinlich[174]. Auch Fälle von cervikalen Neoplasien und Präkanzerosen bei Lesben, die nie mit Männern sexuell aktiv waren, sind dokumentiert[175]. Ob die Inzidenz von invasiven Cervixkarzinomen in Abhängigkeit von der sexuellen Orientierung differiert, ist nicht bekannt. Eine Auswertung der Krebsregisterdaten von 1614 Frauen in Dänemark, die in registrierten lesbischen Lebensgemeinschaften leben, ergab jedoch erste Hinweise auf eine Unterversorgung von Lesben im Bereich der Früherkennung des Cervixkarzinoms mit der Konsequenz, dass Krebserkrankungen des Gebärmutterhalses bei Lesben erst im fortgeschrittenen Stadium diagnostiziert werden[176].

Nach aktuellen Empfehlungen[177] wird lesbischen Frauen geraten, in dem für ihr Gesundheitswesen üblicherweise empfohlenen Umfang an Pap-Screeninguntersuchungen teilzunehmen. Die oben angeführten Zahlen aus der vorliegenden Befragung zeigen, dass es in der Stichprobe eine relevante Gruppe an Lesben gibt, die bisher durch Krebsfrüherkennungsprogramme nicht erreicht wird.

---

170   Farquhar/Bailey/Whittaker 2001, S. 35
171   Price/Easton et al. 1996.
172   Bastert/Schneeweiß 2003
173   O´Hanlan/Crum 1996, Marrazzo/Stine/Koutsky 2000, Ferris/Batish et al. 1996, Marrazzo/Koutsky et al. 1998
174   Marrazzo/Koutsky et al. 2001b
175   Ferris/Batish et al. 1996, Johnson/Smith/Guenther 1987, Marrazzo/Koutsky et al. 2001b
176   Das relative Risiko für Lesben für ein invasives Cervixkarzinom lag im Vergleich zur weiblichen dänischen Bevölkerung bei 1,8 (95%-KI: 0,4/5,2). Demgegenüber lag das relative für ein Carcinoma in situ der Cervix bei 0,2 (95%-KI: 0,0/0,97). Frisch/Smith et al. schließen daraus: "The observed number of invasive cervical cancers was also close to the expected, but there was a statistically significant deficit of cervical carcinomas in situ. Although caution in interpretation is warranted because of small numbers, the significantly low incidence of cervical carcinoma in situ combined with an incidence of invasive cervical cancers close to that of the general Danish female population might reflect inadequate attendance to cervical cancer screening programs among homosexual women." (Frisch/Smith/Grulich/Johansen 2003, S. 971).
177   Mautner Project for Lesbians with Cancer 1997a

Bei 27 % der befragten Lesben war schon einmal eine Mammographie durchgeführt worden, bei 7 % davon im Jahr vor der Erhebung. Da Brustkrebs eine stark altersabhängige Erkrankung ist, lag die Teilnahme an Mammographien erwartungsgemäß bei den älteren Lesben höher als bei den jüngeren. Von den befragten Frauen im Alter von 30-49 Jahren hatten 31 % schon mindestens einmal eine Mammographie durchführen lassen, von den Frauen im Alter ab 50 Jahren waren es 82 %.

Im Vergleich mit Daten des Projektes *Bevölkerungsbezogenes Gesundheitsmonitoring in Bayern*[178] zeigt sich, dass die Teilnahme an Mammographien bei den Lesben in der Altersgruppe bis 50 Jahre leicht unterhalb und in der Altersgruppe ab 50 Jahren leicht oberhalb des Bevölkerungsdurchschnittes lag. Im Repräsentativsample liegt der Anteil an Frauen, die mindestens eine Mammographie hatten, bei 41-47% (abhängig von der sozialen Schicht) im Alter von 30-49 Jahren und bei 64-74 % (schichtabhängig) im Alter ab 50 Jahren.

Die gegenüber der weiblichen Gesamtbevölkerung etwas geringere Inanspruchnahme von Mammographie-Untersuchungen durch Lesben in jüngeren Jahren könnte im Zusammenhang mit dem o.g. Anteil von über 20 % der befragten Lesben stehen, die nie an Krebsfrüherkennungsuntersuchungen teilnehmen. In verschiedenen internationalen Studien findet sich kein Einfluss der sexuellen Orientierung auf die Nutzung von Mammographien[179]. In einigen anderen Erhebungen werden bei Lesben im Alter ab 50 Jahren häufiger Mammographien durchgeführt als bei heterosexuellen Frauen[180].

Für die in der vorliegenden Untersuchung befragte Stichprobe sind die Indikationen für die Durchführung der Mammographie nicht bekannt. Es muss also offen bleiben, ob bei den untersuchten Lesben ein pathologischer Tastbefund oder andere Erwägungen zu der Untersuchung geführt haben[181]. In einer Untersuchung von *Zeidenstein*[182] schätzen 15 % der befragten Lesben ihr Brustkrebsrisiko als höher ein als das Risiko heterosexueller Frauen, der Rest ist der Ansicht, ihr Erkrankungsrisiko gleiche dem heterosexueller Frauen. Die individuelle Abwägung, einem erhöhten Krebsrisiko ausgesetzt zu sein, erhöht in einer Studie von *Lauver/Karon et al.* die Inanspruchnahme von Mammographien durch die lesbischen Teilnehmerinnen[183].

---

178 Röckl-Wiedmann/Meyer et al. 2002, S. 313
179 Koh 2000, Diamant/Wold et al. 2000, Diamant/Schuster/Lever 2000, Valanis/Bowen et al. 2000
180 Saphira/Glover 2000, Aaron/Markovic et al. 2001
181 Obwohl in Deutschland ein von den Krankenkassen bezahltes Mammographie-Screening-programm noch stark umstritten ist, wird laut einer Befragung in Berlin und Hildesheim die überwiegende Zahl der Mammographien im Rahmen der routinemäßigen Krebsfrüherkennung durchgeführt und nur eine Minderzahl zur Abklärung eines Tastbefundes. (Paepke/Schubert et al. 2000)
182 Zeidenstein 1990
183 Lauver/Karon et al. 1999

Inzidenz und Prävalenz des Mammakarzinoms bei Lesben sind nicht bekannt[184]. In einer Auswertung des Dänischen Krebsregisters durch *Frisch/Smith et al.* ergab sich für Lesben ein relatives Risiko für Brustkrebs von 0,9 (95%-KI: [0,4;1,9]) und damit keine Hinweise auf ein vermehrtes Vorkommen von Brustkrebserkrankungen in der lesbischen Bevölkerung[185].

Verschiedene Publikationen weisen jedoch darauf hin, dass ein Teil der lesbischen Frauen vermehrt Risikofaktoren für die Entwicklung eines Mammakarzinoms aufweist, z.B. Kinderlosigkeit, höheres Alter bei der ersten Schwangerschaft und höheren Alkoholkonsum[186]. Dies könnte ein erhöhtes Erkrankungsrisiko für die betroffenen lesbischen Frauen zur Folge haben. In der Datenauswertung des *Women´s Health Initiative Sample* zeigt sich tatsächlich eine höhere Prävalenz von Brustkrebserkrankungen bei den lesbischen (und auch den bisexuellen) Frauen ab 50 Jahren gegenüber den heterosexuellen Teilnehmerinnen[187]. Sichere Daten, insbesondere über Inzidenz und Überlebenszeit nach Diagnosestellung, existieren jedoch nicht.

4.4.5.5) Selbstuntersuchung der Brust

Der Früherkennung des Mammakarzinoms kommt besondere Bedeutung zu, weil sich die Prognose der Erkrankung mit zunehmender Tumorgröße deutlich verschlechtert und eine Heilung im metastasierten Stadium nur noch äußerst selten erreicht werden kann[188]. Der überwiegende Teil maligner Brustveränderungen wird von Frauen selbst ertastet, weshalb die Empfehlungen zur Früherkennung als wichtigen Bestandteil eine einmal monatliche Brustselbstuntersuchung (BSU) umfassen[189].

Von den in der vorliegenden Studie befragten Lesben gaben 10 % an, gemäß der aktuellen Empfehlung einmal im Monat eine BSU durchzuführen (bei den über 45jährigen Teilnehmerinnen lag der Anteil bei 17,1 %). 45 % nahmen gelegentlich eine BSU vor und weitere 45 % nie.

Hier wird deutlich, dass auch in einer Stichprobe aus sehr an Gesundheitsfragen interessierten Teilnehmerinnen (vgl. Kapitel 3.1.) nur jede zehnte Frau eine monatliche Brustselbstuntersuchung durchführt, hingegen fast die Hälfte der Befragten diese Früherkennungsmöglichkeit nicht nutzt. Für den deutschen Raum liegen keine Vergleichsdaten vor, jedoch ergeben internationale Studien Hinweise darauf, dass lesbische Frauen seltener als heterosexuelle Frauen eine regelmäßige Selbstuntersuchung vornehmen[190].

---

184   Gay and Lesbian Medical Association et al. 2001
185   Frisch/Smith/Grulich/Johansen 2003
186   Rankow 1995a
187   Valanis/Bowen et al. 2000
188   Welt/Schütte/Seeber 1993
189   Deutsche Krebshilfe 1998. Die Wirksamkeit dieser Maßnahme scheint allerdings eingeschränkt zu sein und ihre Eignung zur Verbesserung der Prognose im Falle eines Mammakarzinoms ist umstritten (vgl. Bundesministerium für Familie, Senioren, Frauen und Jugend 2001, S. 126f).
190   Bradford/Ryan 1988, Rankow 1995, Burnet/Steakley et al. 1999

In einer Vergleichsstudie zwischen heterosexuellen und lesbischen Frauen von *Ellingson/ Yarber*[191] liegt die Rate an Frauen, die regelmäßig ihre Brust untersuchen, bei den heterosexuellen Teilnehmerinnen (45 %) mehr als doppelt so hoch wie bei den lesbischen Teilnehmerinnen (21 %). In der britischen *Lesbians and Health Care Study*[192] wurden diejenigen, die noch nie eine BSU durchgeführt hatten (20% des Samples, n=218 von 1066) zu ihren Motiven befragt. Die häufigsten Antworten können in die Kategorien „Ich weiß nicht, was ich tun soll bzw. wonach ich suchen soll" (23 %), „Ich habe keine Zeit/nicht daran gedacht" (21 %), „Ich habe Angst, ich könnte etwas finden" (12 %) und „Ich halte mich für nicht gefährdet" (11 %) eingeordnet werden. Jeweils sieben Prozent gaben Gründe an, die in die Kategorien „Ich fühle mich nicht wohl mit meinem Körper" oder „Meine Partnerin macht das für mich" fallen. Neben Motiven, die auch von heterosexuellen Frauen genannt werden (Unkenntnis, Zeitmangel, Angst vor Tumor[193]), kommen auch lesbenspezifische Aspekte zur Sprache wie die individuelle Gefährdungsabwägung, Körpergefühl und Partnerinnenschaften. Hinzu tritt, dass für die Untergruppe an Lesben, die – wie oben ausgeführt – nicht an gynäkologischen Vorsorgeuntersuchungen teilnimmt, eine Informationsquelle über Notwendigkeit und Durchführung der Selbstuntersuchung entfällt.

Lesbenspezifische Ansätze bei der Aufklärung über Brustkrebsfrüherkennung und Brustselbstuntersuchung, die diesen Aspekten Rechnung tragen, fehlen in Deutschland bisher[194].

4.4.6) Inanspruchnahme medizinischer Versorgung

Nach den Ergebnissen des *Bundesgesundheitssurvey 1998*[195] gehen 90 % der Bevölkerung mindestens einmal im Jahr zur Ärztin bzw. zum Arzt auf (ohne Zahnärztin/Zahnarzt), am häufigsten zu einer Allgemeinärztin oder einem Allgemeinarzt (72 %). 78 % der weiblichen Bevölkerung suchen mindestens einmal im Jahr eine Zahnärztin oder einen Zahnarzt auf und 66 % eine Frauenärztin bzw. einen Frauenarzt.

Der Vergleich mit den Angaben aus der vorliegenden Untersuchung zeigt, dass die Inanspruchnahme von ambulanter ärztlicher Versorgung durch 90,8 % der befragten Lesben im Jahr vor der Befragung den Daten des Bundesgesundheitssurveys entspricht. Kontakte mit Zahnärztinnen/Zahnärzten und Allgemeinmedizinerinnen/-medizinern waren bei den befragten Lesben etwas häufiger, Besuche bei Frauenärztinnen/Frauenärzten etwas seltener als in der weiblichen Allgemeinbevölkerung (vgl. Tab. 4.4.1).

---

191 Ellingson/Yarber 1997
192 Fish/Wilkinson 2003
193 vgl. Paepke/Schwarz-Broeger et al. 2001
194 In den USA verbreitet z.B. das Mautner Project for Lesbians with Cancer Informationsmaterial, das sich gezielt an lesbische und bisexuelle Frauen wendet und über Mammographie- und Pap-Screeningprogramme informiert. (Mautner Project for Lesbians with Cancer 1997a)
195 Bergmann/Kamtsiuris 1999, S. 138, S. 140

Jährliche Inanspruchnahme medizinischer Versorgung im Vergleich

	vorliegende Befragung	Bundesgesundheitssurvey 1998
niedergelassene Ärztin/Arzt[196]	90,8 %	90 %
Zahnärztin/Zahnarzt	87,1 %	78 %
Allgemeinmedizinerin/ Allgemeinmediziner	80,2 %	72 %
Frauenärztin/Frauenarzt	56,8 %	66 %
Psychotherapeutin/ Psychotherapeut	33,8 %	3 %
Heilpraktikerin/Heilpraktiker	22,2 %	7 %

Tab. 4.4.1.: Jährliche Inanspruchnahme medizinischer Versorgung im Vergleich

Deutliche Unterschiede finden sich bei der Inanspruchnahme psychotherapeutischer und heilpraktischer Versorgung. Hier lag der Anteil bei den befragten Lesben, die eine Psychotherapeutin oder einen Psychotherapeuten bzw. eine Heilpraktikerin oder einen Heilpraktiker aufgesucht hatten, deutlich höher als in der weiblichen Gesamtbevölkerung.

Die Nutzung psychotherapeutischer Versorgung lag auch dann in der Lesbenstichprobe ca. 10mal höher als in der weiblichen Allgemeinbevölkerung, wenn nur diejenigen Lesben berücksichtigt werden, die aufgrund von akuter oder chronischer Erkrankung, Behinderung oder psychischen Problemen in Behandlung gewesen waren; vernachlässigt werden dann z.B. Kontakte aus beruflichen Gründen wie Fortbildung oder Supervision. Dies weist auf eine hohe Bereitschaft der befragten Frauen hin, sich in der Auseinandersetzung mit psychischen Schwierigkeiten professionelle Unterstützung zu suchen. Aus den Angaben der Lesben über ihr psychisches Wohlbefinden ergab sich kein Anlass, von einer höheren Prävalenz psychischer Erkrankungen in der Stichprobe auszugehen, die die hohe Inanspruchnahme von Psychotherapie erklären könnte.

Durch die starke Nutzung psychotherapeutischer Angebote zeigt sich auch die Bedeutung, die einer therapeutischen Versorgung zukommt, die sich sensibel und angemessen mit den Belangen lesbischer Klientinnen beschäftigt. In der Befragung *Lesbische Frauen in der Psychotherapie* hielten 51 % der Klientinnen ihre lesbische Lebensweise unabhängig vom Therapieanlass für ein wichtiges Thema in der Therapie[197], obwohl über 80 % der Befragten die Therapie wegen psychischer Probleme begonnen hatten, die nichts mit ihrer sexuellen Orientierung zu tun hatten.

Auch Kontakte zu Heilpraktikerinnen und Heilpraktikern waren in der vorliegenden Untersuchung deutlich häufiger als aufgrund repräsentativer Umfragen zu erwarten gewesen wäre, bei den verdeckt lebenden Lesben noch häufiger als bei den offen leben-

---

196 Angaben für niedergelassene Ärztinnen und Ärzte für alle Befragten, andere Angaben für die weiblichen Befragten des Bundesgesundheitssurveys (Bergmann/Kamtsiuris 1999)

197 Psychosoziale Beratungsstelle donna klara e.V. 2003: In der Parallelbefragung von niedergelassenen Psychotherapeutinnen und -therapeutinnen in Schleswig-Holstein über ihre Therapieerfahrungen mit lesbischen Klientinnen ergab sich ein Anteil von 85 % lesbischer Klientinnen, deren Therapieanlass von ihrer sexuellen Orientierung unabhängig war.

den Lesben. Im *Bundesgesundheitssurvey 1998*[198] gaben ca. 7 % der Frauen an, im Jahr vor der Befragung eine Heilpraktikerin bzw. einen Heilpraktiker aufgesucht zu haben; im *Bevölkerungsbezogen[en] Gesundheitsmonitoring in Bayern*[199] hatten 3,6-8,3 % (abhängig von der sozialen Schicht) der Bevölkerung im Vorjahr eine heilpraktische Behandlung in Anspruch genommen.

In verschiedenen ausländischen Lesbengesundheitsstudien findet sich eine deutliche Distanz der lesbischen Teilnehmerinnen zur Schulmedizin[200] und eine Bevorzugung von ganzheitlichen (holistic) und alternativen Heilmethoden[201]:

> *"Reasons why lesbians did not seek health care were inferred from how lesbians viewed their health care experiences and what they would like to see changed in physical health care. The women were clear about what they wanted in health care. Being unsatisfied with the current Western medical approaches of medication and surgery, they sought alternative health practices that are less invasive and more in tune with the human body and nature."*[202]

Dass sich auch in der befragten Stichprobe ein große Nähe zu unkonventionellen Heilmethoden findet, zeigte sich auch an den Angaben der befragten Frauen über ihr Interesse an alternativer Medizin (51,2 %), sog. Frauen-Heilweisen (30,8 %) und spirituellen Themen (30,6 %) (vgl. Kap. 4.1.). Auch hatte jede 20. Teilnehmerin im Jahr vor der Befragung eine „Heilerin" bzw. einen „Heiler" aufgesucht (repräsentative Vergleichsdaten für diesen Randbereich der Gesundheitsversorgung existieren nicht).

Anders als in internationalen Untersuchungen[203] ergeben sich aber aus den hier erhobenen Daten keine Hinweise darauf, dass die befragten Lesben eine schulmedizinische Versorgung durch alternativmedizinische Angebote ersetzen. Vielmehr scheinen sie diese Methoden zusätzlich zu der Nutzung der konventionellen ärztlichen Versorgung in Anspruch zu nehmen. Ein Einflussfaktor könnte hierbei sein, dass die Teilnehmerinnen der vorliegenden Erhebung bis auf wenige Ausnahmen krankenversichert sind und somit ohne zusätzliche Kosten Zugang zu (schul-)medizinischer Versorgung haben. Im angloamerikanischen Raum stellt für den großen Anteil nicht krankenversicherter Frauen die Naturheilkunde eine kostengünstige Alternative zur konventionellen Gesundheitsversorgung dar[204].

---

198   Bergmann/Kamtsiuris 1999
199   Röckl-Wiedemann/Meyer et al. 2002
200   Trippet/Bain 1992
201   Buenting 1992, Saphira/Glover 2000
202   Trippet/Bain 1992, S. 148-149, Mathieson/Bailey/Gurevich 2002
203   Diamant/Wold et al. 2000, White/Dull 1997
204   Trippet/Bain 1992

4.4.6.1) Geschlecht und sexuelle Orientierung der Behandlerinnen und Behandler

Die Bevorzugung von Ärztinnen – insbesondere lesbischer Ärztinnen – gegenüber männlichen Ärzten durch lesbische Patientinnen ist in mehreren Studien dokumentiert[205]. Insbesondere im Bereich der Gynäkologie werden Ärztinnen einem männlichen Frauenarzt vorgezogen[206].

In der vorliegenden Untersuchung wurde für die allgemeinmedizinische, gynäkologische, zahnärztliche, psychotherapeutische und heilpraktische Versorgung erhoben, welches Geschlecht und welche vermutete sexuelle Orientierung die jeweils aufgesuchten Behandlerinnen und Behandler hatten. In die Auswertung gingen die Angaben derjenigen Frauen ein, die im letzten Jahr in entsprechender Behandlung gewesen waren. Hier zeigte sich, dass in allen Bereichen mit Ausnahme der Zahnmedizin mehrheitlich weibliche Behandlerinnen aufgesucht wurden. Die Bevorzugung von Frauen war im Bereich der Allgemeinmedizin nur gering (54,3 %), jedoch deutlich bei Heilpraktikerinnen (84,2 %), Frauenärztinnen (84,9 %) und Psychotherapeutinnen (92,9 %).

Zur (mutmaßlichen) sexuellen Orientierung ihrer Behandlerinnen und Behandler konnten die befragten Lesben mehrheitlich eine Aussage treffen. Je nach medizinischem Bereich gaben nur 13-33 % an, die sexuelle Orientierung ihrer Behandlerin oder ihres Behandlern nicht zu kennen. Insbesondere bei den Psychotherapeutinnen und Heilpraktikerinnen war ein hoher Anteil der aufgesuchten Behandlerinnen selbst lesbisch, aber auch in allen anderen Bereichen wurden homosexuelle Ärztinnen (und teilweise homosexuelle Ärzte) von einer relevanten Minderheit aufgesucht. Wichtigste Ansprechpartnerinnen waren jedoch durchwegs heterosexuelle Ärztinnen, in Allgemein- und Zahnmedizin auch heterosexuelle Ärzte.

Die Diskrepanz zwischen dem in einigen anderen Studien festgestellten Wunsch der Mehrheit nach einer lesbischen Ärztin und den Angaben in der vorliegenden Untersuchung ließe sich mit der mangelnden Verfügbarkeit von lesbischen Ärztinnen, insbesondere in Kleinstädten und ländlichen Gebieten, erklären. Möglicherweise spielte aber auch die sexuelle Orientierung für die befragten Frauen nicht die zentrale Rolle bei der Arztwahl, wie sie sich in anderen Studien zeigte. Hinzu treten methodische Probleme einiger Erhebungen, die ausschließlich hypothetisch erfragt haben, welche Eigenschaften bezüglich Geschlecht und sexueller Orientierung bevorzugt würden, wenn Behandlerinnen und Behandler frei wählbar wären.

In Befragungen, die neben Geschlecht und sexueller Orientierung auch andere Faktoren einbeziehen, die für die Arztwahl lesbischer Frauen ausschlaggebend sein können, verliert die sexuelle Orientierung der behandelnden Person an Bedeutung gegenüber einer allgemein aufgeschlossenen und lesbenfreundlichen Einstellung. In der Schweizer

---

205 Smith/Johnson/Guenther 1985, Mathieson 1998, Lucas 1992, Modrcin/Wyers 1990, Bradford/Ryan/Rothblum 1994
206 Ermler 2001, S. 44f

Lesbengesundheitsstudie *Und wie verhüten Sie?"* von Ermler[207] hatten Fachkompetenz und Gesprächsverhalten den größten Einfluss auf die Arztwahl der befragten Lesben. Für sehr wichtig wurde zudem erachtet, dass die Ärztin oder der Arzt eine positive Grundhaltung gegenüber homosexuellen Personen besitzt; nur die Hälfte der Befragten fand das Geschlecht der Ärztin bzw. des Arztes ausschlaggebend (nach der bevorzugten sexuellen Orientierung wurde nicht gefragt). Ähnliche Ergebnisse erbrachte auch der *Western New York Community Survey*[208]. Fachliche Erfahrung, Kostenübernahme durch die Krankenversicherung und Lesbenfreundlichkeit wurden als die wichtigsten Kriterien für die Wahl einer Ärztin bzw. eines Arztes angegeben. Zwei Drittel der Befragten würden eine Ärztin gegenüber einem Arzt bevorzugen, ein Drittel wünschte sich eine ebenfalls lesbische Ärztin. Letzteres Kriterium erreichte im Ranking gegenüber anderen Faktoren nur eine niedrige Position als Ausdruck einer geringeren Wichtigkeit. Aus den Antworten der Befragten ging deutlich hervor, dass ihnen Wissen und Bewusstsein um lesbenspezifische Thematiken (knowledgeable about lesbian sexuality issues/lesbian reproductive concerns, positive attitude toward lesbian community) und eine positive Grundhaltung (lesbian sensitive, lesbian affirmative) bedeutsamer erschienen als die Lebensweise der Ärztin oder des Arztes selbst.

4.5) Risikoverhalten

4.5.1) Substanzkonsum

4.5.1.1) Alkohol

In bevölkerungsrepräsentativen Erhebungen in Deutschland wird der Konsum alkoholischer Getränke seit einigen Jahren mittels des Frequenz-Mengen-Index erfasst[209]. Aus der Anzahl der Tage, an denen innerhalb des letzten Monats bzw. des letzten Jahres Alkohol konsumiert wurde, und der durchschnittlich aufgenommenen Alkoholmenge pro Trinktag wird die mittlere tägliche Alkoholaufnahme berechnet. Als Grenzwert für einen riskanten Alkoholkonsum[210], oberhalb dessen auf Dauer physische, psychische und soziale Folgeschäden zu erwarten sind, werden für Frauen aktuell 10 g Alkohol pro Tag angesehen[211].

---

207 Ermler 2001, S. 42
208 Saulnier 1999, Saulnier 2002
209 vgl. Kraus/Bauernfeind 1998, S. 39
210 vgl. Robert-Koch-Institut 2002b, S. 115ff
211 Zum Zeitpunkt der vorliegenden Erhebung im Jahr 1999 galt eine Alkoholaufnahme von 20g/d für Frauen als Grenzwert des kritischen Konsums. Dieser Wert wurde zwischenzeitlich nach unten korrigiert.

Die Erfassung des Frequenz-Mengen-Index ist aufgrund der Komplexität der Fragen mit einer hohen Fehlerquote behaftet[212] und kam auch wegen des großen Umfanges des Fragenkataloges für die vorliegende Erhebung nicht in Betracht. Stattdessen wurde die Regelmäßigkeit des Alkoholkonsums innerhalb des vergangenen Jahres und die Abstinenzrate erhoben.

Nach Zahlen der *Bundesstudie zum Gebrauch psychoaktiver Substanzen 1997*[213] leben 14,9 % der westdeutschen und 7,6 % der ostdeutschen Frauen alkoholabstinent. Die Abstinenzrate nimmt dabei bis zum Alter von 40 Jahren ab, danach wieder leicht zu.

Die Abstinenzrate bei den in der vorliegenden Untersuchung befragten Lesben lag insgesamt bei 12,5 % und entsprach damit dem Bundesdurchschnitt. In der Altersverteilung zeigten sich jedoch Unterschiede zu den Repräsentativdaten für die weibliche Bevölkerung (vgl. Grafik 4.5.1.). Bei den jüngeren Lesben bis zum Alter von 30 Jahren lag der Anteil der im Vorjahr alkoholabstinenten Frauen deutlich niedriger als in der weiblichen Allgemeinbevölkerung. Für Frauen ab 30 Jahren entsprachen die Angaben der befragten Lesben denen der westdeutschen Frauen in der *Bundesstudie zum Gebrauch psycho-aktiver Substanzen 1997*, wobei zu berücksichtigen ist, dass in der vorliegenden Erhebung Lesben aus westlichen Bundesländern deutlich überrepräsentiert waren.

Alkoholabstinenzrate nach Altersgruppen im Vergleich mit Daten der Bundesstudie zum Gebrauch psychoaktiver Substanzen 1997

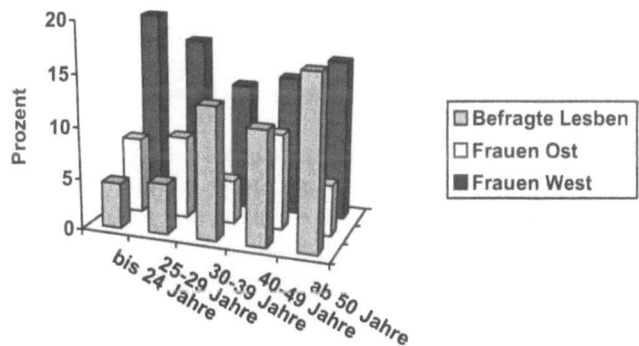

Grafik 4.5.1.: Alkoholabstinenzrate nach Altersgruppen im Vergleich

4,4 % der jungen Lesben unter 25 Jahren konsumierten täglich Alkohol, 11,8 % mehrmals in der Woche und weitere 25,0 % ein bis zwei Mal wöchentlich; die Abstinenzrate in dieser Altersklasse lag bei 4,4 %.

---

212   vgl. Kraus/Bauernfeind 1998, S. 39
213   vgl. Kraus/Bauernfeind 1998

Im *Bundesernährungssurvey 1998* liegt der Anteil an jungen Frauen im Alter von 18-24 Jahren mit einem riskanten Alkoholkonsum von über 10 g Alkohol pro Tag bei ca. 11 %[214]. Junge Erwachsene im Alter unter 25 Jahren neigen eher zum „binge drinking", das durch übermäßigen Alkoholkonsum an wenigen Tagen (z.B. dem Wochenende) gekennzeichnet ist[215]. Aussagen über „binge drinking" oder Trinkmengen lassen sich aus den Daten der vorliegenden Untersuchung nicht ableiten.

Von der Methodik der Erhebung her vergleichbare Daten über den Alkoholkonsum junger Leute existieren aus der *Drogenaffinitätsstudie 1990*[216], die in den alten Bundesländern mit Jugendlichen und jungen Erwachsenen im Alter zwischen 12 und 24 Jahren durchgeführt wurde. Nach dieser Studie trinken 9,1 % der jungen Frauen „regelmäßig", d.h. mindestens einmal in der Woche, Alkohol (15-17 Jahre: 6,0 %; 18-20 Jahre: 9,4 %; 21-24 Jahre: 14,1 %)[217]. 18,0 % der jungen Frauen verhält sich alkoholabstinent (15-17 Jahre: 18,3 %; 18-20 Jahre: 7,5 %; 21-24 Jahre: 6,6 %).

Der Vergleich zwischen der vorliegenden Befragung und den Daten der *Drogenaffinitätsstudie 1998* macht deutlich, dass einerseits der Anteil alkoholabstinenter junger Frauen in der Lesbenstichprobe niedriger liegt, und andererseits der Anteil an jungen Lesben, die mindestens einmal wöchentlich Alkohol konsumieren, mit 41,2 % um ein Mehrfaches über dem des Repräsentativsamples liegt.

In verschiedenen deutschen, bevölkerungsrepräsentativen Erhebungen[218] nahm riskanter Alkoholkonsum von Frauen mit dem Alter zu. Im *Bundesernährungssurvey 1998*[219] findet sich der größte Anteil an Frauen mit einem riskanten Alkoholkonsum in der Altersklasse von 45 bis 54 Jahren (22 %[220]). Auch in der vorliegenden Untersuchung lag der Anteil täglicher Alkoholkonsumentinnen in der Altersklasse ab 45 Jahren mit 12,5 % am höchsten, weitere 15 % der Lesben ab 45 Jahren tranken mehrmals wöchentlich Alkohol.

Insgesamt konsumierte fast die Hälfte der befragten Lesben (48,9%) mindestens einmal in der Woche Alkohol, davon 20,7 % mehr als drei Mal und 4,5 % der Lesben täglich. Im Bevölkerungsdurchschnitt liegt der Anteil an Frauen, die mehrmals wöchentlich Bier (alte Bundesländer 9,5 %, neue Bundesländer: 5,7 %) oder Wein (alte Bundesländer: 6,5 %, neue Bundesländer: 6,7 %) konsumieren, deutlich niedriger[221].

---

214 Robert-Koch-Institut 2002b, S. 115
215 vgl. auch Bundesministerium für Familie, Senioren, Frauen und Jugend 2001, S. 200ff
216 Bundesminister für Gesundheit 1993: In der Drogenaffinitätsstudie 1990 wurden der Alkoholkonsum noch nicht mit dem Frequenz-Mengen-Index, sondern wie in der vorliegenden Studie anhand der Regelmäßigkeit des Konsums erfasst.
217 ebenda, S. 147
218 Robert-Koch-Institut 2002b, Kraus/Bauernfeind 1998
219 vgl. Robert-Koch-Institut 2002b, S. 115ff
220 Robert-Koch-Institut 2002b, S. 115f
221 Zahlen von 1995 für Frauen von 18-59 Jahren von Kraus/Bauernfeind, zitiert nach: Bundesministerium für Familie, Senioren, Frauen und Jugend 2001, S. 204

2,6 % der befragten Lesben gaben an, im letzten Jahr alkoholabstinent gewesen zu sein, aber früher regelmäßig Alkohol getrunken zu haben. Diese Gruppe macht ein Fünftel der aktuell alkoholabstinenten Lesben aus und umfasst u.a. auch die Gruppe der „trockenen" alkoholabhängigen Frauen. Daten aus der weiblichen Allgemeinbevölkerung existieren zu diesem Aspekt nicht.

Auch wenn aufgrund der unterschiedlichen Erhebungsmethoden ein Vergleich des Alkoholkonsums der befragte Lesben mit der weiblichen Allgemeinbevölkerung nur eingeschränkt möglich ist, so ergeben sich doch in der Gegenüberstellung der Daten Hinweise darauf, dass die befragten Lesben in bestimmten Aspekten des Konsumverhaltens vom Bundesdurchschnitt abweichen. Insbesondere bei jungen Lesben besteht der Verdacht, dass diese eine geringere Abstinenzrate und einen höheren Alkoholkonsum aufweisen als gleichaltrige Frauen in Repräsentativerhebungen. Zudem konsumierten die befragten Lesben im Vergleich zu Repräsentativdaten insgesamt häufiger Alkohol; ob auch die dabei aufgenommen Alkoholmenge höher ist als bei anderen Frauen, ist daraus nicht abzuleiten. Übereinstimmungen mit Repräsentativdaten fanden sich bei den Abstinenzraten der Frauen ab 30 Jahren.

Der Frage des Alkoholkonsums von lesbischen Frauen wurde bereits in einer Reihe internationaler Studien nachgegangen[222]. Einige Studien ergaben eine niedrigere Abstinenzraten für Lesben als für heterosexuelle Frauen, insbesondere wenn der große Anteil an abstinenten Ex-Konsumentinnen und „trockenen Alkoholikerinnen" berücksichtigt wird[223]. In einigen Erhebungen liegt die Rate an starken Alkoholkonsumentinnen bzw. alkoholabhängigen Frauen bei den Lesben höher als in der weiblichen Allgemeinbevölkerung[224], während andere keine Hinweise auf ein größeres Ausmaß riskanten Alkoholkonsums durch lesbische Frauen erbringen[225]. Die Vergleichbarkeit der Studien ist durch die unterschiedliche Art des Samplings und der Erfassung des Alkoholkonsums eingeschränkt.

In einer US-amerikanischen Studie von *Nawyn/Richman et al.*[226], die die Frequenz-Mengen-Methode zur Erfassung von Alkoholmengen und Konsummustern einsetzt, berichten die lesbischen Teilnehmerinnen von einem größeren Ausmaß periodischen Alkoholkonsums, häufigerem Alkoholrausch und verstärkten alkoholbedingten Schwie-

---

222 Zusammenfassende Darstellung in: Hughes/Eliason 2002, Abbott 1998, Hughes/Wilsnack 1997, Bux 1996

223 McKirnan/Peterson 1989a, Skinner 1994, Skinner/Otis 1996, vgl. auch Hughes/Eliason 2002, Bergmark 1999

224 Bradford/Ryan/Rothblum 1994, McKirnan/Peterson 1989a, Skinner 1994, Skinner/Otis 1996, Sandfort/Graaf et al. 2001, Bergmark 1999, Cochran/Mays et al. 2001, Gruskin/Hart et al. 2001

225 Bloomfield 1993, Hughes/Haas et al. 2000, Heffernan 1998, Welch/Howden-Chapman et al. 1998

226 Nawyn/Richman et al. 2000

rigkeiten als die heterosexuellen Frauen bei vergleichbarem Durchschnittsalkoholkonsum. *Nawyn/Richman et al.* kamen zu dem Ergebnis

„that more attention needs to be paid to patterns of alcohol use. (...) especially lesbian/bisexual women are more likely than heterosexuals to engage in heavy, sporadic alcohol consumption."[227]

Auch in anderen Studien bestehen bei Lesben mehr psychische Probleme aufgrund des Alkoholkonsums und eine höhere Bereitschaft, sich Hilfe in Beratung und Therapie zu suchen, als bei heterosexuellen Frauen, auch wenn keine Alkoholabhängigkeit oder riskant hoher Alkoholkonsum vorliegt[228].

Schließlich zeigt sich, dass sich der Einfluss bestimmter sozialdemographischer Variablen, insbesondere des Alters, bei Lesben anders als bei heterosexuellen Frauen auswirkt. Im Unterschied zu heterosexuellen Frauen weisen insbesondere junge Lesben einen höheren Alkoholgebrauch auf. Zudem nimmt das Ausmaß riskanten Alkoholkonsums bei Lesben im höheren Alter nicht ab[229], während sich bei heterosexuellen Frauen die Rate riskanten Alkoholkonsums ungefähr ab dem 50. Lebensjahr wieder verringert[230].

Als lesbenspezifische Risikofaktoren für einen hohen Alkoholkonsum werden Stress und Stigmatisierung aufgrund der Zugehörigkeit zu einer gesellschaftlich marginalisierten Gruppe[231] sowie die Nähe der lesbischer Subkultur zu Bars[232] und anderen Orten diskutiert, an denen bevorzugt alkoholische Getränke konsumiert werden. Innerhalb der lesbischen Subpopulation scheint ein Zusammenhang zwischen Gewalterfahrungen[233] – insbesondere Erlebnissen sexualisierter Gewalt in der Kindheit[234], Misshandlung durch die Partnerin oder Erfahrungen homophober Gewalt – und einem problematischen Alkoholkonsum zu bestehen[235]. In einer US-amerikanischen Studie über den Zusammenhang von Mobbing bzw. Belästigung am Arbeitsplatz und Alkoholkonsum reagierten Lesben in einem größeren Ausmaß als die heterosexuellen Teilnehmerinnen auf Schwierigkeiten am Arbeitsplatz mit höherem Alkoholkonsum[236].

---

227   Nawyn/Richman et al. 2000, S. 298
228   McKirnan/Peterson 1989a, Hughes/Haas 2000, Hall 1993
229   Bradford/Ryan/Rothblum 1994, McKirnan/Peterson 1989a, Bergmark 1999
230   Diese Rückgang an riskantem Alkoholkonsum ab dem Alter von 55 Jahren zeigt sich auch im Bundesernährungssurvey (Robert-Koch-Institut 2002b). Eine Aussage über die befragte Lesbenstichprobe ist aufgrund des geringen Anteils von Lesben über 50 Jahren nicht möglich.
231   vgl. Hughes/Eliason 2002, Bobbe 2002, Hall 1990, Bux 1996, Nawyn/Richman et al. 2000
232   Hughes/Eliason 2002, Heffernan 1998, McKirnan/Peterson 1989a, Bradford/Ryan/Rothblum 1994, Bux 1996
233   Savin-Williams 1994, Hughes/Eliason 2002
234   Hughes/Johnson/Wilsnack 2001
235   vgl. Hughes/Eliason 2002
236   Nawyn/Richman 2000

Ansätze, die die Situation lesbischer Frauen berücksichtigen, haben bisher jedoch kaum in Konzepte von Suchtprävention oder -therapie in Deutschland Eingang gefunden[237]. *Schmidt* schreibt über die Therapieangebote der Suchtkrankenhilfe:

> *„Lesbische Frauen kommen weder in traditionellen Therapiekonzepten vor noch wird in der therapeutischen Praxis in irgendeiner Weise die sexuelle Orientierung berücksichtigt. Im Gegenteil: Häufig genug haben diese Frauen darunter zu leiden, dass sie abgewertet werden."*[238]

Dabei wäre ein Verständnis lesbenspezifischer Aspekte von Alkoholmissbrauch nach Cabaj[239] essentiell für die Therapie mit lesbischen Alkoholabhängigen:

> *"Substance use, especially alcohol, is woven into the fabric of the lives of many gay men, lesbians, and bisexual individuals. The use of substances can be associated with identity formation, coming out, and self-acceptance processes for many gay men, lesbians, and bisexual persons. (...) Internalized homophobia and societal homophobia combine to reinforce the use of alcohol and drugs and may make the recognition and treatment of substance abuse in lesbians, gay men, and bisexual individuals more difficult. Extended recovery is more likely to happen – indeed, may only be possible – if a gay man, lesbian, or bisexual person is able to accept his or her sexual orientation, address internalized homophobia, and discover how to live clean and sober without fearing or hating his or her self."*[240]

4.5.1.2) Rauchen

28 % der weiblichen Bevölkerung in Deutschland rauchen gelegentlich oder regelmäßig[241]. Am höchsten ist der Raucherinnenanteil mit 44 % bei Erwachsenen im Alter zwischen 18 und 24 Jahren.

In der vorliegenden Stichprobe lag der Anteil an Raucherinnen mit 37 % über dem Durchschnitt für die weibliche Gesamtbevölkerung. Dieser Unterschied ließe sich jedoch mit der nicht-repräsentativen Altersverteilung erklären. Beim Vergleich des Raucherinnenanteils nach Altersgruppen zeigten sich kaum Abweichungen von den Daten aus Repräsentativbefragungen wie dem *Bundesgesundheitssurvey 1998* oder dem *Mikrozensus 1999*[242]. Von den Lesben unter 25 Jahren rauchten 44 %, was dem Gesamtbevölkerungsanteil entspricht (44 % Raucherinnen in der Altersgruppe zwischen 18 und 24 Jahren). Im Alter von 25-39 Jahren rauchten 38 % (Mikrozensus 1999: Frauen West 34 %, Ost 7 %), im Alter von 40-59 Jahren 25 % (Mikrozensus 1999: Frauen West 27%, Ost 22 %).

---

237 zur internationalen Diskussion vgl. Copeland/Hall 1992, Ratner 1988, Hall 1990, Cabaj 1996
238 Schmidt 1995, S. 53
239 Cabaj 1996
240 Cabaj 1996, S. 796
241 Bundesgesundheitssurvey 1998, Junge/Nagel 1999
242 vgl. Deutsche Hauptstelle gegen die Suchtgefahren 2000

Nach den Ergebnissen des *Bundesgesundheitssurveys 1998* existiert bei Frauen kaum eine Abhängigkeit des Rauchverhaltens von der sozialen Schicht – anders als bei Männern, bei denen der Zigarettenkonsum mit dem Anstieg der sozialen Schichtzugehörigkeit deutlich abnimmt. Weibliche Angehörige der Unter- und Mittelschichten zeigen ähnliche Prävalenzraten für Zigarettenkonsum und rauchen etwas häufiger als der Gesamtdurchschnitt, Frauen aus der Oberschicht dagegen etwas seltener als der Durchschnitt. Unter Berücksichtigung der Prädominanz von Mittelschichtsangehörigen in der Stichprobe wäre also eher eine gegenüber dem Bundesdurchschnitt leicht erhöhte Raucherinnenrate zu erwarten, was sich allerdings nach Gewichtung der Altersverteilung nicht zeigen ließ.

Im Vergleich mit den Repräsentativdaten finden sich jedoch Unterschiede in den Anteilen von Nie-Raucherinnen und Ex-Raucherinnen. Während bundesweit der Nie-Raucherinnenanteil bei 57 % der Frauen liegt, befanden sich unter den befragten Lesben nur 42 %, die nie regelmäßig geraucht hatten. Demgegenüber lag der Anteil an Ex-Raucherinnen mit 21 % höher als in der weiblichen Gesamtbevölkerung (15 %).

Bei Betrachtung der Altersverteilung wird deutlich, dass sich insbesondere bei den jungen Lesben bis 20 Jahren und bei den älteren Lesben ab 50 Jahren weniger Nie-Raucherinnen fanden als im Bevölkerungsdurchschnitt. Entsprechend lag der Anteil der Frauen, die das Rauchen aufgegeben hatten, in allen Altersklassen über den Zahlen des Bundesgesundheitssurveys. Die Unterschiede waren hier vor allem in der Altersgruppe der 20-29jährigen (Ex-Raucherinnen: Lesben 14 %, Bundesgesundheitssurvey 7 %) und ab 50 Jahren auffällig (Ex-Raucherinnen: Lesben 54 %, Bundesgesundheitssurvey: ca. 15 %).

Zusammenfassend lässt sich feststellen, dass sich in der Lesbenstichprobe ein Raucherinnenanteil fand, der der weiblichen Allgemeinbevölkerung weitestgehend entspricht. Es zeigt sich jedoch eine höhere Lebenszeitprävalenz des Rauchens bei den befragten Lesben mit einem entsprechend größeren Anteil an Ex-Raucherinnen. Möglicherweise steht der höhere Anteil an Ex-Raucherinnen in der Stichprobe im Zusammenhang mit dem starken Gesundheitsbewusstsein, das ein Teil der befragten Lesben in anderen Bereichen gezeigt hat, und sie an einem Punkt ihrer Biographie bewogen hat, das Rauchen aufzugeben. Ob in einem weniger gesundheitsbewussten Sample die Prävalenz gegenwärtigen Zigarettenkonsums höher liegt, müsste an einer Stichprobe anderer – möglichst: repräsentativer – Zusammensetzung untersucht werden.

In verschiedenen internationalen Studien zeigen sich regelmäßig höhere Raten an Raucherinnen und Ex-Raucherinnen bei Lesben[243] im Vergleich zur heterosexuellen

---

243 Eine Ausnahme stellt die Erhebung von White/Dull dar, deren Sample einen geringeren Raucherinnenanteil als die Gesamtpopulation aufwies, sich allerdings überwiegend aus Teilnehmerinnen einer Gesundheitskonferenz zusammensetzte (White/Dull 1997). Eine weitere Ausnahme ist die Befragung des Boston Lesbian Health Projects, in der sich in einer nicht-repräsentativen Stichprobe eine geringere Raucherinnenrate als in der weiblichen Gesamtbevölkerung fand (Roberts/Sorensen 1999).

Kontrollgruppe bzw. der Gesamtpopulation, sowohl bei lesbischen Jugendlichen[244] als auch bei Erwachsenen[245].

Als mögliche Gründe werden die zentrale Bedeutung von Orten wie z.b. Bars und Veranstaltungen in der homosexuellen Subkultur angeführt, an denen Rauchen zum anerkannten Sozialverhalten gehört[246]. Außerdem ergeben sich Hinweise, dass

> *„like other economically and socially marginalized communities, lesbians, gays, and bisexuals may face a disproportionate amount of daily stress due to homophobia and discrimination. Smoking has been found to be more prevalent among groups that experience high levels of stress."*[247]

In der Interviewstudie Frauen und Zigaretten[248] sieht Koppenhöfer die

> *„Verknüpfung mit dem Image der Frau, die nicht dem weiblichen Rollenklischee entspricht"*

als ein zentrales geschlechtsspezifisches Thema im Rauchverhalten von Frauen. Auch wenn lesbisches Leben in der Untersuchung von *Koppenhöfer* nicht thematisiert wird, kommt die Autorin zu Schlüssen, die für Lesben von besonderer Bedeutung sein können:

> *„Das Rauchen zur Konflikt- und Stressbewältigung kann Angst vor sozialen Sanktionen bei `unweiblichem´ Verhalten, eine passive und resignative Haltung gegenüber Problemen und eine geringe Selbstwirksamkeitseinschätzung, ein Sich-am-Funktionieren-halten innerhalb fremdbestimmter Rollenanforderungen und ein Gegen-sich-selbst-richten von Aggressionen und Frustrationen zum Ausdruck bringen. Es kann aber auch eine verlässliche Stütze zur Umsetzung selbstbestimmter Pläne und schwer erreichbarer Ziele, die Vermittlung von Selbstsicherheit zum Bestehen von Auseinandersetzungen, eine Abgrenzungsmöglichkeit gegenüber Zumutungen von außen, ein Mutmittel zum Verlassen gewohnter Pfade, einen Halt im Leben jenseits der Normalität und einen Trost in belastenden und unabänderlichen Lebenssituationen bedeuten."*[249]

Angesichts der Bedeutung, die Rauchen in der Genese verschiedener Erkrankungen[250] zukommt, sind Hinweise auf eine höhere Lebenszeitprävalenz von Zigarettenkonsum bei lesbischen Frauen als alarmierend anzusehen. Bevölkerungsbezogene Daten über das

---

244   vgl. Ryan/Wortley et al. 2001
245   Bradford/Ryan/Rothblum 1994, Skinner/Otis 1996, Valanis/Bowen et al. 2000, Diamant/Wold et al. 2000, Diamant/Schuster/Lever 2000, Gruskin/Hart et al. 2001, Cochran/Mays et al. 2001, vgl. auch Ryan/Wortley et al. 2001
246   vgl. Ryan/Wortley et al. 2001
247   Ryan/Wortley at al. 2001, S. 142
248   Koppenhöfer 2000
249   Koppenhöfer 2000, S. 176
250   vgl. Junge/Nagel 1999 und Classen/Diehl/Kochsiek 1994, S. 1017: Inhalatives Zigarettenrauchen verursacht Lungenkrebs sowie eine chronisch-obstruktive Bronchitis mit Lungenemphysem. Auch die Entstehung extrapulmonaler Karzinome wird gefördert (Mund, Rachen, Kehlkopf, Speiseröhre, Blase). Rauchen gilt als wesentlicher Risikofaktor für eine Arteriosklerose mit den Folgen der Koronaren Herzerkrankung (Herzinfarkt) und peripher-arteriellen Verschlusskrankheit („Raucherbein").

Rauchverhalten von Lesben in Deutschland stehen aktuell noch ebenso aus wie die Erforschung lesbenspezifischer Motivationen beim Zigarettenkonsum oder zielgruppenspezifische Präventionsansätze für Lesben.

4.5.1.3) Cannabisprodukte und andere Drogen

Ca. 10 %[251] bis 11 %[252] der westdeutschen und 2 %[246] bis 4 %[247] der ostdeutschen Frauen haben Erfahrung mit illegalen Drogen. Dabei werden und wurden von über 90 % der Drogenerfahrenen hautsächlich Cannabisprodukte (Haschisch, Marihuana) konsumiert, sonstige illegale Drogen entsprechend seltener (in absteigender Häufigkeit: Aufputschmittel/Amphetamine, Kokain, Halluzinogene, Opiate und Heroin, Ecstasy, Inhalativa, Crack). Jugendliche und junge Erwachsene unter 25 Jahren weisen einen höheren Drogenkonsum auf als ältere Personen.

Der Konsum von Cannabis und anderen Drogen lag in der Lesbenstichprobe deutlich über den Repräsentativergebnissen. Auffallend war einerseits der große Anteil an drogenerfahrenen Lesben.

In der befragten Lesbenstichprobe hatten mindestens[253] 31 % Erfahrung mit Cannabisprodukten und mindestens 7,5 % Erfahrung mit anderen Drogen, was dem Doppelten bis Dreifachen des oben genannten Anteils in Repräsentativerhebungen entspricht.

Des Weiteren wies die Lesbenstichprobe einen deutlich höheren Anteil an aktuellen Konsumentinnen auf, als Repräsentativdaten erwarten ließen. 22 % der lesbischen Befragten hatten im letzten Jahr Cannabisprodukte konsumiert; jüngere Frauen bis 25 Jahren signifikant häufiger als ältere Frauen. 4,2 % der Frauen hatten im Jahr vor der Erhebung andere Drogen zu sich genommen; hier bestand keine Abhängigkeit zum Alter der Befragten. In der *Repräsentativerhebung zum Gebrauch psychoaktiver Substanzen bei Erwachsenen 1998*[254] lag die 12-Monats-Prävalenz bei Frauen für Cannabiskonsum bei ca. 3,4 % (West) bzw. 1,7 % (Ost), für andere Drogen bei ca. 0,9 % (West) bzw. 0,4 % (Ost). Die 30-Tage-Prävalenz für den Konsum von Cannabis liegt in der *Repräsentativerhebung zum Gebrauch psychoaktiver Substanzen bei Erwachsenen 1998* bei ca. 2,4 % (West) bzw. ca. 0,6 % (Ost) (Angaben zur 30-Tage-Prävalenz des Konsums anderer Drogen fehlen). Bei den Lesben konsumierten 6,9 % häufiger als einmal im Monat und 2,7 % mindestens einmal in der Woche Cannabisprodukte und 0,7 % häufiger als einmal in der Woche andere Drogen.

Der Cannabiskonsum der befragten Lesben nahm mit dem Alter ab, lag jedoch in allen Altersgruppen höher als in der weiblichen Allgemeinbevölkerung.

---

251 Perkonigg/Lieb/Wittchen 1998
252 Kraus/Bauernfeind 1998
253 Diese Zahlen geben den Anteil derjenigen an, die entweder einen aktuellen Konsum oder einen regelmäßigen Konsum in der Vergangenheit angaben. Gelegentlicher oder einmaliger Konsum von Drogen, der länger als ein Jahr zurücklag, wurde nicht erfasst. Der Gesamtanteil der Lesben mit Drogenerfahrung liegt so noch einmal höher, als es diese Summe suggeriert.
254 Kraus/Bauernfeind 1998

In zwei relevanten US-amerikanischen Studien findet sich ebenfalls ein höherer Drogen-konsum bei den lesbischen Teilnehmerinnen im Vergleich zur weiblichen Allgemein-bevölkerung[255]. In der Studie von *McKirnan/Peterson* mit Lesben und Schwulen fehlen zudem die Abnahme des Drogenkonsums mit zunehmendem Alter im homosexuellen Sample und geschlechtsspezifische Unterschiede im Konsumverhalten. *McKirnan/ Peterson* erklären die von ihnen gefundenen Ergebnisse – ähnlich den Erklärungsansät-zen zu Alkohol- und Zigarettenkonsum – mit einem unterschiedlichen sozialen Rollen-modell für lesbische Frauen:

> *„Homosexual women were much more similar to homosexual men in their use of alco-hol and drugs than in the general population, and the homosexual sample showed far less decline across age. We find a role theory interpretation of these effects most compelling, in that cultural differences in occupational and other social roles may con-tribute to both enhanced rates of substance abuse and this pattern of alcohol problems within the homosexual sample. This may combine with the continuing importance of bars or similar settings to those who participate more actively in homosexual culture, and/or face the stress of discrimination or harassment due to their sexual orientati-on."[256]*

4.5.1.4) Medikamente mit Missbrauchspotential

Der Konsum psychotroper Medikamente ist bei Frauen weit verbreitet. In der *Reprä-sentativerhebung zum Gebrauch psychoaktiver Substanzen bei Erwachsenen in Deutsch-land 1997* von *Kraus/Bauernfeind*[257] liegt der Anteil an Frauen, die mindestens einmal in der Woche ein psychotropes Medikament einnehmen, bei 19,5 %.

In Bevölkerungsbefragungen valide Daten über Missbrauch und Abhängigkeit von Me-dikamenten zu erheben, ist kaum möglich[258]. Die Unterscheidung, ob die Einnahme therapeutisch sinnvoll oder missbräuchlich erfolgt, kann anhand der erhobenen Daten meist nicht getroffen werden. Die Einordnung der Medikamente in Substanzklassen durch die Befragten selbst hat zudem einen relevanten Anteil an falschen Klassifikationen zur Folge. Aus anderen Daten ergeben sich jedoch Hinweise darauf, dass Medikamenten-missbrauch durch Frauen ein ernstzunehmendes Problem darstellt und *„psychotrope Medikamente (...) frauenspezifische Suchtmittel"*[259] sind. So lag bei 18 % der 1996 wegen einer Abhängigkeitserkrankung stationär behandelten Frauen eine Beruhigungs- oder Schlafmittelabhängigkeit vor, mehr Frauen als Männer werden in Schmerzzentren wegen chronischer, analgetikainduzierter Kopfschmerzen behandelt und ein analgetikainduzier-

---

255   McKirnan/Peterson 1989a, Trilogy Project: Skinner 1994 und Skinner/Otis 1996
256   McKirnan/Peterson 1989, S. 552
257   Kraus/Bauernfeind 1998, S. 49ff: Als psychotrope Medikamente wurden Schmerzmittel, Schlafmittel, Beruhigungsmittel, Anregungsmittel, Abführmittel und Appetitzügler klassifiziert.
258   vgl. für die Aussagen dieses Abschnittes: Kraus/Bauernfeind 1998, Bischof/John 2002
259   Bundesministerium für Familie, Senioren, Frauen und Jugend 2001, S. 221

tes Nierenversagen findet sich bei Frauen um den Faktor 5-7 mal häufiger als bei Männern[260].

In der vorliegenden Untersuchung wurde die Einnahmehäufigkeit für Schmerzmittel, Beruhigungsmittel, Schlafmittel, stimmungsbeeinflussende Mittel/Psychopharmaka und Abführmittel innerhalb des Jahres vor der Befragung erhoben.

8 % der Lesben hatten im Jahr vor der Befragung wöchentlich oder häufiger psychotrope Medikamente eingenommen, am häufigsten Analgetika. Verglichen mit den Daten der *Repräsentativerhebung zum Gebrauch psychoaktiver Substanzen bei Erwachsenen in Deutschland 1997*[261] lag der Konsum psychotroper Substanzen in der lesbischen Stichprobe niedriger als in der weiblichen Allgemeinbevölkerung (vgl. Tab. 4.5.1). Zu beachten ist hierbei jedoch, dass in der Repräsentativerhebung die Einnahmehäufigkeit in den letzten vier Wochen vor Befragung erhoben wurde, während in der vorliegenden Befragung der Zeitraum der letzten zwölf Monate erfragt wurde.

Einnahme von Medikamenten mindestens einmal pro Woche – Studienvergleich

	vorliegende Erhebung	Repräsentativerhebung zum Gebrauch psychoaktiver Substanzen in Deutschland 1997 (Frauen, West)
Schmerzmittel	5,8 %	13,0 %
Schlafmittel	0,5 %	3,0 %
Beruhigungsmittel	1,3 %	3,8 %
Anregungsmittel	----	0,8 %
stimmungsbeeinflussende Mittel/Psychopharmaka	2,1 %	----
Abführmittel	0,2 %	3,4 %
Appetitzügler	----	1,2 %
Gesamt	8,0 %	19,5 %

Tab. 4.5.1: Einnahme von Medikamenten mindestens einmal pro Woche – Studienvergleich

Beim Vergleich mit Studiendaten, die ebenfalls den Zeitraum von zwölf Monaten vor der Befragung für die Auswertung zugrunde legen, zeigen sich weitgehende Übereinstimmungen zwischen dem Konsumverhalten der befragten Lesben und dem der weiblichen Allgemeinbevölkerung. Vergleichsdaten hierzu liegen aus der Studie *Gesundheit und Abhängigkeit bei Frauen*[262] von *Franke/Elsesser et al.* vor. Hier finden sich keine Unterschiede in der Regelmäßigkeit des Konsums psychotroper Medikamente im Jahr vor der Befragung zwischen den beiden repräsentativen Screeninggruppen aus Dortmund und Magdeburg und den in der vorliegenden Untersuchung befragten Lesben. So haben in der Studie von *Franke/Elsesser et al.* 24,0 %/22,4 % der Frauen (Dortmund/Magdeburg) im letzten Jahr keine Analgetika eingenommen, 3,7 %/3,6 % „regelmäßig". In der vorliegenden Untersuchung lag der Anteil der Frauen ohne Analgetikaeinnahme bei 21,1 % und

---

260   ebenda, S. 223/S. 225
261   Kraus/Bauernfeind 1998
262   Franke/Elsesser et al. 1998

der regelmäßigen Konsumentinnen (d.h. wöchentlich oder häufiger) bei 5,8 %. Ähnliche Übereinstimmungen finden sich für die Einnahme von Schlafmitteln und Beruhigungsmitteln.

Nach den Ergebnissen des *Berichtes zur gesundheitlichen Lage von Frauen in Deutschland*[263] und der Studie von *Franke/Elsesser et al.*[264] nimmt die Einnahmehäufigkeit von psychotropen Medikamenten mit dem Alter zu. In der vorliegenden Erhebung ließ sich dies für Schlaf-, Beruhigungs- und stimmungsbeeinflussenden Mittel nicht nachvollziehen. Bei Analgetika nahm die Einnahmehäufigkeit bei den Lesben im höheren Alter sogar ab.

Mit Ausnahme der Frage zur Schmerzmittelaufnahme fiel in der vorliegenden Erhebung der vergleichsweise hohe Anteil an fehlenden Angaben auf. Zwischen 3,3 % (stimmungsbeeinflussende Mittel, Schlafmittel) und 4,5 % (Abführmittel, Beruhigungsmittel) der Teilnehmerinnen beantworteten die Fragen zum Konsum psychotroper Medikamente nicht. Bei den Abführmitteln lag die Zahl der fehlenden Nennungen über dem Anteil derjenigen, die im vergangenen Jahr nach ihren Angaben Laxantien eingenommen hatten. Die Aussagekraft der Daten ist an dieser Stelle entsprechend vorsichtig zu beurteilen und die Angaben zu Laxantien wurden deshalb nicht zur weiteren Analyse oder zum Vergleich mit Repräsentativdaten herangezogen.

Es hatte sich in den vorliegenden Daten gezeigt, dass die Konsummuster psychotroper Medikamente untereinander abhängig waren. Lesben mit einem höheren Konsum an Analgetika, Psychopharmaka, Beruhigungs- oder Schlafmittel nahmen auch häufiger Medikamente der übrigen drei Substanzklassen ein. Dieser Zusammenhang findet sich teilweise auch in anderen Erhebungen über die Analgetikaeinnahme von Frauen[265]; in anderen Erhebungen besteht keine wesentliche Beziehung[266] zwischen den Konsummustern psychotroper Medikamente.

Daten über den Gebrauch von psychotropen Medikamenten durch Lesben liegen international kaum vor. In der bisher einzigen Erhebung zu diesen Thema, dem US-amerikanischen *Trilogy Project*[267], hatten sich hohe Lebenszeitprävalenzraten für die missbräuchliche Anwendung von Tranquilizern (35,3 %), Sedativa (33,5 %), Psychopharmaka (53,2 %) und Analgetika (25,0 %) durch Lesben gezeigt. Mit Ausnahme der Analgetika zeigten die Lesben bei allen Medikamenten eine signifikant höhere Rate an missbräuchlicher Einnahme als die schwulen Männer der Stichprobe. Dies ließe sich mit der Hypothese vereinbaren, dass Lesben in ihrem Risikoverhalten in Bezug auf Medikamenteneinnahme den geschlechtsspezifischen Konsummustern von Frauen folgen und damit einem erhöhten Risiko für Medikamentenmissbrauch unterliegen.

---

263 Bundesministerium für Familie, Senioren, Frauen und Jugend 2001, S. 227ff
264 Franke/Elsesser et al. 1998, S. 76f
265 vgl. Bundesministerium für Familie, Senioren, Frauen und Jugend 2001, S. 226
266 Franke/Elsesser et al. 1998, S. 85
267 Skinner 1994

Weitere Forschung erscheint zu diesem bisher vernachlässigten Problem sinnvoll, auch um der gegenüber der weiblichen Allgemeinbevölkerung eventuell veränderten Altersabhängigkeit des Medikamentenkonsums weiter nachgehen zu können.

4.5.1.5) Coffein

Die Angaben aus der vorliegenden Untersuchung über den Konsum koffeinhaltiger Getränke wurden den Ergebnissen über den Kaffeekonsum des *Bundesernährungssurveys*[268], eines Teiles des *Bundesgesundheitssurveys 1998*, gegenübergestellt. Diese Einschränkung wurde nötig, da der *Bundesernährungssurvey* zwar auch den Konsum von koffeinhaltigen Erfrischungsgetränken erfasst, aber diesen nicht getrennt nach Koffeinhaltigkeit der Limonaden auswertet.

Gemäß *Bundesernährungssurvey* trinken 14 % der Befragten keinen Kaffee. Dieser Anteil entspricht dem Ergebnis der vorliegenden Untersuchung, in der 14 % der Lesben keine coffeinhaltigen Getränke konsumierten. Die größte Tagesmenge an Kaffee wird im Bundesernährungssurvey von den 45-54jährigen Frauen getrunken. Auch in der vorliegenden Untersuchung zeigte sich das Maximum an Coffeinkonsum im mittleren Alter, hier in der Altersgruppe der 40-44jährigen Teilnehmerinnen.

Mit der o.g. Einschränkung aufgrund der abweichenden Frageformulierungen zeigten sich bei den befragten Lesben keine Unterschiede im Coffeinkonsum gegenüber der Allgemeinbevölkerung.

4.5.2) Body-Mass-Index

Körpermaße gelten als wichtige Indikatoren für den Gesundheitszustand einer Bevölkerung[269]. International hat sich der Body-Mass-Index (BMI) als Funktion von Körpergewicht und Körpergröße zur Messung der Körperfülle etabliert. Die Normwerte für den BMI sind von Geschlecht, Alter und Kultur abhängig. Als Richtwerte gelten für das Normalgewicht ein BMI = 20-25 kg/m², für Übergewicht ein BMI > 25 kg/m² und für manifeste Adipositas ein BMI > 30 kg/m².

In Deutschland ist der BMI bei jungen Frauen am niedrigsten und steigt mit dem Alter allmählich an. Der BMI der weiblichen Bevölkerung[270] liegt im Durchschnitt bei 26,3 kg/m².

Der BMI in der vorliegenden Studie wurde aus den Angaben der Teilnehmerinnen über Körpergröße und Körpergewicht berechnet; es ist somit nicht auszuschließen, dass aufgrund der gesellschaftlichen Idealvorstellung von „schlanken Frauen" die Befragten ihr Körpergewicht falsch niedrig einschätzten.

Personen mit einem BMI < 19 kg/m² gelten als untergewichtig. Starkes Untergewicht mit einem BMI < 17,5 kg/m² ist Ausdruck einer Fehl- oder Mangelernährung und in Mittel-

---

268   Robert-Koch-Institut 2002b, S. 108
269   vgl. Bergmann/Mensink 1999
270   Bergmann/Mensink 1999, S. 116

europa in der Regel Folge einer körperlichen oder psychosomatischen Erkrankung, z.B. einer Anorexia nervosa[271]. Mögliche physische Folgen von Unterernährung sind primäre und sekundäre Amenorrhö, Hypalbuminämie, Elektrolytstörungen, arterielle Hypotonie, Pseudoatrophie des Gehirns, Hypercholesterinämie und Hypovitaminosen.

In der befragten Stichprobe hatten 1,4 % (n=8) der Frauen einen BMI von weniger als 17,5 kg/m², 7,4 % einen BMI unter 19 kg/m². Die Betrachtung der Altersverteilung zeigte, dass jüngere Frauen bei den Untergewichtigen nicht überrepräsentiert waren; alle acht Befragten mit einem BMI < 17,5 kg/m² waren zwischen 25 und 39 Jahren alt.

Demgegenüber beträgt die Prävalenz von Untergewicht im *Gesundheitsbericht für Deutschland 1998* in der weiblichen Allgemeinbevölkerung (BMI < 19 kg/m²) 2,4 %[272]. 6,8 % der westdeutschen und 5,7 % der ostdeutschen Frauen hatten im *Bundesgesundheitssurvey 1998* [273] einen BMI < 20 kg/m² (in der vorliegenden Stichprobe: 17,6 % der Frauen), 1,5 % einen BMI < 18,5 kg/m² (in der vorliegenden Stichprobe: 4,6 % der Frauen).

Personen mit einem BMI > 30 kg/m² werden als adipös angesehen, mit einem BMI > 40 kg/m² als stark adipös. Die Genese der Adipositas gilt als multifaktoriell; wichtige Ursachen sind Überernährung und Bewegungsmangel, körperliche oder psychosomatische Erkrankungen sowie unerwünschte Arzneimittelwirkungen[274]. Adipositas gilt als Risikofaktor[275] für kardio- und zerebrovaskuläre Erkrankungen, Diabetes mellitus Typ 2, degenerative Gelenkerkrankungen, arterielle Hypertonie und Hyperlipoproteinämien und als aggravierender Faktor von pulmonalen Erkrankungen.

Die Prävalenz von Adipositas (BMI > 30 kg/m²) beträgt nach dem *Bundesgesundheitssurvey 1998*[276] bei Frauen im Westen 21 % und im Osten 24 %; starke Adipositas (BMI > 40 kg/m²) kommt im Westen bei 1,8 % und im Osten bei 1,4 % der Frauen vor.

Demgegenüber lagen in der vorliegenden Untersuchung nur 5,6 % der Teilnehmerinnen mit ihrem BMI über 30 kg/m², davon 0,5 % im Bereich starker Adipositas mit einem BMI > 40 kg/m².

In verschiedenen internationalen Erhebungen weisen Lesben im Durchschnitt einen höheren BMI als die heterosexuellen Vergleichsgruppen auf, und es zeigt sich eine größere Prävalenz von Adipositas bei Lesben[277]; in anderen Studien finden sich keine Unterschiede in Bezug auf die Körpermaße zwischen lesbischen und heterosexuellen Frau-

---

271 Classen/Diehl/Kochsiek et al. 1994, S. 746
272 Statistisches Bundesamt 1998, S. 88
273 Bergmann/Mensink 1999, S. 118; Robert-Koch-Institut 2002b, S. 133
274 Classen/Diehl/Kochsiek 1994, S. 750ff
275 vgl. Bergmann/Mensink 1999. Insbesondere trifft dies für Adipositas zu, die mit einem bestimmten Typ der Fettverteilung, gemessen in der waist-hip-ratio, einhergeht. Die waist-hip-ratio wurde in der vorliegenden Untersuchung nicht erfasst.
276 Bergmann/Mensink 1999
277 Saphira/Glover 2000, Aaron/Markovic et al. 2001, Valanis/Bowen et al. 2000, Mays/Yancey et al. 2002

en[278]. Aus den Daten der vorliegenden Untersuchung ergaben sich keine Hinweise auf eine erhöhte Prävalenz von Adipositas unter den befragten Lesben gegenüber der weiblichen Allgemeinbevölkerung.

Über ein vermehrtes Vorkommen eines riskant niedrigen BMI bei Lesben existieren keine Veröffentlichungen. In der vorliegenden Untersuchung stellten untergewichtige Lesben eine relevante Gruppe der befragten Frauen dar. Aus den erhobenen Daten können keine Rückschlüsse auf die Genese des Untergewichtes gezogen werden, jedoch verdient der vergleichsweise hohe Anteil untergewichtiger Frauen aufgrund der engen Assoziation mit schweren körperlichen und psychosomatischen Erkrankungen in der weiteren Forschung Beachtung.

Das Körpergewicht ist, neben den oben aufgeführten gesundheitlichen Einflüssen, in westlichen Gesellschaften eng verknüpft mit zwei weiteren Aspekten des Lebens von Frauen: dem Essverhalten und der sozialen Stellung.

> *"Body weight and shape have traditionally been important indicators of attractiveness for women; in modern society, these have become the major single factors for determining women´s beauty and desirability. (...) Whereas excess body weight was once a sign of affluence, indicating that the person had plenty to eat, in current prosperous Western societies thinness has become the status symbol for women."[279]*

> *„Schlanksein ist heute Synonym und Voraussetzung für Erfolg, Anerkennung, Wertschätzung, Attraktivität und sexuelle Ausstrahlung. Dies gilt vor allem für Frauen (...)."[280]*

Während in den letzten Jahrzehnten das Schönheitsideal für Frauen immer schlanker geworden ist, nimmt der Anteil der übergewichtigen Frauen eher zu[281]. Aber auch viele normalgewichtige Frauen sind mit ihrem Körpergewicht nicht zufrieden und versuchen – in der Regel mit Diäten und restriktivem Essverhalten – abzunehmen[282]. Soziokultureller Druck zur Schlankheit[283] und Unzufriedenheit mit der eigenen Körperfülle[284] gelten als Risikofaktoren für die Entwicklung von Essstörungen, deren Lebenszeitprävalenz bei Frauen bei 0,5-1 % für Anorexia nervosa und 2-4 % für Bulimie liegt[285]. Die Mortalitätsrate der Anorexia nervosa liegt langfristig bei 10-15 %[286].

Da psychosozialen Faktoren in der Ätiologie von Essstörungen eine entscheidende Rolle zukommt, haben verschiedene Studien untersucht, ob die sexuelle Orientierung einen

---

278 Powers/Bowen et al. 2001
279 Blechmann/Brownell 1998, S. 369
280 Franke 2002, S. 359
281 Bergmann/Mensink 1999; vgl. Rautenbach 2001
282 vgl. Rautenbach 2001
283 Stice/Schupak-Neuberg et al. 1994
284 Taylor/Altman 1997, vgl. auch Strong/Williamson et al. 2000
285 Franke 2001, S. 362
286 Machleidt/Bauer et al. 1999, S. 144

unabhängigen Einflussfaktor in der Entwicklung von Bulimie oder Anorexie darstellt. *Siever*[287] stellt fest, dass lesbische Frauen trotz eines höheren BMI mit ihrer Körperfülle zufriedener sind als heterosexuelle Frauen, bei sich und ihren Partnerinnen weniger Wert auf körperliche Attraktivität legen und auch weniger problematisches Essverhalten zeigen. In einer bevölkerungsbezogenen Erhebung bei Jugendlichen von *French/Story et al.*[288] sind die lesbischen Teilnehmerinnen mit ihrem Körper zufriedener als heterosexuelle weibliche Jugendliche; keine Unterschiede finden sich in bezug auf problematisches Essverhalten und Diäten[289]. In qualitativen Studien[290] zeigt sich aber auch, dass geschlechtsspezifische Sozialisationsfaktoren und kulturelle Einflüsse gegenüber der sexuellen Orientierung bei vielen Lesben den prädominierenden Einfluss auf deren Körperbild und -gefühl (body image) haben und eine lesbische sexuelle Orientierung nicht verallgemeinernd als protektiver Faktor gegenüber Essstörungen angesehen werden kann.

4.6) Erfahrungen in der medizinischen Versorgung

4.6.1) Allgemeine Erfahrungen mit Ärztinnen und Ärzten

Fast die Hälfte der befragten Lesben beschrieb ihre bisherigen Erfahrungen mit Ärztinnen als „eher gut" bzw. „gut" (45,7 %). Als deutlich schlechter wurden die Erfahrungen mit Ärzten angesehen und nur von 21,7 % als „eher gut" oder „gut" bezeichnet. Neben dem Geschlecht fand sich der subjektive Gesundheitszustand als weiterer Einflussfaktor auf die Einschätzung der bisherigen Erfahrungen. Frauen, die ihr körperliches Wohlbefinden als besser beschrieben, gaben auch die besseren Erfahrungen mit Ärztinnen und Ärzten an.

In bevölkerungsbezogenen Befragungen über die Zufriedenheit mit der ärztlichen Versorgung äußern sich Patientinnen und Patienten[291] im Allgemeinen sehr positiv. Im *Bundesgesundheitssurvey 1998* sind 95 % der Befragten zufrieden mit ihrem letzten Arztbesuch[292] und im deutschen Teil der *Europäischen Studie zur Bewertung der hausärztlichen Versorgung durch Patienten (EUROPEP)*würden 96 % der Befragten ihren Hausarzt bzw. ihre Hausärztin weiterempfehlen[293]. In der *EUROPEP*-Studie beurteilen –

---

287   Siever 1994
288   French/Story et al. 1996
289   vgl. auch Strong/Williamson et al. 2000
290   Heffernan 1996, vgl. auch Pitman 2000
291   Eine Analyse dieser Daten geschlechtergetrennt für Patientinnen und Patienten und für Ärztinnen und Ärzte liegt nicht vor.
292   Bergmann/Kamtsiuris 1999, S. 139
293   Klingenberg/Bahrs/Szecsenyi 1999, S. 439

ähnlich wie in der vorliegenden Studie – die Personen, die ihren Gesundheitszustand als besser beschrieben, auch ihre Hausarzt-Kontakte positiver[294].

In der vorliegenden Untersuchung bestand ein Zusammenhang zwischen den Erfahrungen, die die Lesben bisher mit Ärztinnen und Ärzten gemacht hatten, und der Nutzung von Vorsorge- und Früherkennungsuntersuchungen. Insbesondere für Ärztinnen, in einigen Gebieten aber auch für Ärzte, zeigte sich, dass Lesben, die ihre Erfahrungen als „eher schlecht" oder „schlecht" beschrieben, seltener allgemeinmedizinische und gynäkologische Präventionsangebote in Anspruch nahmen als die anderen Befragten.

O´Hanlan führt über die Frage *„Do we really mean preventive medicine for all?"* aus:

"The success of any preventive medicine program depends on numerous factors, the most basic of which is an individual's access to the practitioner. Access depends in part on how the individual interfaces with and perceives the medical system. Access is improved when the patient views the medical institution as a friendly, inclusive, welcoming environment that induces trust.(...) Perceiving the medical establishment as hostile or exclusive is a deterrent to screening, with subsequent loss of opportunity for prevention or early diagnosis of other common ailments.(...) Thus, gay men and lesbians who are not aware of, or who do not receive, the standard screening and regular medical exams risk the loss of maximal health while aging, and even decreased longevity."[295]

Unter Berücksichtigung dieses Einflusses von Erfahrungen in der medizinischen Versorgung auf die Nutzung von Präventivangeboten kann dem Fazit, das im *Bundesgesundheitsbericht 1998* gezogen wird, nur eingeschränkt zugestimmt werden:

„Die Zufriedenheit mit den Ärzten ist sehr hoch und gibt kaum Anlass zu Veränderungen im Versorgungssystem (...)."[296]

Vielmehr ergaben sich aus den Angaben der befragten Stichprobe konkrete Hinweise auf Verbesserungsmöglichkeiten in der Versorgung. Wie noch zu diskutieren sein wird, hatten einige Teilnehmerinnen als Patientinnen allgemein oder speziell als lesbische Patientinnen negative Erlebnisse im Arztkontakt beschrieben. Diese negativen Erlebnisse zeigten Zusammenhänge mit dem Gesundheitsverhalten, und die betroffenen Frauen beschrieben nicht nur ihre medizinische Versorgung als schlechter, sondern nahmen auch Präventivangebote in geringerem Maße in Anspruch (vgl. Kapitel 3.6.2. und 3.6.3.).

---

294 ebenda, S. 439: Der Gesundheitszustand wurde in der EUROPEP-Studie – vergleichbar der vorliegenden Untersuchung – anhand einer Fünf-Punkt-Skala von „schlecht" über „mäßig", „gut", „sehr gut" bis „ausgezeichnet" erfasst.

295 O´Hanlan 1996, S. 411-412; Literaturverweise im Zitat wurden ausgelassen

296 Bergmann/Kamtsiuris 1999, S. 139

4.6.2) Negative Erfahrungen mit ärztlichem Verhalten

Knapp die Hälfte der Befragten hatte schon einmal negative Erfahrungen im Kontakt mit Ärztinnen und Ärzten gemacht. Am häufigsten war von 30 % aller Befragten kritisiert worden, nicht bzw. unzureichend informiert worden zu sein.

Auch wenn ein direkter Vergleich mit anderen Studiendaten nicht möglich ist, so findet sich doch auch in anderen Patientinnenkollektiven größere Unzufriedenheit mit ärztlicher Information und Aufklärung. In einer Berliner Untersuchung zu *Erwartungen und Zufriedenheit deutscher und türkischsprachiger Patientinnen im Krankenhaus* von *Borde/David et al.* äußern sich ca. 10 % der Teilnehmerinnen unzufrieden und weitere 16 % nur einigermaßen zufrieden mit Aufklärung und Information während ihres Krankenhausaufenthaltes[297]. *Borde/David et al.* kommen zu dem Schluss, dass

> *„die derzeit praktizierte Art der Vermittlung medizinischer Informationen vor allem den Patientinnen nützt, die ohnehin gut aufgeklärt und informiert sind, während Frauen, die mehr Aufklärungsbedarf haben, mit den gängigen Methoden nicht adäquat erreicht werden."*[298]

In der vorliegenden Arbeit wurde von den Teilnehmerinnen eine „herablassende oder abwertende" Behandlung (29 %) fast ebenso häufig wie unzureichende Aufklärung kritisiert. Bereits an dritter Stelle der Nennungen fand sich die Aussage, dass die „Untersuchung oder Behandlung unnötig grob und schmerzhaft" gewesen wäre (17 %). 8 % gaben an, als „exotisch, kurios oder absonderlich" gegolten zu haben. Direkte verbale Übergriffe hatten 3 % in Form von Beleidigungen oder Beschimpfungen und weitere 4 % in Form von „anzüglichen Bemerkungen" erlebt. „Körperlich angegriffen" wurde 1 % der Frauen. 5 % berichteten von tätlichen sexuellen Belästigungen und eine Teilnehmerin von einem sexuellen Missbrauch durch einen Arzt.

Über das Ausmaß von abwertendem oder grenzüberschreitendem Verhalten von Ärztinnen und Ärzten gegenüber ihren Patientinnen (und Patienten) existieren wenige verlässliche Daten. Gewalt gegen Patientinnen wird vor allem im Zusammenhang mit der gynäkologischen und psychiatrischen bzw. psychotherapeutischen Versorgung diskutiert, kaum in anderen medizinischen Fachrichtungen[299].

---

297 Borde/David/Kentenich 2002, S. 482 (und eigene Berechnungen)
298 Borde/David/Kentenich 2002, S. 483
299 So ergab die Literaturrecherche in medline, psyndex, psycinfo, Thieme- und Springer- Datenbank sowie MedPilot für die Suche nach Literatur zu Gewaltausübung von Ärztinnen und Ärzten gegen Patientinnen bzw. Patienten für den deutschsprachigen Raum ausschließlich Treffer für die Fachbereiche Gynäkologie, Psychotherapie und Altenpflege. Für die USA existiert eine Publikation aus dem Bereich Pädiatrie (Feldman/Mason/Shugerman 2001), für Großbritannien ein anonymer Fallbericht aus einem Krankenhaus (Anonymus 1999). Eine Literaturrecherche im Auftrag des Australian Council for Quality and Safety in Health Care erbrachte für englischsprachige Literatur keine weiteren Studien oder Berichte (Australian Resource Centre for Hospital Innovations 2003).

Für die Gynäkologie liegen für Deutschland zahlreiche Einzelfallberichte[300] vor, in den Frauen von herabwürdigender Behandlung, verbalen[301] und körperlichen Übergriffen durch Frauenärzte berichten. Empirische Daten existieren zu diesem Problemfeld nicht. *Kastendieck* schreibt zur Beziehung zwischen Arzt bzw. Ärztin und Patientin in der Gynäkologie:

> *„Grenzüberschreitung beginnt nicht erst bei einer direkten sexuellen Handlung. Sie kann sich in der körperlichen Untersuchung und im Gespräch abspielen."*[302]

Empirische Untersuchungen wurden über sexuelle Gewalt in der Psychotherapie[303] durchgeführt, wobei das *Bundesministerium für Familie, Senioren, Frauen und Jugend* von einer Mindestanzahl von 600 Patientinnen ausgeht, die pro Jahr von sexuellem Missbrauch im Rahmen einer Psychotherapie betroffen sind[304].

In der vorliegenden Erhebung wurde nicht erfasst, in welchem Bereich der medizinischen Versorgung und unter welchen Umständen die Teilnehmerinnen mit den Übergriffen konfrontiert waren. Erfragt wurde jedoch, welche Motivationen die Betroffenen hinter dem Verhalten vermuteten. Nur eine Minderheit (21 %) der Frauen, die negative Erfahrungen im Arztkontakt erlebt hatten, erklärte sich das ärztliche Verhalten als „Reaktion auf ihr Lesbischsein" (Diskussion dieser Angaben im folgenden Kapitel 4.6.3.). Mehrheitlich empfanden die Frauen diese Erlebnisse als Ausdruck eines üblichen „Arzt-Patientinnen-Verhältnisses" (61 %) oder erlebten sie als Reaktion auf ihr „Geschlecht als Frau" (42 %). Auf diese Motive kann an dieser Stelle nicht näher eingegangen werden, da die Diskussion den inhaltlichen Rahmen der vorliegenden Arbeit verlassen würde. Der Umstand, dass teilweise gravierende Mängel in Kommunikation und Umgang mit Patientinnen von diesen mehrheitlich als Ausdruck eines allgemeinen Arzt-Patienten-Verhältnisses erlebt werden, weist jedoch auf Defizite in der Patientenversorgung hin, denen weiter zu untersuchen wäre. Ebenso zeigt sich durch den Anteil von zwei Fünftel der Befragten, die negatives Verhalten als geschlechtsspezifische „Behandlung" erlebt haben, die Notwendigkeit, das Geschlechterverhältnis in der medizinischen Versorgung genauer zu beleuchten[305].

Im Rahmen dieser Arbeit kann lediglich auf zwei Interpretationen der befragten Lesben und Verbindungen zur Frage der sexuellen Orientierung näher eingegangen werden. Die Erklärung, das negative ärztliche Verhalten hätte sich auf ihre „Hautfarbe bzw. Herkunft" oder auf ihre „Behinderung" bezogen, wurde von jeweils ca. zwei Prozent der Befragten

---

300 Rosenbladt 1983, Amendt, 1989, Schindele 1996
301 Zur Kritik der Kommunikation zwischen Ärzten und Patientinnen vgl. Fisher 1984, Todd 1984
302 Kastendieck 2000b, S. 30
303 Bundesministerium für Familie, Senioren, Frauen und Jugend 1997
304 ebenda, S. 25. In einer Befragung betroffener Patientinnen ergab sich, dass die Täter zu 26 % Ärzte waren, ansonsten Psychologen, Heilpraktiker, Sozialpädagogen, Pfarrer etc. Zu sexuellen Übergriffen in der Psychotherapie vgl. auch Bühring 2003
305 Zum Geschlechterverhältnis in der Medizin und zur Situation von Frauen als Patientinnen vgl. Schücking 1998, Hurrelmann/Kolip 2002, Maschewsky-Schneider 1996

angegeben. Hierbei ist zu berücksichtigen, dass der Anteil von Schwarzen Frauen und Frauen mit Migrationserfahrungen oder behinderten Lesben in der Stichprobe lediglich bei ca. 10 % lag, es sich also um Erfahrungen handelt, die von je einem Fünftel der potenziellen Zielgruppe geäußert wurden.

Dem Aspekt behindertenfeindlicher Gewalt und Ausgrenzung durch Ärztinnen und Ärzte, die sich doch für Expertinnen und Experten in Sachen Behinderung erachten, wird in der medizinischen Fachdiskussion bisher wenig Beachtung geschenkt[306]. Behinderte Lesben sehen sich denselben strukturellen Schwierigkeiten – wie mangelnde Zugänglichkeit von Arztpraxen, fehlende Kenntnisse in Gebärdensprache etc. – gegenüber wie andere Frauen mit Behinderung[307]. Auch Diskriminierungserfahrungen, wie *Radtke* sie ausführt, teilen sie mit anderen Frauen mit Behinderung:

„Viele von uns haben eine Geschichte, in der sie durch ÄrztInnen einen diskriminierenden Umgang erfahren haben. Sie wurden wie ein defektes Objekt behandelt, das überall angefasst und vorgeführt werden kann. Für uns ist es schwierig, ÄrztInnen klarzumachen, dass unsere `Defekte´ zu sehr im Vordergrund stehen und wir als Persönlichkeit gesehen werden wollen."[308]

Hermes geht davon aus, dass solche Erfahrungen das Gesundheitsverhalten von Frauen mit Behinderungen beeinflussen können:

„Aber auch Erfahrungen mit Vorurteilen oder abwertenden Bemerkungen halten viele Frauen mit Behinderung vom Arztbesuch ab. Oft haben sie den Eindruck, dass sie in ihrem Frau-Sein nicht wahrgenommen werden. So wird immer wieder berichtet, dass Gynäkologinnen und Gynäkologen selten inhaltlich auf die Situation von Mädchen und Frauen mit Behinderung vorbereitet sind."[309]

Es steht zu vermuten, dass sich neben Gynäkologinnen und Gynäkologen auch Ärztinnen und Ärzte anderer Fachrichtungen im Umgang mit behinderten Frauen gelegentlich schwer tun – und sich die Handlungskompetenz der Medizinerinnen und Mediziner nochmals verschlechtert, wenn sie mit behinderten Lesben konfrontiert sind, ohne sich bereits mit deren spezifischen Belangen beschäftigt zu haben.

Puschke schreibt zur Situation behinderter Lesben im Krankenhaus:

„Auch bei Lesben, für die aufgrund ihrer Beeinträchtigung häufig ein Krankenhausaufenthalt notwendig ist, nimmt die Angst vor homophoben Pflegekräften und ÄrztInnen einen großen Raum ein. Sie haben berechtigte Angst, dass Pflegekräfte die Abhängigkeitssituation missbrauchen."[310]

---

306   Radtke 2001
307   Hermes/Faber 2001
308   Radtke 2001b (online-Ausgabe ohne Seitenzählung)
309   Hermes 2002 (online-Ausgabe ohne Seitenzählung)
310   Puschke 2001, S. 99

Zu ergänzen wäre an dieser Stelle, dass auch Ärzte (und Ärztinnen) die Abhängig-
keitsstrukturen ausnutzen können, um z.B. sexuelle Übergriffe gegen behinderte Frauen
zu begehen[311].

Eine andere kleine Gruppe von Befragten hat die negativen Erlebnisse im Arztkontakt als
„Reaktion auf ihre Hautfarbe oder Herkunft" interpretiert. Die Bedeutung von Ethnizität in
der medizinischen Versorgung wurde in mehreren Publikationen unter verschiedenen
Aspekten diskutiert[312]. In der bereits oben zitierten Untersuchung von *Borde/David et al.*
über die *Erwartungen und Zufriedenheit deutscher und türkischsprachiger Patientinnen
im Krankenhaus* waren die Migrantinnen mit Aufklärung und Information[313], psychosozialer Betreuung, Pflege und medizinischer Versorgung deutlich weniger zufrieden als die
deutschen Frauen. Nur 64 % der Migrantinnen stimmten mit der Aussage überein, dass
die spezifischen Bedürfnisse von ausländischen Patientinnen in der Versorgung berücksichtigt würden, und 68 % stimmten zu, dass Patientinnen ohne Deutschkenntnisse gleich
gut behandelt würden[314].

In einer narrativen Studie von *Stevens*[315] zu den Erfahrungen von Schwarzen Lesben
(lesbians of color) in der medizinischen Versorgung äußern sich die Interviewpartnerinnen
über ihre differenzierte Wahrnehmung von Vorurteilen und abwertenden Verhaltensweisen. *Stevens* fasst zusammen:

> „*They were not talking about attitudes alone. Rather, they were saying that providers'
> assumptions are communicated in their behaviours. These behaviors may be overt;
> they may be subtle.*"[316]

Stevens bezeichnet die fehlende Wahrnehmung der Erfahrungen migrierter und Schwarzer Frauen in der Gesundheitsversorgung als „blinden Fleck" (blind spot):

> „*Although many providers may sincerely believe that they are open to clients' ex-
> pressed needs and cultural diversity, the reality is that they often do not know how they
> are being perceived by marginalized clients, such as lesbians of color. Today's service
> delivery systems do not allow for clients to express their ideas and concerns treely,*

---

311   Zemp 1997, S. 111: In Zemps Befragung von Frauen mit Behinderungen in österreichischen
      Einrichtungen haben 64 % der 130 befragten Frauen sexuelle Gewalt erfahren und insge-
      samt 195 verschiedene Täter und Täterinnen benannt. 1,5 % dieser Täter waren Ärzte. Zu
      sexueller Gewalt gegen Frauen und Mädchen mit Behinderung vgl. auch Zemp 1996, Kwella/
      Mayer 1996, Hallstein 1996.
312   David/Borde/Kentenich 1998, Mohammadzadeh 1999, David/Borde 2001, Pourgholam-Ernst
      2002, Dettmers/Albrecht/Weiller 2002, Borde/David 2003, Weiss 2003
313   Auch unter Berücksichtigung der unterschiedlichen Sprachkenntnisse zeigten sich Migrantin-
      nen mit guten Deutschkenntnissen fünfmal so häufig unzufrieden über Aufklärung und Infor-
      mation wie deutsche Patientinnen. (Borde/David/Kentenich 2002)
314   Borde/David/Kentenich 2002, S. 479/481; zur Problemen in der Kommunikation zwischen
      ausländischen Patientinnen und einheimischen Ärztinnen bzw. Ärzten vgl. auch Posner-
      Landsch 1998
315   Stevens 1998
316   Stevens 1998, S. 83

*outside of preset, narrowly circumscribed diagnostic history-taking. With little access
to clients' perspectives, providers are in a position of not knowing what they do not
know about clients' experiences within the health care encounter."*[317]

Aus Einzelfallberichten aus Deutschland geht hervor, dass es im Gesundheitswesen über
die bereits angesprochenen Schwierigkeiten hinaus auch zu direkter verbaler und körperlicher Aggression kommt, die rassistisch motiviert ist[318]. Empirische Untersuchungen zu
dieser Form von Gewalt in der Gesundheitsversorgung fehlen bislang[319].

In der vorliegenden Befragung hat sich gezeigt, dass die Teilnehmerinnen oftmals mehrere Motivationen hinter dem ärztlichen Verhalten vermutetet haben. Dies kann zum einen
eine Folge der Befragungsmethode sein, bei der die Teilnehmerinnen ihre Interpretationen von verschiedenen Erlebnissen zu einer Antwort zusammengefasst haben. Zum anderen können sich hier aber auch die Schwierigkeiten abbilden, die zugrundeliegenden
Motivationen immer eindeutig zu erfassen und einzuordnen. *Stevens* schlussfolgert in
ihrer narrativen Studie über die Erlebnisse Schwarzer Lesben in der Gesundheitsversorgung:

> *„In the midst of any single encounter with a health care provider, they might have to
> decipher heterosexist remarks, steel themselves against racist epithets, counter un-
> dermining remarks insinuating gender inferiority (...). One woman explained, `I feel that
> the negative attitudes I have encountered in health care have to do with every part of
> who I am; being lesbian, being a woman, being poor, being brown, being fat, being
> asthmatic.`"*[320]

Hier zeigt sich eine Grenze quantitativer Forschung auf, die nicht imstande ist, komplexe
Zusammenhänge dieser Art und das persönliche Erleben der Einzelnen ohne Verzerrun-
gen zu erfassen. Festzuhalten bleibt, dass die lesbischen Teilnehmerinnen der vorliegenden Untersuchung negative Erfahrungen mit Ärztinnen und Ärzten nicht nur im Zusammenhang mit ihrer sexuellen Orientierung, sondern auch in Verbindung mit anderen
Aspekten ihrer Person wie Geschlecht, Migrationserfahrung oder Behinderung sehen.

---

317 Stevens 1998, S. 79
318 Zitiert nach Aylm 1997: Krankenhauspersonal wird in diesen Fallberichten mit Aussagen
zitiert wie *„Die Neger sollen doch dort bleiben, wo sie herkommen"* (über einen Schwarzen
Migranten aus Ostafrika) oder *„Mischlinge"* hätten Probleme, die *„nicht therapierbar sind, weil
sie mentalitäts- und rassenspezifisch sind"* (zu einem afro-deutschen Mann). Auszug aus einem Fallbericht des anonym bleibenden Psychiaters W. A. über die psychiatrische Versorgung eines Schwarzen Migranten: *„Auf der Station kam es zwischen dem Patienten und Mit-
patienten zu Spannungen. Da der Patient in seiner Verwirrtheit dazu neigte, alles zu sammeln, auch Nahrungsmittel, wurde vom Personal u.a. behauptet `In der Sahelzone gibt es
nichts zu essen, er muss für alle Neger sammeln.´ Der Patient wurde in der Nacht zusam-
mengeschlagen. (...) Er wurde auf die chirurgische Station verlegt, wo er während der Opera-
tion verstarb. Er wurde 34 Jahre alt."* (Ayim 1997, S. 127)
319 Ayim 1997
320 Stevens 1998, S. 92

In der Datenanalyse zeigte sich, dass Teilnehmerinnen mit negativen Erlebnissen im Arztkontakt ihre allgemeinen Erfahrungen mit Ärztinnen und Ärzten als schlechter bewerteten als die anderen Befragten. Bereits im vorangegangenen Kapitel wurde gezeigt, dass ein Zusammenhang zwischen den allgemeinen Erfahrungen mit Ärztinnen und Ärzten und der Inanspruchnahme von Präventionsangeboten besteht. Unter Berücksichtigung dieser beiden Verbindungen, eröffnen sich hier konkrete Handlungsmöglichkeiten zur Verbesserung der Versorgungsqualität von lesbischen Patientinnen. Maßnahmen, die die Kommunikation im medizinischen Setting verbessern und grenzüberschreitendem Verhalten von Ärztinnen und Ärzten entgegenwirken, könnten sich so langfristig auch positiv auf Akzeptanz und Nutzung präventivmedizinischer Angebote auswirken. Dabei kann sich die Diskussion, wenn sie die Verbesserung der medizinischen Versorgung lesbischer Frauen zum Ziel hat, nicht nur auf den Aspekt des Heterosexismus oder der Lesbenfeindlichkeit beschränken, sondern muss – wie sich in diesem Kapitel gezeigt hat – auch anderen gesellschaftlichen Strukturen nachgehen, die Diskriminierung oder abwertendem Verhalten zugrunde liegen können.

4.6.3) Erfahrungen als lesbische Frau in der medizinischen Versorgung

In der nachfolgenden Diskussion wird die im Ergebnisteil vorgenommene Gliederung verlassen. Im Folgenden werden zunächst die verschiedenen Erfahrungen, die die Teilnehmerinnen als Lesben mit Ärztinnen und Ärzten gemacht haben, und ihre Gründe für das Nicht-Offenlegen ihrer Lebensweise diskutiert. Anschließend wird auf die Konsequenzen dieser Erfahrungen für ihr Gesundheitsverhalten eingegangen.

Die Abweichung von der bisherigen Gliederung wird an dieser Stelle nötig, da nur so die verschiedenen Aspekte der Erfahrungen lesbischer Patientinnen, wie sie sich aus quantitativer und qualitativer Fragestellung ergeben haben, im Zusammenhang dargestellt werden können. Auch wären Wiederholungen sonst unvermeidlich.

4.6.3.1) Erfahrungen als lesbische Frau

In der medizinischen Profession sind eine Vielzahl von Einstellungen gegenüber lesbischen Frauen[321] anzutreffen[322]. Diskriminierende Haltungen von Ärztinnen und Ärzten wurden international in mehreren Studien dokumentiert[323]. Aus Deutschland liegen hierzu

---

321 In einigen, v.a. älteren Studien wurde nicht zwischen den Einstellungen gegenüber lesbischen Frauen und schwulen Männern differenziert, sondern allgemein Haltungen zu „Homosexuellen" und „Homosexualität" erfragt.Diese Gleichsetzung entsprach dem damaligen Stand der Forschung, erscheint aber aus heutiger Sicht unzulässig, da Lesben und Schwule unterschiedlich in der Öffentlichkeit wahrgenommen werden und mit verschiedenen Diskriminierungsformen konfrontiert sind (vgl. Ministerium für Familie, Jugend, Familie und Gesundheit NRW 1999b).

322 Übersicht in: Schwanberg 1996, Morrissey 1996, Harrison 1996

323 Douglas/Kalman/Kalman 1985, Mathews/Booth et al. 1986, Chaimowitz 1991, Schwanberg 1996, Morrissey 1996, McKelvey/Webb et al. 1999, Calmbach/Rauchfleisch 1999; zur Einstellung von Medizinstudentinnen und -studenten vgl. Skinner/Henshaw/Petrak 2001

keine aktuellen Daten vor[324], die sich explizit auf Ärztinnen und Ärzte beziehen. Die Beratungsstelle *donna klara e.V.*[325] (2003) befragte alle in Schleswig-Holstein niedergelassenen Psychotherapeutinnen und Psychotherapeuten mit Kassenzulassung über ihre Haltungen zu lesbischen Frauen; die befragte Stichprobe bestand zu 40 % aus psychotherapeutisch tätigen Ärztinnen und Ärzten. 15 % der Befragten gaben an, lesbische Klientinnen und Patientinnen sollten nicht (1,5 %) oder nur in besonderen Fällen (13,5 %) in der Akzeptanz ihrer Lebensweise unterstützt werden. 13 % meinten, es gäbe generalisierbare Faktoren für die Genese einer lesbischen Lebensweise[326]. Unterschiede zwischen psychologischen und ärztlichen Therapeutinnen und Therapeuten fanden sich nicht; Frauen äußerten jedoch tendenziell mehr Vorbehalte gegenüber Lesben als Männer.

In einer Schweizer Studie über *Lesbenfeindliche Einstellungen in sozialen Berufen* zeigten sich Psychiaterinnen und Psychiater homophober als die Befragten aus den Bereichen Psychologie und Sozialarbeit, wobei Psychiaterinnen tendenziell häufiger lesbenfeindliche Haltungen vertraten als Psychiater[327]. Circa 10 % der Psychiaterinnen und Psychiater gaben an, Lesben anders zu betrachten und zu behandeln als andere Frauen, mehr als 20 % würden Klientinnen und Klienten nicht an lesbische Kolleginnen überweisen und etwa ein Viertel hielt weibliche Homosexualität für eine erworbene psychosexuelle Störung[328]. Weniger als die Hälfte befürworteten eine rechtliche Gleichstellung von lesbischen mit heterosexuellen Paaren im Adoptionsrecht.

Mathews/Booth et al. konnten feststellen, dass die Ablehnung von Homosexualität in verschiedenen medizinischen Fachbereichen unterschiedlich ausgeprägt ist[329]. In ihrer Befragung in Kalifornien lag der Anteil an Ärztinnen und Ärzten mit homophober Einstellung in der Allgemeinmedizin, der Gynäkologie, Orthopädie und Chirurgie am höchsten. Am wenigsten homophob äußerten sich Ärztinnen und Ärzte aus Psychiatrie, Pädiatrie und Innerer Medizin. Insgesamt wurden 23 % der Befragten als „homophob" klassifiziert;

---

324 Die einzige deutsche Befragung „Zur Sexualmedizin in der Allgemeinpraxis" wurde 1972 von Pacharzina in Hannover durchgeführt. Der Ansicht, dass Heterosexualität gegenüber Homosexualität eine „wertvollere Form menschlichen Verhaltens" darstelle, stimmten 68 % der Ärzte und 60 % der Ärztinnen zu. (vgl. Pacharzina 1978, S. 225).
325 Psychosoziale Beratungsstelle donna klara e.V. 2003
326 Als Beispiele wurden von Therapeutinnen und Therapeuten genannt: Entwicklungsstörungen, (sexuelle) Gewalterfahrungen, hormonelle/pränatale/genetische Ursachen, Misslingen der Geschlechtsrollenfindung, Beziehungsstörungen zu Vater oder Mutter (Psychosoziale Beratungsstelle donna klara e.V. 2003, S. 30).
327 In einigen Studien erwies sich das Geschlecht als soziodemographische Einflussvariable auf den Grad der Homophobie. Die Ergebnisse waren unterschiedlich: Während z.B. in einer Befragung in Kalifornien (Mathews/Booth et al. 1986: Ärztinnen/Ärzte) und in Australien (McKelvey/Webb et al. 1999:Medizin- und Pflegestudierende) Frauen weniger homophob war, wiesen sie z.B. bei Douglas/Kalman/Kalman 1985 (Ärztinnen/Ärzte/Pflegekräfte) höhere Homophobie-Werte auf.
328 Andere Befragungen über die Einstellung von Psychiaterinnen/Psychiatern sind Chaimowitz 1991 (USA) und von Psychotherapeutinnen/-therapeuten Bartlett/King/Phillips 2001 (UK)
329 Mathews/Booth et al. 1986

40 % gaben an, sich unwohl (uncomfortable) bei der Behandlung von „Homosexuellen"
(homosexuals) zu fühlen. In mehreren Publikationen wird argumentiert, dass

> "the degree of care experiences by lesbian, gay and bisexual clients can be affected
> inadvertently by the stereotypic assumptions that some doctors and nurses may have
> about homosexuality."[330]

Aber nicht nur offen abwertende Einstellungen können sich negativ auf die Qualität
medizinischer Versorgung von Lesben auswirken, auch die mangelnde Sichtbarkeit und
Wahrnehmung von Lesben im medizinischen Setting stellt ein Problem dar. *Mühlbauer*
stellt im *Arbeitsbericht des Referates für gleichgeschlechtliche Lebensweisen über die
Aktivitäten im Gesundheitsbereich* des Landes Berlin fest:

> „Lesben als Patientinnen werden nicht wahrgenommen, d.h. es wird durchgehend
> Heterosexualität unterstellt."[331]

In einer Befragung niedergelassener Allgemeinmedizinerinnen und Allgemeinmediziner
in Göteborg waren sich nur 37 % bewusst, während ihrer langjährigen Berufstätigkeit
bereits lesbische Frauen behandelt zu haben. Direkte Fragen zur sexuellen Orientierung
hatte niemand von ihnen gestellt, lediglich 5 % hatten schon einmal Fragen zur Lebensform (type of relationship) von Patientinnen gestellt[332]. Nur 10 % der Ärztinnen und Ärzte
waren in der Lage, lesbenspezifische Aspekte von Gesundheit zu benennen.

Für Deutschland existiert bisher keine Untersuchung über die Wahrnehmung lesbischer Patientinnen durch medizinisches Personal. In einer repräsentativen Bevölkerungsbefragung des Landes Nordrhein-Westfalen[333] bestätigte sich jedoch die große Unsichtbarkeit von lesbischen Frauen in der Öffentlichkeit:

> „Die Mehrzahl der Bevölkerung begegnet Lesben und Schwulen nach ihrer eigenen
> Wahrnehmung eher äußerst selten oder so gut wie gar nicht. Dabei ist festzuhalten,
> dass Lesben von der heterosexuellen Bevölkerung offenbar noch weniger wahrge-
> nommen werden als Schwule."[334]

Bislang gibt es keinen Grund zu der Annahme, dass diese Unsichtbarkeit lesbischer
Lebensweise in der Gesundheitsversorgung weniger verbreitet ist[335].
Stevens fasst die Ergebnisse einer narrativen Studie über *Structural and Interpersonal
Impact of Heterosexual Assumptions on Lesbian Health Care Clients* zusammen:

---

330 Morrissey/Rivers 1998, S. 490; vgl. auch Platzer 1993, Kelly/Lawrence et al. 1988
331 Senatsverwaltung für Schule, Jugend und Sport Berlin. Fachbereich für gleichgeschlechtliche
     Lebensweisen 1993, S. 5
332 Westerstahl/Segesten/Björkelund 2002 (und eigene Berechnungen)
333 Ministerium für Frauen, Jugend, Familie und Gesundheit des Landes Nordrhein-Westfalen
     1999b
334 ebenda, S. 11
335 Zur Unsichtbarkeit von Lesben in der Gesundheitsversorgung vgl. auch Robertson 1992,
     Simkin 1998, Daley 1998, Brotman/Ryan et al. 2002, Klitzman/Greenberg 2002

> *„At the level of individual face-to-face interaction (...) assumptions of heterosexuality were pervasive, affecting lesbians' comfort in seeking health care. Heterosexual assumptions were apparent in vocabulary choices of health care providers, pronouns used, and topics focused upon. Even off-handed remarks, conversational pleasantries, and jokes revealed that providers assumed women clients performed within normative social roles in traditional family configurations and related exclusively to men as intimate sexual and affectional partners."[336]*

Stevens kommt in ihrem Review der Lesbengesundheitsstudien von 1970 bis 1990 zu folgendem Ergebnis in Bezug auf die Unsichtbarkeit von Lesben in der Gesundheitsversorgung:

> *"Very rarely were there comfortable opportunities for lesbian clients to let providers know that they were not heterosexual. According to lesbian clients, such conditions made them feel invisible and led providers to misdiagnose conditions, provide inadequate treatment, offer irrelevant health teaching, lecture about birth control, ask insensitive and biased questions, make sexist remarks, and alienate lesbians from the entire health care process."[337]*

Ein Beispiel, wie die Unsichtbarkeit von Lesben und die Unterstellung von Heterosexualität zu schlechterer Qualität der medizinischen Versorgung[338] führen kann, gibt *Simkin*:

> *„A young woman visits a family physician for the first time. During the course of a physical examination, the physician asks, `When was the last time you had sexual intercourse?´*
> *`I've never had sexual intercourse,´ she replies. (...)*
> *`Do you have a boyfriend?´*
> *`No.´*
> *`Well, don't worry. You will soon. Let's talk about birth control.*
> *The physician finishes the discussion about contraception and writes in the chart `Not yet sexually active. Not in relationship. Contraception counselling given.´*
> *The patient never returns, but the next year goes to see another family physician for her physical. During the course of examination, the physician asks, `Are you sexually active with men, women or both?´*
> *`Yes,´ she replies, `with a woman. I'm a lesbian.´*
> *`Are you in a relationship?´*
> *`Yes – for 8 years now. In fact, I wonder if my partner could come to see you, too? We're thinking about having children.´ (...)"[339]*

Ähnliche Situationen scheinen auch den Beteiligten der vorliegenden Untersuchung nicht fremd zu sein. Mehrere Frauen sprachen Probleme mit nicht-offenen Fragen, die ihnen heterosexuelle Lebensweise unterstellen, in der Anamneseerhebung an, insbesondere im Bereich der Frauenheilkunde. Kritisiert wurde, dass die Möglichkeit einer lesbischen

---

336   Stevens 1995, S. 28
337   Stevens 1992, S. 110
338   Zu dieser Frage vgl. auch Potter 2002
339   Simkin 1998, S. 370

Lebensweise in den Frageformulierungen nicht vorkäme, wenn z.B. lediglich nach der Art der Verhütung, jedoch nicht nach der Notwendigkeit von Verhütung gefragt würde. Antworten, die dann nicht die Erwartungen von Ärztinnen und Ärzten trafen, lösten Verwirrung aus:

> *„Frauenärztin: Routinefrage nach Verhütung hatte ich mit `nein´ beantwortet, woraufhin sie mich so lange nach den Gründen gefragt hat bis ich ihr sagte, ich sei lesbisch. Ach so."(Teilnehmerin)*[340]

Die Unterstellung von Heterosexualität stellte die Frauen vor die Wahl, entweder ihre Lebensweise zu verbergen und weiterhin als Lesben unsichtbar zu bleiben oder aber die eigene Lebensweise aktiv offen zu legen:

> *„Bei Abfrage von Gynäkologinnen + Klinikpersonal wird pauschal nach dem letzten Geschlechtsverkehr gefragt -> Zwang zum Selbst-Outing" (Teilnehmerin)*

Dieses "dilemma of disclosing or not disclosing their sexual orientation"[341] bezeichnen Hitchcock und Wilson als Entscheidungsprozess des "Personal Risking"[342]:

> *"Lesbians attempt to cope with the problem of deciding whether to disclose their sexual orientation to a health provider through a basic social process of Personal Risking. They use this process to attain and maintain a health environment that provides safe health care and psychological comfort that is as free as possible from medical reprisals and personal rejection."*[343]

Im Rahmen einer Interviewstudie arbeiteten *Hitchcock/Wilson* zwei Phasen dieses Entscheidungsprozesses heraus. In der ersten Phase, der Vorbereitungsphase (anticipatory phase), bereiten sich Lesben auf das Zusammentreffen mit Ärztinnen und Ärzten vor, indem sie z.B. ihre Partnerin mit Vollmachten ausstatten (formalizing) oder sich auf die Suche nach vermutlich lesbenfreundlichen Ärztinnen und Ärzten begeben (scouting out). Die Ergebnisse dieses Screenings nach geeigneten Ärztinnen und Ärzten können auch das Gesundheitsverhalten beeinflussen:

> *„Except for emergency care, many informants admitted that they would avoid care if they could not scout it out first."*[344]

Auch einige Frauen der vorliegenden Untersuchung beschrieben verschiedene Elemente dieser Vorbereitungsphase, so beispielsweise das Treffen rechtlicher Vorkehrungen durch Vollmachten und das gezielte Auswählen aufgeschlossener Ärztinnen und Ärzte:

---

340 Zitate aus den Antworten der vorliegenden Arbeit werden im Folgenden mit dem Zusatz "Teilnehmerin" gekennzeichnet.
341 Hitchcock/Wilson 1992, S. 178
342 Eine Adaption dieses Modells findet sich in der weitergehenden Forschung zum Thema „Lesbian, Gay, and Bisexual People´s Disclosure to Health Care Providers" bei Eliason/ Schope 2001.
343 Hitchcock/Wilson 1992, S. 179
344 ebenda, S. 180

„Bei längerem Krankenhausaufenthalt meinerseits wurde meine Partnerin als `nächste Angehörige` anerkannt. Wir hatten das auch schriftlich geregelt." (Teilnehmerin)

„Ich habe keine negativen Erfahrungen gemacht, vielleicht weil ich sehr sorgfältig meine Ärztinnen und früher Ärzte ausgesucht habe."(Teilnehmerin)

In der zweiten Phase nach *Hitchcock/Wilson*, der Interaktionsphase (interactional phase), versuchen Lesben im Verlauf z.b. eines Praxisbesuches herauszufinden, ob ihnen das Umfeld genügend Sicherheit zur Vermittlung ihrer Lebensweise bietet:

„The interactional phase of Personal Risking begins in the clinic, hospital, or the health practitioner's waiting room with the use of a scanning strategy. Scanning occurs prior to actual interaction with the provider. It has to do with the observation of the health environment. Waiting areas, exam rooms, and the provider are observed for verbal and nonverbal cues that add up to a safe or nonsafe environment and/or provider."[345]

Eine Teilnehmerin der vorliegenden Untersuchung formulierte dies so:

„Ob ich mich oute oder nicht, entscheide ich ganz spontan." (Teilnehmerin)

Auf die Entscheidung der Einzelnen, in welcher Form sie zu ihrer Lebensweise Stellung bezieht, wirken nach *Hitchcock/Wilson* während der Vorbereitungs- und Interaktionsphase zusätzlich bestimmte Faktoren ein. Neben persönlichen Eigenschaften, wie der Grad der Selbstakzeptanz der sexuellen Orientierung, kommen Kennzeichen der aktuellen Situation, der Person der Ärztin/des Arztes sowie bisherige Erfahrungen in der Gesundheitsversorgung zum Tragen. Schließlich wird die Entscheidung auch von der Abwägung beeinflusst, wie relevant die eigene Lebensweise für die jeweilige Behandlung ist.

Auch von den Befragten der vorliegenden Untersuchung wurden diese Einflussfaktoren angesprochen. Eine Teilnehmerin beschrieb ihre Situation während der eigenen Identitätsfindung sehr drastisch, als ihrem Empfinden nach der Grad der Selbstakzeptanz einem Outing nicht entsprochen hätte:

„Krankenhausaufenthalte liegen weit zurück und fallen in die Zeit meines Coming Outs. Da wäre ich eher `gestorben` als was zu sagen." (Teilnehmerin)

Andere Teilnehmerinnen nahmen eine Abwägung vor, wann ihre Lebensweise für die Behandlung von Bedeutung ist. Als Beispiele für Bereiche, in den die sexuelle Orientierung als wichtig angesehen wurde, wurden Gynäkologie und Psychotherapie angeführt, als Gegenbeispiele z.B. zahnmedizinische Behandlungen oder kurzfristige, akute Erkrankungen. 68 % der Teilnehmerinnen gaben an, ihre Lebensweise nicht anzusprechen, wenn sie diese Information für nicht wichtig für ihre Behandlung ansahen[346].

---

345   ebenda, S. 180
346   In der Untersuchung von Stein/Bonuck mit 575 lesbischen Probandinnen in New York City wurde von den Befragten auf die Frage, welche Gründe eine Rolle spielen, ihre sexuelle Orientierung beim Arzt nicht offen zu legen, ebenfalls die Antwort „don´t feel provider needs to know" am häufigsten genannt (51 %). (Stein/Bonuck 2001)

Nach *Hitchcock/Wilson* ist die Abwägung, in welchen Situationen die Lebensweise an Relevanz gewinnt, vom persönlichen und situativen Kontext abhängig:

> *„Relevancy refers to the identification of a significant, logical reason to disclose one's sexual orientation to a health professional. The perception of what is relevant is idiosyncratic to each individual."*

In der vorliegenden Untersuchung brachte eine Befragte diese Kontextbezogenheit zum Ausdruck, indem sie auf einen Vorfall einging, der sich in einer zahnmedizinischen Praxis zugetragen hat:

> *„Als ich beim Zahnarzt (jetzt nicht mehr mein Arzt) meine Freundin bei der Diagnose dabei haben wollte, flogen wir ohne Auskunft aus der Praxis. Zitat: `Das ist meine Praxis und das passt mir nicht.`"* (Teilnehmerin)

Es kann also nicht per se davon ausgegangen werden, dass die sexuelle Orientierung in bestimmten medizinischen Fachrichtungen, z.B. der Zahnmedizin, oder bei bestimmten Erkrankungen ohne Belang sei. Vielmehr können überall Situationen auftreten, in denen sich Lesben vor die Entscheidung gestellt sehen, ihre Lebensweise zu thematisieren.

Am Ende dieses von *Hitchcock* und *Wilson* analysierten Entscheidungsprozesses steht der Entschluss der Frau, in welcher Form sie auf ihre Lebensweise eingeht. Die Bandbreite in der Interviewstudie reichte hierbei vom aktiven Verbergen und dem Auftreten als Heterosexuelle bis zum offenen Ansprechen der sexuellen Orientierung.

In der vorliegenden Untersuchung schilderten mehrere Frauen Situationen, in denen sie sich auch in Situationen nicht geoutet hatten, in denen diese Information für Versorgung und Behandlung hätte wichtig werden können:

> *„Ich bin nicht die Frau, die Ärzten direkt sagt, dass sie lesbisch ist. Wenn mich ein Arzt oder eine Ärztin jedoch fragt, sag ich das auch. Auf neutrale Fragen wie `Sind Sie sexuell aktiv?` oder `Nehmen Sie die Pille?` antworte ich, ohne mich zu outen."* (Teilnehmerin)

> *„Ich habe mich – trotz längerem Krankenhausaufenthalt – nicht offen geoutet: Aus Angst, nicht mehr gut behandelt zu werden."* (Teilnehmerin)

Zumindest im letzteren Fall wirkte die Antizipation möglicher Diskriminierungserfahrungen einem offenen Auftreten entgegen. Insgesamt gaben über 20 % der Teilnehmerinnen an, sich vor Stigmatisierung zu fürchten, und deshalb ihre Lebensweise nicht anzusprechen. Die Frauen befürchteten Diskriminierung, schlechtere Behandlung oder möchten nicht, dass ihre Lebensweise in den Krankenunterlagen vermerkt wird oder eventuell Dritte, z.B. Angestellte der Praxis, von ihrer Lebensweise erfahren[347]. Den Frauen ging es einerseits um eine angemessene medizinische Behandlung, die sie als offen auftretende Lesbe

---

347 In einer Untersuchung von Stein/Bonuck wurden als Gründe für das Nicht-Ansprechen der Lebensweise beim Arzt genannt: „concerned about bad reaction or treatment" (47 %, „worried my employer will find out" (15 %),„worried my health insurer will find out" (22 %),„worried my family will find out" (10 %), „don´t want it in my medical chart" (10 %). (Stein/Bonuck 2001).

befürchteten, nicht mehr zu erhalten. Zum anderen wollten die Befragten ihr informationelles Selbstbestimmungsrecht wahren und die Kontrolle über sensible Informationen aus ihrem Leben behalten. Einige Teilnehmerinnen sprachen dieses Problem auch in den frei formulierten Antworten an und gingen auf die Ambivalenz ein, die Vermerke in den Krankenunterlagen für die Patientin haben können.

> *„Frauenärztin: Es wurde nicht in der Akte vermerkt, sie vergisst es daher immer. Nicht schlimm, aber lästig. Gleichzeitig gut, dass es nicht `aktenkundig` ist."* (Teilnehmerin)

> *„Die Frauenärztin schrieb ein `L` oben auf die Karteikarte. Als Erinnerung -> positiv, als Stigma -> negativ."* (Teilnehmerin)

Zum einen dienen Aktenvermerke als Erinnerungshilfen und ersparen den Frauen, bei jedem Arztbesuch aufs Neue ihre Lebensweise zu thematisieren. Zum anderen können Aktenvermerke aber auch Grundlage für Ausgrenzung und Stigmatisierung sein[348]. Zwei Teilnehmerinnen stellten in diesem Zusammenhang eine Verbindung mit der Verfolgung von Lesben und Schwulen im Nationalsozialismus[349] her. In einem Fall war es die Patientin, die die Nutzung vertraulicher Daten für eine potentielle Verfolgung befürchtete, im anderen Fall die behandelnde Ärztin:

> *„Bei der Frauenärztin: Wollte es sich nicht notieren (Lesbischsein), man weiß nie, wer die Akten in die Finger bekommt -> Richtung Faschismus, meinte diese."* (Teilnehmerin)

Die Anmerkungen machen deutlichen, dass die Verfolgungs- und Diskriminierungsgeschichte von lesbischer Lebensweise und deren Rezeption durch Lesben und die Gesellschaft heute in der Beschäftigung mit aktuellen Fragen der Lebenssituation von Lesben nicht ausgeblendet werden kann[350]. *Gentry* regt deshalb an:

> *"If a client makes the decision to disclose her sexual orientation to the provider, the provider needs to be sensitive about charting this information. (...) In light of the discrimination and persecution suffered by gays and lesbians, the provider should always seek permission from the client before charting this information on the medical record. The health care provider should also assess the importance of or the need for charting such information."[351]*

Lesben, die sich nach der Interaktionsphase entschließen, ihre Lebensweise zum Thema zu machen, beobachten dabei laut *Hitchcock/Wilson* genau die Reaktionen ihres Gegenüber (monitoring):

---

348   In einer Interviewbefragung von 20 Lesben durch Zeidenstein gab ein Viertel der Teilnehmerinnen an, sich gegenüber Ärztin oder Arzt nicht zu outen, wenn ihre Lebensweise in den Krankenunterlagen vermerkt würde. Als Hauptgrund wurde hierfür Misstrauen (mistrust) genannt, was mit dieser Information ohne ihr Wissen oder ihre Zustimmen weiter passieren könne. (Zeidenstein 1990)

349   Zur Situation von Lesben im Nationalsozialismus vgl. Schoppmann 1991, Schoppmann 1998, Schoppmann 1999

350   Zur Rezeption der Verfolgungsgeschichte vgl. auch Pfitzner/Kühner 1998

351   Gentry 1992, S. 177

„This process consists of observing and checking the response of the provider during the interaction to determine whether it is safe, or not, or becomes safe or unsafe to disclose. (...) The resulting client experience is then used to make decisions about further client-provider contact and is incorporated into the anticipatory phase of subsequent contacts."[352]

Die Erfahrungen die lesbische Frauen machen, wenn sie ihre sexuelle Orientierung offen legen, können sehr unterschiedlich sein. Im quantitativen Teil der vorliegenden Erhebung berichteten 57 % der Befragten, dass sie auf ihr Coming Out gegenüber einer Ärztin oder einem Arzt hin neutrale oder bestätigende Reaktionen erhalten hätten, jede siebte Frau (14,7 %) hatte jedoch auch negative Reaktionen erlebt. Überwiegend berichteten die Frauen, ihr Lesbischsein sei kein besonderes Thema gewesen und wäre als „normal" angesehen worden. Andere Frauen gaben an, dass sie eine positive Rückmeldung durch die Ärztin oder den Arzt erhielten und sich ihre medizinische Behandlung verbessert hätte.

Die quantitativen Angaben stimmen in der Tendenz mit den Ergebnissen anderer Studien neueren Datums überein[353]. In der Untersuchung *Gewalt gegen lesbische Frauen* gaben 8,4 % an, schon einmal negative Reaktionen von Ärztinnen oder Ärzten auf ihr Lesbischsein hin erfahren zu haben[354].

Martinson/Fisher et al.[355] berichteten, dass sich 65 % der Lesben auf das Offenlegen ihrer Lebensweise im medizinischen Setting hin die Versorgungsqualität nicht verändert hätte, 28 % hätten von einer verbesserten Versorgung berichtet und 7 % eine Verschlechterung der Behandlung erfahren.

In älteren Befragungen finden sich teilweise deutlich mehr Lesben, die von diskriminierenden Erfahrungen im medizinischen Bereich berichten[356]. Auch wenn die Vergleichbarkeit solcher Ergebnisse aufgrund der unterschiedlichen Methodik eingeschränkt ist, könnte dies auf eine Liberalisierung in der Medizin[357] hinweisen, wie sich auch die öffentliche Meinung über Lesben und Schwule in den letzten Jahrzehnten verändert hat.

Doch auch heute erleben Lesben in der Gesundheitsversorgung noch in erheblichem Ausmaß negative Reaktionen als Reaktion auf ihre Lebensweise. Die Teilnehmerinnen der vorliegenden Untersuchung berichteten von Ignoranz ihrer Lebensweise gegenüber, herablassenden oder abwertenden Reaktionen und Beleidigungen. Sie wären als „nicht normal", „kurios" oder „absonderlich" angesehen worden und ihnen sei eine Therapie empfohlen worden, um heterosexuell zu werden. Einige berichteten, dass sich ihre

---

352   ebenda, S. 181
353   vgl. Eliason/Schope 2001
354   Ministerium für Frauen, Jugend, Familie und Gesundheit NRW 1999, S. 147
355   Martinson/Fisher/DeLapp 1996
356   Stevens/Hall 1988: In einer kleineren Befragung von 25 Lesben aus dem Mittleren Westen der USA berichteten 72 % von negativen Reaktionen auf das Offenlegen ihrer Lebensweise im medizinischen Bereich. – Smith/Johnson/Guenther 1985: In einer Befragung von knapp 2400 lesbischen und bisexuellen Frauen in den USA waren von allen beschriebenen Reaktionen durch Ärztinnen und Ärzte 30 % negativ und 70 % neutral oder positiv.
357   Zur Liberalisierung der Meinung in der psychoanalytischen Medizin vgl. Dannecker 2001

medizinische Behandlung verschlechtert hätte und ihre Lebensweise Anlass für Fehlannahmen, -informationen, -diagnosen und unangemessene Therapievorschläge gewesen sei. Manche hatten Schwierigkeiten, als nächste Angehörige ihrer Partnerin anerkannt zu werden, oder ihre Partnerin wurde nicht akzeptiert. Einige Teilnehmerinnen hatten sexuelle Belästigung oder Übergriffe erfahren. Als medizinische Variante körperlicher Aggression erlebten Frauen, dass notwendige Untersuchungen unnötig schmerzhaft durchgeführt wurden.

Ein sowohl im quantitativen als auch qualitativen Teil der Erhebung häufig genanntes Problem stellte die fortgesetzte Unterstellung von Hetero- oder Asexualität durch die Ärztin bzw. den Arzt dar. Obwohl die Frauen ihr Lesbischsein angesprochen hatten, wurde ihre Lebensweise weiterhin ignoriert und übergangen.

> *„Frauenärztin früher reagierte überhaupt nicht. Das Leugnen hat mich geärgert, als würde sie mich als Person ignorieren."* (Teilnehmerin)

> *„Wg. Scheideninfektion bei Frauenärztin habe ich auf die Frage, ob mein Partner auch Beschwerden habe, geantwortet: `Ich bin mit einer Frau zusammen, die hat keine Beschwerden´. Die Ärztin hat konsequent weiter von meinem Partner gesprochen →* IGNORANZ." (Teilnehmerin)

> *„Ein Stationsarzt sagte: `Wenn-erst-der-Richtige-kommt, dann ändert sich das auch wieder."* (Teilnehmerin)

Auch bei der Frage der Schwangerschaftsverhütung wurde deutlich, wie wenig einige Ärztinnen und Ärzte auf die konkrete Lebenssituation ihrer Patientinnen eingehen:

> *„Eine Frauenärztin wollte mir, obwohl ich dies zuvor – zunächst ohne Begründung – verneinte, die Pille verschreiben. Ich meinte, ich bräuchte die Pille nicht, da ich lesbisch sei. Daraufhin meinte sie wiederum am Ende der Untersuchung: `Wollen Sie nicht doch die Pille?´"* (Teilnehmerin)

Von einigen Teilnehmerinnen wurde im quantitativen Teil angegeben, dass sich ihre medizinische Behandlung verschlechtert hätte oder ihre Erkrankung auf ihr Lesbischsein zurückgeführt wurde. *Stevens/Hall* bezeichnen letzteres in ihrer narrativen Studie über die Erfahrungen von Lesben in der medizinischen Versorgung als die von mehreren Interviewten befürchtete Unterstellung, dass

> *„your health problem is seen as a pathological extension of the fact that you are lesbian".*[358]

Nachfolgende Beispiele aus den freien Antworten sollen illustrieren, wie ein offen lesbisches Auftreten Anlass für Fehldiagnosen und -diagnostik und unangemessene Therapieempfehlungen sein kann.

> *„Meine ehemalige Gynäkologin suchte Verbindungen zwischen Lesbischsein und Ausbleiben meiner Menstruation."* (Teilnehmerin)

---

358 Stevens/Hall 1988, S. 72

„Der Frauenarzt hielt mir eine moralische Standpauke, dass Bakterien aus dem Mund in meiner Vagina seien. Konnte aber nicht sein, da Freundin seit 3 Wo. im Urlaub war. Daraufhin bemerkte er, dass es asozial sei, die Partnerin so lange alleine zu lassen." (Teilnehmerin)

„Nach meinem Outing wurde die Frage nach Geschlechtskrankheiten 2mal wiederholt, da mir automatisch unterstellt wurde, dass meine Geschlechtspartnerinnen sehr oft wechseln." (Teilnehmerin)

„Ich habe Myome: Da ich ja als Lesbe keine Familienplanung haben könnte, sei eine Uterusextraktion des Beste." (Teilnehmerin)

Letztere Aussage zeigt besonders deutlich, dass Fehlannahmen über lesbische Lebensweise – in diesem Fall die Unterstellung, eine Lesbe hätte keinen Kinderwunsch – zu Therapieempfehlungen führen können, deren Umsetzung schwerwiegende Konsequenzen für die Betroffenen haben.

Unwissenheit auf ärztlicher Seite begegnete den Teilnehmerinnen auch in Bezug auf Infektionserkrankungen. Mehrmals wurde erwähnt, dass Frauenärztinnen und -ärzte kein Fachwissen zur sexuellen Übertragung von Krankheiten, z.B. Pilzinfektionen, unter Frauen aufwiesen. In bezug auf das HIV-Risiko von Lesben schilderten die Befragten ambivalente Situationen. Bei konkreten Nachfragen zeigten sich Ärztinnen und Ärzte uninformiert, andererseits wurden Lesben mit der Ansicht konfrontiert, als „Homosexuelle" einer sogenannten „Risikogruppe" anzugehören. Mehrfach wurde hier von Befragten das Problem des Blutspendens angesprochen. Es ist gängige Praxis, das HIV-Infektionsrisiko der Spenderin mittels eines Fragebogens zu evaluieren, in dem die Zugehörigkeit zu verschiedenen vermeintlichen „Risikogruppen" abgefragt wird.

„Blutspenden im Krankenhaus: Leitende Ärztin der Zentrale hat mich in die Homosexuellen-Risikogruppe in Bezug auf AIDS eingestuft und mein Blut nur zur Eigentherapie bzw. Unfall-OP-Zwecken eingestuft." (Teilnehmerin)

Eine Teilnehmerin berichtete darüber hinaus, dass bei ihr gegen ihren Willen ein „AIDS-Test" durchgeführt wurde, was einen Verstoß gegen geltendes Recht darstellt, wonach ein HIV-Test nur mit der informierten Einwilligung der Betroffenen zulässig ist[359].

Als eine weitere Fehlannahme wurde von mehreren Teilnehmerinnen die Unterstellung genannt, es bestünde ein Zusammenhang zwischen ihrer sexuellen Orientierung und sexuellen Gewalterfahrungen mit Männern. Diese Unterstellung ist auf zweifache Weise fatal. Zum einen reduziert sie lesbische Existenz auf eine Reaktion auf Verhalten von Männern und macht die Frau als Gestalterin ihres Lebens unsichtbar[360]. Zum anderen trifft diese Unterstellung insbesondere Lesben, die tatsächlich als Mädchen oder Frauen sexualisierte Gewalt erfahren haben. *Hall* führte eine narrative Studie mit erwachsenen lesbischen Überlebenden von sexueller Gewalt in der Kindheit durch und resümierte:

---

359   Schücking 2000
360   SVD 2003

„No participant expressed a belief that her sexual orientation was a result of childhood sexual abuse. The societal presumption of sexual abuse as an etiological factor in determining lesbian sexual orientation, nevertheless, was pivotal for these survivors because it was only one step away from the possible conclusion that one is not a lesbian at all, but merely living out the script of an abused person avoiding reminders of the past. (...) The women in this study described constantly protecting themselves from other's presumptions and thus felt challenge to the authenticity of their sexual orientation."[361]

Wenn Ärztinnen und Ärzte bei lesbischen Frauen einen kausalen Zusammenhang zwischen deren Lebensform und möglichen Gewalterfahrungen konstruieren, stellen sie sie vor die Wahl, sich entweder von ihrer Lebensform zu distanzieren oder aber das Ausmaß ihrer Gewalterfahrungen und deren Folgen zu bagatellisieren. Beides erscheint einem offenen und vertrauensvollen Verhältnis wenig zuträglich.

Ebenso schwierig für ein aufgeschlossenes Arzt-Patientin-Verhältnis stellt sich die Empfehlung dar, medizinische oder therapeutische Heterosexualisierungsversuche zu unternehmen, die immerhin zehn Teilnehmerinnen schon einmal erhalten hatten[362]. *Reinberg/Roßbach* bezeichneten dies in ihrer Befragung *Stichprobe: Lesben* (1985) als *„Versuch, eine Krankheit zu heilen, die keine ist"*[363]. In der Erhebung von *Reinberg/ Roßbach* gaben 20 % der befragten Lesben an, dass ihnen schon einmal nahegelegt worden sei, eine Therapie gegen ihre Homosexualität durchzuführen. Welcher Anteil dieser „Therapieempfehlungen" von Ärztinnen oder Ärzten ausgesprochen wurde, wurde nicht erfasst. In der aktuelleren Studie *Gewalt gegen lesbische Frauen* (1999) berichteten 6,5 % der Lesben, dass ihnen in Therapie oder Beratung nahegelegt worden sei, dass es besser sei, heterosexuell zu sein bzw. zu werden[364]. Dabei stellte *Owen* bereits 1980 fest:

„Attempting to convert homosexuals to heterosexuality against their wishes is no more medically sound than forcibly changing left-handed persons to right-handedness. (...) By thinking of homosexuality as a disorder, maladaption, or failure of development, terms that have been used in the past by some psychiatrists to characterize homosexuality, many physicians mistakenly assume there is some sickness associated with being a homosexual that can be cured by the intervention of a mental health professional."[365]

Aufgrund des heutigen Wissenstandes und den Ergebnissen ihrer Befragung stellt die Beratungsstelle *donna klara e.V.* (2003) folgende Empfehlungen für Fachleute auf, die lesbische Patientinnen oder Klientinnen betreuen:

---

361   Hall 1998 S. 24-25
362   Zur Geschichte der Heterosexualisierungsversuche von Lesben und Schwulen vgl. Owensby 1940, Klimmer/Leonhard/Bilikiewicz 1969, Rutner 1970, Marks/Cameron/Silberfeld 1971, Blitch/Haynes 1972, Clippinger 1974, Acosta 1975, Gutmann 1996, Hacker 1996, Drescher 1998, Dannecker 2000
363   Reinberg/Roßbach 1985, S. 133
364   Ministerium für Frauen, Jugend, Familie und Gesundheit NRW 1999, S. 142
365   Owen 1980, S. 92

„Als am wichtigsten für die Therapie mit lesbischen/lesbisch empfindenden Frauen gilt
sowohl in der Fachliteratur als auch bei den von uns befragten Frauen eine die lesbi-
sche Orientierung wertschätzende Grundhaltung. Dazu gehört Offenheit der lesbi-
schen Klientin gegenüber, das Fehlen jeglicher Pathologisierung der lesbische Liebe,
die über politisch korrekte Toleranz hinausgehende wirklich vorbehaltlose Akzeptanz
und Anerkennung der Homosexualität als eine der Heterosexualität gleichwertige Va-
riante sexueller Orientierung."[366]

Einige Teilnehmerinnen berichteten, dass nach ihrem Outing die medizinische Untersuchung oder Behandlung unnötig grob und schmerzhaft durchgeführt wurde. Durch die
medizinische Behandlungssituation ergibt sich für Ärztinnen und Ärzte die Gelegenheit
bewusst oder unbewusst vorhandene Aggressionen gegenüber Patientinnen auszuleben,
ohne dass diese Übergriffe eindeutig als solche nachweisbar wären.

„Die Frauenärztin war bei der Untersuchung, nachdem sie wusste, dass ich Lesbe bin,
sehr brutal beim Einführen und Untersuchen der Brust, was mich sehr schockiert hat."
(Teilnehmerin)

Berichte von Übergriffen im Rahmen körperlicher Untersuchungen existieren auch aus
anderen Studien über die Erfahrungen lesbischer Frauen in der Gesundheitsversorgung.

„Certain health care procedures necessitate that body boundaries be crossed. It was
about these procedures that bodily integrity stories were told. (...) Negative stories
portrayed intrusion, the act of wrongfully entering upon what belongs to another, of ad-
vancing beyond limits without permission or welcome. (...) The most common intrusion
stories, however, were about invasive pelvic examinations."[367]

Stevens bezeichnet dieses Vorgehen als *"physician's domination over female client*
bodies"[368]. Zu diesen Verletzungen der körperlichen Integrität zählt sie auch sexuelle
Übergriffe durch Ärzte und Ärztinnen. In der vorliegenden Untersuchen gaben fast 5 %
der Befragten an, von Ärzten – in einem Fall von einer Ärztin – tätliche sexuelle Belästigung erfahren zu haben; ein Viertel dieser Frauen interpretierte diese Übergriffe auch als
Reaktion auf das Offenlegen ihrer sexuellen Orientierung. Eine Teilnehmerin berichtete,
von einem Arzt zu sexuellen Handlungen gezwungen worden zu sein.
Stevens beschreibt in ihrer Arbeit die Dimensionen, die sexuelle Gewalt im medizinischen Bereich auf die Betroffenen haben kann:

„Sexual abuse in health care setting had for women a `hard-to-believe´ quality about
it. Being raped, fondled, or compelled into sexual liaison in contexts where they were
expecting the delivery of health care was so cognitively and emotionally dissonant that
they often `suppressed´ the knowledge of it or tried to `logically rationalize´ what had
happened. (...) Another dreadful aspect was the fear generated by such incidents. (...)
Beyond the personal devastation of such violence and betrayal of trust, the bodily
transgression of physicians resulted in a generalized loss of faith in health care. The

---

366 Psychosoziale Beratungsstelle donna klara e.V. 2003, S. 53, im Zitat wird zudem verwiesen
     auf: Wiesendanger 2001
367 Stevens 1994, S. 646
368 Stevens 1996, S. 36

lack of trust as a consequence of these incidents was so severe that lapses in health care seeking of many years duration were reported.[369]

Lesbische Frauen können Schwierigkeiten haben, dass ihnen und ihrer Partnerin die Anerkennung als "nächste Angehörige" durch medizinisches Personal zuteil wird. Ärztinnen und Ärzte unterliegen prinzipiell der Schweigepflicht über die Privatangelegenheiten ihrer Patientinnen, geregelt im §203 des Strafgesetzbuches[370]. Wenn eine Frau möchte, dass ihre Lebensgefährtin Auskunft erhält, muss sie formal die behandelnden Ärztinnen und Ärzte von der Schweigepflicht entbinden[371]. Insbesondere, wenn die Partnerin dazu aufgrund ihres Zustandes nicht in der Lage sein sollte und keine schriftlichen Vollmachten vorliegen, kann es für die Lebensgefährtin schwierig werden, sich als „nächste Angehörige" zu legitimieren und Auskunft oder Besuchsrecht zu erhalten[372]. Aber auch eine schriftliche Vollmacht bedeutet nur, dass Ärztinnen und Ärzte Auskunft erteilen dürfen, nicht jedoch, dass sie dies auch müssen. In der vorliegenden Erhebung haben zehn Teilnehmerinnen angeben, dass ihnen schon einmal der Status als „nächste Angehörige" ihrer Partnerin verweigert wurde. In der Studie *Benachteiligung gleichgeschlechtlich orientierter Personen und Paare* (2001) im Auftrag des Bundesjustizministeriums ist bei den befragten Lesben und Schwulen jeder 4. Versuch, Informationen von Ärztinnen und Ärzten zu bekommen, und jeder 5. Versuch, die Partnerin (bzw. den Partner) auf der Intensivstation zu besuchen, gescheitert[373]. In der *Stichprobe: Lesben* von *Reinberg/ Roßbach* (1985) war ebenfalls jeder 5. Versuch, als „nächste Angehörige" anerkannt zu werden, nicht erfolgreich (insgesamt 6 % aller Befragten)[374]. In der Studie *Gewalt gegen lesbische Frauen* (1999) gaben 2,8 % aller Befragten an, sie hätten ihre Partnerin im Krankenhaus nicht besuchen dürfen oder keine Informationen erhalten[375].

Nicht alle Erfahrungen, die von Teilnehmerinnen in freier Formulierung geschildert wurden, waren durch die Antwortmöglichkeiten im quantitativen Teil der Fragen abgedeckt. Tatsächlich zeigte sich, dass im quantitativen Teil nur ein Ausschnitt der Diskriminierungserfahrungen wiedergegeben war, andere Aspekte jedoch völlig fehlten. Schon diskutiert wurden die Grundannahme vieler Ärztinnen und Ärzte, alle Frauen seien heterosexuell, und die Unterstellung, es gäbe verallgemeinerbare Gründe, die zu Homosexualität führen (z.B. sexuelle Gewalterfahrungen). Ebenfalls bereits angesprochen wurde mangelndes Fachwissen, z.B. in Bezug auf HIV-Risiko oder sexuell übertragbare

---

369 Stevens 1996, S. 36-37
370 Gaus/Hingst et al. 1999, S. 476: §203 StGB: „Wer unbefugt ein fremdes Geheimnis, namentlich ein zum persönlichen Lebensbereich gehörendes Geheimnis oder ein Betriebs- oder Geschäftsgeheimnis offenbart, das ihm als Arzt, Zahnarzt (...) anvertraut worden oder sonst bekannt geworden ist, wird mit Freiheitsstrafe bis zu 1 Jahr oder mit Geldstrafe bestraft (...)"
371 Steinmeister 1995
372 Caulfield/Platzer 1998
373 Buba/Vaskovics 2001, S. 178 (und eigene Berechnungen)
374 Reinberg/Roßbach 1985, S. 142
375 Ministerium für Frauen, Jugend, Familie und Gesundheit NRW 1999, S. 142

Krankheiten. Auch die institutionalisierte Diskriminierung von Lesben durch die Erfassung der sexuellen Orientierung bei Blut- und Knochenmarkspende[376] wurde bereits erwähnt. All diese Erfahrungen fanden im quantitativen Teil der Erhebung keine Entsprechung. Andere Schilderungen von Teilnehmerinnen, die ebenfalls nicht in den quantitativen Kategorien wiederzufinden waren, beinhalteten allgemein abweisendes Verhalten als Reaktion auf ein Outing oder das Erzählen von Erfahrungen, die der Arzt mit anderen lesbischen Frauen gemacht hatte, obwohl dies weder angemessen noch von der Patientin erwünscht war. Einige Frauen bezogen sich auf Situationen, in denen unangemessene Kommentare über ihre Sexualität geäußert wurden, z.B. indem sie als „Frau, die keinen Verkehr hat" bezeichnet wurden, ihnen Angst vor Heterosexualität unterstellt wurde oder bestimmte Sexualpraktiken als „unmoralisch" abgewertet wurden.

Mehrmals wurden von Teilnehmerinnen angeführt, dass Ärztinnen und Ärzte verunsichert und mit Angst auf ihr offen lesbisches Auftreten reagiert hätten. Auch Personen, die sich um ein vorurteilsfreies Auftreten bemühten, reagierten, wenn Fachkompetenz in Bezug auf lesbenspezifische Belange gefragt war, mit Unwissenheit und Unverständnis:

> „Mit einer Psychotherapeutin, die zwar behauptete, keine Vorteile gegenüber lesbischen Klientinnen zu haben, die aber auf alles, was mit meinem Lesbischsein zu tun hatte, mit Unverständnis und/oder Hilflosigkeit reagierte, so dass ich immer 3× erklären mussten, worum es mir ging. Ich habe mir ziemlich schnell eine neue Therapeutin gesucht." (Teilnehmerin)

> „Frauenarzt (Mann): bei einer Pilzinfektion wurde mir ein Mittel verschrieben, die Frage nach Partner habe ich mit Partnerin beantwortet, woraufhin mir der Arzt keine Empfehlungen ausgesprochen hat – war überrascht." (Teilnehmerin)

Von mehreren Frauen wurde „Ignoranz" als die Reaktion bezeichnet, die ihnen als Lesbe am häufigsten von Ärztinnen und Ärzten wiederfahren wäre. Auch auf ein direktes Ansprechen der Lebensweise hin würden Ärztinnen und Ärzte schweigen, keine Reaktion zeigen und lesbenspezifische Aspekte ignorieren.

> „Wenn mein Lesbischsein zur Sprache kam, hat es eher Sprachlosigkeit zu diesem Thema ausgelöst." (Teilnehmerin)

Ärztinnen und Ärzten fehlen die Ausdrucksformen, um gezielt lesbische Frauen anzusprechen. Ihre Sprachregelungen aus der Beratung heterosexueller Frauen verlieren gegenüber Lesben ihre Klarheit und wirken verunsichernd:

> „Gerade bei Frauenärzten ist kein Gespür dafür da, dass Lesben eine (evtl.) andere Form von Sexualität leben und daher auch eine andere Beratung benötigen. Z.B.: Heißt `kein Sex´ wirklich `kein Sex´ oder nur `keine Penetration´?" (Teilnehmerin)

---

376 Im Fragebogen zur Erfassung des HIV-Infektionsrisikos der Deutschen Gesellschaft für Knochenmarkspende (DKMS) werden die potentiellen Spenderinnen und Spender gefragt, ob sie der „Risikogruppe" der „Homosexuellen" angehören.

Die Vielzahl an als negativ geschilderten Erfahrungen, die im quantitativen Teil der Frage-stellung keine Berücksichtigung fanden, lässt die Vermutung zu, dass die Prävalenz von Diskriminierungserfahrungen im medizinischen Bereich noch höher liegen könnte, als sie in dieser Befragung erfasst wurde.

Doch nicht nur die eingeschränkte Berücksichtigung aller denkbaren Diskriminierungs-formen stellte sich als Problem der quantitativen Befragung heraus. Beim Vergleich der Angaben, die die Teilnehmerinnen im quantitativen Teil gemacht hatten, mit ihren frei formulierten Schilderungen, fielen zum Teil deutliche Diskrepanzen auf. In mehreren Fällen, gaben Teilnehmerinnen im quantitativen Teil an, ausschließlich positive oder neutrale Reaktionen erlebt zu haben, um dann im offenen Teil der Frage Schilderungen von Diskriminierungserfahrungen zu geben. Beispielsweise erzählte eine Teilnehmerin, dass sie den Frauenarzt gewechselt hätte, nachdem dieser ihr Gewalterfahrungen mit Männern unterstellt habe und ihre Lebensform ignoriert habe; im geschlossenen Teil der Frage hat diese Teilnehmerin jedoch von ausschließlich positiven und neutralen Reaktio-nen auf ihr Lesbischsein berichtet. Auch Frauen, die im quantitativen Teil keine Angabe gemacht hatten, schilderten in frei formulierten Antworten von ihnen z.B. als „ignorant" bezeichnete Reaktionen.

Dieses offensichtliche Abweichen der quantitativen Angaben von den Freitextantwor-ten zeigt eine weitere methodische Grenze einer derartigen Erhebung auf. Dieses Phä-nomen ist auch in der Studie *Gewalt gegen lesbische Frauen* aufgefallen, aus der einige Frageformulierungen zur besseren Vergleichbarkeit übernommen worden waren. Die Erfahrungen der Studie *Gewalt gegen lesbische Frauen*, die neben der quantitativen Erhebung auch eine Interviewstudie umfasste, werden im Folgenden ausführlich zitiert, weil hier ähnliche Probleme wie in der vorliegenden Untersuchung deutlich wurden:

> *„Schon während der Fragebogenkonzeption und während des Pretests zeigte sich (...) eine Abwehrhaltung von Frauen, die ihre Diskriminierungserfahrungen nicht immer als solche einordneten. Strukturelle, verbale und psychische Gewalt wurden bisweilen nicht als Grenzüberschreitungen, sondern als normaler Alltag gedeutet.*
> *Angesprochen auf Gewalt- und Diskriminierungserlebnisse antworteten Frauen bei-nahe musterhaft wie folgt dieses:*
> *`Diskriminierung von Lesben? Tut mir leid, habe ich noch nie erlebt.´*
> *`Aber du hast doch neulich erzählt, wie du vor der Frauenveranstaltung von einem Mann beschimpft wurdest.´*
> *`Ach das meinst du? Aber das ist doch normal. Das geschieht doch ständig."*
> *(Ausschnitt aus einem Gespräch während des Pretests)*
>
> *Es zeigte sich, dass ein narrativer qualitativer Rahmen, wie in den von uns durch-geführten vertiefenden Interviews, bei einem tabuisierten und bei Lesben mit Be-rührungsängsten verbundenen Thema in mancher Hinsicht Vorteile gebracht hätte (...) Zudem wurde in den Vorarbeiten der Fragebogenerhebung sichtbar, dass Diskrimi-nierungserlebnisse – da bei vielen Lesben unverarbeitet – nur in geringem Maße ab-strahiert werden können. Eine Frau im Pretest, die als Lesbe in der Therapie sexuell missbraucht worden ist, konnte dies beim Ausfüllen des Fragebogens nicht als sexu-ellen Missbrauch erkennen, wohl aber davon detailliert berichten. Es ist deshalb davon*

auszugehen, dass viele Erfahrungen nicht mittels quantitativer Erhebung erfasst worden sind. (...)"[377]

Unter Berücksichtigung dieser Schwierigkeiten, Diskriminierungserfahrungen von Lesben in einer Fragebogenerhebung adäquat zu erfassen, sind die vorgelegten Daten zu diesem Aspekt lediglich als Einstieg in weitere Diskussion und Forschung zu verstehen. Es hat sich gezeigt, dass insbesondere subtilere Formen von Diskriminierung in der vorliegenden Untersuchung nicht erfasst wurden, weil sie in den Frageformulierungen des quantitativen Teils nicht vorkamen. Aber auch offensichtlichere Diskriminierung, die von den Teilnehmerinnen erzählend auch als solche wiedergegeben wurde, konnte teilweise im quantitativen Teil von ihnen nicht eingeordnet werden, obwohl geeignete Kategorien vorhanden gewesen wären.

Trotz dieser Einschränkungen ergibt sich allein für die Fragestellung, welche Reaktionen die Befragten als Lesben erlebt hatten, ein Anteil von 9,3 % der Frauen, die Diskriminierungen durch Ärztinnen oder Ärzte erfahren hatten. Bezieht man diejenigen mit ein, die in dem Fragekomplex zu allgemeinen negativen Erfahrungen im medizinischen Bereich angegeben hatten, negative Erfahrungen gemacht zu haben, die sie auf ihr Lesbischsein zurückführten, dann ergibt sich ein Anteil von 14,7 % aller Befragten mit Diskriminierungserfahrungen. Dieser Anteil erscheint unter Berücksichtigung der oben angesprochenen Schwierigkeiten eher falsch niedrig als überhöht.

Bei aller Kritik an diskriminierenden Verhalten, mit dem Lesben in der medizinischen Versorgung konfrontiert sein können, ist aber auch der hohe Anteil an Teilnehmerinnen der Untersuchung erfreulich, die bestärkende oder zumindest neutrale Reaktionen auf ihr Lesbischsein erlebt hat. Dies zeigte sich nicht nur im quantitativen Teil, sondern auch in den freiformulierten Antworten, in denen Teilnehmerinnen zahlreiche Situationen wiedergegeben haben, die ihnen positiv in Erinnerung geblieben sind. Sie können als Anregungen genutzt werden, um die Qualität medizinischer Versorgung für Lesben zu verbessern.

Eine Teilnehmerin erzählte, dass sie in der Anamnese von ihrer Frauenärztin geschlechtsneutral nach „Geschlechtspartner oder Geschlechtspartnerin" gefragt worden sein, diese die Möglichkeit einer lesbischen Lebensweise also in die Frage miteinbezogen hätte. Die Bedeutung offener und geschlechtsneutraler Formulierungen stellt *Gruskin* wie folgt dar:

> *„Gender neutral language allows the patient to disclose the gender of her partner and to provide appropriate information on her own terms, without having to fight, resist, or deny her providers' assumptions. The result is an atmosphere of greater trust and more openness."[378]*

---

377   Ministerium für Frauen, Jugend, Familie und Gesundheit NRW 1999, S. 184
378   Gruskin 1999, S. 10

Offene und geschlechtsneutrale Formulierungen überlassen Frauen die Wahl, in welcher Form sie sich zu ihrer Lebensweise äußern möchten und geben Lesben auch die Möglichkeit, sich gegenüber ihrer Ärztin oder ihrem Arzt nicht zu outen. *Kastendieck* empfiehlt für die gynäkologische Anamnese:

> „In dem Maße, wie es gelingt, eine `erlaubende´ Gesprächsatmosphäre herzustellen, kann sich eine lesbische Patientin mitteilen. Hier sind offene Fragen die absolute Bedingung (...). `Wie leben Sie?´ ermöglicht der Patientin, selbst zu entscheiden, ob sie über ihre Lebensform berichten möchte oder noch nicht. Es kann vorkommen, dass noch kein ausreichendes Vertrauensverhältnis vorliegt.“[379]

Von der Situation und der Person abhängig ist der Wunsch, dass Ärztinnen und Ärzte die Lebensweise einer Klientin direkt ansprechen. In einer Interviewstudie von *Zeidenstein* zeigte sich, dass es sehr unterschiedlich sein kann, welches Vorgehen sich Lesben von Ärztinnen und Ärzten wünschen würden:

> „Forty percent of respondents said that first the health-care provider should feel comfortable with and knowledgeable about lesbian sexuality, and then ask directly; 30 % said health care providers should use inclusive language i.e., `he or she´ when discussing a sexual partner; should abandon heterosexual assumptions; should ask about supportive relationships – i.e., `Are you in an intimate relationship?´ Fifteen percent said that there should be lesbian/gay categories on written forms. Ten percents said that health-care providers should use a combination of the above.“[380]

In der vorliegenden Untersuchung wurde zwar als häufigster Grund für das Verschweigen des Lesbischseins genannt, dass die Frauen nicht danach gefragt worden seien; dies bedeutet jedoch nicht, dass alle Lesben in jeder Situation auf ihre Lebensweise angesprochen werden möchten. Erhebungsteilnehmerinnen machten dies deutlich, indem sie den Fragebogen an dieser Stelle mit Kommentare ergänzten wie „Wäre ja auch noch schöner!".

Brotman/Ryan et al. empfehlen deshalb allgemein

> „the creation of safe and healthy spaces as a means of facilitating the coming out process (...) in health care settings“[381],

wofür nicht nur verbale, sondern auch nonverbale Kommunikation[382] von Bedeutung ist.

Einige Teilnehmerinnen der vorliegenden Untersuchung führten aus, dass Ärztinnen und Ärzte nach ihrem Outing Interesse an ihrer Lebensweise gezeigt hätten und sie darin bestärkt hätten. Aus anderen Befragungen ist bekannt, dass sich Lesben, die ihre sexuelle Orientierung ansprechen, mehr als ein bloßes Zur-Kenntnis-Nehmen dieser sensiblen Information über ihre Lebensweise wünschen. *Gentry* schreibt dazu:

---

379 Kastendieck 2000a, S. 273
380 Zeidenstein 1990, S. 12
381 Brotman/Ryan/Jalbert/Rowe 2002, S. 25
382 vgl. auch Harrison 1996

„[If] a lesbian client discloses her sexual orientation, it is important for health care pro-
viders to be `lesbian affirmative´ in their interactions (…). It is not enough for health
care providers to passively accept the lesbian life-style of a client; they must actively
validate the client's sexual orientation by recognizing both the challenges and
strengths of lesbian relationships. (…) Confirmation and validation of the client's sex-
ual orientation by her health care providers also encourage a caring, open, and trust-
ing relationship between client and provider, facilitating optimum health promotion and
wellness."[383]

Als Beispiele wurden von Befragten der vorliegenden Untersuchung genannt, dass ihnen
auf Wunsch Kontakte zu anderen lesbischen Frauen vermittelt wurden, die Veränderung
ihrer Lebensweise auch im mittleren Lebensalter positiv aufgenommen wurde oder sie
gegenüber Vorurteilen Dritter in Schutz genommen wurden. Die Auswirkungen auf die
medizinische Behandlung bemerkten die Frauen, indem sie nicht mehr über Verhütungs-
mittel diskutieren mussten oder auf einen Schwangerschaftstest verzichtet wurde. Als
positiv wurde auch berichtet, wenn Ärztinnen und Ärzte keine Vorannahmen über die
Lebensgestaltung, z.B. den Kinderwunsch, aus der sexuellen Orientierung ihrer Patientin
ableiteten.

Einige Teilnehmerinnen freuten sich über interessierte Nachfragen, andere wiederum
wünschten sich, dass Ärztinnen und Ärzte prinzipiell besser über lesbische Lebensweisen
informiert wären. In mehreren Studien führten Lesben an, dass sie als Informations- und
Weiterbildungsquellen für medizinisches Personal herangezogen würden[384].

„However this can result in additional stress for service users. Lesbians and gay men
frequently complain that they are obliged to act as informal health and social care
trainers, in a necessary effort to counteract the ignorance and misinformation of those
caring for them."[385]

Wilton empfiehlt daher allen Ärztinnen und Ärzten, sich fortzubilden, um Klientinnen und
Patientinnen diese Belastung nicht aufzubürden:

„The first element of good practice must therefore be for the practitioner to take re-
sponsibility for learning about the lives of lesbians and gay men, about the issues that
may arise in a practice situation, and about strategies for proactively supporting les-
bian, gay and bisexual service users."[386]

Wichtig war Teilnehmerinnen der vorliegenden Untersuchung auch, dass sie und ihre
Partnerin als Paar anerkannt wurden, Besuchsrecht und Auskunft über den Gesundheitszustand erhielten.

---

383   Gentry 1992, S. 176/177
384   Stern 1993, Sheffield Health 1996, Wilton 2000
385   Wilton 2000, S. 184
386   Wilton 2000, S. 184/185

4.6.3.2) Diskriminierungserfahrungen und Gesundheitsverhalten

In mehreren internationalen Studien ergaben sich Hinweise darauf, dass Diskriminierungserfahrungen lesbische Frauen von medizinischen Einrichtungen entfremden und zu einer verminderten Nutzung von Versorgungs- und Vorsorgeangeboten führen[387].

Bei der Konzeption dieser Untersuchung war die Frage, wie sich Diskriminierungserfahrungen auf das Gesundheitsverhalten auswirken, nicht Teil der Problemstellung; aufgrund der daraus resultierenden methodischen Einschränkungen kann sie im Rahmen dieser Untersuchung nicht beantwortet werden. Da die vorliegende Arbeit jedoch die bisher einzige darstellt, die für Deutschland eine empirische Annäherung an diese Problematik erlaubt, soll abschließend das Gesundheitsverhalten der Befragten diskutiert werden, die bisher ausschließlich negative Erfahrungen als Lesben in der Gesundheitsversorgung gemacht haben. Diese Ausführungen können als Anregung gesehen werden, um Hypothesen für die weitere Forschung in Deutschland aufzustellen; keineswegs können die erhobenen Daten bereits die bestehenden Forschungslücken schließen und die Frage nach den Zusammenhängen von Diskriminierungserfahrungen, demographischen Kenngrößen und Gesundheitsverhalten beantworten[388].

Im Folgenden werden die Angaben der 22 Teilnehmerinnen, die ausschließlich negative Erfahrungen als Lesben gemacht hatten (Untersuchungsgruppe), in Gegenüberstellung zu den 328 Befragten diskutiert, die auch oder ausschließlich positive und neutrale Reaktionen erlebt haben (Vergleichsgruppe). Diese Gegenüberstellung wurde in der Annahme gewählt, dass sich Unterschiede im Gesundheitsverhalten, die im Zusammenhang mit Diskriminierungserfahrungen stehen, besonders deutlich bei jenen Frauen darstellen, deren negative Erlebnisse nicht durch andere, positive Erfahrungen möglicherweise abgeschwächt wurden.

Im Vergleich der demographischen Angaben wiesen die Frauen der Untersuchungsgruppe eher ein jüngeres Alter und ein geringeres Einkommen auf als die Vergleichsgruppe. Möglicherweise stehen Frauen in Abhängigkeit von ihrem Einkommen unterschiedliche Möglichkeiten zur Verfügung, sich vor diskriminierenden Erfahrungen zu schützen, wenn z.B. die freie Arztwahl von finanzschwachen Frauen durch längere Anfahrtswege oder Eigenbeteiligung bei Behandlungen eingeschränkt wird. Denkbar wäre auch, dass sich die Diskriminierungserfahrungen von weniger gut und besser verdienenden Lesben aufgrund der unterschiedlichen sozialen Situation voneinander unterscheiden und ärmere Lesben von Diskriminierungsformen betroffen sind, die besser Verdienende nicht kennen. Da Erfahrungen in der Gesundheitsversorgung im Laufe des Lebens kumulieren, wundert es nicht, dass die Frauen der Untersuchungsgruppe tendenziell jüngeren Alters sind als die Frauen der Vergleichsgruppe. Interessant wäre in diesem Zusammenhang, wie lange

---

387 Stevens/Hall 1988, Zeidenstein 1990, VanScoy 1997, Dean/Meyer et al. 2000
388 Um nicht Erkenntnissicherheit an Stellen zu suggerieren, an denen sie nicht zutrifft, wurde auf die Angabe von Wahrscheinlichkeiten auch dann verzichtet, wenn Signifikanztests formal korrekt durchführbar und die Ergebnisse aussagekräftig (p < 0,05) waren.

das persönliche Coming Out der Befragten zurückliegt und welchen Zeitraum sie schon als lesbische Frau leben.

Negative Erfahrungen als lesbische Patientin wirkten sich auf die allgemeine Zufriedenheit mit Ärztinnen und Ärzten aus. Die Untersuchungsgruppe bewertete ihre allgemeinen Erfahrungen mit Ärztinnen und Ärzten als schlechter als die Vergleichsgruppe.

Als Konsequenz aus ihren Diskriminierungserfahrungen scheinen die Frauen der Untersuchungsgruppe gezogen zu haben, sich im medizinischen Bereich seltener als Lesben zu erkennen zu geben als die Vergleichsgruppe. Diese höhere Geheimhaltung der eigenen Lebensweise betraf Frauenärztinnen/-ärzte, Allgemeinärztinnen/-ärzte und Heilpraktiker/-innen. Die Untersuchungsgruppe bestand jedoch nicht aus Frauen, die allgemein ihr Lesbischsein eher verdeckt lebten; ihre Offenheit im privaten und beruflichen Umfeld unterschied sich nicht von der Vergleichsgruppe.

Für die fehlende Offenheit bei Ärztinnen und Ärzten gaben die Frauen der Untersuchungsgruppe andere Gründe an als die Vergleichsgruppe. Sie waren eher seltener der Ansicht, dass ihre Lebensform für die Behandlung unwichtig sei, befürchteten aber häufiger Diskriminierung, schlechtere Behandlung oder einen Vermerk in der Krankenakte.

Bei der Analyse der Nutzung medizinischer Angebote fanden sich Hinweise, dass die Frauen der Untersuchungsgruppe Teilbereiche der schulmedizinische Versorgung weniger in Anspruch nahm und sich eher zu alternativmedizinischen Berufsgruppen hinwandte. Nicht betroffen von dieser Distanzierung von schulmedizinischen Angeboten war die zahnmedizinische Versorgung.

Die Abwendung von schulmedizinischen Angeboten fand sich insbesondere bei der frauenärztlichen Versorgung und gynäkologischen Vorsorgeuntersuchungen. Der Anteil an regelmäßigen Nutzerinnen frauenärztlicher Vorsorgeangebote lag in der Untersuchungsgruppe bei nur 43 % gegenüber 70 % in der Vergleichsgruppe. Geringer war auch die Beteiligung an HIV-Antikörpertests.

Die geringere Inanspruchnahme ärztlicher Früherkennungsmaßnahmen führte jedoch in der Untersuchungsgruppe nicht dazu, die eigenen Handlungsmöglichkeiten verstärkt auszuschöpfen. So lag in der Untersuchungsgruppe mit 32 % der Anteil an Frauen, die eine Brustselbstuntersuchung durchführten, deutlich geringer als in der Vergleichsgruppe (59 %). In weitergehender Forschung wäre zu klären, ob und gegebenenfalls welche Zusammenhänge im individuellen Erleben der Frauen zwischen einer Distanzierung zur ärztlichen Versorgung und einer geringeren Nutzung von Brustselbstuntersuchungen bestehen. Denkbar wäre einerseits, dass sich hier die fehlende Aufklärungs- und Informationsarbeit ausdrückt, die Frauenärztinnen und -ärzte im Kontakt mit ihren Patientinnen leisten, oder dass die Brustselbstuntersuchung von den Befragten als Teil der schulmedizinischen Versorgung erlebt und mit dieser abgelehnt wird. Möglich erscheint allerdings auch, dass ein weiterer Einflussfaktor existiert, der in dieser Erhebung nicht erfasst wurde, z.B. ein anderes Körpergefühl und -erleben, welches einen Erklärungshintergrund für den

Zusammenhang zwischen wahrgenommener Diskriminierung und Gesundheitshandeln bilden könnte.

Zusammenfassend erweisen sich Diskriminierungserfahrungen als Lesbe bei Betrachtung dieser Daten als ein lesbenspezifisches Hindernis in der Gesundheitsversorgung. Die mangelnde Kompetenz von Ärztinnen und Ärzten im Umgang mit lesbischen Klientinnen und Patientinnen, die sich unter anderem in den in dieser Erhebung erfassten Formen von Diskriminierung ausdrückt, betrifft dabei nicht nur jede einzelne Lesbe als Individuum. Sie stellt darüber hinaus eine strukturelle Barriere für alle lesbischen Frauen dar, angemessene und qualitativ hochwertige Gesundheitsversorgung in Anspruch zu nehmen.

Im Begleitdokument der US-amerikanischen Gesundheitsagenda *Healthy People 2010*[389] für die Gesundheit von Lesben, Schwulen, Bisexuellen und Transgender-Personen (*Companion Document für Lesbian, Gay, Bisexual, and Transgender (LGBT) Health*) heißt es:

> *"Access to quality health care and related services is important in order to eliminate health disparities and increase the quality and the years of healthy life for all persons in the United States. (...) For example, a significant barrier to LGBT people accessing needed care is the lack of provider LGBT competency and the discrimination toward people of other sexual orientation or gender identity that frequently is encountered in the health care system. These and other adverse barriers may lead to delays in seeking health care or an avoidance of preventive and treatment services. As LGBT people also represent diversity relative to race, ethnicity, socioeconomic status, disability, and other characteristics, their barriers may be compounded by the barriers experienced by people who are members of those underserved populations with health disparities."*[390]

Während diese Ausgrenzungsmechanismen und ihre Konsequenzen für die Gesundheit in anderen Ländern, insbesondere im englischsprachigen Raum, schon vielfach in der Forschung berücksichtigt wurden, steht die Lesbengesundheitsforschung im deutschsprachigen Raum erst am Anfang.

---

389   Gay and Lesbian Medical Association and LGBT Health Experts 2001
390   ebenda, S. 27

5) Schlussfolgerungen

Ausgehend von den Ergebnissen der vorliegenden Untersuchung und deren Diskussion im Zusammenhang mit nationalen und internationalen Studien lassen sich verallgemeinernde Hypothesen über die Situation lesbischer Frauen in der bundesdeutschen Gesundheitsversorgung aufstellen. Diese sollen abschließend unter zwei Gesichtspunkten betrachtet werden. Zum einen wirft jede Hypothese Fragen für zukünftige Forschung auf und wäre in weiteren Arbeiten genauer zu überprüfen. Zum anderen ergeben sich aus den Hypothesen Anregungen für die praktische Arbeit in der Gesundheitsversorgung mit dem Ziel, die gesundheitliche Versorgung lesbischer Frauen zu verbessern.

Hypothese 1:
Lesbische Frauen in der Bundesrepublik Deutschland sind in Bezug auf Alter, Lebensform, kulturellen Hintergrund sowie berufliche und soziale Situation eine heterogene Gruppe. Selbstbezeichnung und sexuelles Verhalten sind zwei Dimensionen ihrer lesbischen Lebensweise.

Die unterschiedlichen Lebenssituationen, Lebensweisen und Selbstdefinitionen lesbischer Frauen wären in weiterer Forschung zu berücksichtigen und auf ihren Einfluss auf die gesundheitliche Situation hin zu untersuchen. Der US-amerikanische Lesbengesundheitsbericht *Lesbian Health – Current Assessments and Directions for the Future* sieht in diesem Bereich aktuellen Forschungsbedarf (research priority):

> *„Population-based data are needed to better understand [the] dimensions of sexual orientation and the interrelationships among them.*
> *Lesbians are a very diverse group, varying along dimensions of sexual orientation and in terms of demographic characteristics such as socioeconomic status, race and ethnicity, culture, religious background, and age. Population-based `baseline´ studies are needed to better understand the characteristics of the population and how these characteristics interrelate with health status. Studies are especially needed to better understand the developmental course of lesbians across the life span. In particular, research is needed on the impact of stigma on lesbians across the life span, especially among different racial and ethnic groups and a range of socioeconomic classes. International and cross-cultural studies may also be helpful for increasing understanding of the interrelationships among these factors and their impact on lesbian health. Because the field of lesbian health research is still relatively undeveloped, studies are needed that use qualitative research methods, such as ethnographies and focus groups, to increase understanding of the diversity and distinct subgroupings and behaviours of the population."*[1]

Für die gesundheitliche Versorgung ergibt sich aus der Verschiedenheit lesbischer Lebensweisen, dass aus einzelnen Lebensumständen nicht auf die sexuelle Orientierung geschlossen werden kann – und umgekehrt. So können beispielsweise auch schwangere Frauen mit einer Partnerin leben oder Frauen, die ihre Identität als lesbisch bezeichnen, mit Männern sexuell aktiv sein. In der Gesundheitsversorgung empfiehlt es sich daher, relevante Informationen in wertungsfreien, aber konkreten Fragen zu erheben und unzulässige Verallgemeinerungen zu vermeiden („Alle Schwangeren sind heterosexuell."). Verallgemeinerungen verstellen den Blick auf die konkrete Lebenssituation der Patientin oder Klientin und können zu Fehlbehandlungen beitragen.

Hypothese 2:
Lesbische Frauen stehen (auch) in der Gesundheitsversorgung vor der Entscheidung, ihre Lebensweise und Identität zur Sprache zu bringen, unerwähnt zu lassen oder aktiv zu verbergen. Viele Ärztinnen, Ärzte, Therapeutinnen oder Therapeuten wissen nicht um die Lebensweise ihre Klientin und Patientin. Auch in Situationen, in denen die Lebensweise der lesbischen Patientin oder Klientin für die gesundheitliche Versorgung von Bedeutung ist, wird diese nicht immer thematisiert.

Die Annahme vieler Ärztinnen und Ärzte, alle ihre Klientinnen und Patientinnen seien heterosexuell, wurde als eine Barriere für lesbische Frauen zu angemessener Gesundheitsversorgung identifiziert. Neben der schon erwähnten Anregung, Anamnesefragen offen und neutral zu formulieren, ergeben sich aus den Angaben der Teilnehmerinnen in der vorliegenden Arbeit noch weitere Vorschläge für den Umgang mit lesbischen Patientinnen und Klientinnen.

- Anamnesebögen sollten so gestaltet werden, dass sich lesbische Frauen in den Antwortkategorien wiederfinden können.
- Verbale und nonverbale Hinweise, z.B. durch das Auslegen lesbenfreundlicher Materialien im Wartebereich, können Offenheit für lesbische Lebensweisen signalisieren.
- Die eigene Lebensweise ist im medizinischen Setting eine sensible Information. Ärztinnen und Ärzte, deren Patientin oder Klientin sich outet, sollten dies nicht übergehen, sondern eine angemessene Rückmeldung geben.
- Outet sich eine lesbische Frau, sollte im Gespräch geklärt werden, wie und ob ihre Lebensweise in den Krankenunterlagen dokumentiert wird.
- Die Partnerin einer lesbischen Patientin ist als deren nächste Angehörige anzuerkennen.
- Nicht alle lesbischen Frauen wollen sich in jeder Situation zu ihrer Lebensweise äußern. Auch die Entscheidung gegen ein offenes Auftreten ist von Ärztinnen und Ärzten zu akzeptieren.

---

1   Solarz 1999, S. 157

Forschungsbedarf besteht hier in der Entwicklung von Anamnesebögen, die es Frauen unterschiedlicher Lebensformen ermöglichen, sich in den Antwortmöglichkeiten wiederzufinden. Viele Formulierungsvorschläge, wie sie für den englischsprachigen Raum entwickelt wurden, können aufgrund sprachlicher Unterschiede nicht direkt ins Deutsche übertragen werden. Auch fehlt medizinisches Aufklärungsmaterial, das in Inhalt, Gestaltung und Sprache lesbische Frauen miteinbezieht. Überschneidungen mit juristischen Fragestellungen finden sich im Bereich der Anerkennung von lesbischen Partnerinnen als „nächste Angehörige" und der Entwicklung geeigneter Leitlinien für die klinische Praxis.

Hypothese 3:
Lesbische Frauen in Deutschland sind in der medizinischen Versorgung verschiedenen Formen von diskriminierendem und abwertendem Verhalten durch Ärztinnen und Ärzte ausgesetzt. Es steht zu vermuten, dass solches Verhalten auch von anderen Berufsgruppen in der Gesundheitsversorgung ausgeht.

Es ergeben sich Hinweise, dass Diskriminierungserfahrungen das Gesundheits- und Inanspruchnahmeverhalten lesbischer Frauen beeinflussen und zu einer schlechteren Gesundheitsversorgung führen können.

Über die Motivation lesbenfeindlichen oder diskriminierenden Verhaltens durch medizinisches Personal ist wenig bekannt. Für eine Gesundheitsversorgung, die die bestmögliche Versorgung ihrer Patientinnen und Klientinnen im Sinne hat, besteht jedoch die Notwendigkeit, offen und nicht-diskriminierend auf Menschen zuzugehen.

Präventionsansätze gegen die Diskriminierung homosexueller Frauen (und Männer) existieren für Deutschland bisher lediglich im Bereich der Altenpflege[2]. Im Medizinstudium, der Krankenpflegeausbildung oder anderen medizinischen Berufen gehört die Auseinandersetzung mit der Situation von Lesben nicht zum Curriculum. Auch finden sich bislang kaum berufliche Weiterbildungsangebote oder Schulungen zu diesem Thema.

Klärungsbedarf durch weitere Forschung besteht hier für den gesamten Bereich der Prävalenz, Motivation und Präventionsmöglichkeiten lesbendiskriminierender Haltungen und Handlungen im medizinischen Bereich und den Auswirkungen von Diskriminierungserfahrungen auf die Gesundheitsversorgung von Lesben. Auch fehlt es an geeigneten Materialien, Multiplikatorinnen und Multiplikatoren für Aus- und Weiterbildung.

Hypothese 4:
Manche Ärztinnen und Ärzte sind fachlich mit lesbenspezifischen Fragestellungen überfordert. Dies deutet auf Mängel in der medizinischen Ausbildung hin.

Teilnehmerinnen der vorliegenden Untersuchung berichteten, dass sie auf Fragen nach Übertragungsmöglichkeiten von HIV oder Pilzinfektionen unter Frauen und nach anderen medizinischen Problemen auch von Fachärztinnen/-ärzten keine kompetenten Antworten erhalten hatten. Dies deutet auf Wissenslücken bei Medizinerinnen und Medizinern hin,

---

2 Gerlach/Knese/Ness/Swoboda 2002

die durch eine verbesserte Ausbildung schon im Studium oder im Rahmen von Weiterbildungen geschlossen werden könnten.

Zu einigen Fragestellungen – wie den sexuellen Übertragungswegen und –risiken von HIV unter Frauen oder dem Brustkrebsrisiko – bedarf es weiterer Forschung, um Ärztinnen und Ärzte aktuelle und gesicherte Erkenntnisse an die Hand geben zu können.

Hypothese 5:
Die sexuelle Orientierung und Lebensweise stellt einen relevanten Einflussfaktor auf Gesundheit und Gesundheitshandeln lesbischer Frauen in Deutschland dar.

Im Vergleich zur weiblichen Allgemeinbevölkerung zeigen sich Gemeinsamkeiten, aber auch einige Unterschiede in Bezug auf gesundheitliche Situation, Risikoverhalten, gesundheitsfördernde Ressourcen und Inanspruchnahme der Gesundheitsversorgung.

Die Ergebnisse internationaler Lesbengesundheitsforschung können nicht direkt auf die Situation in Deutschland übertragen werden. Weitere Forschung ist deshalb nötig.

An den Ergebnissen der vorliegenden Arbeit sind einige wesentliche Punkte aufgefallen, die hier noch einmal tabellarisch dargestellt werden sollen. Ihre Verallgemeinerbarkeit über die befragte Stichprobe hinaus wäre in weiteren Studien zu überprüfen. Es fielen insbesondere auf:

-   die verstärkte Nutzung alternativ- und komplementärmedizinischer und psychotherapeutischer Angebote und allgemeinen Maßnahmen der gesunden Lebensführung
-   die andere Bedeutung von sozialen Netzwerken und andere Informationsquellen für gesundheitliche Fragen
-   die Bevorzugung von Therapeutinnen und Ärztinnen (gegenüber Therapeuten und Ärzten)
-   dass relevante Gruppe an lesbischen Frauen durch gynäkologische Vorsorge- und Früherkennungsuntersuchungen einschließlich der Brustselbstuntersuchung nicht erreicht werden
-   die stärkere Teilnahme an HIV-Antikörpertests
-   die geringere Einnahme von Medikamenten bei vergleichbarem subjektivem Wohlbefinden
-   das schlechtere psychische Wohlbefinden von jüngeren Lesben
-   der höhere Alkoholkonsum von jüngeren Lesben
-   die höhere Lebenszeitprävalenz des Zigarettenrauchens und Cannabiskonsums
-   die höhere Prävalenz eines riskant niedrigen BMI
-   andere soziale Auswirkungen von z.B. Behinderungen aufgrund der unterschiedlichen gesellschaftlichen Lebensumstände im Vergleich zu heterosexuellen Frauen
-   der Zusammenhang zwischen dem eigenen – offenen oder verdeckten – Umgang mit der lesbischen Lebensweise und gesundheitlichen Aspekten

Ebenso stehen Ergebnisse zu anderen Bereichen der Lesbengesundheitsforschung noch aus, die in der vorliegenden Erhebung nur eine untergeordnete Rolle gespielt haben, wie Prävalenz, Inzidenz und Verlauf bestimmter Erkrankungen (Brustkrebs, Gebärmutterhalskrebs etc.), dem Einfluss des Coming Outs auf die gesundheitliche Situation oder weiteren lesbenspezifischen Ressourcen.

Aus der weiteren Untersuchung dieser Fragestellungen können sich nicht nur Anregungen für eine Verbesserung der Gesundheitsversorgung lesbischer Frauen ergeben, sondern auch Erkenntnisse über Gesundheitsfaktoren, die für Frauen unabhängig ihrer sexuellen Orientierung von Bedeutung sind. So stellt sich bespielsweise aufgrund der erhobenen Daten die Frage, was dazu beigetragen hat, dass ein unerwartet großer Anteil an Lesben die Möglichkeit von HIV-Antikörpertests nutzt und viele der befragten Lesben im Verlauf ihres Lebens das Rauchen aufgegeben haben.

Für die praktische Arbeit in der Gesundheitsversorgung bestätigen die Ergebnisse die Notwendigkeit, die sexuelle Orientierung und Lebensweise in Präventions- und Behandlungsangebote miteinzubeziehen. Zu denken wäre hier insbesondere an die Angebote gynäkologischer Vorsorge- und Früherkennungsuntersuchungen oder auch den Bereich der Suchtprävention und Suchtkrankenhilfe.

Zusammenfassend lässt sich festhalten, dass sich aus den Ergebnissen der vorliegenden Untersuchung vielfältige Ansatzpunkte sowohl für weitere Forschung als auch für die praktische Arbeit in der medizinischen Versorgung ableiten lassen.

Die Veränderung im Umgang mit sexueller Orientierung und den Anliegen lesbischer Frauen in der Medizin wird von *Tamsin Wilton,* Dozentin für Health Studies and der University of the West of England, als *challenge of change*[3] bezeichnet, die letztlich allen zugute kommen wird:

> "Given what we are starting to learn about the consequences of sexual orientation for health and well-being, and about the individual and social disbenefits of social exclusion and discrimination, it is starting to become clear that people of all *sexualities* stand to gain from innovations in research and practice. Far from needing `special treatment´, lesbian, gay and bisexual service users share fundamental human needs, which need to be dealt with in appropriate ways.´[4]

Bleibt hinzuzufügen, dass auch die medizinische Wissenschaft von der Erweiterung des Blickwinkels um bisher ausgeblendete Faktoren nur profitieren kann.

---

3   Wilton 2000, S. 1
4   Wilton 2000, S. 189

6) Literaturverzeichnis

1) Aaron, D. J./ Markovic, N./ Danielson, M. E./ Honnold, J. A./ Janosky, J. E./ Schmidt, N.J.:
Behavioral Risk Factors for Disease and Preventive Health Practices Among Lesbians.
In: Am J Public Health, 91 (6), 2001, S. 972-975.

2) Abbott, L. J.:
The Use of Alcohol By Lesbians: A Review and Research Agenda.
In: Subst Use Misuse, 33 (13), 1998, S. 2647-2663.

3) Abel, K./ Buszewiecz, M./ Davison, S./ Johnson, S./ Staples, E. (Hrsg.):
Planning Community Mental Health Services for Women.
Routledge, London/New York 1996.

4) Acosta, F. X.:
Etiology and Treatment of Homosexuality: A Review.
In: Arch Sex Behav, 4 (1), 1975, S. 9-29.

5) Act Up New York Women & AIDS Book Group (Hrsg.):
Frauen und AIDS.
rowohlt, Reinbek 1994.

6) Albert, S.:
Lesbians and Bi Women At Risk for Sexually Transmitted Infections.
In: Health & Sexuality online edition, 6 (2), 2002.
www.arhp.org/healthcareproviders/onlinepublications/healthandsexuality/lesbianhealth/
access.cfm?ID=203 (1.11.2003)

7) Alexander, C. J.:
Gay and Lesbian Mental Health: A Sourcebook for Practitioners.
The Haworth Press, Binghamton 1996.

8) Akkermann, A./ Betzelt, S./ Daniel, G.:
Nackte Tatsachen – Ergebnisse eines lesbischen Forschungsprojektes.
Selbstverlag, Berlin 1989.

9) Akkermann, V.:
Solidarität und Toleranz. Meine Erfahrungen als Geliebte einer Rollifahrerin auf dem
Lesbenfrühlingstreffen in Stuttgart 1997.
In: Ihrsinn e. V. (Hrsg.): gegenGewalt.
Ihrsinn Nr. 16. Bochum 1997, S. 33-39.

10) Alexander, C. J. (Hrsg.):
Gay and Lesbian Mental Health: A Sourcebook for Practitioners.
Harworth Press, Binghamton 1996.

11) Amendt, G.:
Die Macht der Frauenärzte – Die bevormundete Frau.
Fischer Taschenbuch, Frankfurt/Main 1989.

12) Anavarathan, M.:
Als Frau aller Farben und Mutter bin ich die doppelte Ausnahme.
In: Streib, U.: Von nun an nannten sie sich Mütter: Lesben und Kinder.
Orlanda Frauenverlag, Berlin 1991, S. 115-120.

13) Anonymus:
The Horrors of Ashworth.
In: Lancet, 353 (9149), 1999, S. 251.

14) Antonovsky, A.:
Health, Stress, and Coping: New Perspectives on Mental and Physical Well-Being.
Jossey-Bass, San Francisco 1979.

15) Antonovsky, A.:
Salutogenese. Zur Entmystifizierung der Gesundheit. Deutsche erweiterte Ausgabe von
Alexa Franke.
Verlag Deutsche Gesellschaft für Verhaltenstherapie, Tübingen 1987.

16) Antonovsky, A.:
Gesundheitsforschung versus Krankheitsforschung.
In: Franke, A./Broda, M. (Hrsg.): Psychosomatische Gesundheit. Versuch einer Abkehr
vom Pathogenese-Konzept.
dgvt, Tübingen 1993, S. 3-14.

17) Arbeitsgemeinschaft Bevölkerungsbezogener Krebsregister in Deutschland (Hrsg.):
Krebs in Deutschland. Häufigkeiten und Trends.
3. erweiterte, aktualisierte Ausgabe, Saarbrücken 2002.

18) Arbeitskreis Frauen und Gesundheit im Norddeutschen Forschungsverbund Public Health
(Hrsg.):
Frauen und Gesundheit(en) in Wissenschaft, Praxis und Politik.
Verlag Hans Huber, Bern/Göttingen/Toronto/Seattle 1990.

19) Arbeitskreis Frauengesundheit in Medizin, Psychotherapie und Gesellschaft e.V. (AKF):
Vom Umgang der Frauen mit Macht, Geld und Gesundheit.
AJZ Druck und Verlag, Bünde 1999.

20) Atteslander, P.:
Methoden der empirischen Sozialforschung.
8. Auflage, Walter de Gruyter, Berlin/New York 1995.

21) The Australian Resource Centre for Hospital Innovations (Hrsg.):
Safe Staffing and Patient Safety Literature Review, Final Report 31 January 2003.
2003, Internet-Ressource: www.archi.net.au (28.09.2003).

22) Avery, A. M./ Hellman, R. E./ Sudderth, L. K.:
Satisfaction With Mental Health Services Among Sexual Minorities With Major Mental
Illness.
In: Am J Public Health, 91 (6), 2001, S. 990-991.

23) Ayim, M.:
Grenzenlos und unverschämt.
Orlanda-Frauenverlag, Berlin 1997.

24) Bagley, C./ D´Augelli, A. R.:
Suicidal Behaviour in Gay, Lesbian, and Bisexual Youth.
In: BMJ, 320, 2000, S. 1617-1618.

25) Bailey, J. V./ Kavanagh, J./ Owen, C./ McLean, K. A./ Skinner, C. J.:
Lesbians and Cervical Screening.
In: Br J Gen Pract, 50 (455), 2000, S. 481-482.

26) Baker, J. A.:
Is Homophobia Hazardous to Lesbian and Gay Health?
In: American Journal of Health Promotion, 7 (4), 1993, S. 255-262.

27) Bartlett, A./ King, M./ Phillips, P.:
Straight Talking: An Investigation of the Attitudes and Practice of Psychoanalysts and
Psychotherapists in Relation to Gays and Lesbians.
In: Br J Psychiatry, 179, 2001, S. 545-549.

28) Bastert, G./ Schneeweiß, S.:
Zervixkarzinom (Kollumkarzinom).
In: Seeber, S./ Schütte, J.: Therapiekonzepte Onkologie.
Springer Verlag, Berlin/Heidelberg 2003, S. 1511-1550.

29) Bauer, G. R./ Welles, S. L.:
Beyond Assumptions of Negligible Risk: Sexually Transmitted Diseases and Women Who
Have Sex With Women.
In: Am J Public Health, 91 (8), 2001, S. 1282-1286.

30) Becker, W.:
Homosexualität in der Bundesrepublik Deutschland.
In: Ther Ggw, 110 (4), 1971, S. 584-601.

31) Bell, R.:
ABC of Sexual Health. Homosexual Men and Women.
In: BMJ, 318 (7181), 1999, S. 452-455.

32) Berg, G.:
Arbeitsmigrantinnen in der Bundesrepublik – Kulturspezifische Gesundheits-/Krankheits-
konzepte.
In: Gottschalk-Batschkus, C. E./ Schuler, J./ Iding, D. (Hrsg.): Frauen und Gesundheit –
Ethnomedizinische Perspektiven.
Verlag für Wissenschaft und Bildung, Berlin, 1997, S. 367-372.

33) Berg, J. A.:
Gaining Access to Underresearched Populations in Women's Health Research.
In: Health Care for Women International, 20, 1999, S. 237-244.

34) Bergmann, E./ Kamtsiuris, P.:
Inanspruchnahme medizinischer Leistungen.
In: Gesundheitswesen, 61, Sonderheft 2, 1999, S, 138-144.

35) Bergmann, K. E./ Mensink, G. B. M.:
Körpermaße und Übergewicht.
In: Gesundheitswesen, 61, Sonderheft 2, 1999, S. 115-120.

36) Bergmark, K. H.:
Drinking in the Swedish Gay and Lesbian Community.
In: Drug Alcohol Depend, 56, 1999, S. 133-143.

37) Bernhard, L. A./ Applegate, J. M.:
Comparison of Stress and Stress Management Strategies Between Lesbian and
Heterosexual Women.
In: Health Care for Women International, 20, 1999, S. 335-347.

38) Bevier, P. J./ Chiasson, M. A./ Heffernan, R. T./ Castro, K. G.:
Women at a Sexually Transmitted Disease Clinic Who Reported Same-Sex Contact:
Their HIV Seroprevalence and Risk Behavior.
In: Am J Public Health, 85 (10), 1995, S. 1366-1371.

39) Bewley, S. J./ Bolton, J. G. F.:
Gay and Lesbian Issues in Medical and Dental Education: A Survey of British Medical and
Dental Schools.
In: msJAMA online edition vom 06.10.1999,
www.ama-assn.org/sci-pubs/msjama/articles/vol_282/no_13/bewley.htm (11.11.1999)

40) Biechele, U. (Hrsg.):
Identitätsbildung, Identitätsverwirrung, Identitätspolitik – eine psychologische
Standortbestimmung für Lesben, Schwule und andere.
Deutsche Aids-Hilfe, Berlin 1998.

41) Bittner, M./ Reisbeck, G. (Hrsg.):
Aufbruch zu anderen Ufern: Lesbische und schwule Perspektiven in der Psychologie.
Dokumentation des 2. Kongresses des Verbands lesbischer Psychologinnen und
schwuler Psychologen in Deutschland e.V. (VLSP) 21.-23.10.1994 , München.
Profil Verlag, München 1995.

42) Bischof, G./ John, U.:
Suchtmittelabhängigkeit bei Männern und Frauen.
In: Hurrelmann, K./ Kolip, P. (Hrsg.): Geschlecht, Gesundheit und Krankheit: Frauen und
Männer im Vergleich.
Verlag Hans Huber, Bern/Göttingen/Toronto/Seattle 2002, S. 342-358.

43) Black, D./ Gates, G./ Sanders, S./ Taylor, L.:
Demographics of the Gay and Lesbian Population in the United States: Evidence from
Available Systematic Data Sources.
In: Demography, 37 (2), 2000, S. 139-154.

44) Blechman, E. A./ Brownell, K. D. (Hrsg.):
Behavioral Medicine and Women. A Comprehensive Handbook.
The Guilford Press, New York/London 1998.

45) Blitch, J. W./ Haynes, S. N.:
Multiple Behavioral Techniques in a Case of Female Homosexuality.
In: J of Behavior Therapy and Experimental Psychiatry, 3 (4), 1972, S. 319-322.

46) Bloomfield, K.:
A Comparison of Alcohol Consumption Between Lesbians and Heterosexual Women in an Urban Population.
In: Drug Alcohol Depend, 33, 1993, S. 257-269.

47) Bobbe, J.:
Treatment With Lesbian Alcoholics: Healing Shame and Internalized Homophobia for Ongoing Sobriety.
In: Health Soc Work, 27 (3), 2002, S. 218-222.

48) Boehmer, U.:
Twenty Years of Public Health Research: Inclusion of Lesbian, Gay, Bisexual, and Transgender Populations.
In: Am J Public Health, 92 (7), 2002, S. 1125-1130.

49) Borde, T./ David, M./ Kentenich, H.:
Erwartungen und Zufriedenheit deutscher und türkischsprachiger Patientinnen im Krankenhaus – eine vergleichende Befragung in einer Berliner Frauenklinik.
In: Gesundheitswesen, 64, 2002, S. 476-485.

50) Borde, T./ David, M. (Hrsg.):
Gut versorgt? Migrantinnen und Migranten im Gesundheits- und Sozialwesen.
Mabuse-Verlag, Frankfurt/Main 2003.

51) Bortz, J.:
Statistik für Sozialwissenschaftler.
Springer Verlag, Berlin/Heidelberg/New York/Tokio, 3. Auflage, 1989.

52) Bradford, J./ Fields, C.:
Removing the Barriers: Improving Practitioners´ Skills in Providing Health Care to Lesbians and Women Who Partner With Women.
In: Am J Public Health, 91 (6), 2001, S. 989-990.

53) Bradford, J./ Ryan, C.:
Who We Are: Health Concerns of Middle-Aged Lesbians.
In: Sang, J./ Warshow, J./ Smith, A. (Hrsg.): Lesbians At Midlife: The Creative Transition.
Spinster Book, San Francisco 1991, S. 147-163.

54) Bradford, J./ Ryan, C./ Rothblum, E. D.:
National Lesbian Health Care Survey: Implications for Mental Health Care.
In: J Consult Clin Psychol, 62 (2), 1994, S. 228-242.

55) Bradford, J./ Ryan, C. / Honnold, J./ Rothblum, E.:
Expanding the Research Infrastructure for Lesbian Health.
In: Am J Public Health, 91 (7), 2001, S. 1029-1032.

56) Brewaeys, A./ Ponjaert, I./ Van Hall, E. V./ Golombok, S.:
Donor Insemination: Child Development and Family Functioning in Lesbian Mother Families.
In: Hum Reprod, 12 (6), 1997, S. 1349-1359.

57) Brewaeys, A./ Devroey, P./ Helmerhorst, F. M./ Van Hall, E. V./ Ponjaert, I.:
Lesbian Mothers Who Conceived After Donor Insemination: A Follow-Up Study.
In: Hum Reprod, 10 (10), 1995, S. 2731-2735.

58) Bricker-Jenkins, M.:
Feminist Practice and Breast Cancer: `The Patriarchy Has Claimed My Right Breast...´.
In: Soc Work Health Care, 19 (3-4), 1994, S. 17-42.

59) Brogan, D./ Frank, E./ Elon, L./ O´Hanlan, K. A.:
Methodological Concerns in Defining Lesbian for Health Research.
In: Epidemiology, 12, 2001, S. 109-113.

60) Brotman, S./ Ryan, B./ Jalbert, Y./ Rowe, B.:
The Impact of Coming Out on Health and Health Care Access: The Experiences of Gay, Lesbian, Bisexual and Two-Spirit People.
In: Journal of Health & Social Policy, 15 (1), 2002, S. 1-29.

61) Brown, R.:
Self Harm and Suicide Risk for Same-Sex Attracted Young People: A Family Perspective.
In: Australian e-Journal for the Advancement of Mental Health (eJAMH), 1 (1), 2002.
http://auseinet.flinders.edu.au/journal/vol1iss1/index.php (1.11.2003)

62) Buba, H. P./ Vaskovics, L. A.:
Benachteiligung gleichgeschlechtlich orientierter Personen und Paare. Studie im Auftrag des Bundesministeriums der Justiz.
Bundesanzeiger, Köln 2001.

63) Bühl, A./ Zöfel, P.:
SPSS für Windows 6.1. Praxisorientierte Einführung in die moderne Datenanalyse.
Addison Wesley, Bonn, 3. Auflage, 1996.

64) Bühl, A./ Zöfel, P.:
SPSS Version 10. Einführung in die moderne Datenanalyse unter Windows.
Addison Wesley, Bonn 2000.

65) Buehring, P.:
Tabuisierung fördert die Täter. Grenzverletzungen in der Psychotherapie.
In: Deutsches Ärzteblatt, 100 (1-2), 2003, S. 20-23.

66) Buenting, J. A.:
Health Life-Styles of Lesbian and Heterosexual Women.
In: Health Care for Women International, 13, 1992, S. 165-171.

67) Bütow, B./ Stecker, H. (Hrsg.):
EigenArtige Ostfrauen: Frauenemanzipation in der DDR und den neuen Bundesländern.
Kleine Verlag, Bielefeld 1994.

68) Bullough, V. L.:
Science in the Bedroom: A History of Sex Research.
Basic Books, New York 1994.

69) Bundesminister für Gesundheit (Hrsg.):
Daten des Gesundheitswesens Ausgabe 1993.
Schriftenreihe des Bundesministeriums für Gesundheit Band 25.
Nomos Verlagsgesellschaft, Baden-Baden 1993.

70) Bundesminister für Gesundheit (Hrsg.):
Daten des Gesundheitswesens Ausgabe 1997.
Schriftenreihe des Bundesministeriums für Gesundheit Band 91.
Nomos Verlagsgesellschaft, Baden-Baden 1997.

71) Bundesministerium für Familie, Senioren, Frauen und Jugend (Hrsg.):
Sexuelle Übergriffe in Psychotherapie und Psychiatrie.
Schriftenreihe des Bundesministeriums Band 107.
Kohlhammer, Stuttgart/Berlin/Köln 1997.

72) Bundesministerium für Familie, Senioren, Frauen und Jugend (Hrsg.):
Frauen in der Bundesrepublik Deutschland.
Broschürenstelle der Bundesregierung, Bonn 1998

73) Bundesministerium für Familie, Senioren, Frauen und Jugend (Hrsg.):
Bericht zur gesundheitlichen Situation von Frauen in Deutschland.
Schriftenreihe des Bundesministeriums Band 209.
Kohlhammer, Berlin 2001

74) Bundesministerium für Gesundheit (Hrsg.):
Daten des Gesundheitswesens Ausgabe 1999.
Schriftenreihe des Bundesministeriums für Gesundheit Band 122.
Nomos Verlagsgesellschaft, Baden-Baden 1999.

75) Bundesministerium für Gesundheit (Hrsg.):
Statistisches Taschenbuch Gesundheit.
Referat Öffentlichkeitsarbeit, Bonn 2000.

76) Bundeszentrale für gesundheitliche Aufklärung (Hrsg.):
Jugendsexualität 1998
BZgA, Köln 1998.

77) Bundeszentrale für gesundheitliche Aufklärung (Hrsg.):
Was erhält Menschen gesund? Antonovskys Modell der Salutogenese – Diskussions-
stand und Stellenwert.
BZgA, Forschung und Praxis der Gesundheitsförderung Band 6, Köln 1998.

78) Bundeszentrale für gesundheitliche Aufklärung (Hrsg.):
AIDS im öffentlichen Bewusstsein 1999 – Wissen, Einstellung und Verhalten zum Schutz
vor AIDS.
BZgA, Köln 2000.

79) Bundeszentrale für gesundheitliche Aufklärung (Hrsg.):
frauen leben. Eine Studie zu Lebensläufen und Familienplanung im Auftrag der BZgA von
Cornelia Helfferich.
BZgA, Reihe Forschung und Praxis der Sexualaufklärung und Familienplanung Band 19,
Köln 2002.

80) Burke, B. P./ White, J. C.:
Wellbeing of Gay, Lesbian, and Bisexual Doctors.
In: BMJ, 322, 2001, S. 422-425.

81) Burke, B. P./ White, J. C.:
The Well-Being of Gay, Lesbian, and Bisexual Physicians.
In: West J Med, 174, 2001, S. 59-62.

82) Burnett, C. B./ Steakley, C. S./ Slack, R./ Roth, J./ Lerman, C.:
Patterns of Breast Cancer Screening Among Lesbians at Increased Risk for Breast
Cancer.
In: Women Health, 29 (4), 1999, S. 35-55.

83) Bux, D. A.:
The Epidemiology of Problem Drinking in Gay Men and Lesbians: A Critical Review.
In: Clin Psychol Rev, 16 (4), 1996, S. 277-298

84) Cabaj, R. P.:
Substance Abuse in Gay Men, Lesbians, and Bisexuals.
In: Cabaj, R. P./ Stein, T. S.: Textbook of Homosexuality and Mental Health.
American Psychiatric Press, Washington 1996, S. 783-799.

85) Cabaj, R. P./ Stein, T. S.:
Textbook of Homosexuality and Mental Health.
American Psychiatric Press, Washington 1996.

86) Çaliskan, S./ Hamzhei, M.:
Lesben? Die gibt es bei uns nicht! Lesbische Migrantinnen zwischen Anpassung und
Widerstand.
In: Hartmann, J. (Hrsg.): Lebensformen und Sexualität: Herrschaftskritische Analysen und
pädagogische Perspektiven.
Kleine Verlag, Bielefeld 1998, S. 97-105.

87) Calmbach, B.:
Realität der proklamierten Toleranz. Lesbenfeindliche Einstellungen in sozialen Berufen.
In: Psychoscope, 4, 1998, S. 8-11.

88) Calmbach, B./ Rauchfleisch, U.:
Lesbenfeindliche Einstellungen in sozialen Berufen.
In: Wege zum Menschen, 51, 1999, S. 39-45.

89) Cameron, P./ Playfair, W. L./ Wellum, S.:
The Longevity of Homosexuals: Before and After the AIDS Epidemic.
In: Omega, 29 (3), 1994, S. 249-272.

90) Carr, S. V./ Scoular, A./ Elliott, L./ Ilett, R./ Meager, M. :
A Community Based Lesbian Sexual Health Service – Clinically Justified or Politically Correct?
In: British Journal of Family Planning, 25 (3), 1999, S. 93-95.

91) Carroll, N. M.:
Optimal Gynecologic and Obstetric Care for Lesbians.
In: Obstet Gynecol, 93 (4), 1999, S. 611-613.

92) Cass, V:
Sexual Orientation Identity Formation: A Western Phenomenon.
In: Cabaj, R. P./ Stein, T. S.: Textbook of Homosexuality and Mental Health.
American Psychiatric Press, Washington 1996, S. 227-252.

93) Caulfield, H./ Platzer, H.:
Next of kin.
In: Nursing Standard, 13 (7), 1998, S. 47-49.

94) Chaimowitz, G. A.:
Homophobia Among Psychiatric Residents, Family Practice Residents and Psychiatric Faculty.
In: Can J Psychiatry, 36, 1991, S. 206-209.

95) Chiasson, M. A./ Stoneburner, R. L./ Joseph, S. C.:
Human Immunodeficiency Virus Transmission Through Artificial Insemination.
In: J Acqui Immune Defic Syndr, 3, 1990, 69-72.

96) Chrisler, J. C./ Hemstreet, A. H.:
Variations of a Theme: Diversity and the Psychology of Women.
SUNY Press, Albany 1995.

97) Christeiner, S.:
Frauen im Spannungsfeld zwischen Gesundheit und Krankheit. Subjektive Befindlichkeitseinschätzungen und Ursachenattribuierung von Laien.
Kleine Verlag, Bielefeld 1999.

98) Chrisler, J. C./ Hemstreet, A. H. (Hrsg.):
Variations of a Theme: Diversity and the Psychology of Women.
SUNY Press, Albany 1995.

99) Chu, S. Y./ Buehler, J. W./ Fleming, P. L./ Berkelman, R. L.:
Epidemiology of Reported Cases of AIDS in Lesbians, United States 1980-89.
In: Am J Public Health, 80 (11), 1990, S. 1380-1381.

100) Clark, M. E./ Landers, S./ Linde, R./ Sperber, J.:
The GLBT Health Access Project: A State-Funded Effort to Improve Access to Health Care.
In: Am J Public Health, 91 (6), 2001, S. 895-896.

101) Clarke, A. E./ Olesen, V. L. (Hrsg.):
Revisionising Women, Health, and Healing.
Routledge, New York/London 1999.

102) Classen, M./ Diehl, V./ Kochsiek, K. (Hrsg.):
Innere Medizin.
Urban & Schwarzenberg, München/Wien/Baltimore 1994, 3. Auflage.

103) Clippinger, J. A.:
Homosexuality Can be Cured.
In: Corrective and Social Psychiatry and Journal of Behavior Technology, 20 (2), 1974,
S. 5-28.

104) Cochran, S. D./ Mays, V. M.:
Disclosure of Sexual Preference to Physicians by Black Lesbian and Bisexual Women.
In: West J Med, 149, 1988, S. 616-619.

105) Cochran, S. D./ Mays, V. M.:
Depressive Distress Among Homosexually Active African American Men and Women.
In: Am J Psychiatry, 151 (4), 1994, S. 524-529.

106) Cochran, S. D./ Mays, V. M./ Bowen, D./ Gage, S./ Bybee, D./ Roberts, S. J./ Goldstein, R.
S./ Robison, A./ Rankow, E. J/ White, J.:
Cancer-Related Risk Indicators and Preventive Screening Behaviors Among Lesbians
and Bisexual Women.
In: Am J Public Health, 91, 2001, S. 591-597.

107) Cohen, H./ Marmor, M./ Wolfe, H./ Ribble, D.:
Risk Assessment of HIV Transmission Among Lesbians (letter).
In: J Acquir Immune Defic Syndr, 6 (10), 1993, S. 1173-1174.

108) Cohen, A. B./ Tannenbaum, I. J.:
Lesbian and Bisexual Women's Judgements of the Attractiveness of Different Body
Types.
In: J Sex Res, 38 (3), 2001, S. 226-232.

109) Cohler, B. J./ Galatzer-Levy, R. M.:
The Course of Gay and Lesbian Lives: Social and Psychoanalytic Perspectives.
The University of Chicago Press, Chicago/London 2000.

110) Collatz, J. (Hrsg.):
Was macht Migranten in Deutschland krank?: Zur Problematik von Rassismus und
Ausländerfeindlichkeit und von Armutsdiskriminierung in psychosozialer und
medizinischer Versorgung.
EB-Verlag Rissen, Hamburg 1992.

111) Cole, S. W./ Kemeny, M. E./ Taylor, S. E./ Visscher, B. R.:
Elevated Physical Health Risk Among Gay Men Who Conceal Their Homosexual Identity.
In: Health Psychol, 15 (4), 1996, S. 243-251.

112) Copeland, J./ Hall, W.:
A Comparison of Predictors of Treatment Drop-Out of Women Seeking Drug and Alcohol
Treatment in a Specialist Women's and Two Traditional Mixed-Sex Treatment Services.
In: British Journal of Addictions, 87, 1992, S. 883-890.

113) Craft, E. M./ Mulvey, K. P.:
Addressing Lesbian, Gay, Bisexual, and Transgender Issues From Inside: One Federal

Agency's Approach.
In: Am J Public Health, 91, 2001, S. 889-891.

114) Daley, A.:
Lesbian Invisibility in Health Care Services. Heterosexual Hegemony and Strategies for Change.
In: Canadian Social Work Review, 15 (1), 1998, S. 57-71.

115) Dam, M. A. A. van/ Koh, A. S./ Dibble, S L.:
Lesbian Disclosure to Health Care Providers and Delay of Care.
In: J Gay Lesbian Med Assoc, 5 (1), 2001, S. 11-19.

116) Dan, A. (Hrsg.):
Reframing Women's Health.
Sage Publications, Thousand Oaks/London/New Delhi 1994.

117) Dannecker, M.:
Das verschwundene Problem: Homosexualität und Psychoanalyse.
In: Deutsche Aids-Hilfe e.V. (Hrsg.): Beratung von Lesben und Schwulen. Dokumentation der VII. Fachtagung des Verbandes lesbischer Psychologinnen und schwuler Psychologen, München, 7.-9. April 2000.
Deutsche Aids-Hilfe, Berlin 2001, S. 20-51.

118) D'Augelli, A. R.:
Lesbian Women in a Rural Helping Network: Exploring Informal Helping Sources.
In: Women and Therapy, 8(1/2), 1989, S. 119-130.

119) D'Augelli, A. R./ Hershberger, S. L./ Pilkington, N. W.:
Suicidality Patterns and Sexual Orientation-Related Factors Among Lesbian, Gay, and Bisexual Youth.
In: Suicide and Life-Threatening Behavior, 31 (3), 2001, S. 250-264.

120) D'Augelli, A. R./ Patterson, C. J.:
Lesbian, Gay, and Bisexual Identities and Youth.
Oxford Press, Oxford 2001.

121) David, M./ Borde, T.:
Kranksein in der Fremde? Türkische Migrantinnen im Krankenhaus.
Mabuse-Verlag, Frankfurt/Main 2001.

122) David, M./ Borde, T./ Kentenich, H. (Hrsg.):
Migration und Gesundheit. Zustandsbeschreibung und Zukunftsmodelle.
Mabuse-Verlag, Frankfurt/Main 1998.

123) David, M./ Borde, T./ Yüksel, E./ Kentenich, H.:
Aspekte der gesundheitlichen Versorgung türkischer Migrantinnen in Deutschland.
In: Gottschalk-Batschkus, C. E./ Schuler, J./ Iding, D. (Hrsg.): Frauen und Gesundheit – Ethnomedizinische Perspektiven.
Verlag für Wissenschaft und Bildung, Berlin 1997, S. 373-378.

124) Dean, L./ Meyer, I. H./ Robinson, K./ Sell, R. L./ Sember, R./ Silencio, V. M. B./ Bowen, D. J./ Bradford, J./ Rothblum, E./ White, J./ Dunn, P./ Lawrence, A./ Wolfe, D./ Xavier, J.:
Lesbian, Gay, Bisexual, and Transgender Health: Findings and Concerns.
J Gay Lesbian Med Assoc, 4 (3), 2000.

125) Department of Health and Human Services Office on Women's Health/ National Institutes of Health Office of Research on Women's Health/ Gay and Lesbian Medical Association and the Lesbian Health Fund (Hrsg.):
Scientific Workshop on Lesbian Health 2000 – Steps for Implementing the IOM Report. o.O., o.J., Internetressource von www.glma.org. (Download vom 1.11.2003)

126) Denenberg, R. :
Report on Lesbian Health.
In: Women Health Issues, 5 (2), 1995, S. 81-91.

127) Dettmers, C./ Albrecht, N.-J./ Weiller, C. (Hrsg.):
Gesundheit, Migration, Krankheit. Sozialmedizinische Probleme in der Nervenheilkunde.
Hippocampus Verlag, Bad Honnef 2002.

128) Deutsche AIDS-Hilfe (Hrsg.):
Wer lutscht schon gern ein Dental Dam? Informationen für Frauen, die Sex mit Frauen haben.
Deutsche AIDS-Hilfe, Berlin 1996.

129) Deutsche Aids-Hilfe e.V. (Hrsg.):
Lesben und Schwule in der Arbeitswelt. Dokumentation des Kongresses 19.-21.3.1999 veranstaltet vom Verband lesbischer Psychologinnen und schwuler Psychologen in Deutschland e.V. (VLSP) mit DGB, ÖTV, HBV und weiteren Einzelgewerkschaften.
Deutsche Aids-Hilfe, Berlin 1999.

130) Deutsche Aids-Hilfe e.V.:
HIV-Test 2000. Bestandsaufnahme und Perspektiven.
Deutsche Aids-Hilfe e.V., AIDS-Forum Band 39, Berlin 2000.

131) Deutsche Aids-Hilfe e.V.:
AIDS und Migration.
Deutsche Aids-Hilfe e.V., AIDS-Forum Band 41, Berlin 2000.

132) Deutsche Aids-Hilfe e.V. (Hrsg.):
Beratung von Lesben und Schwulen. Dokumentation der VII. Fachtagung des Verbandes lesbischer Psychologinnen und schwuler Psychologen, München, 7.-9. April 2000.
Deutsche Aids-Hilfe, Berlin 2001

133) Deutsche Hauptstelle gegen die Suchtgefahren e.V. (Hrsg.):
Jahrbuch Sucht 2001.
Neuland Verlag, Geesthacht 2000.

134) Deutsche Krebshilfe (Hrsg.):
Brustkrebs. Die blauen Ratgeber 2.
Deutsche Krebshilfe e.V., Bonn 1998.

135) Deutsches Ärzteblatt (Hrsg.):
Medien und Hausarzt wichtigste Informationsquellen.
In: Deutsches Ärzteblatt, 2001, 98 (8), S. 426.

136) Diamant, A. L./ Lever, J./ McGuigan, K./ Schuster, M. A.:
Lesbians´ Sexual History With Men. Implications for Taking a Sexual History.
In: Arch Intern Med 159 (22), 1999, S. 2730-2736

137) Diamant, A. L./ Lever, J./ Schuster, M. A.:
Lesbians´ Sexual Activities and Efforts to Reduce Risks for Sexually Transmitted
Diseases.
In: J Gay Lesbian Med Assoc, 4 (2), 2000, S. 41-48.

138) Diamant, A. L./ Schuster, M. A./ Lever, J.:
Receipt of Preventive Health Care Services by Lesbians.
In: Am J Prev Med, 19 (3), 2000, S. 141-148.

139) Diamant, A. L./ Wold, C./ Spritzer, K./ Gelberg, L.:
Health Behaviors, Health Status, and Access to and Use of Health Care. A Population-
Based Study of Lesbian, Bisexual, and Heterosexual Women.
In: Arch Fam Med 9, 2000: S. 1043-1051

140) Diamond, M.:
Homosexuality and Bisexuality in Different Populations.
In: Arch Sex Behav, 22 (4), 1993, S. 291-310.

141) Dibble, S. L./ Paul, S. M./ Roberts, S. A./ Robertson, P. A. :
Risk Factors for Ovarian Cancer : Lesbian and Heterosexual Women.
Oncol Nurs Forum 2002, 29, E 1-7.
www.ons.org/images/library/ons_publications/onf/2002/April_2002/E35-E44.pdf
(1.11.2003)

142) Dibble, S. L./ Roberts, S. A./ Davids, H. R./ Paul, S. M./ Scanlon, J. L. :
A Comparison of Breast Cancer Risk Factor Distributions Between Lesbian and Bisexual
Women.
In: msJAMA online, 1999, http://www.ama-assn.org/sci-pubs/msjama/articles/
vol_282/no_13/cancer.htm (11.11.1999).

143) Dinkelberg, W./ Gundermann, E./ Hanenkamp, K./ Koltzenburg, C. (Hrsg.):
Das Schweigen brechen. Menschenrechtsverletzungen aufgrund sexueller Orientierung.
Querverlag, Berlin 1999.

144) Dolan, K. A./ Davis, P. W.:
Nuances and Shifts in Lesbian Women's Constructions of STI and HIV Vulnerability.
In: Soc Sci Med, 57, 2003, S. 25-38.

145) d´Oliveira, A. F. P. L./ Diniz, S. G./ Schraiber, L. B.:
Violence Against Women in Health-Care Institutions: An Emerging Problem.
In: Lancet, 359, 2002, S. 1681-1685.

146) Donovan, J. M.:
Homosexual, Gay, and Lesbian: Defining the Words and Sampling the Populations.
In: J Homosex, 24 (1-2), 1992, S. 27-47.

147) Douglas, C. J./ Kalman, C. M./ Kalman, T. P.:
Homophobia Among Physicians and Nurses: An Empirical Study.
In: Hospital and Community Psychiatry, 36 (12), 1985, S. 1309-1311.

148) Doyal, L./ Naidoo, J./ Wilton, T. (Hrsg.):
AIDS: Setting a Feminist Agenda.
Taylor & Francis, London 1994.

149) Drescher, J.:
I'm Your Handyman: A History of Reparative Therapies.
In: J Homosex, 36 (1), 1998, S. 19-42.

150) Dröge, A.:
In dieser Gesellschaft überleben – zur Alltagsituation lesbischer Frauen.
Lesbenstich Presse Verlag, Berlin 1983.

151) Druzin, P./ Shrier, I./ Yacowar, M./ Rossignol, M.:
Discrimination Against Gay, Lesbian, and Bisexual Family Physicians By Patients.
In: CMAJ, 158 (5), 1998, S. 593-597.

152) Düring, S./ Hauch, M. (Hrsg.):
Heterosexuelle Verhältnisse.
Enke, Stuttgart 1995.

153) Dundas, S./ Kaufman, M.:
The Toronto Lesbian Family Study.
In: J Homosex, 40 (2), 2000, S. 65-79.

154) Ehret-Wagner, B.:
Das Frauenbild in der Gynäkologie.
In: Zeitschrift für Frauenforschung, 12 (4), 1994, S. 47-55.

155) Einhorn, L./ Polgar, M.:
HIV-Risk Behavior Among Lesbians and Bisexual Women.
In: AIDS Educ Prev, 6 (6), 1994, S. 514-523.

156) Eisler, R. M./ Hersen, M. (Hrsg.):
Handbook of Gender, Culture, and Health.
Erlbaum, Mahwah/USA 2000.

157) Eliason, M. J./ Schope, R.:
Does "Don't Ask Don't Tell" Apply to Health Care? Lesbian, Gay, and Bisexual's People's Disclosure to Health Care Providers.
In: J Gay Lesbian Med Assoc, 5 (4), 2001, S. 125-134.

158) Ellingson, L. A./ Yarber, W.:
Breast self-examination, the health belief model, and sexual orientation in women.
In: Journal of Sex Education and Therapy, 22 (3), 1997, S. 19-24.

159) Elstad, J. I.:
Women´s Priorities Regarding Physician Behavior and Their Preference for a Female Physician.
Women Health, 21 (4), 1994, S. 1-19.

160) Engel, J./ Bäumert, J./ Dirschedl, P./ Sauer, H. / Hölzel, D.:
Wirksamkeit der Selbstuntersuchung, Palpation und Mammographie zur Früherkennung des Mammakarzinoms: Erste Ergebnisse der Feldstudie München.
In: Geburtsh Frauenheilk, 60 (3), 2000, S. 155-164.

161) Englert, Y.:
Debate: Artificial Insemination of Single Women and Lesbian Women With Donor Semen. Artificial Insemination With Donor Semen: Particular Requests.
In: Hum Reprod, 9 (11), 1994, S. 1969-1977.

162) Ermler, A.:
„Und wie verhüten Sie?" – Lesbische Frauen und ihre Erfahrungen mit ÄrztInnen im Schweizerischen Gesundheitswesen.
Fachhochschule Aargau 2001.

163) Eskenazi, B./ Pies, C./ Newsletter, A./ Shepard, C./ Pearson, K.:
HIV Serology in Artificially Inseminated Lesbians.
In: Acqui Immune Defic Syndr, 2, 1989, S. 187-193.

164) Fabach, S.:
Homophobie und Identität II: Psychologische Perspektiven.
In: Hey, B./ Pallier, R./ Roth, R. (Hrsg.): que[e]rdenken. weibliche/männliche homosexualität & wissenschaft.
StudienVerlag, Innsbruck/Wien 1997, S. 119-130.

165) Faber, B.:
Die Auswirkungen von Therapien und Trainings auf das Selbstverständnis behinderter Frauen.
In: - Hermes, G./ Faber, B. (Hrsg.): Mit Stock, Tick und Prothese. Das Grundlagenbuch zur Beratung behinderter Frauen.
Verlag bifos e.V., Kassel 2001. Online –Ausgabe: Bundesorganisationsstelle behinderter Frauen, www.behindertefrauen.org (25.9.2003).

166) Farquhar, C./ Bailey, J./ Whittaker, D.:
Are Lesbians Sexually Healthy? A Report of the `Lesbian Sexual Behaviour and Health Survey´.
South Bank University, London 2001.

167) Felder, H.:
Das Bild der Frau vom Frauenarzt. Untersuchung zur Arzt-Patientin-Beziehung in der Gynäkologie.
Med. Diss., Universität Gießen 1988.

168) Feldhaus, E.:
Vom Umgang mit der Menstruation als einem gesellschaftlichen Tabu. Ein Vergleich zwischen lesbischen und heterosexuellen Frauen.
Diplom-Arbeit, Alice-Salomon-Fachhochschule, Berlin 1997.

169) Feldman, K. W./ Mason, C./ Shugerman, R. P.:
Accusations that Hospital Staff Have Abused Pediatric Patients.
In: Child Abuse Negl, 25 (12), 2001, S. 1555-1569.

170) Ferrara, I./ Balet, R./ Grudzunskas, J. G.:
Intrauterine Donor Insemination in Single Women and Lesbian Couplet: A Comparative Study of Pregnancy Rates.
In: Hum Reprod, 15 (3), 2000, S. 621-625.

171) Ferris, D. G./ Batish, S./ Wright, T. C./ Cushing, D./ Scott, E. H.:
A Neglected Lesbian Health Concern: Cervical Neoplasia.
In: J Fam Pract, 43 (6), 1996, S. 581-584.

172) Fethers, K./ Marks, C./ Mindel, A./ Estcourt, C. S.:
Sexually Transmitted Infections and Risk Behaviours in Women Who Have Sex With Women.
In: Sex Trans Inf, 76, 2000, S. 345-349.

173) Fields, C. B.:
Improving Access to Health Care. Overcoming Barriers to Cultural Competence.
In: Health & Sexuality online edition, 6 (2), 2002.
www.arhp.org/healthcareproviders/onlinepublications/healthandsexuality/lesbianhealth/access.cfm?ID=203 (1.11.2003)

174) Feuerstein, G./ Kuhlmann, E.:
Neopaternalistische Medizin.
Huber Verlag, Bern/Göttingen/Toronto/Seattle 1999.

175) Fish, J.:
Sampling Lesbians: How to Get 1000 Lesbians to Complete a Questionnaire.
In: Feminism & Psychology, 9 (2), 1999, S. 229-238.

176) Fish, J./ Wilkinson, S.:
Understanding Lesbians´ Healthcare Behavior: The Case of Breast Self-Examination.
In: Soc Sci Med, 56, 2003, S. 235-245.

177) Fisher, S.:
Was Ärzte sagen – was Patientinnen sagen: Die Mikropolitik des Entscheidungs-
prozesses in medizinischen Gesprächen.
In: Trömel-Plötz, S.: Gewalt durch Sprache. Die Vergewaltigung von Frauen in Gesprächen.
Fischer Taschenbuch, Frankfurt/Main 1984, S. 143-162.

178) Fleischmann, H./ Klein, H. E. (Hrsg.):
Behandlungsmotivation, Motivationsbehandlung: Suchtkranke im psychiatrischen Krankenhaus.
Lambertus, Freiburg i. Br. 1995.

179) Flick, U. (Hrsg.):
Wann fühlen wir uns gesund? Subjektive Vorstellungen von Gesundheit und Krankheit.
Juventa Verlag, Weinheim/München 1998.

180) Fobair, P./ O'Hanlan, K./ Koopman, C./ Classen, C./ Dimiceli, S./ Drooker, N./ Warner, D./ Davids, H. R./ Loulan, J./ Wallsten, D./ Goffinet, D./ Morrow, G./ Spiegel, D.:
Comparison of Lesbian and Heterosexual Women's Response to Newly Diagnosed Breast Cancer.
In: Psychooncology, 10, 2001, S. 40-51.

181) Fogel, C. I./ Woods, N. (Hrsg.):
Women's Health Care: A Comprehensive Handbook.
Sage Publications, Thousand Oaks/London/New Delhi 1995.

182) Ford, C./ Clarke, K.:
Sexually Transmitted Infections in Women Who Have Sex With Women (Letter).
In: BMJ, 316 (7130), 1998, S. 556-557.

183) Fox, R. C.:
Bisexuality: An Examination of Theory and Research.
In: Cabaj, R. P./ Stein, T. S.: Textbook of Homosexuality and Mental Health.
American Psychiatric Press, Washington 1996, S. 147-172.

184) Franke, A.:
Essstörungen bei Männern und Frauen.
In: Hurrelmann, K./ Kolip, P. (Hrsg.): Geschlecht, Gesundheit und Krankheit: Frauen und Männer im Vergleich.
Verlag Hans Huber, Bern/Göttingen/Toronto/Seattle 2002, S. 359-374.

185) Franke, A./ Broda, M. (Hrsg.):
Psychosomatische Gesundheit. Versuch einer Abkehr vom Pathogenese-Konzept.
dgvt, Tübingen 1993.

186) Franke, A./ Elsesser, K./ Sitzler, F./ Algermissen, G./ Kötter, S.:
Gesundheit und Abhängigkeit bei Frauen: Eine salutogenetische Verlaufsstudie.
Verlag Runge, Cloppenburg 1998.

187) Franke, A./ Jost, I. (Hrsg.):
Das Gleiche ist nicht dasselbe. Zur subkutanen Diskriminierung von Frauen.
Deutsche Gesellschaft für Verhaltenstherapie Verlag, Tübingen 1985.

188) French, S. A./ Story, M./ Remafedi, G./ Resnick, M. D./ Blum, R. W.:
Sexual Orientation and Prevalence of Body Dissatisfaction and Eating Disordered Behaviors: A Population-Based Study of Adolescents.
In: Int J Eat Disord, 19 (2), 1996, S. 119-126.

189) Frisch, M./ Smith, E./ Grulich, A./ Johansen, C.:
Cancer in a Population-based Cohort of Men and Women in Registered Homosexual Partnerships.
In: Am J Epidemiol, 157, 2003, S. 966-972.

190) Frischenschlager, O.:
Was ist Krankheit – was ist Gesundheit?
In: Frischenschlager, O./ Hexel, M./ Kantner-Rumplmair, W./ Ringler, M./ Söllner, W./
Wisiak, U. V. (Hrsg.): Lehrbuch der psychosozialen Medizin: Grundlagen der
medizinischen Psychologie, Psychosomatik, Psychotherapie und medizinischen
Soziologie.
Springer, Wien/New York 1995, S. 3-9.

191) Frischenschlager, O./ Hexel, M./ Kantner-Rumplmair, W./ Ringler, M./ Söllner, W./ Wisiak,
U. V. (Hrsg.):
Lehrbuch der psychosozialen Medizin: Grundlagen der medizinischen Psychologie,
Psychosomatik, Psychotherapie und medizinischen Soziologie.
Springer, Wien/New York 1995.

192) Fuchs, B./ Habinger, G. (Hrsg.):
Rassismen und Feminismen. Differenzen, Machtverhältnisse und Solidarität zwischen
Frauen.
Promedia, Wien 1996.

193) Garcia, J./ Adams, J./ Friedman, L./ East, P.:
Links between Past Abuse, Suicide Ideation, and Sexual Orientation Among San Diego
College Students.
In: J Am Coll Health, 51(1), 2002, S. 9-14.

194) Garnets, L. D./ Kimmel, D. C. (Hrsg.):
Psychological Perspectives on Lesbian and Gay Male Experiences.
Columbia University Press, New York 1993.

195) Garofalo, R./ Katz, E.:
Health Care Issues of Lesbian and Gay Youth.
In: Curr Opin Pediatr, 13 (4), 2001, S. 298-302.

196) Garofalo, R./ Wolf, R. C./ Kessel, S./ Palfrey, S. J./ DuRant, R. H.:
The Association Between Health Risk Behaviors and Sexual Orientation Among a School-
Based Sample of Adolescents.
In: Pediatrics, 1010 (5), 1998, S. 895-902.

197) Garofalo, R./ Wolf, R. C./ Wissow, L. S./ Woods, E. R./ Goodman, E.:
Sexual Orientation and Risk of Suicide Attempts Among a Representative Sample of
Youth.
In: Arch Pediatr Adolesc Med, 153 (5), 1999, S. 487-493.

198) Gaus, W./ Hingst, V./ Mattern, R./ Reinhardt, G./ Seidel, H. J./ Sonntag, H.-G.:
Ökologisches Stoffgebiet.
Hippokrates Verlag, Stuttgart 1999, 3. Auflage.

199) Gay and Lesbian Medical Association and LGBT Health Experts (Hrsg.):
Healthy People 2010 Companion Document for Lesbian, Gay, Bisexual, and Transgender
(LGBT) Health.
Gay and Lesbian Medical Association, San Francisco 2001.

200) Geddes, V. A.:
Lesbian Expectations and Experiences with Family Doctors.
In: Can Fam Physician, 40, 1994, S. 908-920

201) Gentry, S. E.:
Caring for Lesbians in a Homophobic Society.
In: Health Care for Women International, 13, 1992, S. 173-180.

202) Gerlach, H./ Knese, M./ Ness, S./ Swoboda, J.:
„Gay and Grey" – Ältere Lesben und Schwule.
Kuratorium Deutsche Altenhilfe, Köln 2002.

203) GesundheitsAkademie / Landesinstitut für Schule und Weiterbildung NRW (Hrsg.):
Die Gesundheit der Männer ist das Glück der Frauen? Chancen und Grenzen
geschlechtsspezifischer Gesundheitsarbeit.
Mabuse Verlag, Frankfurt a. M. 1998.

204) Gildemeister, R.:
Die soziale Konstruktion von Geschlecht.
In: Oster, I./ Lichtblau, K. (Hrsg.): Feministische Vernunftkritik: Ansätze und Traditionen.
Campus Verlag, Frankfurt/Main 1992, S. 220-239.

205) Gleiss, I.:
Normalitätskonfusion und homophobe Vorurteile im psychoanalytischen Diskurs.
In: Bittner, M./ Reisbeck, G. (Hrsg.): Aufbruch zu anderen Ufern: Lesbische und schwule
Perspektiven in der Psychologie. Dokumentation des 2. Kongresses des Verbands
lesbischer Psychologinnen und schwuler Psychologen in Deutschland e.V. (VLSP)
21.-23.10.1994 , München.
Profil Verlag, München 1995, S. 26-46.

206) Gochman, D. S. (Hrsg.):
Handbook of Health Behavior Research III: Demography, Development, and Diversity.
Plenum Press, New York 1997.

207) Gölkel, L.:
Untersuchung zur Frage der HIV-Infektionen bei homosexuellen Frauen in Berlin im
Zeitraum von 1993 – 1996 unter besonderer Berücksichtigung des Risikoverhaltens.
Med. Diss., HU Berlin, Berlin 1997.

208) Gottschalk-Batschkus, C. E./ Schuler, J./ Iding, D. (Hrsg.):
Frauen und Gesundheit – Ethnomedizinische Perspektiven.
Verlag für Wissenschaft und Bildung, Berlin 1997.

209) Gütschow, B./ Lebek, A.:
HIV-positive Lesben, dreifach ausgegrenzt?
In: Biechele, U. (Hrsg.): Identitätsbildung, Identitätsverwirrung, Identitätspolitik – eine
psychologische Standortbestimmung für Lesben, Schwule und andere.
Deutsche Aids-Hilfe, Berlin 1998, S. 86-87.

210) Greene, B. (Hrsg.):
Ethnic and Cultural Diversity Among Lesbians and Gay Men.
Sage Publications, Thousand Oaks/London/New Delhi 1997.

211) Greene, B./ Croom, G. L. (Hrsg.):
Education, Research, and Practice in Lesbian, Gay, Bisexual, and Transgendered
Psychology. A Resource Manual.
Sage Publications, Thousand Oaks/London/New Delhi 2000.

212) Greene, B./ Herek, G. M. (Hrsg.):
Lesbian and Gay Psychology. Theory, Research, and Clinical Implications.
Sage Publications, Thousand Oaks/London/New Delhi 1994.

213) Groth, S./ Rásky, É. (Hrsg.):
Frauengesundheiten.
StudienVerlag, Innsbruck/Wien 1999.

214) Gruskin, E. P.:
Treating Lesbians and Bisexual Women. Challenges and Strategies for Health
Professionals.
Sage Publications, Thousand Oaks/London/New Delhi 1999.

215) Gruskin, E. P./ Hart, S./ Gordon, N./ Ackerson, L.:
Patterns of Cigarette Smoking and Alcohol Use Among Lesbians and Bisexual Women
Enrolled in a Large Health Maintenance Organization.
In: Am J Pub Health, 91 (6), 2001, S. 976-979.

216) Gschwind, H.:
Niedergelassene Ärzte, homosexuelle Männer und HIV-Infektion und Aids. Eine
empirische Untersuchung zum Arzt-Patient-Verhältnis aus der Perspektive einer sexuellen
Minderheit.
Med. Diss., Johann-Wolfgang-von-Goethe-Universität Frankfurt am Main, Frankfurt/Main
1991.

217) Gutmann, C.:
`An irrational fear of the opposite sex´ - Verhaltenstherapeutische
Heterosexualisierungsversuche bei weiblicher und männlicher Homosexualität.
In: Reipen, M. (Hrsg.): Ganz normal ?! Lesbischer und schwuler Alltag zwischen
Selbstbestimmung und Anpassung. Dokumentation des 3. Kongresses des Verbands
lesbischer Psychologinnen und schwuler Psychologen in Deutschland e.V. (VLSP),
26.-29. Oktober 1995, München.
Profil Verlag, München/Wien 1996, S. 122-131.

218) Hacker, H.:
`Patientin fühlt sich von jeher zu Weibern hingezogen´. Eine Einführung in die
Beziehungsgeschichte von Medizin und Frauenliebe.
In: Mixa, E./ Malleier, E./ Springer-Kremser, M./ Birkhan, I. (Hrsg.): Körper – Geschlecht –
Geschichte. Historische und aktuelle Debatten in der Medizin.
StudienVerlag, Innsbruck/Wien 1996, S. 116-131.

219) Hall, J. M.:
Alcoholism in Lesbians: Developmental, Symbolic Interactionist, and Critical Perspectives.
In: Health Care for Women International, 11, 1990, S. 89-197.

220) Hall, J. M.:
Lesbians and Alcohol: Patterns and Paradoxes in Medical Notions and Lesbians´ Beliefs.
In: J Psychoactive Drugs, 25 (2), 1993, S. 109-119.

221) Hall, J. M.:
Lesbians Surviving Childhood Sexual Abuse: Pivotal Experiences Related to Sexual
Orientation, Gender, and Race.
In: Ponticelli, C. M. (Hrsg.): Gateways to Improving Lesbian Health and Health Care:
Opening Doors.
The Haworth Press, New York/London 1998, S. 7-28.

222) Hallstein, M.:
Sexueller Missbrauch bei Menschen mit geistiger Behinderung: Betrachtungen zu
Wahrnehmung, Verarbeitung und Therapiemöglichkeiten.
In: Hentschel, G. (Hrsg.): Skandal und Alltag. Sexueller Missbrauch und Gegenstrategien.
Orlanda Verlag, Berlin 1996, S. 173-182.

223) Hamburger Netzwerk für Mädchen und FrauenLesben mit Behinderung (Hrsg.):
Ich fühle was, was Du nicht siehst. Bundesweite Tagung für FrauenLesben mit und ohne
Behinderung 26.-27. Februar 1999.
Hamburger Netzwerk für FrauenLesben mit Behinderung, Hamburg 2000.

224) Hark, S.:
Queer Interventionen
In: Marti, M./ Schneider, A./ Sgier, I./ Wymann, A. (Hrsg.): Querfeldein – Beiträge zur
Lesbenforschung. eFeF-Verlag, Bern/Zürich/Dortmund 1994, S. 210-220.

225) Hark, S.:
Grenzen lesbischer Identitäten.
Querverlag, Berlin 1996.

226) Harrison, A. E.:
Primary Care of Lesbian and Gay Patients: Education Ourselves and Our Students.
In: Fam Med, 28 (1), 1996, S. 10-23.

227) Hartmann, J. (Hrsg.):
Lebensformen und Sexualität: Herrschaftskritische Analysen und pädagogische
Perspektiven.
Kleine Verlag, Bielefeld 1998.

228) Haynes, S. G.:
Scientific Workshop on Lesbian Health 2000: Steps for Implementing the IOM Report.
In: J Gay Lesbian Med Assoc, 5 (2), 2001, S. 43-78.

229) Heffernan, K.:
Eating Disorders and Weight Concern Among Lesbians.
In: Int J Eat Disord, 19 (2), 1996, S. 127-138.

230) Heffernan, K.:
The Nature and Predictors of Substance Use Among Lesbians.
In: Addict Behav, 23 (4), 1998, S. 517-528.

231) Henderson, L.:
Prevalence of Domestic Violence Among Lesbians & Gay Men.
Sigma Research, London 2003.

232) Henderson, L./ Reid, D./ Hickson, F./ McLean, S./ Cross, J./ Weatherburn, P.:
Relationships, Sex and Health Among Lesbian and Bisexual Women.
Sigma Research, London 2002.

233) Henschel, A. (Hrsg.):
Weiblich - |un|beschreiblich. Zur Lebenssituation von Frauen mit Behinderung.
C. H. Wäser Verlag, Bad Segeberg 1997.

234) Hentschel, G. (Hrsg.):
Skandal und Alltag. Sexueller Missbrauch und Gegenstrategien.
Orlanda Verlag, Berlin 1996.

235) Herdt, G.: Issues in the Cross-Cultural Study of Homosexuality.
In: Cabaj, R. P./ Stein, T. S.: Textbook of Homosexuality and Mental Health.
American Psychiatric Press, Washington 1996, S. 65-82.

236) Herek, G. M.:
Documenting Prejudice Against Lesbians and Gay Men on Campus: The Yale Sexual
Orientation Survey.
In: J Homosex, 25 (4), 1993, S. 15-30.

237) Herek, G. M.:
Stigma and Sexual Orientation: Understanding Prejudice Against Lesbians, Gay Men, and
Bisexuals.
Sage Publications, Thousand Oaks/London/New Delhi 1998.

238) Hermes, G.:
Behinderte Frauen und Gesundheit.
bifos, info 9, März 2002:
www.behindertefrauen.org/bosnew/sites/archive/info/download/info9/infoNr09.pdf, (ohne
Seitenzählung) (25.9.2003)

239) Hermes, G./ Faber, B. (Hrsg.):
Mit Stock, Tick und Prothese. Das Grundlagenbuch zur Beratung behinderter Frauen.
Verlag bifos e.V., Kassel 2001.
Online–Ausgabe: Bundesorganisationsstelle behinderter Frauen,
www.behindertefrauen.org (25.9.2003).

240) Hershberger, S. L./ Pilkington, N. W./ D´Augelli, A. R.:
Categorization of Lesbian, Gay, and Bisexual Suicide Attempters.
In: Alexander, C. J.: Gay and Lesbian Mental Health: A Sourcebook for Practitioners.
The Haworth Press, Binghamton 1996.

241) Hey, B./ Pallier, R./ Roth, R. (Hrsg.):
que[e]rdenken. weibliche/männliche homosexualität & wissenschaft.
StudienVerlag, Innsbruck/Wien 1997.

242) Hilgefort, G.:
Handbuch HIV-Prävention für Mädchen und Frauen.
Deutsche AIDS-Hilfe, Berlin 2000.

243) Hitchcock, J. M./ Wilson, H. S.:
Personal Risking: Lesbian Self-Disclosure of Sexual Orientation to Professional Health
Care Providers.
In: Nurs Res, 41 (3), 1992, S. 178-183.

244) Hoeltz, J./ Bormann, C./ Schroeder, E.:
Subjektive Morbidität, Gesundheitsrisiken, Inanspruchnahme von Gesundheitsleistungen.
Band 1 Bericht, Band 2 Tabellen.
Infratest Gesundheitsforschung, München 1990.

245) Hömberg, B.:
Geteilte Schwestern?: Die Zusammenarbeit in der Ost- und Westfrauenbewegung.
Hoffmann, Berlin 1994.

246) Hofmann, R.:
Homophobie und Identität I: Que(e)r Theory.
In: Hey, B./ Pallier, R./ Roth, R. (Hrsg.): que[e]rdenken. weibliche/männliche
homosexualität & wissenschaft. StudienVerlag, Innsbruck/Wien 1997, S. 105-118.

247) Hofsäss, T.:
Exkurs zum Suizidalverhalten von Jugendlichen mit gleichgeschlechtlicher Orientierung.
In: Senatsverwaltung für Schule, Jugend und Sport Berlin: Sie liebt sie – Er liebt ihn. Eine
Studie zur psychosozialen Lage junger Lesben, Schwuler und Bisexueller in Berlin.
Senatsverwaltung für Schule, Jugend und Sport Berlin, Berlin 2001, S. 82-88.

248) Hofsäss, T. (Hrsg.):
Jugendhilfe und gleichgeschlechtliche Orientierung.
Verlag für Wissenschaft und Bildung, Berlin 1999.

249) Hügel, I./ Lange, C./ Ayim, M./ Bubeck, I./ Akta, G./ Schultz, D. (Hrsg.):
Entfernte Verbindungen: Rassismus, Antisemitismus, Klassenunterdrückung.
Orlanda-Frauenverlag, Berlin 1993.

250) Hughes, T. L./ Eliason, M.:
Substance Use and Abuse in Lesbian, Gay, Bisexual, and Transgender Populations.
In: The Journal of Primary Prevention, 22 (3), 2002, S. 263-298.

251) Hughes, T. L./ Haas, A. P./ Razzano, L./ Cassidy, R./ Matthews, A. K.:
Comparing Lesbians´ and Heterosexual Women's Mental Health: Findings From a Multi-
Site Study.
In: J Gay Lesbian Soc Serv, 11 (1), 2000, S. 57-76.

252) Hughes, T. L./ Johnson, T./ Wilsnack, S. C.:
Sexual Assault and Alcohol Abuse: A Comparison of Lesbians and Heterosexual Women.
In: J Subst Abuse, 13, 2001, S. 515-532.

253) Hughes, T. L./ Wilsnack, S. C.:
Use of Alcohol Among Lesbians: Research and Clinical Implications.
In: Am J Orthopsychiatry, 67 (1), 1997, S. 20-36.

254) Hurrelmann, K./ Kolip, P. (Hrsg.):
Geschlecht, Gesundheit und Krankheit: Frauen und Männer im Vergleich.
Verlag Hans Huber, Bern/Göttingen/Toronto/Seattle 2002.

255) Hutter, J.:
The Social Construction of Homosexuals in the Nineteenth Century: The Shift From the Sin to the Influence of Medicine on Criminalizing Sodomy in Germany.
In: J Homosex, 24 (3-4), 1993, S. 73-93.

256) Ihrsinn e. V. (Hrsg.):
gegenGewalt.
Ihrsinn Nr. 16. Bochum 1997,

257) Institut der Deutschen Zahnärzte (IDZ) (Hrsg.):
Mundgesundheitszustand und –verhalten in der Bundesrepublik Deutschland: Ergebnisse des nationalen IDZ-Survey 1989.
Deutscher Ärzte-Verlag, Köln 1991.

258) Institut der Deutschen Zahnärzte (IDZ) (Hrsg.):
Dritte Deutsche Mundgesundheitsstudie (DMS III): Ergebnisse, Trends und Problemanalysen auf der Grundlage bevölkerungsrepräsentativer Stichproben in Deutschland 1997.
Deutscher Ärzte-Verlag, Köln 1999.

259) Ipekçioğlu, M. I.:
Lesbisch sein; Türkisch sein – ein Widerspruch?! – Selbstbild lesbischer Migrantinnen der zweiten Generation aus der Türkei, die ihren Lebensmittelpunkt in der Bundesrepublik Deutschland haben.
Diplomarbeit, Alice-Salomon-Fachhochschule, Berlin 1997.

260) James, T./ Platzer, H.:
Ethical Considerations in Qualitative Research with Vulnerable Groups: Exploring Lesbians´ and Gay Men's Experiences of Health Care – A Personal Perspective.
In: Nursing Ethics, 6 (1), 1999, S. 73-81.

261) Jensen, L./ Gambles, D./ Olsen, J..
Attitudes Towards Homosexuality: A Cross-Cultural Analysis of Predictors.
In: Int J Soc Psychiatry, 34 (1), 1988, S. 47-57.

262) Johnson, S. R./ Palermo, J. L. :
Gynecologic Care for the Lesbian.
In: Clin Obstet Gynecol, 27 (3), 1984, S. 724-731.

263) Johnson, S. R./ Smith, E. M./ Guenther, S. M.:
Comparison of Gynecologic Health Care Problems Between Lesbians and Bisexual Women.
In: J Reprod Med, 32 (11), 1987, S. 805-811.

264) Jones, L. S.:
Attitudes of Psychologists and Psychologists-in-Training to Homosexual Women and Men: An Australian Study.
In: J Homosex, 39 (2), 2000, S. 113-132.

265) Jordan, K. M./ Deluty, R. H.:
Coming Out for Lesbian Women: Its Relation to Anxiety, Positive Affectivity, Self-Esteem und Social Support.
In: J Homosex, 35 (2), 1998, S. 41-63.

266) Junge, B./ Nagel, M.:
Das Rauchverhalten in Deutschland.
In: Gesundheitswesen, 61, Sonderheft 2, 1999, S. 121-125.

267) Kahl, H./ Hölling, H./ Kamtsiuris, P.:
Inanspruchnahme von Früherkennungsuntersuchungen und Maßnahmen zur Gesundheitsförderung.
In: Gesundheitswesen, 61, Sonderheft 2, 1999, S. 163-168.

268) Kahlau, C. (Hrsg.):
Aufbruch! – Frauenbewegung in der DDR: Dokumentation.
Frauenoffensive, München 1990.

269) Kahn, M. J.:
Factors Affecting the Coming Out Process for Lesbians.
In: J Homosex, 21 (3), 1991, S. 47-70.

270) Kampmann, B.:
Schwarze Deutsche. Lebensrealität und Probleme einer wenig beachteten Minderheit.
In: Mecheril, P./ Teo, T. (Hrsg.): Andere Deutsche. Zur Lebenssituation von Menschen multiethnischer und multikultureller Herkunft.
Dietz Verlag, Berlin 1994, S. 125-143.

271) Kastendieck, M.:
Die lesbische Patientin.
Neises, M./ Ditz, S. (Hrsg.): Psychosomatische Grundversorgung in der Frauenheilkunde.
Thieme Verlag, Stuttgart 2000, S. 273-274.

272) Karmaus, W.:
Epidemiologie. Möglichkeiten und Dilemmata einer betroffenenorientierten Forschung.
In: Kaupen-Haas, H./ Rothmacher, C. (Hrsg.): Doppelcharakter der Prävention.
Mabuse Verlag, Frankfurt/Main 1991, S. 97-113.

273) Karsten, G./ Wex, U.:
Homosexualitätsforschung über lesbische Frauen.
In: Sozialwissenschaftliche Forschung und Praxis für Frauen e.V. (Hrsg.): Berichte vom Kölner Kongress (Nov. 78) `Feministische Theorie und Praxis in sozialen und pädagogischen Berufsfeldern".
Verlag Frauenoffensive, München 1979, S. 150-151.

274) Kato, P. M./ Mann, T. (Hrsg.):
Handbook of Diversity Issues in Health Psychology.
Plenum Press, New York/London 1996.

275) Kaufman, H./ Ford, P. M./ Pranger, T./ Sankar-Mistry, P./ Advisory Committee on Women and HIV:
Women Who Have Sex With Women. Linking HIV, Hepatitis B and C Infection With Risk Behavior.
In: Social Worker, 65 (3), 1997, S. 77-86.

276) Kaupen-Haas, H./ Rothmacher, C. (Hrsg.)
Doppelcharakter der Prävention.
Mabuse Verlag, Frankfurt/Main 1991.

277) Kelly, J. A./ Lawrence, S. S./ Hood, H. V./ Smith, S./ Cook, D. J.:
Nursing Attitudes Towards AIDS.
In: Education in Nursing, 19, 1988, S. 78-83.

278) Kenawi, S.:
Frauengruppen in der DDR der 80er Jahre: Eine Dokumentation.
Grauzone, Berlin 1996.

279) Kennedy, M./ Schuman, P./ Schoenbaum, E./ Zierler, S./ Rompalo, A./ Chu, S. Y.:
Sexual Behavior of HIV-Infected Women Reporting Recent Sexual Contact With Women (Letter).
In: JAMA, 280 (1), 1998, S. 29-30.

280) Kenney, J. W./ Tash, D. T.:
Lesbian Child Bearing Couples´ Dilemmas and Decisions.
In: Health Care for Women International, 13 (2), 1992, S. 209-220.

281) Ketchum, P.:
Systems Failure. Sexual Minorities Face Barriers and Prejudice.
In: Can Fam Physician, 44, 1998, S. 1677.

282) Kinsey, A. C./ Pomeroy, W./ Martin, C.:
Sexual Behavior in the Human Male.
W. B. Saunders, Philadelphia 1948.

283) Kinsey, A. C./ Pomeroy, W./ Martin, C. E.:
Sexual Behavior in the Human Female.
W. B. Saunders, Philadelphia 1953.

284) Klimmer, R./ Leonhard, K./ Bilikiewicz, T.:
Zur Frage der Umkehrbarkeit des homosexuellen Triebes.
In: Psychiatr Neurol Med Psychol Leipzig, 21 (7), 1969, S. 275-278.

285) Klingenberg, A./ Bahrs, O./ Szecsenyi, J.:
Wie beurteilen Patienten Hausärzte und ihre Praxen? Deutsche Ergebnisse der europäischen Studie zur Bewertung hausärztlicher Versorgung durch Patienten (EUROPEP).
In: Z ärztl Fortbild Qual.sich, 93, 1999, S. 437-455.

286) Klitzman, R. L./ Greenberg, J. D.:
Patterns of Communication Between Gay and Lesbian Patients and Their Health Care Providers.
In: J Homosex, 42 (4), 2002, S. 65-75.

287) Knoll, C./ Edinger, M./ Reisbeck, G. (Hrsg.):
Grenzgänge. Schwule und Lesben in der Arbeitswelt.
Profil Verlag, München/Wien 1997.

288) Knopf, H./ Ellert, U./ Melchert, H.-U.:
Sozialschicht und Gesundheit.
In: Gesundheitswesen, 61, Sonderheft 2, 1999, S. 169-177.

289) Knopf, H./ Melchert, H.-U.:
Subjektive Angaben zur täglichen Anwendung ausgewählter Arzneimittelgruppen – Erste
Ergebnisse des Bundesgesundheitssurveys 1998.
In: Gesundheitswesen, 61 (Sonderheft 2), 1999, S. 151-157.

290) Koh, A. S.:
Use of Preventive Health Behaviors by Lesbian, Bisexual, and Heterosexual Women:
Questionnaire Survey.
In: West J Med, 172, 2000, S. 379-384.

291) Kolbe, K.:
Lesbische Identität in der Adoleszenz.
In: Senatsverwaltung für Jugend und Familie Berlin (Hrsg.): Lesbische Mädchen – (k)ein
Thema für die Jugendarbeit?.
Referat für gleichgeschlechtliche Lebensweisen, Berlin 1993, S. 17-24

292) Kolip, P./ Hurrelmann, K.:
Geschlecht – Gesundheit – Krankheit: Eine Einführung.
In: Hurrelmann, K./ Kolip, P. (Hrsg.): Geschlecht, Gesundheit und Krankheit: Frauen und
Männer im Vergleich.
Verlag Hans Huber, Bern/Göttingen/Toronto/Seattle 2002, S. 13-31.

293) Koppenhöfer, E.:
Frauen und Zigaretten. Über das Ambivalente am Rauchen und seine Ausprägungen in
weiblichen Lebenszusammenhängen.
Centaurus Verlag, Herbolzheim 2000.

294) Kraus, L./ Bauernfeind, R.:
Repräsentativerhebung zum Gebrauch psychoaktiver Substanzen bei Erwachsenen in
Deutschland 1997.
Neuland Verlagsgesellschaft, Sucht Sonderheft 1, 44, Geesthacht 1998.

295) Krieger, N./ Sidney, S.:
Prevalence and Health Implications of Anti-Gay Discrimination: A Study of Black and
White Women and Men in the CARDIA Cohort.
In: Int J Health Serv, 27 (1), 1997, S. 157-176.

296) Kruks, G.:
Gay and Lesbian Homeless/Street Youth: Special Issues and Concerns.
In: J Adolesc Health, 12, 1991: S. 515-518.

297) Kruse, A./ Schmitt, E.:
Gesundheit und Krankheit im hohen Alter.
In: Hurrelmann, K./ Kolip, P. (Hrsg.): Geschlecht, Gesundheit und Krankheit: Frauen und Männer im Vergleich.
Verlag Hans Huber, Bern/Göttingen/Toronto/Seattle 2002, S. 206-222.

298) Kuhlmey, A./ Rauchfuß, M./ Rosemeier, H. P. (Hrsg.):
Frauen in Gesundheit und Krankheit: Die psychosoziale Lebensperspektive.
trafo verlag, Berlin 1998.

299) Kurdelak, L. M./ Linton, J. M./ Daughtery, T. K.:
Are Perceived Professional Qualities Affected By Knowledge of a Counselor´s Sexual Orientation?
In: Psychol Rep, 83 (3.2), 1998, S. 1145-1146.

300) Kwakwa, H. A./ Ghobrial, M. W.:
Female-to-Female Transmission of Human Immunodeficiency Virus.
In: Clin Infect Dis, 36, 2003, e40-41 (electronic edition)

301) Kwella, S./ Mayer, A.:
Verschwiegene Verletzungen: Sexuelle Gewalterlebnisse von Mädchen und Frauen mit Behinderung.
In: Hentschel, G. (Hrsg.): Skandal und Alltag. Sexueller Missbrauch und Gegenstrategien.
Orlanda Verlag, Berlin 1996, S. 164-172.

302) Lange, C.:
Sexuelle Gewalt gegen Mädchen. Ergebnisse einer Studie zur Jugendsexualität.
Enke, Stuttgart 1998.

303) Lauver, D. R./ Karon, S. L./ Egan, J./ Jacobson, M./ Nugent, J./ Settersten, L./ Shaw, V.:
Understanding Lesbians´ Mammography Utilization.
In: Women Health Issues, 9 (5), 1999, S. 264-274.

304) Lee, R.:
Health Care Problems of Lesbian, Gay, Bisexual, and Transgender Patients.
In. West J Med, 172, 2000, S. 403-408.

305) Lees, E./ Shelton, A. J./ Groff, J. Y.:
Beliefs and Attitudes of Middle Aged Lesbians About Hysterectomy.
In: J Gay Lesbian Med Assoc, 5 (1), 2001, S. 3-10.

306) Lehmann, J. B./ Lehmann, C. U./ Kelly, P. J.:
Development and Health Care Needs of Lesbians.
In: J Womens Health, 7 (3), 1998, S. 379-387.

307) Lemp, G. F./ Jones, M./ Kellog, T. A./ Nieri, G. N./ Anderson, L./ Withum, D./ Katz, M.:
HIV Seroprevalence and Risk Behaviors Among Lesbians and Bisexual Women in San Francisco and Berkeley, California.
In: Am J Public Health, 85 (11), 1995, S. 1549-1552.

308) Lesbenberatung e.V. Berlin (Hrsg.):
Zwischen Ohnmacht und Wut: Gewalt gegen Lesben.
Lesbenberatung e.V., Berlin 1994.

309) Lesbenberatung e.V. Berlin (Hrsg.):
Dokumentation der Fragebogenauswertung Gewalt gegen Lesben in Berlin 1996/97.
Lesbenberatung e.V., Berlin 1998.

310) Lesbeninformations- und Beratungsstelle e.V. (Hrsg.):
Gewalt gegen Lesben / Violence against Lesbians. Erstes Europäisches Symposium /
First European Symposium.
Quer Verlag, Berlin 2001.

311) Lesbennetz e.V.:
Programmheft Köln 1999.
Prima Print Druck, Köln 1999.

312) LeVay, S.:
Queer Science. The Use and Abuse of Research into Homosexuality.
MIT Press, Cambridge Massachusetts/London 1996.

313) Lott, B./ Maluso, D. (Hrsg.):
The Social Psychology of Interpersonal Discrimination.
The Guilford Press, New York/London 1995.

314) Loulan, J./ Nichols, M./ Streit, M. (Hrsg.):
Lesben Liebe Leidenschaft. Texte zur feministischen Psychologie.
Orlanda Frauenverlag, Berlin, 2. Auflage, 1993.

315) LSVD Lesben- und Schwulenverband Deutschland (Hrsg.):
Hass-Verbrechen. Neue Forschung und Positionen zu antihomosexueller Gewalt.
LSVD, Köln 2000.

316) LSVD Lesben- und Schwulenverband Deutschland:
(Vorurteile gegen Lesben und Schwule).
www.homosexualitaet.de/vorurteile.htm (04.10.2003).

317) Lucas, V. A.:
An Investigation of the Health Care Preferences of the Lesbian Population.
In: Health Care for Women International, 13, 1992, S. 221-228.

318) MA-L Gesundheitsplanung (Hrsg.):
Gesundheitsbericht für Wien 1997.
Wien 1998.

319) Machleidt, W./ Bauer, M./ Lamprecht, F./ Rose, H. K./ Rohde-Dachser, C.:
Psychiatrie, Psychosomatik und Psychotherapie.
Thieme Verlag, Stuttgart/New York, 6. Auflage, 1999.

320) Maguen, S./ Armistead, L. P./ Kalichman, S.:
Predictors of HIV Antibody Testing Among Gay, Lesbian, and Bisexual Youth.
In: J Adolesc Health, 26, 2000, S. 252-257.

321) Maier-Bode, S.:
Die Stellung der lesbischen Frau in der heutigen Gesellschaft und in früheren
Jahrhunderten.
Med. Diss., Friedrich-Wilhelms-Universität Bonn, Medizinische Fakultät, Bonn 1983.

322) Marks, I. M./ Cameron, P. M./ Silberfeld, M.:
Operant Therapy for an Abnormal Personality.
In: BMJ, 1 (5750), 1971, S. 647-648.

323) Marmor, M./ Weiss, L. R./ Lyden, M./ Weiss, S. H./ Saxinger, W. C./ Spira, T. J./ Feorine,
P. M.:
Possible Female-to-Female Transmission of Human Immunodeficiancy Virus (Letter).
In: Ann Intern Med, 105, 1986, S. 969.

324) Marrazzo, J. M./ Koutsky, L. A./ Handsfield, H. H.:
Characteristics of Female Sexually Transmitted Disease Clinic Clients Who Report Same-
Sex Behavior.
In: Int J STD AIDS, 12, 2001, S. 41-46. (2001a)

325) Marrazzo, J. M./ Koutsky, L A./ Kiviat, N. B./ Kuypers, J. M./ Stine, K.:
Papanicolaou Test Screening and Prevalence of Genital Human Papillomavirus Among
Women Who Have Sex With Women.
In: Am J Public Health, 91 (6), 2001, S. 947-952. (2001b)

326) Marrazzo, J.M./ Koutsky, L. A./ Stine, K./ Kuypers, J. M./ Grubert, T. A./ Galloway, D. A./
Kiviat, N. B./ Handsfield, H. H.:
Genital Human Papillomavirus Infection in Women Who Have Sex With Women.
In: J Infect Dis, 178, 1998, S. 1604-1609.

327) Carrizo, J. M./ Stine, K./ Kotuku, L. A.:
Genital Human Papillomavirus Infection in Women Who Have Sex With Women: A
Review.
In: Am J Obstet Gynecol, 183 (3), 2000, S. 770-774.

328) Marti, M./ Schneider, A./ Sgier, I./ Wymann, A. (Hrsg.):
Querfeldein – Beiträge zur Lesbenforschung.
eFeF-Verlag, Bern/Zürich/Dortmund 1994.

329) Martin, P. R.:
Consulting People and Communities in Brighton and Hove Research Report –
Count Me In: Lesbian, Gay, Disexual, Transgender (LGBT) Community
online Ressource, o. O., 2001, www.participate.org.uk/reports/countmein.doc (1.10.2003)

330) Martinson, J. C./ Fisher, D. G./ DeLapp, T. D.:
Client Disclosure of Lesbianism: A Challenge for Health Care Providers.
In: J Gay Lesbian Soc Serv, 4 (3), 1996, S. 81-94.

331) Maschewsky-Schneider, U.:
Lebenslagen von Frauen, Risikofaktoren und subjektive Morbidität.
In: Brennecke, R.: Sozialmedizinische Ansätze der Evaluation im Gesundheitswesen.
Band 1: Grundlagen und Versorgungsforschung.
Springer Verlag, Berlin/Heidelberg/New York 1992. S. 41-50.

332) Maschewsky-Schneider, U. (Hrsg.):
Frauen – das kranke Geschlecht? Mythos und Wirklichkeit.
Lecke und Budrich, Opladen 1996.

333) Mason-John, V. (Hrsg.):
Talking Black. Lesbians of African and Asian Descent Speak Out.
Cassell, London/New York 1995.

334) Mathews, W. M. C./ Booth, M. W./ Turner, J. D./ Kessler, L.:
Physicians' Attitudes Toward Homosexuality – Survey of a California County Medical Society.
In: West J Med, 144, 1986, S. 106-110.

335) Mathieson, C. M.:
Lesbian and Bisexual Health Care.
In: Can Fam Physician, 44, 1998, S. 1634-1640.

336) Mathieson, C. M./ Bailey, N./ Gurevich, M.:
Health Care Services for Lesbian and Bisexual Women: Some Canadian Data.
In: Health Care for Women International, 23, 2002, S. 185-196.

337) Matthews, A. K.:
Lesbians and Cancer Support: Clinical Issues for Cancer Patients.
In: Health Care for Women International, 19 (3), 1998, S. 193-203.

338) Matthews, A. K./ Hughes, T. L./ Johnson, T./ Razzano, L. A./ Cassidy, R.:
Prediction of Depressive Distress in a Community Sample of Women: The Role of Sexual Orientation.
In: Am J Public Health, 92 (7), 2002, S. 1131-1139.

339) The Mautner Project for Lesbians with Cancer (Hrsg.):
Tools for Caring about Lesbian Health – Lesbian Breast and Cervical Cancer Health Brochure.
Mautner Project, Washington DC 1997 [1997 a].

340) The Mautner Project for Lesbians with Cancer (Hrsg.):
Tools for Caring about Lesbian Health – Training Video.
Mautner Project, Washington DC 1997 [1997 b].

341) Mays, V. M./Cochran, S. D.:
Mental Health Correlates of Perceived Discrimination Among Lesbian, Gay, and Bisexual Adults in the United States.
In: Am J Public Health, 91 (11), 2001, S. 1869-1876.

342) Mays, V. M./ Yancey, A. K./ Cochran, S. D./ Weber, M./ Fielding, J. E.:
Heterogeneity of Health Disparities Among African, Hispanic, and Asian American Women: Unrecognized Influences of Sexual Orientation.
In: Am J Public Health, 92 (4), 2002, S. 632-639.

343) McKelvey, R. S./ Webb, J. A./ Baldassar, L. V./ Robinson, S. M./ Riley, G.:
Sex Knowledge and Sexual Attitudes Among Medical and Nursing Students.
In: Aust N Z J Psychiatry, 33 (2), 1999, S. 260-66.

344) McKirnan, D. J./ Peterson, P. L.:
Alcohol and Drug Use Among Homosexual Men and Women: Epidemiology and Population Characteristics.
In: Addict Behav, 14, 1989, S. 545-553 [1989a].

345) McKirnan, D. J./ Peterson, P. L.:
Psychosocial and Cultural Factors in Alcohol and Drug Abuse: An Analysis of a Homosexual Community.
In: Addict Behav, 14, 1989, S. 555-563 [1989b].

346) McNair, R.:
Lesbian Sexuality. Do GPs Contribute to Lesbian Invisibility and Ill Health?
In: Aust Fam Physician, 29 (6), 2000, S. 514-516.

347) McNair, R. P.:
Lesbian Health Inequalities: A Cultural Minority Issue for Health Professionals.
In: MJA, 178, 2003, S. 643-645.

348) Mecheril, P./ Teo, T. (Hrsg.):
Andere Deutsche. Zur Lebenssituation von Menschen multiethnischer und multikultureller Herkunft.
Dietz Verlag, Berlin 1994.

349) Mensink, G. B. M.:
Körperliche Aktivität.
In: Gesundheitswesen, 61, Sonderheft 2, 1999, S. 126-131.

350) Mensink, G. B. M./ Thamm, M./ Haas, K.:
Die Ernährung in Deutschland 1998.
In: Gesundheitswesen, 61, Sonderheft 2, 1999, S. 200-206.

351) Meyer, I. H.:
Why Lesbian, Gay, Bisexual, and Transgender Public Health?
In: Am J Public Health, 91 (6), 2001, S. 856-859.

352) Meyer, I. H./ Rossano, L./ Ellis, J. M./ Bradford, J.:
A Brief Telephone Interview to Identify Lesbian and Bisexual Women in Random Digit Dialling Sampling.
In: J Sex Res, 39 (2), 2002, S. 139-144.

353) Meyer-Brahlburg, H. F.:
Sex Hormones and Female Homosexuality: A Critical Examination.
In: Arch Sex Behav, 8 (2), 1979, S. 101-119.

354) Miller, A. M.:
Uneasy Promises: Sexuality, Health, and Human Rights.
In: Am J Public Health, 91 (6), 2001, S. 861-864.

355) Miller, D. H./ Greene, K./ Causby, V./ White, B. W./ Lockhart, L. L.:
Domestic Violence in Lesbian Relationships.
In: Women & Therapy, 23 (3), 2001, S. 107-127.

356) Ministerium für Frauen, Jugend, Familie und Gesundheit des Landes Nordrhein-Westfalen (Hrsg.):
Gewalt gegen lesbische Frauen: Studie über Diskriminierungs- und Gewalterfahrungen.
Düsseldorf 1999 [1999 a].

357) Ministerium für Frauen, Jugend, Familie und Gesundheit des Landes Nordrhein-Westfalen (Hrsg.):
Gleichgeschlechtliche Lebensweisen in NRW. Wahrnehmungen, Erfahrungen, Werthaltungen.
Düsseldorf 1999 [1999 b].

358) Ministerium für Frauen, Jugend, Familie und Gesundheit des Landes Nordrhein-Westfalen (Hrsg.):
Lesben – Schwule – Kinder. Eine Analyse zum Forschungsstand.
Düsseldorf 2000.

359) Ministerium für Frauen, Jugend, Familie und Gesundheit des Landes Nordrhein-Westfalen (Hrsg.):
Lebenswege lesbischer Frauen. Zehn biografische Portraits.
Düsseldorf 2002.

360) Ministerium für Frauen, Jugend, Wohnungs- und Städtebau des Landes Schleswig-Holstein (Hrsg.):
Gleichgeschlechtliche Lebensweisen in Schleswig-Holstein.
2. Auflage, Kiel 1999 [1999a].

361) Ministerium für Frauen, Jugend, Wohnungs- und Städtebau des Landes Schleswig-Holstein (Hrsg.):
Situation von Mädchen und Frauen mit Behinderung.
Kiel 1999 [1999b].

362) Ministerium für Frauen, Jugend, Wohnungs- und Städtebau des Landes Schleswig-Holstein (Hrsg.):
Lesbische Frauen im ländlichen Raum.
Kiel 2002.

363) Ministerium für Gesundheit und soziale Sicherung (Hrsg.):
Fragen und Antworten rund um den Hausarzt.
www.die-gesundheitsreform.de/reform/fragen_antworten/list_hausarztsystem.html
(09.11.2003).

364) Mixa, E./ Malleier, E./ Springer-Kremser, M./ Birkhan, I. (Hrsg.):
Körper – Geschlecht – Geschichte. Historische und aktuelle Debatten in der Medizin.
StudienVerlag, Innsbruck/Wien 1996.

365) Moran, N.:
Lesbian Health Care Needs.
In: Can Fam Physician, 42, 1996, S. 879-884.

366) Modrcin, M. J./ Wyers, N. L.:
Lesbian and Gay Couples: Where They Turn When Help Is Needed.
In: Journal of Gay and Lesbian Psychotherapy, 1, 1990, S. 89-104.

367) Mößbauer, U.:
Lebenslagen, Gesundheit und Selbstbilder lesbischer Frauen.
Diplom-Arbeit, Fachhochschule München 1996.

368) Mohammadzadeh, Z.:
Migrantinnen und Gesundheit.
In: Arbeitskreis Frauengesundheit in Medizin, Psychotherapie und Gesellschaft e.V.
(AKF): Vom Umgang der Frauen mit Macht, Geld und Gesundheit. AKF 1999, S. 84-90.

369) Monzon, O. T./ Capellan, J. M. B.:
Female-to-Female Transmission of HIV (letter).
In: Lancet, 2, 1987, S. 40-41.

370) Morris, J. F./ Waldo, C. R./ Rothblum, E. D.:
A Model of Predictors and Outcomes of Outness Among Lesbian and Bisexual Women.
In: Am J Orthopsychiatry, 71 (1), 2001, S. 61-71.

371) Morrissey, M.:
Attitudes of Practitioners to Lesbian, Gay and Bisexual Clients.
In: British Journal of Nursing, 5 (16), 1996, S. 980-982.

372) Morrissey, M./ Rivers, I.:
Applying the Mims-Swenson Sexual Health Model to Nurse Education: Offering an
Alternative Focus on Sexuality and Health.
In: Nurse Education Today, 18, 1998, S. 488-495.

373) Morrow, K. M.:
Lesbian Women and HIV/AIDS. An Appeal for Inclusion.
In: O´Leary, A./ Sweet Jemmott, L. (Hrsg.): Women at Risk. Issues in the Primary
Prevention of AIDS. Plenum Press, New York/London 1995, S. 237-256.

374) Mullineaux, D. G./ French, S. A. :
Lesbian Couples and Cancer.
In : Nebr Nurse, 30 (3), 1997, S. 30-31.

375) Nawyn, S. J./ Richman, J. A./ Rospenda, K. M./ Hughes, T. L.:
Sexual Identity and Alcohol-Related Outcomes: Contribution of Workplace Harassment.
In: J Subst Abuse, 11 (3), 2000, S. 289-304.

376) Neises, M./ Ditz, S. (Hrsg.)
Psychosomatische Grundversorgung in der Frauenheilkunde.
Thieme, Stuttgart/New York 2000.

377) Ness, R. B./ Kuller, L. H. (Hrsg.):
Health and Disease Among Women: Biological and Environmental Influences.
Oxford University Press, New York 1999.

378) Nieden, S. zur:
Weibliche Ejakulation. Variationen zu einem uralten Streit der Geschlechter.
Enke, Stuttgart 1994.

379) Noell, J. W./ Ochs, L. M.:
Relationship of Sexual Orientation to Substance Use, Suicidal Ideation, Suicide Attempts,
and Other Factors in a Population of Homeless Adolescents.
In: J Adolesc Health, 29, 2001, S. 31-36.

380) Oguntoye, K./ Opitz, M./ Schultz, D. (Hrsg.):
Farbe bekennen: Afro-deutsche Frauen auf den Spuren ihrer Geschichte.
Orlanda-Frauenverlag, Berlin 1986.

381) O'Donnell, M./ Leoffler, V./ Pollock, K./ Saunders, Z.:
Lesbian Health Matters! A Resource Book about Lesbian Health.
Santa Cruz Women's Center, Santa Cruz 1979.

382) O'Hanlan, K. A.:
Lesbian Health and Homophobia: Perspectives for the Treating
Obstetrician/Gynecologist.
In: Curr Probl Obstet Gynecol Fertil, 18 (4), 1995, S. 94-133.

383) O'Hanlan, K. A.:
Do We Really Mean Preventive Medicine For All?
In: Am J Prev Med, 12 (5), 1996, S. 411-414.

384) O'Hanlan, K. A.:
Health Concerns of Lesbians.
In: Eisler, R. M./ Hersen, M. (Hrsg.): Handbook of Gender, Culture, and Health.
Erlbaum, Mahwah/USA 2000, S. 377-404.

385) O'Hanlan, K. A./ Crum, C. P.:
Human Papillomavirus-Associated Cervical Intraepithelian Neoplasia Following Lesbian
Sex.
In: Obstet Gynecol, 88, 1996, S. 702-703.

386) Ohms, C.:
Mehr als das Herz gebrochen. Gewalt in lesbischen Beziehungen.
Orlanda Frauenverlag, Berlin 1993.

387) Ohms, C.:
Gewalt gegen Lesben.
Querverlag, Berlin 2000.

388) Ohms, C.:
Lesben und Gesundheit – eine Kurzzusammenfassung des ersten Frauengesundheits-
berichtes 2001 für die Bundesrepublik Deutschland und einer Studie von Theo Sandfort,
der sich mit den psychischen Gesundheitsauswirkungen des Lesbisch- bzw. Schwulseins
befasst.
http://141.90.2.11/homosexualitaet/referat/rtlesb/rtoesb2-zus_studien.html (3.5.2002)

389) Ohms, C./ Müller, K.:
Gut aufgehoben? Zur psychosozialen Versorgung lesbischer Frauen mit Gewalt- und/oder
Diskriminierungserfahrungen im europäischen Vergleich.
Anti-Gewalt-Projekt der Lesben Informations- und Beratungsstelle Frankfurt/Main e.V.,
Frankfurt/Main 2001.

390) O'Leary, A./ Jemmott, L. S. (Hrsg.):
Women at Risk. Issues in the Primary Prevention of AIDS.
Plenum Press, New York/London 1995.

391) Oster, I./ Lichtblau, K. (Hrsg.):
Feministische Vernunftkritik: Ansätze und Traditionen.
Campus Verlag, Frankfurt/Main 1992.

392) Ott, C./ Eilers, J.:
Breast Cancer and Women Partnering With Women.
In: Nebraska Nurse, 30 (3), 1997, S. 29.

393) Owen, W. F.:
The Clinical Approach to the Homosexual Patient.
In: Ann Intern Med, 93 (Part 1), 1980, S. 90-92.

394) Owensby, N. M.:
Homosexuality and Lesbianism Treated With Metrazol.
In: J Nerv Ment Dis, 92, 1940, S. 65-66.

395) Pacharzina, K.:
Moralwächter im weißen Kittel. Zur Sexualmedizin in der Allgemeinpraxis.
Verlag Andreas Achenbach, Lollar 1978.

396) Paczensky, S. von:
Verschwiegene Liebe. Lesbische Frauen in unserer Gesellschaft.
Rowohlt Taschenbuch, Reinbek 1984.

397) Paepke, S./ Schwarz-Boeger, U./ Minckwitz, G. von/ Schultz-Zehden, B./ Kaufmann, M./
Beck, H./ Meden, H./ Kiechle, M./ Beckmann, M. W.:
Brustkrebsfrüherkennung – Kenntnisstand und Akzeptanz in der weiblichen Bevölkerung.
In: Deutsches Ärzteblatt, 98 (34-45), 2001, S. 2178-2186.

398) Paepke, S./ Schubert, R./ Hüttner, C./ Blohmer, J. U./ Lichtenegger, W.:
Informiertheit und Brustkrebsvorsorgeverhalten der weiblichen Bevölkerung in Berlin und
Hildesheim – Ergebnisse einer Querschnittsuntersuchung von 2110 Frauen.
In: Geburtsh Frauenheilk, 60, 2000, S. 620-624.

399) .Palzkill, B.:
„Ich bin keine Frau – ich bin immer nur ich" – Lesben und die soziale Konstruktion von
Geschlecht.
In: Marti, M./ Schneider, A./ Sgier, I./ Wymann, A. (Hrsg.): Querfeldein – Beiträge zur
Lesbenforschung.
eFeF-Verlag, Bern/Zürich/Dortmund 1994, S. 221-237.

400) Parks, C. A.:
Bicultural Competence: A Meditating Factor Affecting Alcohol Use Practices and
Problems Among Lesbian Social Drinkers.
In: Journal of Drug Issues, 29 (1), 1999, S. 135-154.

401) Paroski, P. A.:
Health Care Delivery and the Concerns of Gay and Lesbian Adolescents.
In: J Adolesc Health Care, 8 (2), 1987, S. 188-192.

402) Patel, A./ De Long, G./ Voigl, B./ Medina, C. :
Pelvic Inflammatory Disease in the Lesbian Population – Lesbian Health Issues: Asking
the Right Questions.
In: Obstet Gynecol, 95 (4, supplement), 2000, S. 29S-30S.

403) Patterson, C. J./ D´Augelli, A. R. (Hrsg.):
Lesbian, Gay, and Bisexual Identities in Families. Psychological Perspectives.
Oxford University Press, Oxford/New York 1998.

404) Patton, C. L./ Millard, P. S/ Kessenich, C. R./ Storm, D./ Kinnicutt, E./ Rosen, C. J.:
Screening Calcaneal Ultrasound and Risk Factors for Osteoporosis Among Lesbian and
Heterosexual Women.
In: J Womens Health, 7(7), 1998, S. 909-915.

405) Paul, C. (Hrsg.):
Lesbenblicke von hier nach drüben.
Ätna Verlag, Hohenfels 1990.

406) Perez, R. M./ DeBord, K. A./ Bieschke, K. J. (Hrsg.):
Handbook of Counseling and Psychotherapy With Lesbian, Gay, and Bisexual Clients.
American Psychological Association, Washington DC 2000.

407) Perkonigg, A./ Lieb, R./ Wittchen, H.-U.:
Substance Use, Abuse and Dependence in Germany.
In: Eur Addict Res, 4, 1998, S. 8-17.

408) Petersen, L. R./ Doll, L./ White, C./ Chu, S./ HIV Blood Donor Study Group:
No Evidence for Female-to-Female HIV Transmission Among 960,000 Female Blood
Donors.
In: J Acqui Immune Defic Syndr, 5, 1992, S. 853-855.

409) Peterson, K. J. (Hrsg.):
Health Care for Lesbians and Gay Men: Confronting Homophobia and Heterosexism.
The Haworth Press, New York/London 1996.

410) Peterson, K. J./ Bricker-Jenkins, M.:
Lesbians and the Health Care System.
In: Peterson, K. J. (Hrsg.): Health Care for Lesbians and Gay Men: Confronting
Homophobia and Heterosexism.
The Haworth Press, New York/London 1996, S. 33-47.

411) Pfitzner, G./ Kühner, A.:
Die Bedeutung des Holocaust in der Identitätsbildung von (deutschen) Lesben und
Schwulen heute.
In: Biechele, U. (Hrsg.): Identitätsbildung, Identitätsverwirrung, Identitätspolitik – eine
psychologische Standortbestimmung für Lesben, Schwule und andere.
Deutsche Aids-Hilfe, Berlin 1998, S. 139-141.

412) Pitman, G. E.:
The Influence of Race, Ethnicity, Class, and Sexual Politics on Lesbian's Body Image.
In: J Homosex, 40 (2), 2000, S. 49-64.

413) Platzer, H.:
Nursing Care of Gay and Lesbian Patients.
In: Nursing Standard, 7 (17), 1993, S. 35-37.

414) Plumb, M.:
Undercounts and Overstatements: Will the IOM Report on Lesbian Health Improve Research?
In: Am J Public Health, 91 (6), 2001, S. 873-875.

415) Poluda, E. S.:
Das Bild der lesbischen Frau in der Psychoanalyse.
In: Psyche, 54 (4), 2000, S. 322-353.

416) polymorph (Hrsg.):
(K)ein Geschlecht oder viele? Transgender in politischer Perspektive.
Querverlag, Berlin 2002.

417) Ponticelli, C. M. (Hrsg.):
Gateways to Improving Lesbian Health and Health Care: Opening Doors.
The Haworth Press, New York/London 1998.

418) Posner-Landsch, M.:
Kommunikationsstörungen zwischen ausländischen Patientinnen und einheimischen Ärzten/Ärztinnen.
In: David, M./ Borde, T./ Kentenich, H. (Hrsg.): Migration und Gesundheit. Zustandsbeschreibung und Zukunftsmodelle.
Mabuse-Verlag, Frankfurt/Main 1998, S. 59-79.

419) Potter, J. E.:
Do Ask, Do Tell.
In: Ann Intern Med, 137, 2002, S. 341-343.

420) Pourgholam-Ernst, A.:
Das Gesundheitserleben von Frauen aus verschiedenen Kulturen. Frauen und Gesundheit: Eine empirische Untersuchung zum Gesundheitserleben ausländischer Frauen in Deutschland aus salutogenetischer Sicht
Telos Verlag, Münster 2002.

421) Powers, D./ Bowen, D. J./ White, J.:
The Influence of Sexual Orientation on Health Behaviors in Women.
In: Journal of Prevention and Intervention in the Community, 22(2), 2001, S. 43-60.

422) Price, J. H./ Easton, A. N./ Telljohann, S. K./ Wallace, P. B.:
Perceptions of Cervical Cancer and Pap Smear Screening Behavior by Women's Sexual Orientation.
In: J Community Health, 21 (2), 1996, S. 89-105.

423) Psychosoziale Beratungsstelle donna klara e.V. (Hrsg.):
Lesbische Frauen in der Psychotherapie. Hintergründe, Umfrageergebnisse und Empfehlungen.
donna klara e.V., Kiel 2003.

424) Puschke, M.:
Gewalt gegen Lesben mit Behinderungen.
In: Lesbeninformations- und Beratungsstelle e.v. (Hrsg.): Gewalt gegen Lesben /
Violence against Lesbians. Erstes Europäisches Symposium / First European
Symposium.
Querverlag, Berlin 2001, S. 95-104.

425) Quinn, T. L.:
Sexual Orientation and Gender Identity: An Administrative Approach to Diversity.
In: Child Welfare, 81 (6), 2002, S. 913-928.

426) Radtke, D.:
Partnerschaft.
In: Hermes, G./ Faber, B. (Hrsg.): Mit Stock, Tick und Prothese. Das Grundlagenbuch zur
Beratung behinderter Frauen.
Verlag bifos e.V., Kassel 2001. Online –Ausgabe: Bundesorganisationsstelle behinderter
Frauen, www.behindertefrauen.org (25.9.2003). [2001a]

427) Radtke, D.: Gynäkologische Probleme.
In: Hermes, G./ Faber, B. (Hrsg.): Mit Stock, Tick und Prothese. Das Grundlagenbuch zur
Beratung behinderter Frauen.
Verlag bifos e.V., Kassel 2001. Online –Ausgabe: Bundesorganisationsstelle behinderter
Frauen, www.behindertefrauen.org (25.9.2003). [2001 b]

428) Radonsky, V. E./ Borders, L. D.:
Factors Influencing Lesbians´ Direct Disclosure of Their Sexual Orientation.
In: Journal of Gay & Lesbian Psychotherapy, 2 (3), 1995, S. 17-37.

429) Rankow, E. J.:
Breast and Cervical Cancer Among Lesbians.
In: Women Health Issues, 5 (3), 1995, S. 123-129. (1995 a)

430) Rankow, E. J.:
Lesbian Health Care Issues for the Primary Care Provider.
In: J Fam Pract, 40 (5), 1995, S. 486-493. (1995 b)

431) Rankow, E. J./ Tessaro, I.:
Cervical Cancer Risk and Papanicolaou Screening in a Sample of Lesbian and Bisexual
Women.
In: J Fam Pract, 47 (2), 1998, S. 139-143.

432) Ratner, E.:
A Model for the Treatment of Lesbian and Gay Alcohol Abusers.
In: Alcoholism Treatment Quaterly, 5, 1988, S. 25-46.

433) Rauchfleisch, U.:
Schwule, Lesben, Bisexuelle: Lebensweise, Vorurteile, Einsichten.
Vandenhoeck & Ruprecht, Göttingen/Zürich, 2. Auflage, 1996.

434) Rautenbach, J.:
Essstörungen werden immer häufiger – Diäten sind die "Einstiegsdroge".
In: Gynäkologie und Geburtshilfe, 5, 2001, S. 48-50.

435) Regh, A.:
Transgender in Deutschland zwischen Transsexuellen-Selbsthilfe und Kritik an der Zweigeschlechterordnung.
In: polymorph (Hrsg.): (K)ein Geschlecht oder viele? Transgender in politischer Perspektive.
Querverlag, Berlin 2002, S. 185-203.

436) Reinberg, B./ Roßbach, E.:
Stichprobe: Lesben. Erfahrungen lesbischer Frauen mit ihrer heterosexuellen Umwelt.
Centaurus-Verlagsgesellschaft, Pfaffenweiler 1985.

437) Reipen, M. (Hrsg.):
Ganz normal ?! Lesbischer und schwuler Alltag zwischen Selbstbestimmung und Anpassung. Dokumentation des 3. Kongresses des Verbands lesbischer Psychologinnen und schwuler Psychologen in Deutschland e.V. (VLSP), 26.-29. Oktober 1995, München.
Profil Verlag, München/Wien 1996.

438) Remafedi, G.:
Sexual Orientation and Youth Suicide.
In: msJAMA 282, 1999 Oct 6, S. 1291-1292.

439) Remafedi, G./ French, S./ Story, M./ Resnick, M. D./ Blum, R.:
The Relationship between Suicide Risk and Sexual Orientation: Results of a Population-Based Study.
In: Am J Public Health 88 (1), 1998, S. 57-60.

440) Renner, B./ Hahn, A. / Schwarzer, R.:
Risiko und Gesundheitsverhalten: Dokumentation der Messinstrumente des Forschungsprojektes „Berlin Risk Appraisal and Health Motivation Study" (BRAHMS).
Institut für Arbeits-, Organisations- und Gesundheitspsychologie, Berlin 1996.

441) Risdon, C./ Cook, D./ Willms, D.:
Gay and Lesbian Physicians in Trainings: A Qualitative Study.
In: CMAJ, 162 (3), 2000, S. 331-334.

442) Ristock, J. L.:
No More Secrets. Violence in Lesbian Relationships.
Routledge, New York/London 2002.

443) Robertiello, R. C.:
One Psychiatrist's View of Female Homosexuality.
In: J Sex Research, 9 (1), 1973, S. 30-33.

444) Robert-Koch-Institut (Hrsg.):
Inanspruchnahme alternativer Methoden in der Medizin.
Gesundheitsberichterstattung des Bundes, Robert-Koch-Institut, Berlin 2002 [2002a].

445) Robert-Koch-Institut (Hrsg.):
Was essen wir heute? Ernährungsverhalten in Deutschland.
Gesundheitsberichterstattung des Bundes, Robert-Koch-Institut, Berlin 2002 [2002b].

446) Roberts, S. J.:
Lesbian Health Research: A Review and Recommendations for Future Research.
In: Health Care for Women International, 22, 2001, S. 537-552.

447) Roberts, S. J./ Sorensen, L.:
Health Related Behaviors and Cancer Screening of Lesbians: Results from the Boston Lesbian Health Project.
In: Women Health, 28(4), 1999, S. 1-12.

448) Robertson, M. M.:
Lesbians as an Invisible Minority in the Health Services Arena.
In: Health Care for Women International, 13 (2), 1992, S. 155-163.

449) Robertson, P./ Schachter, J.:
Failure to Identify Venereal Disease in a Lesbian Population.
In: Sex Transm Dis, 8, S. 75-76.

450) Robin, L./ Brener, N. D./ Donahue, S. F./ Hack, T./ Hale, K./ Goodenow, C.:
Associations Between Health Risk Behaviors and Opposite-, Same-, and Both-Sex Sexual Partners in Representative Samples of Vermont and Massachusetts High School Students.
In: Arch Pediatr Adolesc Med, 156, 2002, S. 349-355.

451) Röckl-Wiedmann, I./ Meyer, N./ Fischer, R./ Laubereau, B./ Weitkunat, R./ Überla, K.:
Schichtspezifische Inanspruchnahme medizinischer Leistungen und Vorsorgeverhalten in Bayern: Ergebnisse einer repräsentativen Bevölkerungsbefragung.
In: Soz Praventivmed, 47, 2002, S. 307-317.

452) Rosenberg, J.:
Lesbians and Risk Factors for Gynecologic and Breast Cancers.
In: Health & Sexuality online edition, 6 (2), 2002.
www.arhp.org/healthcareproviders/onlinepublications/healthandsexuality/lesbianhealth/access.cfm?ID=203 (1.11.2003)

453) Rosenbladt, S.:
Gewalt auf Krankenschein.
Konkret Literatur Verlag, Hamburg 1983.

454) Rothblum, E. D.:
Introduction to the Special Section: Mental Health of Lesbians and Gay Men.
In: J Consul Clin Psychol, 62 (2), 1994, S. 211-212.

455) Rothblum, E. D.:
"I Only Read About Myself on Bathroom Walls": The Need for Research on the Mental Health of Lesbians and Gay Men.
In: J Consult Clin Psychol, 62 (2), 1994, S. 213-220.

456) Rothblum, E. D./ Bond, L. A. (Hrsg.):
Preventing Heterosexism and Homophobia.
Sage Publications, Thousand Oaks/London/New Delhi 1996.

457) Rudolph, S.:
Doppelt anders? Zur Lebenssituation junger Lesben, Schwuler und Bisexueller mit
Behinderung.
Jugendnetzwerk Lambda Berlin-Brandenburg e.V., Berlin 2001.

458) Ruhm, K.:
Eingeschränkte Sexualität?
In: Sozialwissenschaftliche Forschung und Praxis für Frauen e.V. (Hrsg.): eigensinnlich –
Sexualität und Feminismus.
Beiträge zur feministischen theorie und praxis Heft 45. Köln 1997, S. 61-68.

459) Rutner, I. T.:
A Double-Barrel Approach to Modification of Homosexual Behavior.
In: Psychol Rep, 26 (2), 1970, S. 355-358.

460) Ryan, H./ Wortley, P. M./ Easton, A./ Pederson, L./ Greenwood, G.:
Smoking Among Lesbians, Gays, and Bisexuals: A Review of the Literature.
In: Am J Prev Med, 21 (2), 2001, S. 142-149.

461) Sabatini, M. T./ Patel, K./ Hirschman, R.:
Kaposi's Sarcoma and T-Cell Lymphoma in an Immunodeficient Women: A Case Report.
In: AIDS Res, 1, 1994, S. 135-137.

462) Saewyc, E. M./ Bearinger, L. H./ Blum, R. W./ Resnick, M. D.:
Sexual Intercourse, Abuse and Pregnancy Among Adolescent Women: Does Sexual
Orientation Make a Difference?
In: Fam Plann Perspect, 31, 1999, S. 127-131.

463) Saewyc, E. M./ Bearinger, L. H./ Heinz, P. A./ Blum, R. W./ Resnick, M. D.:
Gender Differences in Health and Risk Behaviors Among Bisexual and Homosexual
Adolescents.
In: J Adolesc Health, 23, 1998, S. 181-188.

464) Sandfort, T. G. M./ Graaf, R. de/ Bijl, R. V./ Schnabel, P. :
Same-Sex Sexual Behavior and Psychiatric Disorders. Findings From the Netherlands
Mental Health Survey and Incidence Study (NEMESIS)
In: Arch Gen Psychiatry, 58, 2001, S. 85-91.

465) Sang, J./ Warshow, J./ Smith, A. (Hrsg.):
Lesbians At Midlife: The Creative Transition.
Spinster Book, San Francisco 1991, S. 147-163.

466) Saphira, M./ Glover, M.:
New Zealand National Lesbian Health Survey.
In: J Gay Lesbian Med Assoc, 4 (2), 2000, S. 49-56.

467) Saulnier, C. F.:
Choosing a Health Care Provider: A Community Survey of What Is Important to Lesbians.
In: Families in Society, 80 (3), 1999, S. 254-262.

468) Saulnier, C. F.:
Deciding Who to See: Lesbians Discuss Their Preferences in Health and Mental Health Care Providers.
In: Soc Work, 47 (4), 2002, S. 355-365.

469) Saunders, J. M.:
Health Problems of Lesbian Women.
In: Nursing Clinics of North America, 34(2), 1999, S. 381-391.

470) Sasse, B.:
Ganz normale Mütter: Lesbische Frauen und ihre Kinder.
Fischer Taschenbuch, Frankfurt/Main 1995.

471) Savin-Williams, R. C.:
Verbal and Physical Abuse as Stressors in the Lives of Lesbian, Gay Male, and Bisexual Youths: Associations With School Problems, Running Away, Substance Abuse, Prostitution, and Suicide.
In: J Consult Clin Psychol, 62 (2), 1994, S. 261-269.

472) Schäfer, A./ Lahusen, K.:
Lesbenjahrbuch 1. Rücksichten auf 20 Jahre Lesbenbewegung.
Feministischer Buchverlag, Fulda 1995.

473) Schäfer, S.:
Sappho 70 (siebzig): Zur Situation der lesbischen Frau heute.
Henstedter Handdruck Verlag, Henstedt-Ulzburg 1971

474) Schatz, B./ O'Hanlan, K.:
Anti-Gay Discrimination in Medicine: Results of a National Survey of Lesbian, Gay, and Bisexual Physicians.
American Association of Physicians for Human Rights (AAPHR), San Francisco 1994.

475) Schellenberg, E. G./ Hirt, J./ Sears, A.:
Attitudes Toward Homosexuals Among Students at a Canadian University.
In: Sex Roles, 40 (1-2), 1999, S. 139-152.

476) Schindele, E.:
Pfusch an der Frau.
Fischer Taschenbuch, Frankfurt/Main 1996.

477) Schmidt, C.:
Therapierisiken für Frauen.
In: Fleischmann, H./ Klein, H. E. (Hrsg.): Behandlungsmotivation, Motivationsbehandlung.
Lambertus, Freiburg i. Br. 1995, S. 50-57.

478) Schneeberger, A./ Rauchfleisch, U./ Battegay, R.:
Psychosomatische Folgen und Begleitphänomene der Diskriminierung am Arbeitsplatz bei homosexuellen Menschen.
In: Schweizer Archiv für Neurologie und Psychiatrie, 153 (3), 2002, S. 137-143.

225

479) Schneider, G.:
Untersuchungen zur Sexualmedizin in der gynäkologischen Praxis. Sexualmedizinische Kenntnisse und Einstellungen zur Sexualität bei niedergelassenen Gynäkologen in Göttingen und Kassel.
Med. Diss., Universität Göttingen 1982.

480) Schneider, J. S./ Levin, S.:
Uneasy Partners: The Lesbian and Gay Health Care Community and the AMA.
In: JAMA, 282 (13, 1999, S. 1287-1288.

481) Schoppmann, C.:
Nationalsozialistische Sexualpolitik und weibliche Homosexualität.
Centaurus, Pfaffenweiler 1991.

482) Schoppmann, C.:
Zeit der Maskierung. Lebensgeschichten lesbischer Frauen im „Dritten Reich".
Fischer Verlag, Frankfurt/Main 1998.

483) Schoppmann, C.:
Verbotene Verhältnisse. Frauenliebe 1938-1945.
Querverlag, Berlin 1999.

484) Schücking, B.:
Frauen als Patientinnen.
In: Arbeitskreis Frauen und Gesundheit im Norddeutschen Forschungsverbund Public Health (Hrsg.): Frauen und Gesundheit(en) in Wissenschaft, Praxis und Politik.
Verlag Hans Huber, Bern/ Göttingen/ Toronto/ Seattle 1998, S. 155-161.

485) Schücking, P.:
Zur Zulässigkeit von HIV-Antikörpertest und vergleichbaren Diagnosemethoden ohne Einwilligung der Patient(inn)en.
In: Deutsche Aids-Hilfe e.V.: HIV-Test 2000. Bestandsaufnahme und Perspektiven.
Deutsche Aids-Hilfe e.V., Berlin 2000, S. 123-125.

486) Schuller, D.:
Frauenalkoholismus – sind Lesben gefährdeter?
Diplomarbeit, Fachhochschule München, Fachbereich Sozialwesen, München 1985.

487) Schultz, D.:
Die Entwicklung der Frauengesundheitszentren in der Bundesrepublik Deutschland und ihre Bedeutung für die Gesundheitsversorgung von Frauen.
Bundesministerium für Familie, Senioren, Frauen und Jugend, Berlin 1997.

488) Schwanberg, S. L.:
Changes in Labeling Homosexuality in Health Sciences Literature: A Preliminary Investigation.
In: J Homosex, 12 (1), 1985, S. 51-73.

489) Schwanberg, S. L.:
Health Care Professionals' Attitudes Towards Lesbian Women and Gay Men.
In: J Homosex, 31 (3), 1996, S. 71-83.

490) Schwules Netzwerk NRW (Hrsg.):
Lesbische und schwule Familien. Ergebnisse einer Befragung.
Schwules Netzwerk NRW, Köln o.J.

491) Seeber, S./ Schütte, J.:
Therapiekonzepte Onkologie.
Springer Verlag, Berlin/Heidelberg 2003.

492) Seeland, W.:
Frauen und ihre soziale und gesundheitliche Situation in Ostdeutschland unter den
Bedingungen der neuen Arbeitslosigkeit.
Med. Diss., HU Berlin 1998.

493) Sell, R. L.:
Defining and Measuring Sexual Orientation: A Review.
In: Arch Sex Behav. 26 (6), 1997, S. 643-658.

494) Sell, R. L./ Petrulio, C.:
Sampling Homosexuals, Bisexuals, Gays, and Lesbians for Public Health Research: A
Review of the Literature from 1990 to 1992.
In: J Homosex, 30 (4), 1996, S. 31-47.

495) Sell, R. L./ Wells, J. A./ Wypij, D.:
The Prevalence of Homosexual Behavior and Attraction in the United States, the United
Kingdom and France: Results of National Population-Based Samples.
In: Arch Sex Behav, 24 (3), 1995, S. 235-248.

496) Senator für Arbeit, Frauen, Gesundheit, Jugend und Soziales Bremen (Hrsg.):
Frauengesundheitsbericht Bremen 2001.
Bremen 2001.

497) Senatsverwaltung für Jugend und Familie Berlin. Referat für gleichgeschlechtliche
Lebensweisen (Hrsg.):
Gewalt gegen Schwule – Gewalt gegen Lesben. Ursachenforschung und Handlungs-
perspektiven im internationalen Vergleich.
Dokumente des Referats für gleichgeschlechtliche Lebensweisen Nr. 6. Berlin 1991.

498) Senatsverwaltung für Jugend und Familie Berlin. Referat für gleichgeschlechtliche
Lebensweisen (Hrsg.):
Lesbische Mädchen – (k)ein Thema für die Jugendarbeit?.
Dokumente des Referats für gleichgeschlechtliche Lebensweisen Nr. 7.Berlin 1993.

499) Senatsverwaltung für Jugend und Familie Berlin. Referat für gleichgeschlechtliche
Lebensweisen (Hrsg.):
Lesben und Schwule im Gesundheitswesen.
Dokumente des Referats für gleichgeschlechtliche Lebensweisen Nr. 10. Berlin 1993.

500) Senatsverwaltung für Gesundheit Berlin (Hrsg.):
Eine repräsentative Erhebung zu Fragen der Gesundheit, der Prävention und ihrer
Gestaltung.
Berlin 1994.

501) Senatsverwaltung für Gesundheit Berlin (Hrsg.):
Zur gesundheitlichen und sozialen Lage von Frauen in Berlin.
Berlin 1995.

502) Senatsverwaltung für Schule, Jugend und Sport Berlin. Fachbereich für gleich-
geschlechtliche Lebensweisen (Hrsg.) in Kooperation mit der Gewerkschaft
Erziehung und Wissenschaft, Berlin:
Sie liebt sie – Er liebt ihn. Eine Studie zur psychosozialen Lage junger Lesben, Schwuler
und Bisexueller in Berlin.
GEW Berlin, Berlin 2001.

503) Senatsverwaltung für Schule, Jugend und Sport Berlin. Fachbereich für gleich-
geschlechtliche Lebensweisen (Hrsg.):
Opfer, Täter, Angebote. Gewalt gegen Schwule und Lesben.
Dokumente des Referats für gleichgeschlechtliche Lebensweisen Nr. 15. Berlin 1996.

504) Senatsverwaltung für Schule, Jugend und Sport Berlin. Fachbereich für gleich-
geschlechtliche Lebensweisen (Hrsg.):
Anti-Diskriminierungs-Gesetz für Berlin?
Dokumente des Referats für gleichgeschlechtliche Lebensweisen Nr. 17. Berlin 1999.

505) Senatsverwaltung für Schule, Jugend und Sport Berlin. Fachbereich für gleich-
geschlechtliche Lebensweisen (Hrsg.):
Lebenswelten von Migrantinnen und Migranten in Berlin.
Dokumente des Referats für gleichgeschlechtliche Lebensweisen Nr. 19. Berlin 2001.

506) Senatsverwaltung für Schule, Jugend und Sport Berlin. Fachbereich für gleich-
geschlechtliche Lebensweisen (Hrsg.):
Älter werden – Ältere Lesben und Schwule in Berlin. Eine Studie.
Fachbereich für gleichgeschlechtliche Lebensweisen. Berlin 2002.

507) Senatsverwaltung für Schule, Jugend und Sport Berlin und Senatsverwaltung für Arbeit,
Soziales und Frauen Berlin (Hrsg.):
Regenbogenfamilien. Wenn Eltern lesbisch, schwul, bi- oder transsexuell sind.
Senatsverwaltung Berlin. Berlin 2001.

508) Settertobulte, W.:
Gesundheit und Krankheit im Jugendalter.
In: Hurrelmann, K./Kolip, P. (Hrsg.): Geschlecht, Gesundheit und Krankheit.
Verlag Hans Huber, Bern/Göttingen/Toronto/Seattle 2002, S. 179-190

509) Seyler, H.:
Diskriminierung von Lesben in der Gynäkologie.
in: Clio, 21 (43), 1996, S. 23-24.

510) Sheffield Health (Hrsg.):
Lesbian Health Needs Assessment: Report of a Participatory Research Study.
Sheffield Health, 1996.

511) Shively, M. G./ DeCecco, J. P.:
Components of Sexual Identity.
In: Garnets, L. D./ Kimmel, D. C. (Hrsg.): Psychological Perspectives on Lesbian and Gay Male Experiences.
Columbia University Press, New York 1993, S. 80-87.

512) Siever, M. D.:
Sexual Orientation and Gender as Factors in Socioculturally Acquired Vulnerability to Body Dissatisfaction and Eating Disorders.
In: J Consult Clin Psychol, 62 (2), 1994, S. 252-260.

513) Siever, M. D.:
The Perils of Sexual Objectification: Sexual Orientation, Gender, and Socioculturally Acquired Vulnerability to Body Dissatisfaction and Eating Disorders.
In: Alexander, C. J.: Gay and Lesbian Mental Health: A Sourcebook for Practitioners.
The Haworth Press, Binghamton 1996, S. 223-247.

514) Sillge, U.:
Un-Sichtbare Frauen: Lesben und ihre Emanzipation in der DDR.
LinksDruck Verlag. Berlin 1991.

515) Simkin, R. J.:
Lesbians Face Unique Health Care Problems.
In: Can Med Assoc J, 145 (12), 1991, S. 1620-1623.

516) Simkin, R.J.:
Not All Your Patients Are Straight.
In: Can Med Assoc J, 159 (4), 1998, S. 370-375.

517) Singletary, K. W./ Gapstur, S. M.:
Alcohol and Breast Cancer.
In: JAMA, 286 (17), 2001, S. 2143-2151.

518) Skinner, C. J./ Henshaw, P. C./ Petrak, J. A.:
Attitudes to Lesbians and Homosexual Men: Medical Students Care.
In: Sex Transm Infect, 77 (2), 2001, S. 147-148.

519) Skinner, C. J./ Stokes, J./ Kirlew, Y./ Kavanagh, J./ Forster, G. E.:
A Case-Controlled Study of the Sexual Health Needs of Lesbians.
In: Genitourin Med, 72, 1996, S. 277-280.

520) Skinner, W. F.:
The Prevalence and Demographic Predictors of Illicit and Licit Drug Use Among Lesbians and Gay Men.
In: Am J Public Health, 84 (8), 1994, S. 1307-1310.

521) Skinner, W. F./ Otis, M. D.:
Drug and Alcohol Use Among Lesbian and Gay People in a Southern U.S. Sample: Epidemiological, Comparative, and Methodological Findings from the Trilogy Project.
In: J Homosex, 30 (3), 1996, S. 59-92.

522) Smith, E. M./ Johnson, S. R./ Guenther, S. M.:
Health Care Attitudes and Experiences During Gynecologic Care Among Lesbians and Bisexuals.
In: Am J Public Health, 75, 1985, S. 1085-1087.

523) Solarz , A. L. (Hrsg.):
Lesbian Health. Current Assessments and Directions for the Future.
National Academy Press, Washington D.C. 1999.

524) Sonntag, U./ Gerdes, U. (Hrsg.):
Frau und Gesundheit. Beiträge zur Sensibilisierung für eine frauenspezifische Gesundheitsförderung.
BIS Verlag, Oldenburg 1992.

525) Sorensen, L./ Roberts, S. J.:
Lesbian Uses of and Satisfaction with Mental Health Services: Results from Boston Lesbian Health Project.
In: J Homosex, 33 (1), 1997, S. 35-49.

526) Sozialwissenschaftliche Forschung und Praxis für Frauen e.V. (Hrsg.):
Berichte vom Kölner Kongress (Nov. 78) „Feministische Theorie und Praxis in sozialen und pädagogischen Berufsfeldern".
Verlag Frauenoffensive, München 1979.

527) Sozialwissenschaftliche Forschung und Praxis für Frauen e.V. (Hrsg.):
Lesben – Nirgendwo und überall.
Beiträge zur feministischen theorie und praxis Heft 25/26. Köln 1989.

528) Sozialwissenschaftliche Forschung und Praxis für Frauen e.V. (Hrsg.):
Geteilter Feminismus: Rassismus, Antisemitismus, Fremdenhass.
Beiträge zur feministischen theorie und praxis Heft 27. Köln 1990.

529) Sozialwissenschaftliche Forschung und Praxis für Frauen e.V. (Hrsg.):
eigensinnlich – Sexualität und Feminismus.
Beiträge zur feministischen theorie und praxis Heft 45. Köln 1997.

530) Sozialwissenschaftliche Forschung und Praxis für Frauen e.V. (Hrsg.):
Gesundheitsnormen und Heilsversprechen.
Beiträge zur feministischen theorie und praxis Heft 49/50. Köln 1998.

531) Sozialwissenschaftliche Forschung und Praxis für Frauen e.V. (Hrsg.):
Lesbenleben quer gelesen.
Beiträge zur feministischen theorie und praxis Heft 52. Köln 1999.

532) Stahr, I./ Jungk, S./ Schulz, E.:
Frauengesundheitsbildung: Grundlagen und Konzepte.
Juventa Verlag, Weinheim/München 1991.

533) Starke, K.:
Familienplanung von Lesben.
In: Pro Familia Magazin, 2/1998, S. 10-12.

534) Statistisches Bundesamt (Hrsg.):
Gesundheitsbericht für Deutschland.
Metzler-Poeschel, Stuttgart 1998.

535) Statistisches Bundesamt (Hrsg.):
Datenreport 1999.
Bundeszentrale für politische Bildung, Bonn 2000

536) Steffens, M. C./ Reipen, M.:
Versteckt und mittendrin. Zur (Selbst-)Darstellung und Wahrnehmung von Lesben und
Schwulen in der Öffentlichkeit. Dokumentation des 4. Kongresses des Verbandes
lesbischer Psychologinnen und schwuler Psychologen in Deutschland e. V. (VLSP).
Profil Verlag, München 1997.

537) Stein, A.:
Mit dem Feind schlafen? Ex-Lesben und die Rekonstruktion ihrer Identität.
In: Hark, S.: Grenzen lesbischer Identitäten.
Querverlag, Berlin 1996, S. 155-185.

538) Stein, G. L./ Bonuck, K. A.:
Physician-Patient Relationships Among the Lesbian and Gay Community.
In: J Gay Lesbian Med Assoc, 5 (3), 2001, S. 87-93.

539) Steinbach, M.:
Lesben als Patientinnen in der Gynäkologie.
In: Clio, 11 (24), 1986, S. 4-7.

540) Steinmeister, I.:
Lesbische Lebensformen. Rechtslage, Tipps, Forderungen.
Lesbenring e.V., Bonn 1995.

541) Stern, P. N. (Hrsg.):
Lesbian Health: What Are the Issues?
Health Care for Women International, 13 (2), 1992.

542) Stevens, P. E.:
Lesbian Health Care Research: A Review of the Literature from 1970 to 1990.
In: Health Care for Women International, 13, 1992, S. 91-120.

543) Stevens, P. E.:
Lesbians and HIV: Clinical, Research, and Policy Issues.
In: Am J Orthopsychiatry, 63 (2), 1993, S. 289-294.

544) Stevens, P. E.:
Marginalized Women's Access to Health Care: A Feminist Narrative Analysis.
In: Adv Nurs Sci, 16 (2), 1993, S. 39-56.

545) Stevens, P. E.:
Protective Strategies of Lesbian Clients in Health Care Environments.
In: Research in Nursing & Health, 17, 1994, S. 217-229.

546) Stevens, P. E.:
Lesbians´ Health Related Experiences of Care and Noncare.
In: Western Journal of Nursing Research, 16 (6), 1994, 639-659.

547) Stevens, P. E.:
Structural and Interpersonal Impact of Heterosexual Assumptions on Lesbian Health Care Clients.
In: Nurs Res, 44 (1), 1995, S. 25-30.

548) Stevens, P. E.:
Lesbians and Doctors: Experiences of Solidarity and Domination in Health Care Settings.
In: Gender & Society, 10 (1), 1996, S. 24-41.

549) Stevens, P. E./ Hall, J. M.:
Stigma, Health Beliefs and Experiences with Health Care in Lesbian Women.
In: Image – Journal of Nursing Scholarship, 20 (2), 1988, S. 69-73.

550) Stevens, P. E./ Hall, J. M.:
Abusive Health Care Interactions Experienced by Lesbians: A Case of Institutional Violence.
In: Response, 13 (3), 1990, S. 23-27.

551) Stice, E. M./ Schupak-Neuberg, E./ Shaw, H./ Stein, R.:
Relation of Media Exposure to Eating Disorder Symptomology: An Examination of Mediating Mechanisms.
In: J Abnorm Psychol, 103, 1994, S. 836-840.

552) Streib, U.:
Von nun an nannten sie sich Mütter: Lesben und Kinder.
Orlanda Frauenverlag, Berlin 1991.

553) Strong, S. M./ Williamson, D. A./ Netemeyer, R. G./ Geer, R. J. H.:
Eating Disorder Symptoms and Concerns About Body Differ as a Function of Gender and Sexual Orientation.
In: Journal of Science and Clinical Psychology, 19 (2), 2000, S. 240-255.

554) Sun Yom, S.:
Gay Men and Lesbians in Medicine: Has Discrimination Left the Room?
In: msJAMA, 282, 1999, S. 1286.
http://jama.ama-assn.org/cgi/content/full/282/1286-a (11.11.1999)

555) Sydow, K. von:
Unconventional Sexual Relationships: Data About German Women Ages 50 to 91 Years.
In: Arch Sex Behav, 24 (3), 1995, S. 271-290.

556) Szuchman, L. T./ Muscarella, F.:
Psychological Perspectives on Human Sexuality.
Wiley, New York 1999.

557) Taylor, C. B./ Altman, T.:
Priorities in Prevention Research for Eating Disorders.
In: Psychopharmacol Bull, 33 S. 413-417.

558) Thamm, M.:
Blutdruck in Deutschland – Zustandsbeschreibung und Trends.
In: Gesundheitswesen, 61, Sonderheft 2, 1999, S. 90-93.

559) Thompson, S. A./ Bryson, M./ Castell, S. de:
Prospects for Identity Formation for Lesbian, Gay, or Bisexual Persons With
Developmental Disabilities.
In: International Journal of Disability, Development and Education, 48 (1), 2001, S. 53-65.

560) Tiemann, K. A./ Kennedy, S. A./ Haga, M. P.:
Rural Lesbians´ Strategies for Coming Out to Health Care Professionals.
In: Ponticelli, C. M. (Hrsg.): Gateways to Improving Lesbian Health and Health Care:
Opening Doors.
The Haworth Press, New York/London 1998, S. 61-75.

561) Todd, A. D.:
"Die Patientin hat nichts zu sagen": Kommunikation zwischen Frauenärzten und
Patientinnen.
In: Trömel-Plötz, S.: Gewalt durch Sprache. Die Vergewaltigung von Frauen in
Gesprächen.
Fischer Taschenbuch, Frankfurt/Main 1984, S. 163- 183.

562) Træen, B./ Stigum, H./ Sorensen, D.:
Sexual Diversity in Urban Norwegians.
In: J Sex Res, 29 (4), 2002, S. 249-258.

563) Trippet, S. E.:
Lesbians´ Mental Health Concerns.
In: Health Care for Women International, 15, 1994, S. 317-323.

564) Trippet, S. E./ Bain, J.:
Preliminary Study of Lesbian Health Concerns.
In: Health Values, 14 (6), 1990, S. 30-36.

565) Trippet, S. E./ Bain, J.:
Reasons American Lesbians Fail to Seek Traditional Health Care.
In: Health Care for Women International, 13, 1992, S. 145-153.

566) Trippet, S. E./ Bain, J.:
Physical Health Problems and Concerns of Lesbians.
In: Women & Health, 20 (2), 1993, S. 59-70.

567) Trömel-Plötz, S.:
Gewalt durch Sprache. Die Vergewaltigung von Frauen in Gesprächen.
Fischer Taschenbuch, Frankfurt/Main 1984.

568) Ulbricht, Katja:
Minderheit in einer Minderheit?! Zu den Möglichkeiten einer erfüllenden Lebensgestaltung
von Lesben und Schwulen mit Behinderungen.
Diplomarbeit, Fachhochschule Würzburg-Schweinfurt, Studiengang Soziale Arbeit,
Würzburg 2003.

569) Unger, H. von:
Versteckspiel mit dem Virus. Aus dem Leben HIV-positiver Frauen.
Deutsche Aids-Hilfe e.V., AIDS-Forum Band 38, Berlin 1999.

570) United Nations World Health Organization (WHO) and United Nations Population Fund
(UNFPA) (Hrsg.):
Women and Health. Mainstreaming the Gender Perspective into the Health Sector.
Report of the Expert Group Meeting 28 September – 2 October 1998 Tunis (Tunisia).
UNO, New York 1999.

571) Valanis, B. G./ Bowen, D. J./ Bassford, T./ Whitlock, E./ Charney, P./ Carter, R. A.:
Sexual Orientation and Health. Comparisons in the Women's Health Initiative Sample.
In: Arch Fam Med, 9, 2000, S. 843-853.

572) VanScoy, H. C.:
Health Behavior in Lesbians.
In: Gochman, D. S. (Hrsg.): Handbook of Health Behavior Research III: Demography,
Development and Diversity.
Plenum Press, New York, 1997, S. 141-162.

573) Vogt, I.:
Standortbestimmung der deutschsprachigen Frauengesundheitsforschung
In: Arbeitskreis Frauen und Gesundheit im Norddeutschen Forschungsverbund Public
Health (Hrsg.): Frauen und Gesundheit(en) in Wissenschaft, Praxis und Politik.
Verlag Hans Huber, Bern/ Göttingen/ Toronto/ Seattle 1998, S. 22-33.

574) Weatherburn, P./ Anderson, W./ Reid, D./ Henderson, L.:
What Do You Need? Findings From a National Survey of People Living With HIV.
Sigma Research, London 2002.

575) Weinstock, J. S.:
Lesbian, Gay, Bisexual, and Transgender Friendships in Adulthood.
In: Patterson, C. J./ D´Augelli, A. R. (Hrsg.): Lesbian, Gay, and Bisexual Identities in
Families. Psychological Perspectives.
Oxford University Press, Oxford/New York 1998, S. 122-153.

576) Weiss, R.:
Macht Migration krank? Eine transdisziplinäre Analyse der Gesundheit von Migrantinnen
und Migranten.
Seismo Verlag, Zürich 2003.

577) Welch, S./ Howden-Chapman, P./ Collings, S. C. D.:
Survey of Drug and Alcohol Use Lesbian Women in New Zealand.
In: Addict Behav, 23 (4), 1998, S. 543-548.

578) Wells, A.:
Homophobia and Nursing Care.
In: Nursing Standard, 12 (6), 1997, S. 41-42.

579) Welt, A./ Schütte, J./ Seeber S.:
Mammakarzinom.
In: Seeber, S./ Schütte, J.: Therapiekonzepte Onkologie.
Springer Verlag, Berlin/Heidelberg 2003, S. 1331-1400.

580) Wesiack, W.:
Gesundheitsentstehung – Konzepte zur Salutogenese.
In: Frischenschlager, O./ Hexel, M./ Kantner-Rumplmair, W./ Ringler, M./ Söllner, W./
Wisiak, U. V. (Hrsg.): Lehrbuch der psychosozialen Medizin: Grundlagen der
medizinischen Psychologie, Psychosomatik, Psychotherapie und medizinischen
Soziologie.
Springer, Wien/New York 1995, S. 38-46.

581) Westerståhl, A./ Segesten, K./ Björkelund, C.:
GPs and Lesbian Women in the Consultation: Issues of Awareness and Knowledge.
In: Scand J Prim Health Care, 20, 2002, S. 203-207.

582) White, J. C.:
HIV Risk Assessment and Prevention in Lesbians and Women Who Have Sex With
Women: Practical Information for Clinicians.
In: Health Care for Women International, 18, 1997, S. 127-138.

583) White, J. C./ Dull, V. T.:
Health Risk Factors and Health-Seeking Behavior in Lesbians.
In: J Womens Health, 6(1), 1997, S. 103-112.

584) White, J./ Levinson, W.:
Primary Care for the Lesbian Patient.
In: J Gen Intern Med, 8, 1993, S. 41-47

585) Wiesendanger, K.:
Schwule und Lesben in Psychotherapie, Seelsorge und Beratung: Ein Wegweiser.
Vandenhoeck & Ruprecht, Göttingen 2001.

586) Wilkerson, A.:
Homophobia and the Moral Authority of Medicine.
In: J Homosex, 27, 1994, S. 329-347.

587) Williamson, I. R.:
Internalized Homophobia and Health Issues Affecting Lesbians and Gay Men.
In: Health Education Research, 15 (1), 2000, S. 97-107.

588) Wilton, T.:
Good For You. A Handbook on Lesbian Health and Wellbeing.
Cassell, London/Washington 1997.

589) Wilton, T.:
Sexualities in Health and Social Care: A Textbook.
Open University Press, Buckingham/Philadelphia 2000.

590) Wittchen, H.-U./ Müller, N./ Pfister, H./ Winter, S./ Schmidtkunz, B.:
Affektive, somatoforme und Angststörungen in Deutschland – Erste Ergebnisse des
bundesweiten Zusatzsurveys „Psychische Störungen".
In: Gesundheitswesen 61 (Sonderheft 2), 1999, S. 216-222.

591) Wolf, G.:
Erfahrungen und gesundheitliche Entwicklungen lesbischer Frauen im Coming-out-
Prozess.
Centaurus Verlag, Herbolzheim 2004.

592) Zeidenstein, L.:
Gynecological and Childbearing Needs of Lesbians.
In: Journal of Nurse-Midwifery, 35 (1), 1990, S. 10-18.

593) Zemp, A.:
Sexuelle Gewalt gegen Mädchen und Frauen mit Behinderung.
In: Hentschel, G. (Hrsg.): Skandal und Alltag. Sexueller Missbrauch und Gegenstrategien.
Orlanda Verlag, Berlin 1996, S. 145-163.

594) Zemp, A.:
Tabuisierte Not. Sexuelle Ausbeutung von Mädchen und Frauen mit Behinderung.
Phil. Diss., Universität Zürich 1997.

7) Abkürzungsverzeichnis

95%-KI	95%-Konfidenzintervall
BMI	body mass index
BZgA	Bundeszentrale für gesundheitliche Aufklärung
HIV	human immunodeficiency virus
HPV	human papilloma virus
LGBT	lesbian, gay, bisexual, and transgender
Pap	Papanicolaou

8) Anhang: Fragebogen der Haupterhebung

"Situation lesbischer Frauen in der Gesundheitsversorgung"

Liebe Lesben,

auf dem diesjährigen Lesbenfrühlingstreffen führe ich eine Umfrage über die "Situation lesbischer Frauen in der Gesundheitsversorgung in Deutschland" durch. Den Fragebogen hierzu haben Sie gerade erhalten.

Ich bitte Sie, sich die Zeit zu nehmen, um den Fragebogen auszufüllen.

Doch vorher möchte ich Ihnen das Forschungsprojekt kurz vorstellen:

Worum geht es?
Es geht um die Erfahrungen, die Sie als lesbische Frau im Bereich der Gesundheitsversorgung, mit Ärztinnen und Ärzten gemacht haben und darum, wie Sie sich selbst in diesem Bereich verhalten.

Wer führt die Befragung durch? Was passiert mit den Ergebnissen?
Ich bin Studentin der Medizin an der Friedrich-Alexander-Universität Erlangen-Nürnberg und seit Jahren in feministischen Frauen- und Lesbengruppen aktiv.
Die Ergebnisse sind die Grundlage meiner Doktorarbeit an der medizinischen Fakultät Erlangen und werden im Rahmen dieser Arbeit dann auch öffentlich zugänglich gemacht.
Das Projekt geht auf meine Privatinitiative zurück und wird betreut am Institut für Arbeits-, Sozial- und Umweltmedizin der Uni Erlangen.
Finanziell unterstützt wird diese Umfrage vom Lesbenring e.V.

Wie anonym ist die Befragung?
Die Studie unterliegt selbstverständlich dem Datenschutz und als Teilnehmerin bleiben sie vollständig anonym. Als Studentin der Medizin unterstehe ich zudem der Schweigepflicht.

An welche Lesben richtet sich der Fragebogen?
Der Fragebogen richtet sich _an alle_ Teilnehmerinnen des Lesbenfrühlings, die ihren Lebensmittelpunkt in Deutschland haben - Staatsangehörigkeit oder Herkunft spielen keine Rolle. Für die Schlußfolgerungen aus den Ergebnissen ist es besonders wichtig, daß sich viele Lesben an diesem Wochenende an der Umfrage beteiligen. Der Fragebogen versucht, auch Lesben, die nicht der Mehrheitskultur angehören, gerecht zu werden.

Wie lange dauert es?
Es dauert ca. eine halbe Stunde, den Fragebogen auszufüllen. Bitte füllen Sie den Fragebogen vollständig aus - nur so ist eine sichere Auswertung möglich.

Wohin mit ausgefüllten Fragebogen?
Den ausgefüllten Bogen können sie an unserem Informationsstand in eine der Rückgabeboxen werfen. Sie finden uns bei den anderen Verkaufs- und Infoständen. Bitte beachten Sie unsere Aushänge für den genauen Standort. _heute + hier!_

Bis wann kann ich den Bogen abgeben?
Sie können die Fragebogen bis kurz vor dem Abschlußplenum am Montag morgen abgeben. Es ist mir leider nicht möglich, die Portokosten für eine Rücksendung per Post zu übernehmen.
Bitte geben Sie auch unvollständig ausgefüllte Fragebogen zurück.

So erreichen Sie mich:
Während des Lesbenfrühlings finden Sie eine Ansprechpartnerin am Info-Tisch.
Ansonsten erreichen Sie mich per e-mail: gabi_dennert@femail.rhein-main.de

Vielen Dank fürs Mitmachen ! -
Sie unterstützen damit auch lesbenspezifische Forschung.

Gabi Dennert *Gabi Dennert* und die Frauen vom Info-Tisch

Hinweise zum Ausfüllen:

Bitte markieren Sie ihre Antworten durch Ankreuzen der jeweiligen Kästchen: ✗ oder ☒

An manchen Stellen sind Zahlen einzusetzen, z.B.: _123_

Die Zahlen in eckigen Klammern dienen nur der statistischen Auswertung und sind für das Ausfüllen ohne Bedeutung.

V.i.S.d.P.: Gabi Dennert, c/o Institut für Arbeits-, Sozial- und Umweltmedizin, Schillerstr. 25/29, 91054 Erlangen

FRAGEBOGEN ZUR
SITUATION LESBISCHER FRAUEN IN DER GESUNDHEITSVERSORGUNG

1) Es gibt viele Möglichkeiten, sich über gesundheitliche Fragen zu informieren.
Wie regelmäßig haben Sie **innerhalb des letzten Jahres** folgende Informationsquellen genutzt?

Bitte 1 Kreuz pro Zeile	bei allen Fragen	meistens	manchmal	selten	nie
Ärztin / Arzt	❏	❏	❏	❏	❏
Apotheker/-in	❏	❏	❏	❏	❏
Heilpraktiker/-in	❏	❏	❏	❏	❏
Freundinnen/Freunde oder Bekannte	❏	❏	❏	❏	❏
Frauengesundheitszentrum	❏	❏	❏	❏	❏
Beratungsstellen und Gesundheitsämter	❏	❏	❏	❏	❏
(Fach-)Literatur, Presse, Medien	❏	❏	❏	❏	❏
Veranstaltungen, Workshops, Kongresse	❏	❏	❏	❏	❏
	[4]	[3]	[2]	[1]	[0][99]

2) Wie stark achten Sie im allgemeinen auf Ihre Gesundheit?

sehr stark	-	stark	-	mittelmäßig	-	weniger stark	-	gar nicht	
❏		❏		❏		❏		❏	
[4]		[3]		[2]		[1]		[0]	[99]

3) Welche Meinung haben Sie darüber, wie sehr eine Person ihren Gesundheitszustand beeinflussen kann?

Eine Person kann selbst ...

sehr viel	-	viel	-	einiges	-	wenig	-	nichts	
❏		❏		❏		❏		❏	
[4]		[3]		[2]		[1]		[0]	[99]

...tun, um ihren Gesundheitszustand zu erhalten oder zu verbessern

4) Welche Mittel wenden Sie an, um gesundheitlichen Problemen vorzubeugen oder entgegenzutreten?
Bitte geben Sie an, wie häufig Sie folgende Mittel zur Vorbeugung oder zur Behandlung gesundheitlicher Probleme **innerhalb des letzten Jahres** angewandt haben:

Bitte 2 Kreuze pro Zeile	zur Vorbeugung:			zur Behandlung:		
	oft	gelegentlich	nie	oft	gelegentlich	nie
verschriebene Medikamente	❏	❏	❏	❏	❏	❏
"freie" Medikamente (Apotheke)	❏	❏	❏	❏	❏	❏
Homöopathie	❏	❏	❏	❏	❏	❏
Heilkräuter/-tee	❏	❏	❏	❏	❏	❏
Erholung, Streßvermeidung, Meditation	❏	❏	❏	❏	❏	❏
Sport, Krankengymnastik	❏	❏	❏	❏	❏	❏
Ernährung(sumstellung)	❏	❏	❏	❏	❏	❏
Nahrungsergänzungen (Vitamine, Mineralien)	❏	❏	❏	❏	❏	❏
Massage, Reflexzonenmassage, Rolfing	❏	❏	❏	❏	❏	❏
Akupunktur	❏	❏	❏	❏	❏	❏
Reiki, Visualisieren, Energiearbeit	❏	❏	❏	❏	❏	❏
Bach-Blüten, Farbtherapie, Edelsteine, Aromatherapie	❏	❏	❏	❏	❏	❏
	[2]	[1]	[0]	[2]	[1]	[0] [99]

5.1) Wie würden Sie Ihr gegenwärtiges körperliches Wohlbefinden beschreiben?

sehr gut	-	gut	-	zufriedenstellend	-	weniger gut	-	schlecht	
❏		❏		❏		❏		❏	
[4]		[3]		[2]		[1]		[0]	[99]

240

5.2) Und wie würden Sie Ihr gegenwärtiges psychisches/seelisches Wohlbefinden beschreiben?

sehr gut	-	gut	-	zufriedenstellend	-	weniger gut	-	schlecht	
❑		❑		❑		❑		❑	
[4]		[3]		[2]		[1]		[0]	[99]

5.3) Haben Sie eine chronische Erkrankung?

❑ nein   ❑ ja
[0]   [1]   [99]

5.4) Haben Sie eine Behinderung? Bitte kreuzen Sie alles Zutreffende - auch mehrfach - an:

❑ nein
[0]

❑ Ich bin körperbehindert.
❑ Ich bin sinnesbehindert (hör-/sehbehindert usw.).
❑ Meine Behinderung ist für andere leicht erkennbar.
❑ Meine Behinderung ist nicht (leicht) zu erkennen.
❑ Ich bin von Geburt an behindert.
❑ Ich bin seit meinem ____. Lebensjahr behindert (bitte Alter angeben).

[0][1]

6) Hier sind verschiedene Berufsgruppen aufgeführt, die im Gesundheitsbereich tätig sind. Bitte geben Sie an, ob und wie oft Sie innerhalb der letzten 12 Monate dort in Behandlung waren:

	gar nicht	einmal	2-5 Male	6-10 Male	mehr als 10 Male	weiß ich nicht mehr
Allgemeinärztin/-arzt bzw. Hausärztin/-arzt	❑	❑	❑	❑	❑	❑
Frauenärztin/-arzt	❑	❑	❑	❑	❑	❑
Zahnärztin/-arzt	❑	❑	❑	❑	❑	❑
stationär im Krankenhaus	❑	❑	❑	❑	❑	❑
andere Ärztin/Arzt	❑	❑	❑	❑	❑	❑
Heilpraktiker/-in	❑	❑	❑	❑	❑	❑
(spirituelle) Heiler/-in	❑	❑	❑	❑	❑	❑
Psychotherapeut/-in	❑	❑	❑	❑	❑	❑
	[0]	[1]	[2]	[3]	[4]	[9] [99]

7) Sie haben gerade (in Frage 6) die Personen genannt, bei denen Sie in den letzten 12 Monaten in Behandlung waren. Weswegen sich an diese Personen gewandt?
Bitte kreuzen Sie das Zutreffende an (Mehrfachnennungen sind möglich):

	plötzliche Erkrankung/Unfall	chronische Erkrankung	Vorsorge	Behinderung	psychische Probleme	anderes
Allgemeinärztin/-arzt bzw. Hausärztin/-arzt	❑	❑	❑	❑	❑	❑
Frauenärztin/-arzt	❑	❑	❑	❑	❑	❑
Zahnärztin/-arzt	❑	❑	❑	❑	❑	❑
stationär im Krankenhaus	❑	❑	❑	❑	❑	❑
andere Ärztin/Arzt	❑	❑	❑	❑	❑	❑
Heilpraktiker/-in	❑	❑	❑	❑	❑	❑
(spirituelle) Heiler/-in	❑	❑	❑	❑	❑	❑
Psychotherapeut/-in	❑	❑	❑	❑	❑	❑
						[0] [1]

8) Bitte denken Sie nun an die Ärztinnen/Ärzte oder Heilpraktiker/-innen zurück, die Sie in den letzten 12 Monaten aufgesucht haben: Haben Sie „feste Ansprechpartner/-innen", an die Sie sich gewandt haben, oder haben Sie immer neu bei Bedarf gesucht?
Bitte kreuzen Sie in der Tabelle das Zutreffende an - und setzen Sie gegebenenfalls ein, wie viele Jahre Sie (ungefähr) schon dort Patientin oder Klientin sind:

	neu gesucht	feste Ansprechpartner/-in	
Zahnärztin/-arzt	❑	❑	ich bin dort Patientin seit ____ Jahren
Allgemeinärztin/-arzt	❑	❑	ich bin dort Patientin seit ____ Jahren
Frauenärztin/-arzt	❑	❑	ich bin dort Patientin seit ____ Jahren
andere Ärztin/Arzt	❑	❑	ich bin dort Patientin seit ____ Jahren
Heilpraktiker/-in	❑	❑	ich bin dort Patientin seit ____ Jahren
Psychotherapeut/-in	❑	❑	ich bin dort Patientin seit ____ Jahren
			[0][x..99]

241

9) Welches Geschlecht haben Ihre Hausärztinnen und -ärzte bzw. Ihre Heilpraktiker/-in? Was denken Sie, welche sexuelle Orientierung diese Personen haben? (Wenn Sie keine festen Ärztinnen, Ärzte oder Heilpraktiker/-in haben, dann gehen Sie bitte gleich zu Frage 10)

	Geschlecht:		Sexuelle Orientierung:				
	Frau [1]	Mann [2]	hetero-sexuell [1]	bisexuell [2]	homo-sexuell [3]	weiß ich nicht, aber wüßte ich gerne [9]	weiß ich nicht, und interessiert mich auch nicht [0]
Allgemeinärztin/ Allgemeinarzt							
Frauenärztin/-arzt							
Zahnärztin/-arzt							
Heilpraktiker/-in							
Psychotherapeut/-in							

[99]

10) Untersuchen Sie selbst Ihre Brüste, um mögliche Veränderungen festzustellen?

❏ nein [0]

❏ ja, regelmäßig mindestens einmal im Zyklus/Monat [2]
❏ ja, seltener als einmal im Zyklus/Monat [1]

11) Wie häufig nehmen Sie diese Vorsorgeuntersuchungen in Anspruch?

	mindestens einmal im Jahr	alle zwei Jahre	alle drei Jahre oder seltener	gar nicht
allgemeiner „Check-Up"	❏	❏	❏	❏
frauenärztliche Vorsorge	❏	❏	❏	❏
zahnärztliche Vorsorge	❏	❏	❏	❏
	[1]	[2]		[0] [66]

12) Wann haben Sie zuletzt folgende Vorsorgeuntersuchungen in Anspruch genommen?

	noch nie	vor weniger als einem Jahr	vor mehr als einem, aber weniger als zwei Jahren	vor mehr als zwei Jahren	weiß ich nicht
Blutdruckmessung	❏	❏	❏	❏	❏
Abstrich vom Gebärmutter-halsis (PAP-Abstrich)	❏	❏	❏	❏	❏
Tastuntersuchung der Brust (Krebsvorsorge)	❏	❏	❏	❏	❏
Röntgenaufnahme der Brust (Mammographie)	❏	❏	❏	❏	❏
HIV-Antikörpertest ("AIDS-Test")	❏	❏	❏	❏	❏
	[0]	[1]	[2]	[3]	[9] [99]

13) Wieviel Stunden Sport treiben Sie in der Woche?

❏ kein Sport [0]
❏ weniger als zwei Stunden in der Woche [1]
❏ mehr als zwei Stunden in der Woche [2] [99]

14) Rauchen Sie?

❏ Nichtraucherin [0]   ❏ Ex-Raucherin [1]   ❏ Gelegenheitsraucherin [2] (< 2 Zigaretten am Tag)   ❏ Raucherin [3] [99]

15) Wie häufig haben Sie innerhalb des letzten Jahr folgende Medikamente eingenommen?

Bitte ein Kreuz pro Zelle							
	täglich	mehrmals wöchentlich	1-2 mal wöchentlich	1-3 mal monatlich	seltener	nie, auch früher nicht regelmäßig	nie, aber früher regelmäßig
Schmerzmittel	❑	❑	❑	❑	❑	❑	❑
Beruhigungsmittel	❑	❑	❑	❑	❑	❑	❑
Abführmittel	❑	❑	❑	❑	❑	❑	❑
Schlafmittel	❑	❑	❑	❑	❑	❑	❑
Stimmungsbeein- flussende Mittel/ Psychopharmaka	❑	❑	❑	❑	❑	❑	❑
Hormone	❑	❑	❑	❑	❑	❑	❑
	[5]	[4]	[3]	[2]	[1]	[0]	[9] [99]

16) Wie oft haben Sie innerhalb des letzten Jahres diese Genußmittel konsumiert?

	täglich	mehrmals wöchentlich	1-2 mal wöchentlich	1-3 mal monatlich	seltener	nie, auch früher nicht regelmäßig	nie, aber früher regelmäßig
Alkohol	❑	❑	❑	❑	❑	❑	❑
Coffein, Kaffee	❑	❑	❑	❑	❑	❑	❑
Hanfprodukte	❑	❑	❑	❑	❑	❑	❑
andere Drogen	❑	❑	❑	❑	❑	❑	❑
	[5]	[4]	[3]	[2]	[1]	[0]	[9] [99]

In den Fragen 17 bis 22 geht es um Ihre Erfahrungen, die Sie im schulmedizinischen Bereich, mit Ärztinnen und Ärzten, im Krankenhaus usw. gemacht haben.

17) Wie sehen Sie ganz allgemein die Erfahrungen, die Sie bisher im medizinischen Bereich gemacht haben?
Bitte kreuzen Sie das Zutreffende für Ärztinnen und Ärzte getrennt an:

17.1. Im allgemeinen sind meine Erfahrungen mit Ärztinnen ...

... gut	eher gut	teils gut/teils schlecht	(	echt.
❑	❑	❑	❑	❑
[5]	[4]	[3]	[2]	[1]

17.2. Im allgemeinen sind meine Erfahrungen mit Ärzten ...

... gut	eher gut	teils gut/teils schlecht	eher schlecht	schlecht.
❑	❑	❑	❑	❑
[5]	[4]	[3]	[2]	[1]

18) Nicht alle Menschen reagieren in gleicher Weise auf Lesbischsein. Was haben Sie im medizinischen Bereich (bei Ärztinnen, Ärzten, im Krankenhaus usw.) als Reaktion auf Ihr Lesbischsein erlebt?
Bitte kreuzen Sie Zutreffendes - auch mehrfach - an und geben Sie an, von welcher Person das jeweilige Verhalten ausging.

	Ärztin	Arzt	anderes med. Personal weiblich	männlich
Ich erhielt ein positives Echo.	❑	❑	❑	❑
Es war kein besonderes Thema, galt als „normal".	❑	❑	❑	❑
Die medizinische Behandlung hat sich verbessert.	❑	❑	❑	❑
Die medizinische Behandlung hat sich verschlechtert.	❑	❑	❑	❑
Mir wurde nicht geglaubt - mir wurde trotzdem Heterosexualität / Asexualität unterstellt.	❑	❑	❑	❑
Mir wurde unterstellt, ich sei nicht normal.	❑	❑	❑	❑
Mir wurde empfohlen, medizinische oder therapeutische Maßnahmen zu ergreifen, um heterosexuell zu werden.	❑	❑	❑	❑
Meine Erkrankung wurde auf mein Lesbischsein zurückgeführt.	❑	❑	❑	❑
Als "nächste Angehörige" meiner Freundin wurde ich bei Gesprächen/Besuchen etc. anerkannt.	❑	❑	❑	❑
Mir wurde der Status als "nächste Angehörige" meiner Freundin bei Besuchen, Arztgesprächen etc. verweigert.	❑	❑	❑	❑ [1]

Gibt es noch andere - positive oder negative - Erfahrungen, die Sie im medizinischen Bereich als Lesbe gemacht haben und die Ihnen besonders im Gedächtnis geblieben sind? Ich wäre Ihnen dankbar, wenn Sie diese kurz schildern würden (Sie können auch die Rückseite des Anschreibens verwenden, falls der Platz nicht ausreicht.):

_____

_____

_____

19) Ärztinnen und Ärzte verhalten sich unterschiedlich gegenüber ihren Patientinnen oder Klientinnen. Welche der beschriebenen Erfahrungen haben Sie mit Ärztinnen oder Ärzten gemacht?
Bitte kreuzen Sie Zutreffendes an (auch mehrfach) und geben Sie an, von welcher Person das jeweilige Verhalten ausging.

		Ärztin/Ärztinnen		Arzt/Ärzte	
		einmal	mehrmals	einmal	mehrmals
allgemein	Ich wurde herablassend oder abwertend behandelt.	☐	☐	☐	☐
	Ich galt als exotisch, kurios, absonderlich	☐	☐	☐	☐
Verbaler Umgang	Ich wurde beleidigt oder beschimpft.	☐	☐	☐	☐
	Ich wurde mit anzüglichen Bemerkungen konfrontiert.	☐	☐	☐	☐
	Ich wurde einfach so mit "Du" angesprochen.	☐	☐	☐	☐
	Ich wurde nicht - oder nicht ausreichend – informiert und aufgeklärt.	☐	☐	☐	☐
Sexuelle Übergriffe	Ich wurde zu sexuellen Handlungen aufgefordert.	☐	☐	☐	☐
	Ich wurde sexuell belästigt (unerwünschte Berührungen von Busen, Po, Genitalien).	☐	☐	☐	☐
	Ich wurde zu sexuellen Handlungen gezwungen oder sexuell mißbraucht.	☐	☐	☐	☐
Körperliche Übergriffe	Ich wurde körperlich angegriffen, festgehalten, gestoßen.	☐	☐	☐	☐
	Die Untersuchung oder Behandlung war unnötig grob und schmerzhaft.	☐	☐	☐	☐
		[1]	[2]	[1]	[2] [3]

20) (Diese Frage bezieht sich auf Frage 19:)
Betrachten Sie bitte die Erfahrungen, die Sie gerade in den vier genann   ı, Verbaler Umgang, Sexuelle und Körperliche Übergriffe) mit Ärztinnen und Ärzten geschildert haben. Worauf führen Sie diese Erfahrungen zurück?
Bitte kreuzen Sie alles Zutreffende - auch mehrfach - an:

Ich habe das Verhalten erlebt als...	allgemein	verbaler Umgang	sexuelle Übergriffe	körperliche Übergriffe
...Reaktion auf meine Hautfarbe oder Herkunft.	☐	☐	☐	☐
...Reaktion auf mein Geschlecht als Frau.	☐	☐	☐	☐
...Reaktion auf meine Behinderung.	☐	☐	☐	☐
...Reaktion auf mein Lesbischsein.	☐	☐	☐	☐
...allgemeines "Arzt-Patientin-Verhältnis".	☐	☐	☐	☐
anderes	☐	☐	☐	☐
weiß ich nicht	☐	☐	☐	☐
				[1]

21) Wer weiß, daß sie lesbisch sind, wer vermutet es und wer weiß es nicht?
Bitte geben Sie gleichzeitig das Geschlecht der Personen an. (Bitte alles Zutreffende ankreuzen - auch mehrfach)

	wissen es:		vermuten es:		wissen es nicht:	
	weiblich	männlich	weiblich	männlich	weiblich	männlich
Familie	☐	☐	☐	☐	☐	☐
FreundInnen, Bekannte	☐	☐	☐	☐	☐	☐
ArbeitskollegInnen	☐	☐	☐	☐	☐	☐
MitstudentInnen, -schülerInnen	☐	☐	☐	☐	☐	☐
Vorgesetzte/LehrerIn/ Professorin/AusbilderIn	☐	☐	☐	☐	☐	☐
Hausärztin/Hausarzt	☐	☐	☐	☐	☐	☐
Frauenärztin/-arzt	☐	☐	☐	☐	☐	☐
Psychotherapeut/-in	☐	☐	☐	☐	☐	☐
Heilpraktiker/-in	☐	☐	☐	☐	☐	☐ [1]

244

22) Wenn Sie Ihr Lesbischsein nicht bei allen Ärztinnen und Ärzten offenlegen, hat das Gründe. Bitte kreuzen Sie an (auch mehrfach), welche Gründe Sie haben:

❏ Ich werde nicht gefragt.
❏ Ich befürchte Diskriminierung.
❏ Das geht meine Ärztin/Arzt nichts an.
❏ Das ist nicht wichtig für meine Behandlung.
❏ Ich befürchte, die Behandlung ist dann schlechter.
❏ Ich möchte nicht, daß mein Lesbischsein in den Krankenunterlagen vermerkt wird.
❏ Ich möchte nicht, daß auf diesem Wege eventuell noch andere (Angestellte in der Praxis etc.) davon erfahren.
❏ andere Gründe

[0][1]

Es folgen nun noch einige allgemeine Fragen zu Ihrer Lebensweise:

23) Was trifft auf den Kreis Ihrer Freundinnen, Freunde und Bekannten zu? Bitte kreuzen sie alles Zutreffende an (auch mehrfach):

❏ Ich habe überwiegend Kontakt zu Frauen.
❏ Ich habe überwiegend zu lesbischen Frauen Kontakt.
❏ Mein Freundes- und Bekanntenkreis besteht vor allem aus homosexuellen Frauen und Männern.
❏ Ich habe überwiegend Kontakt zu heterosexuellen Leuten.
❏ Ich habe keine männlichen Freunde.

[1]

24) Gesellschaftliche Interessen: Bitte kreuzen Sie an, was auf Sie zutrifft (auch mehrfach):

❏ Ich fühle mich feministischen Ideen verbunden.
❏ Ich habe mit der Frauenbewegung/dem Feminismus nichts zu tun.
❏ Ich fühle mich der Lesben- oder Lesben- und Schwulenbewegung/ der "Szene" zugehörig.
❏ Ich bin in der feministischen Bewegung engagiert.
❏ Ich interessiere mich für spirituelle Themen.
❏ Ich interessiere mich für alternative Medizin.
❏ Ich interessiere mich für Frauen-Heilweisen.

[1]

25) Welche sexuelle Orientierung haben Sie?
Die nachfolgende Skala soll die Bandbreite möglicher Lebensweisen darstellen. Die Endpunkte sind zur Orientierung angegeben.
Wo würden Sie sich einordnen? Bitte markieren Sie den zutreffenden Wert auf der Skala.
Falls Sie sich nicht einordnen können, markieren Sie bitte, was für Sie zutrifft.

| ausschließlich heterosexuell | 1 | 2 | 3 | 4 | 5 | 6 | 7 | ausschließlich lesbisch/homosexuell |

oder: Ich kann mich nicht einordnen. Denn... ❏ Ich bin mir über meine sexuelle Identität momentan nicht im Klaren. [9]
❏ Die Skala trifft auf mich nicht zu. [0][99]

26.1) Mit wie vielen Personen (außer Ihnen selbst) hatten Sie bisher sexuelle Beziehungen oder waren Sie sexuell aktiv? Bitte kreuzen Sie das Zutreffende für Frauen und Männer getrennt an.

	Frauen	Männer	
mit keiner	❏	❏	[0]
mit einer	❏	❏	[1]
mit zwei	❏	❏	[2]
mit drei bis fünf	❏	❏	[3]
mit sechs bis zehn	❏	❏	[4]
mit elf bis fünfzehn	❏	❏	[5]
mit sechzehn bis zwanzig	❏	❏	[6]
mit mehr als zwanzig	❏	❏	[7]

26.2) Und mit wie vielen dieser Personen innerhalb des letzten Jahres? Bitte kreuzen Sie das Zutreffende für Frauen und Männer getrennt an.

	Frauen	Männer	
mit keiner	❏	❏	[0]
mit einer	❏	❏	[1]
mit zwei	❏	❏	[2]
mit drei bis fünf	❏	❏	[3]
mit sechs bis zehn	❏	❏	[4]
mit elf bis fünfzehn	❏	❏	[5]
mit sechzehn bis zwanzig	❏	❏	[6]
mit mehr als zwanzig	❏	❏	[7]

Angaben zur Person:
Diese Fragen sind wichtig für die statistische Auswertung. Ihre Angaben unterliegen dem Datenschutz und bleiben anonym - ein Rückschluß auf Ihre Person ist nicht möglich.

27) Wie alt sind Sie?

❏ unter 20 Jahre	[1]	❏ 40 bis 44 Jahre	[6]
❏ 20 bis 24 Jahre	[2]	❏ 45 bis 49 Jahre	[7]
❏ 25 bis 29 Jahre	[3]	❏ 50 bis 54 Jahre	[8]
❏ 30 bis 34 Jahre	[4]	❏ 55 bis 59 Jahre	[9]
❏ 35 bis 39 Jahre	[5]	❏ über 60 Jahre	[10]

28.1) Wie groß sind Sie? _____ (Größe in cm) [xxx] [999]

28.2) Und wieviel wiegen Sie? _____ (Gewicht in kg) [xxx] [999]

29) Ihr Familienstand?

- ❏ ledig [1]
- ❏ verheiratet [2]
- ❏ verheiratet, dauernd getrennt lebend [3]
- ❏ geschieden [4]
- ❏ verwitwet [5]
  [99]

30) Wie viele eigene Kinder haben Sie? _____ Kinder (bitte Zahl angeben)
[0][x][99]

31) Ihre Wohnsituation?

- ❏ allein in eigener Wohnung/Zimmer [1]
- ❏ in Wohngemeinschaft/Wohnprojekt/Wagenburg [2]
- ❏ in einem Heim oder in einer betreuten Wohngemeinschaft [3]
- ❏ bei einem oder beiden (Pflege-)Elternteilen [4]
- ❏ wohnungslos [5]
- ❏ mit meiner Lebenspartnerin/Freundin [1]
- ❏ mit meinem Lebenspartner oder Ehemann [1]
- ❏ mit meinem Kind/meinen Kindern [1]

32) Wo leben Sie?

- ❏ ländliche Wohngegend [1]
- ❏ Kleinstadt [2]
- ❏ Großstadt [3]

33) In welchem Bundesland leben Sie?   ❏ Ich lebe nicht in Deutschland.

Baden-Württ. 1	Bremen 5	Niedersachsen 9	Sachsen 13
Bayern 2	Hamburg 6	Nordrhein-Westf. 10	Sachsen-Anhalt 14
Berlin 3	Hessen 7	Rheinland-Pfalz 11	Schleswig-Holstein 15
Brandenburg 4	Mecklenb.-Vorp. 8	Saarland 12	Thüringen 16

34) Welches religiöse Bekenntnis haben Sie?

☐ ohne Bekenntnis [0]   ☐ katholisch [2]   ☐ jüdisch [4]
☐ evangelisch/protestantisch [1]   ☐ muslimisch [3]   ☐ anderes [9]

35) Was haben Sie für eine schulische und berufliche Ausbildung? (bitte alles Zutreffende ankreuzen)

☐ kein Schulabschluß (bzw. gehe noch [0]   ☐ keine berufliche Ausbildung (bzw. noch in [0]
    zur Schule)   Ausbildung)
☐ Hauptschule / Quali, Sonderschule [1]   ☐ abgeschlossene Lehre oder Ausbildung [1]
☐ Realschule / mittlere Reife [2]   ☐ abgeschlossenes Studium [2]
☐ Abitur, Fachabitur [3][99]   ☐ andere Ausbildung, andere Qualifikation [3][99]

36) Was machen Sie beruflich?   ☐ Schülerin, Studentin oder Auszubildende [1]
  ☐ Arbeiterin [2]
  ☐ Angestellte [3]
  ☐ Selbständige [4]
  ☐ Beamtin [5]
  ☐ Rentnerin, Pensionärin [6]
  ☐ nicht berufstätig [0]

37) Haben Sie eine Ausbildung im medizinischen oder therapeutischen Bereich? (Falls Sie gerade eine solche Ausbildung machen, kreuzen Sie bitte Ihr Ausbildungsziel an.)

☐ nein, keine medizinische Ausbildung [0]

☐ im physiotherapeutischen Bereich   ☐ im psychotherapeutischen Bereich, Psychologin [1][5]
☐ im Pflegebereich, Hebamme, Sanitäterin   ☐ Heilpraktikerin [2][6]
☐ (Zahn-)Arzthelferin   ☐ Ärztin, Zahnärztin [3][7]
☐ im technischen/ Laborbereich   ☐ anderes [4][8]
    [99]

38) Wie hoch ist Ihr durchschnittliches monatliches Nettoeinkommen?

☐ unter 1.000 DM [1]   ☐ 2.500 bis unter 3.000 DM [5]
☐ 1.000 bis unter 1.500 DM [2]   ☐ 3.000 bis unter 3.500 DM [6]
☐ 1.500 bis unter 2.000 DM [3]   ☐ 3.500 bis unter 4.000 DM [7]
☐ 2.000 bis unter 2.500 DM [4]   ☐ über 4.000 DM [8][99]

39) Wie sind Sie krankenversichert?

☐ Ich bin nicht krankenversichert. [0]
☐ gesetzlich versichert [1]
☐ privat versichert [2]
☐ Das weiß ich nicht. [9][99]

40) Was trifft auf Ihren kulturellen Hintergrund zu? Bitte alles Zutreffende - auch mehrfach - ankreuzen:

☐ Ich bin Weiße. [1]
☐ Ich bin Schwarze/ Schwarze Deutsche. [2][99]
☐ Ich bin nach Deutschland eingewandert. [1]
☐ Ein oder beide Elternteile sind eingewandert. [2]
☐ Ein oder mehrere Großelternteile sind eingewandert. [3]
☐ Meine (Groß-)Eltern und ich sind in Deutschland geboren. [4][99]

Sie sind nun am Ende des Fragebogens angekommen.

Haben Sie alle Fragen beantwortet? - Dann werfen Sie bitte den ausgefüllten Bogen in die Box an unserem Infostand.

Vielen Dank für Ihre Mitarbeit!

BUCHTIPPS

➤ Ache, Abba / Pich, Heike
»Das kommt bei uns nicht vor!«.
Arbeitsmaterialien zu sexueller Diskriminierung am Ausbildungsplatz
Frauen*Gesellschaft*Kritik, Band 40, 2004,
162 Seiten, 1 CD, ISBN 978-3-8255-0402-1, 17,90 €

➤ Beuth, Kirsten / Dorgerloh, Annette / Müller, Ulrike (Hg.)
Ins Machbare entgrenzen ...
Utopien und alternative Lebensentwürfe von Frauen
Schriftenreihe des Frauenstudien und -bildungszentrums der EKD, Band 2, 2004,
186 Seiten, 8 Abbildungen, ISBN 978-3-8255-0484-7, 15,50 €

➤ Grisius, Jeannine
Dein Bild im Herzen.
Auf der Suche nach meiner afrikanischen Mutter
Lebensformen, Band 18, 2004, 172 Seiten, Abbildungen,
2. Auflage 2004, ISBN 978-3-8255-0468-7, 12,50 €

➤ Kroll, Renate
Bibliographie der deutschsprachigen Frauenliteratur 2003.
Belletristik – Sachbuch – Gender Studies.
Bibliographie der deutschsprachigen Frauenliteratur, Band 9, 2005,
ca. 280 Seiten, ISBN 978-3-8255-0534-9, ca. 24,– €

➤ Mildenberger, Florian
Allein unter Männern.
Helene Stourzh-Anderle in ihrer Zeit
Frauen*Gesellschaft*Kritik, Band 42, 2004, 130 Seiten,
ISBN 978-3-8255-0463-2, 18,90 €

➤ Putensen, Dörte (Hg.)
„Geschafft!".
Chancen und Enttäuschungen auf dem Weg in die
Wissenschaft. Akademikerinnen in Mecklenburg-Vorpommern
Frauen*Gesellschaft*Kritik, Band 37, 2002, 110 Seiten,
ISBN 978-3-8255-0369-7, 15,50 €

BUCHTIPPS

➢ Stemmer-Beer, Roswitha
Abenteuer Lebensmitte.
Frauen im Wirbel der Wechseljahre
Lebensformen, Band 13, 2. Auflage 2005, 180 Seiten,
ISBN 978-3-8255-0443-4, ca. 20,– €

➢ Stemmer-Beer, Roswitha
Liebeskämpfe.
Wie Töchter ihre Mütter abnabeln
Lebensformen, Band 20, 2005, ca. 190 Seiten,
ISBN 978-3-8255-0499-1, ca. 16,– €

➢ Turalsky, Dorothee
Lust auf Leben.
Erfahrungsbericht Magersucht
Reihe Psychologie, Band 34, 2004, 80 Seiten, 2 Abbildungen
ISBN 978-3-8255-0467-0, 11,95 €

➢ Wolf, Gisela
**Erfahrungen und gesundheitliche Entwicklungen
lesbischer Frauen im Coming-out-Prozess**
Frauen*Gesellschaft*Kritik, Band 41, 2004,
454 Seiten, ISBN 978-3-8255-0427-4, 28,50 €

➢ Zuehlke, Ramona
»Nichts an mir ist anders, eigentlich ...«
Becoming-out – Die Selbstverwirklichung lesbischer
Selbst- und Lebenskonzepte im postmodernen Spannungsfeld
von Individuum und Gesellschaft
Münchner Studien zur Kultur- und Sozialpsychologie, Band 31, 2004,
316 Seiten, ISBN 978-3-8255-0487-8, 24,90 €

Besuchen Sie unsere
Internet-Homepage!

www.centaurus-verlag.de